REGRAS DE BOAS PRÁTICAS E GOVERNANÇA EM PRIVACIDADE NA LGPD

CONCEITOS, CONTROLES E PROJEÇÕES

TATIANA MEINHART HAHN

Prefácios
Ricardo Campos
Ingo Wolfgang Sarlet

Apresentações
José Sérgio Cristóvam da Silva
Daniela Copetti Cravo

REGRAS DE BOAS PRÁTICAS E GOVERNANÇA EM PRIVACIDADE NA LGPD

CONCEITOS, CONTROLES E PROJEÇÕES

Belo Horizonte

FÓRUM
CONHECIMENTO JURÍDICO
2024

© 2024 Editora Fórum Ltda.

É proibida a reprodução total ou parcial desta obra, por qualquer meio eletrônico, inclusive por processos xerográficos, sem autorização expressa do Editor.

Conselho Editorial

Adilson Abreu Dallari	Floriano de Azevedo Marques Neto
Alécia Paolucci Nogueira Bicalho	Gustavo Justino de Oliveira
Alexandre Coutinho Pagliarini	Inês Virgínia Prado Soares
André Ramos Tavares	Jorge Ulisses Jacoby Fernandes
Carlos Ayres Britto	Juarez Freitas
Carlos Mário da Silva Velloso	Luciano Ferraz
Cármen Lúcia Antunes Rocha	Lúcio Delfino
Cesar Augusto Guimarães Pereira	Marcia Carla Pereira Ribeiro
Clovis Beznos	Márcio Cammarosano
Cristiana Fortini	Marcos Ehrhardt Jr.
Dinorá Adelaide Musetti Grotti	Maria Sylvia Zanella Di Pietro
Diogo de Figueiredo Moreira Neto (*in memoriam*)	Ney José de Freitas
Egon Bockmann Moreira	Oswaldo Othon de Pontes Saraiva Filho
Emerson Gabardo	Paulo Modesto
Fabrício Motta	Romeu Felipe Bacellar Filho
Fernando Rossi	Sérgio Guerra
Flávio Henrique Unes Pereira	Walber de Moura Agra

FÓRUM
CONHECIMENTO JURÍDICO

Luís Cláudio Rodrigues Ferreira
Presidente e Editor

Coordenação editorial: Leonardo Eustáquio Siqueira Araújo / Aline Sobreira de Oliveira
Revisão: Aline Almeida
Capa, projeto gráfico e diagramação: Walter Santos

Rua Paulo Ribeiro Bastos, 211 – Jardim Atlântico – CEP 31710-430
Belo Horizonte – Minas Gerais – Tel.: (31) 99412.0131
www.editoraforum.com.br – editoraforum@editoraforum.com.br

Técnica. Empenho. Zelo. Esses foram alguns dos cuidados aplicados na edição desta obra. No entanto, podem ocorrer erros de impressão, digitação ou mesmo restar alguma dúvida conceitual. Caso se constate algo assim, solicitamos a gentileza de nos comunicar através do *e-mail* editorial@editoraforum.com.br para que possamos esclarecer, no que couber. A sua contribuição é muito importante para mantermos a excelência editorial. A Editora Fórum agradece a sua contribuição.

Dados Internacionais de Catalogação na Publicação (CIP) de acordo com ISBD

H148r   Hahn, Tatiana Meinhart

Regras de boas práticas e governança em privacidade na LGPD: conceitos, controles e projeções / Tatiana Meinhart Hahn. Belo Horizonte: Fórum, 2024.

438 p. 14,5x21,5cm
ISBN impresso 978-65-5518-809-7
ISBN digital 978-65-5518-819-6

1. Código de condutas. 2. Proteção de dados. 3. Regulação. 4. Autorregulação. 5. Governança de dados pessoais. 6. Códigos de boas práticas. 7. LGPD. 8. Regras de governança. 9. Governança em privacidade. 10. Dados pessoais. 11. Corregulação. I. Título.

CDD: 340.0285
CDU: 34:004

Ficha catalográfica elaborada por Lissandra Ruas Lima – CRB/6 – 2851

Informação bibliográfica deste livro, conforme a NBR 6023:2018 da Associação Brasileira de Normas Técnicas (ABNT):

HAHN, Tatiana Meinhart. *Regras de boas práticas e governança em privacidade na LGPD*: conceitos, controles e projeções. Belo Horizonte: Fórum, 2024. 438 p. ISBN 978-65-5518-809-7.

Ao Enzo, meu filho e minha maior inspiração, com todo meu amor.

AGRADECIMENTOS

Tudo na vida envolve, em algum momento, outro ser humano e, independentemente do modo, a tudo sou grata. Acredito na presença, nas etapas e na construção. Esta obra representa, assim, uma presença coletiva, tanto das pessoas que já passaram como as que, tenho a sorte e honra, de estarem na minha vida.

Entendo que o espaço do agradecimento em uma obra destina-se à apresentação pela autora do percurso acadêmico, das pessoas e entidades que fizeram parte, de alguma forma, do período de pesquisas até a publicação. Isso oportuniza transparecer ao(à) leitor(a) algumas de suas vinculações, influências, a forma pela qual a autora se aproximou da matéria objeto deste livro e o contexto acadêmico de desenvolvimento das linhas argumentativas.

A ideia de pesquisa originou-se em 2016, ano que meu interesse à importância de uma cultura de privacidade e proteção de dados passou a ser uma inquietação, durante o período de estudos no continente europeu organizado pela Escola Superior da Advocacia-Geral da União. Além das aprofundadas aulas ministradas por grandes juristas na Universitá degli Studi di Roma "Tor Vergata" sobre cortes internacionais e constituições europeias, tive a oportunidade de visitar, de ouvir palestras e assistir aulas na Corte Europeia de Direitos Humanos, em Estrasburgo, na França, na Corte Europeia de Justiça, em Luxemburgo, no Tribunal Constitucional Federal Alemão (Bundesverfassungsgericht), em Karlsruhe, Alemanha, na Avvocatura di Stato e na Corte Costituzionale, em Roma, na Itália.

Agradeço à Advocacia-Geral da União e à Escola Superior da Advocacia-Geral da União, por primarem por capacitações de qualidade e de altíssimo nível de expertise, por incentivarem a construção do desenvolvimento pessoal e profissional de seus membros, servidores e colaboradores.

Com o intuito de ingressar no mestrado, contei sempre com o incentivo do meu esposo e meu melhor amigo. Christian, muito obrigada por me acompanhar, por enfrentar comigo os dias difíceis, por todo amor, apoio, suporte, por me encorajar e acreditar nos meus sonhos e pela família linda que construímos. Iraci e Raimundo, sintam-se orgulhosos e abençoados pelo filho extraordinário, íntegro, espirituoso e do maior coração que conheço. Obrigada pelo Christian e por vibrarem conosco, em cada etapa, com tanto amor e carinho.

Enzo, meu filho. Você me mostrou que não existem impossibilidades, existe bondade e justiça. Mesmo tão novo nesse mundo, você me ensina tanto sobre o que é alegria, entusiasmo, contemplação, amor de mãe, família, coragem, acolhimento, simplicidade, sobre viver e estar no mundo para sermos felizes. Muito obrigada por me escolher como sua mamãe e por ser essa luz vibrante e infinita, a maior felicidade das nossas vidas.

Ao professor José Sérgio Cristóvam da Silva, meu agradecimento pela forma tão generosa com que incentiva seus alunos à vida acadêmica, pelo compartilhamento de conhecimento, experiências, livros e oportunidades de docência. Agradeço pelas aulas provocativas e às discussões aprofundadas no Programa de Pós-Graduação em Direito e no Grupo de Direito Público (GEDIP), ambos da Universidade Federal de Santa Catarina. Obrigada pela bela apresentação da obra, por trazer tranquilidade, incentivo e confiança ao longo do mestrado, entre 2020 e 2022, e em 2023, período de transformação da dissertação em um livro.

Ao professor Fabiano Menke, agradeço a coorientação no mestrado, sempre centrada e ponderada. A sua visionária disciplina de Direito da Informática no Programa de Pós-graduação em Direito da Universidade Federal do Rio Grande do Sul (UFRGS) elasteceu minha visão administrativista e publicista da minha pesquisa às necessidades e às nuances do direito privado. Foi um diferencial o acesso à farta indicação bibliográfica ao longo das aulas, seminários e nos encontros do Grupo de Estudos de Proteção de Dados da UFRGS.

Agradeço ao Legal Grounds Intitute, por organizar grupos de pesquisa com altíssimo grau e profundidade acadêmicas, com palestrantes e bibliografias nacionais e europeias. Ter sido selecionada para integrar, em 2022, o Grupo sobre Regulação de Serviços Digitais e, em 2023, Grupo de Altos Estudos em Computação em Nuvem, permitiu-me agregar linhas argumentativas e comparadas à pesquisa tanto no período final do mestrado, quanto na expansão do estudo em direção ao livro.

Ao professor Flávio Pereira Unes, obrigada pelos questionamentos imprescindíveis na banca de qualificação e por ser, desde a banca final do mestrado, um grande incentivador à publicação desta pesquisa.

Ao professor Emerson Moura, agradeço por suas precisas contribuições e questionamentos. Sua leitura analítica, desde o Projeto até a Dissertação, permitiu enfrentar e alinhar pontos-chave entre os capítulos.

Ao professor Ricardo Campos e ao professor Ingo Wolfgang Sarlet, juristas ímpares cujas mentes brilhantes formam e inspiram profissionais no cenário jurídico nacional e internacional, agradeço a forma honrosa e generosa com que dedicaram tempo e palavras aos prefácios deste livro. À professora doutora Daniela Copetti Cravo, referência central em proteção de dados pessoais no poder público, obrigada por apresentar a obra com tanta assertividade e clareza. Ao professor José Sérgio, ratifico meu agradecimento pela apresentação tão representativa de um percurso que me orgulho e do privilégio em tê-lo como orientador.

Agradeço aos familiares e amigos que estão sempre ao meu lado, amigos da academia e de profissão na advocacia pública, pelas trocas e por vibrarem comigo.

Por fim, e igualmente importante para mim, agradeço a você, leitor, pelo interesse na obra. Será um prazer receber sua mensagem, comentário e questionamentos.

"*Results are obtained by exploiting opportunities, not by solving problems. All one can hope to get by solving a problem is to restore normality. All one can hope, at best, is to eliminate a restriction on the capacity of the business to obtain results. The results themselves must come from the exploitation of opportunities*".

(Drucker, 1999, p. 5) (grifo do original)

LISTA DE FIGURAS

Figura 1 – Organograma estrutural normativo da autorregulação e da governança na LGPD 140

Figura 2 – Os nove vértices do percurso do princípio da precaução 149

Figura 3 – Síntese dos instrumentos regulatórios na LGPD 170

Figura 4 – Estruturação da segurança no Capítulo VII da LGPD 202

Figura 5 – Ciclo relacional e multiparticipativo do art. 50, da LGPD 211

Figura 6 – Eixos da engrenagem da função regulatória na proteção de dados pessoais 267

Figura 7 – Ciclo de supervisão das regras de boas práticas e de governança em privacidade pela ANPD 327

LISTA DE QUADROS

Quadro 1 – Comparativo dos dispositivos sobre boas práticas nos projetos de lei de proteção de dados pessoais no período de 2010 a 2018 105

Quadro 2 – Comparativo dos dispositivos sobre boas práticas no primeiro anteprojeto de 2010 e na redação vigente da LGPD 109

Quadro 3 – Aplicação principiológica no dano *versus* risco de dano na LGPD 145

Quadro 4 – Síntese dos institutos previstos no Capítulo VII, da LGPD 203

Quadro 5 – Vantagens e desvantagens na adoção de regras de boas práticas e de governança em privacidade na LGPD 239

Quadro 6 – Comparativo: autorregulação regulada na LGPD e no RGPD 307

Quadro 7 – Etapas do *enforcement* responsivo na ANPD: deveres do regulador *versus* deveres do regulado 323

Quadro 8 – Comparativo procedimental do artigo 50 da LGPD 333

Quadro 9 – Comparativo dos processos de regulamentação em proteção de dados pessoais 347

Quadro 10 – Art. 50, da LGPD e PL nº 2.338/2023 352

Quadro 11 – Art. 50, da LGPD e Emenda (Substitutivo) do PL nº 2.338/2023 355

LISTA DE ABREVIATURAS E SIGLAS

ABNT – Associação Brasileira de Normas Técnicas
ANPD – Autoridade Nacional de Proteção de Dados
ADI – ação direta de inconstitucionalidade
ADPF – ação por descumprimento de preceito fundamental
ADP – *automatic data processing*
AIR – análise de impacto regulatório
Arpanet – *Advanced Research Projects Agency Network*
ARR – avaliação de resultado regulatório
ASR – análise de suficiência regulatória
BCR – *binding corporate rules*
CEDH – Convenção Europeia dos Direitos do Homem
CEI – Comissão Eletrotécnica Internacional
CDC – Código de Defesa do Consumidor
CD/ANPD – Conselho Diretor da Autoridade Nacional de Proteção de Dados
CID – Centros de Inclusão Digital
CNJ – Conselho Nacional de Justiça
CNPD – Conselho Nacional de Proteção de Dados Pessoais e da Privacidade
CGN – Coordenação-Geral de Normatização na ANPD
COARF – Comitê das Agências Reguladoras Federais
COFINS – Contribuição para o Financiamento da Seguridade Social
CONAR – Conselho Nacional de Autorregulação Publicitária
CRIA – Conselho de Cooperação Regulatória de Inteligência Artificial
CTIA – Comissão Temporária Interna sobre Inteligência Artificial no Brasil

DNS – *Domain Name System*
DPA – *data processing agreement*
DPDC – Departamento de Proteção e Defesa do Consumidor
DPO – *data protection officer*
EC – Emenda Constitucional
ECA – Estatuto da Criança e do Adolescente
ESOs – *European Standardisation Organisations*
EDPB – Conselho Europeu de Proteção de Dados
EUA – Estados Unidos
FIPPs – *Fair Information Practice Principles*
GRC – *Global Regulatory Cooperation*
HEW – *Departament of Health, Education and Welfare*
IA – inteligência artificial
IANA – *Internet Assigned Numbers Authority*
IBGE – Instituto Brasileiro de Geografia e Estatística
ICANN – *Internet Corporation for Assigned Names and Numbers*
ICC – *Interstate Commerce Commission*
ISO – *International Organization for Standardization*
LAI – Lei de Acesso à Informação
LC – Lei complementar
LGD – Lei do Governo Digital
LGPD – Lei Geral de Proteção de Dados Pessoais
LINDB – Lei de Introdução das Normas de Direito Brasileiras
MCI – Marco Civil da Internet
MGI – Ministério da Gestão e da Inovação em Serviços Públicos
MP – Medida Provisória
NPM – *new public management*
OECD – Organização para a Cooperação e Desenvolvimento Econômico
ONU – Organização das Nações Unidas
p. – página

PASEP – Contribuição para os Programas de Formação do Patrimônio do Servidor Público
PIS – Contribuição para os Programas de Integração Social
PL – projeto de lei
PLC – Projeto de Lei da Câmara
PLS – Projeto de Lei do Senado Federal
PPSI – Programa de Privacidade e Segurança da Informação
RGPD – Regulamento Geral de Proteção de Dados da União Europeia
RIPP – relatório de impacto à proteção de dados pessoais
RBC – *Responsible Business Conduct*
SAFARI – *Système Automatisé pour les Fichiers Administratifs et le Répertoire des Individus*
SAI – Sistema Nacional de Regulação e Governança de Inteligência Artificial
SEI – Secretaria Especial de Informática
STB – *Surface Transportation Board*
STF – Supremo Tribunal Federal
TCU – Tribunal de Contas da União
TEDH – Tribunal Europeu dos Direitos do Homem
TICs – tecnologias da informação e da comunicação
TRF4 – Tribunal Regional da 4ª Região
UIA – *Union of International Associations*
UIT – União Internacional das Telecomunicações
UNCTAD – Conferência das Nações Unidas para o Comércio de Desenvolvimento

SUMÁRIO

PREFÁCIO
Ricardo Campos 25

PREFÁCIO
Ingo Wolfgang Sarlet 29

APRESENTAÇÃO
José Sérgio da Silva Cristóvam 33

APRESENTAÇÃO
Daniela Copetti Cravo 39

INTRODUÇÃO 41

PARTE I
CONCEITOS

CAPÍTULO 1
CONCEITOS PRÉVIOS À FORMULAÇÃO AUTORREGULATÓRIA
NO TRATAMENTO DE DADOS PESSOAIS NO BRASIL 53

1.1 A participação no direito administrativo contemporâneo 54
1.2 A regulação do direito fundamental à proteção de dados pessoais no Brasil: elementos históricos e principiológicos 68
1.3 A pré-história legislativa do artigo 50, da LGPD 88
1.4 Condutas autorregulatórias em proteção de dados pessoais 113
1.4.1 Conduta responsável 114
1.4.2 Conduta transparente multifocal 123
1.5 Síntese conclusiva: o artigo 50 como propulsor da cultura de proteção de dados pessoais na LGPD 130

CAPÍTULO 2
CONCEITOS APLICÁVEIS À ESTRUTURAÇÃO DAS REGRAS DE BOAS PRÁTICAS E DE GOVERNANÇA EM PRIVACIDADE NA LGPD 135

2.1   A extensividade do princípio da prevenção 140
2.2   Entre a regulação pública e a privada: o regulado como regulador 152
2.3   Distinções conceituais autorregulatórias na LGPD 164
2.3.1   Categorias de boas práticas e conceito de regras de boas práticas ... 167
2.3.2   Natureza jurídica das regras de boas práticas e regras de governança em privacidade 180
2.3.3   Programa de governança em privacidade e a governança de dados pessoais 184
2.3.4   Padrões técnicos 197
2.4   Requisitos legais às formulações do artigo 50, da LGPD 204
2.4.1   Formais e materiais 204
2.4.2   Subjetivos 211
2.5   Aplicação autorregulatória na LGPD: vantagens e desvantagens 226
2.6   Síntese conclusiva: a supervisão regulatória estatal ao *enforcement* autorregulatório 240

PARTE II
CONTROLES

CAPÍTULO 3
REGULAMENTAÇÃO DAS REGRAS DE BOAS PRÁTICAS E DE GOVERNANÇA EM PRIVACIDADE NA LGPD 245

3.1   O autocontrole e a autogovernança 252
3.2   Discricionariedade e segurança jurídica: a função regulatória na proteção de dados 256
3.3   A teoria responsiva na LGPD 272
3.4   Monitoramento, supervisão e sanção 297
3.5   Monitoramento e supervisão na autorregulação regulada: as influências do RGPD na LGPD 300
3.6   Estudo de caso: *European Union Data Protection Code of Conduct for Cloud Service Providers* (EUCloud) 311
3.7   Síntese conclusiva: a autorregulação na LGPD: do cenário internacional a uma realidade brasileira da proteção de dados pessoais 314

PARTE III
PROJEÇÕES

CAPÍTULO 4
PROJEÇÕES À REGULAMENTAÇÃO DOS INSTRUMENTOS AUTORREGULATÓRIOS NA LGPD..................319

4.1 Proposta de supervisão pela ANPD das regras de boas práticas e de governança em privacidade na LGPD 319
4.2 Análise de suficiência regulatória (ASR): um direito decorrente do art. 50, da LGPD 328
4.2.1 A concretização da normatividade autorregulatória pela ASR........330
4.3 Proposta regulamentar: a regulamentação do artigo 50, §3º, da LGPD 332
4.4 Proposta legislativa de inclusão dos artigos 51-A a 51-D à LGPD 338
4.5 Propostas legislativas com projeções no art. 50, da LGPD 348
4.6 *Enforcement* e *accountability* das regras de boas práticas e de governança em privacidade na LGPD 359
4.7 Autorregulação da LGPD no setor público: governança regulatória e em privacidade no tratamento de dados pessoais 367
4.8 Síntese conclusiva do capítulo: a concretização da regulamentação do artigo 50 como propulsora da LGPD e como alicerce aos futuros desafios da ANPD 376

CONCLUSÃO..................381

REFERÊNCIAS..................395

ANEXOS

ANEXO A
PROJETO DE LEI DO SENADO FEDERAL Nº 6.212, 27 DE NOVEMBRO DE 2019 427

ANEXO B
PROJETO DE LEI DO SENADO FEDERAL Nº 3.034, 20 DE DEZEMBRO DE 2022 429

ANEXO C
TRECHO DA REDAÇÃO ORIGINAL DO PROJETO DE LEI DO SENADO FEDERAL Nº 2.338, DE 3 DE MAIO DE 2023 431

ANEXO D
TRECHOS DA REDAÇÃO COM EMENDA DO PROJETO DE LEI DO SENADO FEDERAL Nº 2.338, DE 3 DE MAIO DE 2023, SUBSTITUTIVO AOS PROJETOS DE LEI QUE DISPÕEM SOBRE A REGULAMENTAÇÃO DO USO DA INTELIGÊNCIA ARTIFICIAL NO BRASIL 433

PREFÁCIO

No atual contexto de crescente datificação da vida humana, o direito, sendo parte fundamental da estrutura normativa da sociedade, se vê sujeito a pressões inexistentes há até relativamente pouco tempo. O recente[1] advento de legislações de proteção de dados pessoais em todo o mundo é um exemplo disso. Podemos dizer que uma das funções do direito moderno é conciliar as camadas normativas (jurídicas) às novas tecnologias.[2] Nesse sentido, não haveria lei de *uma* ou mesmo *da* sociedade, mas a lei é, em certo sentido, a própria sociedade.[3]

Isso porque revoluções tecnológicas sempre se entrelaçam com o contexto intelectual, social, político e econômico vigente, sendo profundamente integradas a esses aspectos e gerando consequências colaterais. Revoluções tecnológicas trazem desconstrução de conceitos, paradigmas, estruturas e identidades anteriormente seguras, contribuindo para a sua reavaliação crítica à luz do novo estágio da tecnologia e do desenvolvimento social.[4] Ainda na década de 1990, o sociólogo Niklas Luhmann já apresentava dúvidas teóricas sobre o futuro desenvolvimento do direito nessa sociedade marcada por uma emergente revolução tecnológica. Em suas obras, percebe-se a busca pela compreensão de uma sociedade cada vez mais focada em novas tecnologias e seus efeitos transfronteiriços, para a qual os mecanismos tradicionais do direito e da política, centrados no Estado-Nação, têm cada vez mais dificuldade de desempenhar o mesmo papel que tradicionalmente desempenhavam.

A articulação do direito e da proteção do indivíduo (e de seus direitos e garantias fundamentais) parece, assim, um desafio mais

---

[1] Refiro-me principalmente aos numerosos desdobramentos normativos da última década, sem desconsiderar, contudo, a (relativamente curta) existência de normas sobre privacidade e proteção de dados pessoais desde a década de 1970.

[2] DESCOMBES, V. *Die Rätsel der Identität*, Berlim 2013, p. 226 e seguintes; VESTING, T. *Gentleman, Manager, Homo Digitalis. Der Wandel der Rechtssubjektivität in der Moderne.* Weilerswist, 2021.

[3] LUHMANN, N. *Das Recht der Gesellschaft*. Frankfurt am Main: Suhrkamp, 1993.

[4] BELOY, M. Post-human Constitutionalism? A Critical Defence of Anthropocentric and Humanist Traditions in Algorithmic Society. In: BELOY, M. (Org.). *The IT Revolution and its Impact on State, Constitutionalism and Public Law*. Oxford: Hart Publishing, 2021.

complexo se comparado com o momento em que a estruturação normativa social concentrava-se no Estado enquanto ente regulador. Especialmente com o advento de novas tecnologias computacionais, de informação e comunicação, as estruturas normativas que moldam, influenciam ou mesmo permitem o exercício de direitos não podem mais depender exclusivamente do agir estatal. Na realidade, não é exagero afirmar que "[u]ma visão estadocêntrica da criação do Direito tornou-se irrealista e inadequada".[5]

Dessa forma, novas construções normativas tendem a estruturar o campo de ação do indivíduo, das corporações e do Estado com base na modelagem do próprio meio e no desenho do modelo empresarial que subjaz o desenvolvimento dessas tecnologias emergentes. Nisto, aliás, reside o caráter moderno do direito: lidar com uma complexidade indeterminada e indeterminável de fatores, mas também ser um motor para a construção de novas e complexas relações sociais.

Justamente, uma das maneiras mais eficientes de se alcançar esse objetivo é por meio da autorregulação, tema da obra de Tatiana Meinhart Hahn, a qual tenho a honra de prefaciar. A autorregulação, que surge no contexto de crise da regulação estatal tradicional pelo aumento da complexidade social atrelado à absorção por atividades privadas de tarefas estatais, visa conjugar duas das dimensões da sociedade: os objetivos públicos, orientados pelo interesse público, relacionados ao conhecimento setorial da sociedade privada para implementar tais objetivos.[6]

Um dos casos que melhor ilustra como a "aplicação de instrumentos jurídicos diversificados permite o acompanhamento normativo jurídico aos impactos da tecnologia"[7] é o do direito à proteção de dados pessoais. Nas palavras de Hahn, que brilhantemente sintetiza a discussão,

> [a] autorregulação prevista por lei, desenvolvida e aplicada pelos agentes de tratamento, é um dos eixos centrais de expansão da cultura de proteção de dados pessoais nos ordenamentos jurídicos. De um lado,

---

[5] Palavras de Tatiana Meinhart Hahn, na introdução desta obra.
[6] VOßKUHLE, Andreas. Regulierte Selbstregulierung – Zur Karriere eines Schlüsselbegrilis. *In*: BERG, Wilfried; FISCH, Stefan; GLAESER, Walter Schmitt *et al.* (Orgs.). *Regulierte Selbstregulierung als Steuerungskonzept des Gewährleistungsstaates*: Ergebnisse des Symposiums aus Anlaß des 60. Geburtstages von Wolfgang Hoffmann-Riem. 1. ed. [s.l.]: Duncker & Humblot, 2016. p. 197.
[7] Novamente, palavras de Tatiana Meinhart Hahn, nesta obra.

as organizações conhecem os riscos e os benefícios do uso dos dados pessoais. Por outro, o Estado oferece sistema constitucional e infraconstitucional que assegure aos dados pessoais (assim como a outros direitos fundamentais conexos) uma estrutura normativa segura, de interlocução entre os diferentes interesses e de supervisão com vistas à estabilização e à confiança nas relações jurídicas envolvidas.

A Lei Geral de Proteção de Dados Pessoais brasileira traz a previsão da autorregulação em seu Artigo 50, o qual estabelece que "os controladores e operadores, no âmbito de suas competências, pelo tratamento de dados pessoais, individualmente ou por meio de associações, poderão formular regras de boas práticas e de governança". O ponto é que uma vez que o artigo em questão concedeu à ANPD uma ampla margem de autonomia para reconhecer e divulgar essas regras sem especificar os critérios para tal faculdade, verificou-se, na prática, "subutilização do instituto pelos agentes de tratamento diante de uma série de questionamentos relacionados a como ele seria operacionalizado", nas palavras de Hahn. Houve "uma desconfiança no instituto quase ao ponto de torná-lo opaco, sem despertar a atenção e o interesse inclusive no âmbito acadêmico, se comparado a outros temas da LGPD". O tema só veio ganhar notoriedade com o Código de Conduta para Nuvem europeu (*EU Cloud Code of Conduct*), de 2021 – como apontado por Hahn em sua pesquisa.

Tatiana Hahn argumenta que, ao permitir que o controlador e o operador de dados formulem regras de boas práticas e de governança no âmbito de suas competências sobre aspectos do tratamento de dados pessoais, o artigo 50 concentra dois institutos jurídicos no ambiente regulatório da proteção de dados pessoais: "a possibilidade de o Estado reconhecer fontes normativas não legislativas e o exercício voluntário de responsabilização e autolimitação da autonomia desses agentes de tratamento, sendo função da ANPD, como Autoridade de Garantia, conferir segurança jurídica e fixar as diretrizes desses fenômenos multiparticipativos". Então, a partir de uma série de questionamentos intrigantes, Hahn direciona impecavelmente sua obra, para que seus leitores compreendam de maneira pormenorizada a formulação autorregulatória da proteção de dados no Brasil, com foco, sobretudo, na estruturação e regulamentação das regras de boas práticas e governança no âmbito da LGPD.

Dentre muitos dos ensinamentos que se podem tirar desta obra, gostaria de destacar o momento em que a autora afirma que "[a] aplicação de instrumentos jurídicos diversificados permite o acompanhamento normativo jurídico aos impactos da tecnologia e da globalização nas relações humanas e nas relações do Estado com a sociedade e na aplicação de direitos fundamentais". Aqui, Hahn demonstra a importância e a necessidade da autorregulação em contextos de inovações tecnológicas como as que temos vivenciado.

Como bem explica o constitucionalista Dieter Grimm, a autorregulação depende em grande parte da cooperação entre o Estado regulador e os atores sociais a serem regulados.[8] E como bem explica Hahn, o "envolvimento dos destinatários das normas em ações regulatórias com o compartilhamento de responsabilidades, como é hipótese observada no artigo 50 da LGPD, é uma ferramenta poderosa à expansão e à disseminação da matéria entre as múltiplas camadas envolvidas na execução de uma lei". Esta pesquisa, por sua vez, é um importante passo em direção ao fortalecimento da regulação e de uma cultura de proteção de dados pessoais no Brasil.

Valho-me, uma última vez, das palavras de Tatiana Meinhart Hahn. Compreender a autorregulação na proteção de dados pessoais (e, por que não, em outras áreas do direito?) é uma tarefa desafiadora. Seja porque implica a "superação de uma visão automática e distorcida de que autorregular é combater a presença estatal", seja em razão da "expansão da independência e da autonomia que a criação de modelos autorregulatórios comporta em si mesma". Se é verdade que o efetivo reconhecimento da imprescindibilidade da autorregulação demandará esforços, eles seguramente serão aliviados a partir do estudo da presente obra.

Uma excelente leitura a todos!

Ricardo Campos

Docente nas áreas de proteção de dados, regulação de serviços digitais e direito público na Faculdade de Direito da Goethe Universität Frankfurt am Main (Alemanha). Doutor e mestre em Direito pela Goethe Universität. Ganhador do prêmio Werner Pünder sobre regulação de serviços digitais (Alemanha, 2021) e do European Award for Legal Theory da European Academy of Legal Theory (2022). Diretor do Legal Grounds Institute. Sócio do Warde Advogados, consultor jurídico e parecerista.

---

[8] GRIMM, Dieter. Regulierte Selbstregulierung in der Tradition des Verfassungsstaats. *In*: BERG, Wilfried; FISCH, Stefan; GLAESER, Walter Schmitt; *et al*. (Orgs.). *Regulierte Selbstregulierung als Steuerungskonzept des Gewährleistungsstaates*: Ergebnisse des Symposiums aus Anlaß des 60. Geburtstages von Wolfgang Hoffmann-Riem. 1. ed. [s.l.]: Duncker & Humblot, 2016.

PREFÁCIO

Como é notório, a proteção dos dados pessoais alcançou uma dimensão sem precedentes no âmbito da assim chamada sociedade tecnológica, notadamente a partir da introdução do uso da tecnologia da informática e da ampla digitalização que já assumiu um caráter onipresente e afeta todas as esferas da vida social, econômica, política, cultural contemporânea no Mundo.

No que diz respeito à esfera do Direito, que tem sido convocado a regular também essa matéria, a despeito de a instituição e subsequente ampliação em termos quantitativos e qualitativos da proteção jurídica de dados pessoais ter iniciado no limiar da década de 1970, o reconhecimento de um direito humano e fundamental à proteção dos dados pessoais, contudo, teve de esperar ainda um tempo considerável para ser incorporado de modo abrangente à gramática jurídico-constitucional, à exceção dos paradigmáticos exemplos da Constituição da República Portuguesa de 1976[9] e da Constituição Espanhola de 1978.[10] O mesmo se deu na esfera do direito internacional, visto que o primeiro documento a reconhecer expressamente um direito fundamental à proteção de dados pessoais foi a Carta Europeia dos Direitos Fundamentais, de 2000,[11] posteriormente incorporada ao Tratado de Lisboa, em 2009, quando passou a ter força normativa vinculante.

---

[9] A proteção dos direitos fundamentais no campo da informática está detalhadamente prevista no artigo 35 da Constituição Portuguesa, aqui transcrito na sua versão inicial: "(utilização da informática) 1. Todos os cidadãos têm o direito de tomar conhecimento do que constar de registos mecanográficos a seu respeito e do fim a que se destinam as informações, podendo exigir a rectificação dos dados e a sua actualização. 2. A informática não pode ser usada para tratamento de dados referentes a convicções políticas, fé religiosa ou vida privada, salvo quando se trate do processamento de dados não identificáveis para fins estatísticos. 3. É proibida a atribuição de um número nacional único aos cidadãos". Note-se que tal dispositivo foi alterado três vezes por leis de revisão constitucional de 1982, 1989 e 1997, tendo sido substancialmente atualizado e ampliado.

[10] "Art. 18, nº 4. *La ley limitará el uso de la informática para garantizar el honor y la intimidad personal y familiar de los ciudadanos y el pleno ejercicio de sus derechos*". Cuida-se aqui, na versão original de 1978, de uma proteção indireta dos dados pessoais, visto que não há menção expressa aos mesmos.

[11] Art. 8º. "Todas as pessoas têm direito à proteção dos dados de carácter pessoal que lhes digam respeito".

Nesse sentido, note-se que mesmo já no limiar da terceira década do século XXI, ainda existem Estados constitucionais onde um direito fundamental à proteção de dados não é reconhecido, pelo menos na condição de direito expressamente positivado na Constituição, muito embora tal direito seja, em vários casos, tido como implicitamente positivado, sem prejuízo de uma mais ou menos ampla regulação legislativa e administrativa, ademais de significativo desenvolvimento na esfera jurisprudencial.

No caso do Brasil, a Constituição Federal de 1988 (CF) não contemplou no seu texto original um direito fundamental autônomo à proteção de dados pessoais, que veio a ser reconhecido como direito implicitamente positivo pelo STF somente em maio de 2020, por ocasião do julgamento do mérito da ADI nº 6387-DF, relatada pela Ministra Rosa Weber. Como consequência dessa importante e paradigmática decisão da Corte Suprema brasileira, mas também por influência da aprovação e entrada em vigor, em duas etapas, da primeira Lei Geral de Proteção de Dados (LGPD) – Lei nº 13.709/2018, foi acelerado o processo de tramitação, no Congresso Nacional, de uma proposta de emenda à constituição (PEC nº 17/2019), que, oriunda do Senado Federal, sofreu ajustes na Câmara dos Deputados e acabou sendo, com esta mesma redação, aprovada pelo Senado em 20.10.2021 e promulgada em 10.02.2022, inserindo um direito fundamental à proteção de dados pessoais no artigo 5º, da CF, ademais de dispor sobre as competências da União na matéria. De acordo com a redação dada pela PEC nº 17/2019, o *caput* do art. 5º da CF passa a vigorar acrescido do seguinte inciso LXXIX: "é assegurado, nos termos da lei, o direito à proteção dos dados pessoais, inclusive nos meios digitais". No que diz respeito ao sistema de repartição de competências, o *caput* do art. 21 da Constituição Federal passa a vigorar acrescido do seguinte inciso XXVI: "organizar e fiscalizar a proteção e o tratamento de dados pessoais, nos termos da lei", ao passo que o *caput* do art. 22 da Constituição Federal passa a vigorar acrescido do seguinte inciso XXX: "proteção e tratamento de dados pessoais".

Passados já mais de cinco anos da aprovação da LGPD e mais de três anos do reconhecimento – na época, por força ainda apenas de decisão do STF – de um direito fundamental à proteção de dados pessoais, muitos avanços já podem ser registrados, mas outros tantos – e mesmo muito mais – ainda desafiam adequado enfrentamento.

Chamam a atenção, apenas em caráter meramente ilustrativo, a falta de regulação da proteção de dados pessoais em diversos setores, onde a LGPD, por sua expressa disposição, não se aplica (segurança pública, segurança nacional, investigação e persecução penal, execução penal e direito tributário, dentre outros), bem como algumas lacunas de proteção e problemas vinculados à própria LGPD, e, por evidente, aos domínios aos quais ela não se aplica. É o caso, por exemplo, dos limites ao compartilhamento e concentração de dados pessoais, da separação informacional de poderes, do devido processo informacional, do prazo de armazenamento dos dados pessoais, da reserva de jurisdição, além de uma miríade de outros problemas e desafios que aqui poderiam ser colacionados.

É nesse contexto que, a despeito da existência de muitas obras e publicações de muito valor, ainda há muito a desenvolver no âmbito da academia jurídica, onde também já se registra a existência de muitas dissertações de mestrado e teses de doutorado no Brasil.

É o caso, por exemplo, da obra que ora tenho a honra e o privilégio de poder prefaciar. Trata-se do texto que corresponde à dissertação de mestrado desenvolvida e defendida pela autora, Tatiana Meinhart Hahn, no âmbito do prestigiadíssimo Programa de Pós-Graduação em Direito da Universidade Federal de Santa Catarina, sob a segura e competente orientação do colega e amigo, professor José Sérgio Da Silva Cristóvam, professor de Direito Administrativo nos cursos de graduação, mestrado e doutorado da mesma Instituição de Ensino Superior, onde também tem se destacado nos últimos anos na área da proteção de dados e das relações entre Direito e Tecnologia.

O título da obra, *Regras de boas práticas e governança em privacidade na LGPD: Conceitos, controles e projeções*, por si só já revela a felicidade na escolha do tema, dada a sua atualidade e relevância, mas também considerando a ainda pouca literatura existente sobre a matéria.

Invocando aqui passagem da introdução, da lavra da autora, (...) "Cada Capítulo adota como apoio bases teóricas estruturais e argumentativas, respectivamente com (a) a participação no direito administrativo como fator de mutação e manutenção das funções regulatórias do Estado; (b) a autorregulação como um dos instrumentos autorregulatórios da LGPD caraterizado por um compromisso seguro de responsabilização voluntário pelos agentes de tratamento e (c) o direito fundamental à proteção de dados pessoais, o princípio constitucional da segurança jurídica e a responsividade do regulador como fundamentos à leitura sistêmica do artigo 50, da LGPD. Frisa-se que o objetivo é analisar a autorregulação nacional em proteção de dados pessoais a partir do artigo 50, da LGPD" (...), já se tem acesso aos elementos nucleares e estruturantes do texto, ademais de uma percepção da qualidade da proposta.

Aspecto a sublinhar, dentre outros, é que a autora realizou pesquisa de fôlego e revelou notável capacidade de investigação, autonomia científica, maturidade e densidade no respeitante à construção e desenvolvimento do trabalho, tudo a desembocar num texto que merece ser levado ao conhecimento do público interessado.

Mas, como é do meu hábito não afastar por tempo demasiado o leitor da leitura do texto, encaminho-me para o final parabenizando Tatiana, com os votos de que a obra encontre a merecida receptividade na comunidade acadêmica, mas também por todos os setores interessados, sejam os integrantes das carreiras jurídicas, mas também por parte daqueles que atuam nas mais diversas frentes, designadamente, nos órgãos públicos e na esfera privada.

Porto Alegre, 03 de dezembro de 2023.

Ingo Wolfgang Sarlet
Professor Titular e Coordenador do PPPGD em Direito da PUCRS

APRESENTAÇÃO

O convite da jovem e talentosa administrativista Tatiana Meinhart Hahn para a apresentação do seu livro *Regras de boas práticas e governança em privacidade na LGPD: conceitos, controles e projeções* chega-me cercado dos melhores sentimentos e recheado de alguns especiais simbolismos: (i) a alegria de participar de um momento ímpar na sua promissora trajetória acadêmica, agora laureada com a publicação do seu livro pela renomada Editora Fórum; (ii) a satisfação de ver o coroamento do seu largo e fecundo esforço, o que sempre impõe também muitas renúncias; (iii) a honraria da lembrança do nosso nome para essa rica empreitada, a desvelar seu elevado (e até, em considerável medida, imerecido!) sentimento de respeito pessoal, acadêmico e profissional.

Sim, esses são alguns dos sentimentos que nos povoam, até com certa recorrência, quando de convites para apresentações e prefácios de livros que estão para nascer. Mas aqui, neste caso, isso tudo se multiplica e ressignifica, porque o convite vem da Tatiana Hahn, pessoa realmente singular, não somente pela sua incrível capacidade acadêmica e qualidades pessoais que são notáveis já à primeira vista, mas também pela fortaleza e determinação em buscar/conquistar seus objetivos, com denodo e pretensão de perfeição tanto nas suas atividades acadêmicas como nas profissionais, e tudo ao mesmo tempo.

Eu conheci a Tatiana em 2019, um ano antes da Pandemia de Covid-19, e com um breve relato que vou aqui dividir com o(a) leitor(a) será possível dimensionar um pouco desses seus atributos que acabei de declinar. Eu estava a lecionar uma disciplina para os cursos de mestrado e doutorado em Direito (PPGD/UFSC) e recebi o contato da Tatiana, com o pedido para ser aluna-ouvinte, algo trivial. Aceitei de pronto e ela iniciou conosco a disciplina, sempre muito pontual, preparada, atenta e participativa – até aí, nada muito diferente dos bons alunos que costumam surgir!

Mas já com a segunda ou terceira aula, vim a saber que ela não estava a residir em Florianópolis (SC) e nem nas imediações, como eu supunha. Na verdade, morava em Caxias do Sul (RS), distante cerca de uns 500 km e a umas 7 horas de carro de Floripa e vinha com o seu esposo e parceiro de todas as horas especialmente para as nossas aulas, todas as segundas-feiras, pela manhã (9h). Isso, por sim, já prova com sobras a determinação e as qualidades que acima a tributei!

Veio o processo seletivo para o mestrado no final de 2019 e a Tatiana foi aprovada com destaque, sobressaindo entre diversos candidatos de excelência e conquistando uma das duas vagas que eu oferecia para o curso de mestrado em 2020. E, com o início do curso, logo chegou a Pandemia da Covid-19, impondo a todos nós inimagináveis provações e restrições. Tatiana e seu esposo já haviam mudado para Florianópolis, para que ela pudesse cursar o mestrado, e, logo em março de 2020, as aulas foram suspensas, e assim ficaram por alguns meses, até reiniciarmos o curso em formato virtual, o que permaneceu pelos anos de 2020 e 2021.

Tatiana se deixou abater? Nada disso, fez dessas adversidades combustível para um curso de mestrado de muita qualidade, com diversas participações em eventos virtuais nacionais e estrangeiros, integração com outras Universidades e grupos de estudos/pesquisas, produção acadêmica de excelência junto ao nosso grupo de estudos (GEDIP/PPGD/UFSC), sendo que alguns dos artigos que publicamos em coautoria servem de bibliografia de destaque para temas como Governo aberto, governança pública de dados e LGPD aplicada ao setor público, inclusive referenciados na sua dissertação, agora vertida em livro.

Sobre suas pesquisas de mestrado, cumpre destacar que o seu projeto de dissertação foi submetido à qualificação no dia 11 de abril de 2022, testado e aprovado por uma banca atenta, rigorosa e mui especializada, composta pelos colegas prof. dr. Emerson Affonso Da Costa Moura (UNIRIO, UFF), prof. dr. Fabiano Menke (UFRGS), prof. dr. Flávio Henrique Unes Pereira (UFMG, IDP) e prof. dr. Juliano Heinen (ESMP).

Depois, a Tatiana passou por um período de intensa e instigante pesquisa e escrita da dissertação, quando tivemos agregada a competente coorientação do colega prof. r. Fabiano Menke, culminando com a defesa pública da dissertação de mestrado em 16 de dezembro de 2022, aprovada com destaque perante a banca composta pelos colegas prof. dr. Emerson Affonso Da Costa Moura (UNIRIO, UFF) e prof. dr. Flávio Henrique Unes Pereira (UFMG, IDP), cabendo realçar os registros da banca acerca da elevada distinção e qualidade do trabalho, com a indicação de sua publicação, o que agora, passadas as revisões e atualizados, é trazido a lume na forma de livro.

Na condição de orientador, pude acompanhar muito de perto toda essa bela trajetória, e posso testemunhar o verdadeiro salto e amadurecimento acadêmico da agora me. Tatiana Meinhart Hahn. Mas preciso registrar que tudo isso, realizado com maestria e destaque, veio em conjunto com a sua atuação como Procuradora Federal e, ainda, sob as bênçãos e provações que marcaram a gestação e chegada do pequeno Enzo – filhos, incrível como com eles e para eles retiramos tamanha força e perseverança que jamais supúnhamos tê-las, não é, Tatiana? Filhos são a síntese perfeita de tudo o que há de mais sagrado abaixo do Céu!

Registro esses pequenos fragmentos da instigante caminhada pessoal e acadêmica da Tatiana Meinhart Hahn para que o(a) leitor(a) conheça um pouco da pessoa e de como a publicação deste livro também simboliza a culminância até aqui de uma trajetória bonita e vitoriosa, de uma mulher de fibra e resiliência, que é a um só tempo esposa, mãe, procuradora, pesquisadora e agora mestre em Direito pelo prestigiado e afamado PPGD/UFSC.

Passando ao livro que o(a) leitor(a) agora tem em mãos, já desde as primeiras linhas fica evidente tratar-se de um trabalho diferenciado: primeiro, porque aborda tema realmente atual, de forma inovadora e crítico-propositiva, sendo que a Tatiana realmente assume posição sobre diversos dos imbricados temas que enfrenta; segundo, pela qualidade da revisão bibliográfica realizada, que destoa positivamente de muitos trabalhos monográficos que, embora interessantes, pecam pela reduzida profundidade nos temas centrais que abordam; terceiro, porque embora jovem, a autora já ostenta uma escrita madura e bem fundamentada, o que é fruto de muita pesquisa e qualificada leitura.

O livro, que ganhou larga revisão e ampliação desde a versão final da dissertação, vem estruturado em três partes:

(i) a primeira discute a centralidade da formulação autorregulatória no tratamento de dados pessoais no Brasil, com o destaque do art. 50 da LGPD como mola propulsora da cultura de proteção de dados pessoais;

(ii) a segunda, há o fecundo debate em torno da estruturação autorregulatória e de governança de dados na LGPD, com o aprofundamento sobre temas relacionados às regras de boas práticas, programas de governança em privacidade e governança de dados pessoais, bem como a importância da supervisão regulatória estatal como eixo central ao cumprimento do art. 50 da LGPD;

(iii) a terceira culmina com o seguro enfrentamento da temática central da obra, sobre a regulamentação das regras de boas práticas e de governança na LGPD, com destaque para temas como da teoria responsiva na LGPD, da análise de suficiência regulatória, *enforcement* e *accountability* da autorregulação na LGPD e suas implicações no setor público a partir da dimensão de boa governança no tratamento de dados pessoais no Brasil.

Com segurança, Tatiana Hahn enfrenta essas e diversas outras questões, não fugindo e nem desviando dos temas mais espinhosos, sempre amparada nas mais atuais e abalizadas doutrinas. E, outro ponto importante, sem esconder as divergências e sem deixar de apresentar o necessário contraponto, porque em diversas das análises empreendidas se está longe de um consenso – o que, de fato, precisa ser mais festejado do que lamentado!

Apenas para destacar algumas das bem lançadas conclusões da autora, ao final da sua obra, Tatiana Hahn é certeira ao sustentar que a "análise dos dispositivos da LGPD, dos regulamentos, da doutrina nacional e estrangeira revela que, mais importante do que investigar qual a interpretação quanto à extensão e aplicação da competência regulatória e fiscalizatória sobre a autorregulação permitida pelo legislador, é perquirir qual é a finalidade por trás desse compartilhamento de competência".

Da mesma forma, culmina por demonstrar a centralidade do "aprofundamento conceitual em torno das boas práticas para distinguir as regras de boas práticas dos códigos de conduta, com vistas à mitigação de uma aplicação desarmônica do artigo 50 da LGPD frente à atual ausência regulatória por parte da ANPD", concluindo pela "impossibilidade de um autocontrole exclusivo ou da autonomia irrestrita de autogovernança pelos aplicadores do artigo 50".

E, para arrematar, quando corretamente afirma que a "função regulatória na proteção de dados pessoais em todo mundo está em construção em meio a um cenário regulatório de consideráveis processos de mudanças no direito digital, no direito administrativo e em suas formulações práticas e teóricas", sendo que o "amadurecimento regulatório e uma visão constitucional das funções estatais de controle, seja nas suas próprias competências, seja nas atividades privadas, apresentaram o desafio ao resguardo de dados pessoais e ao seu uso sustentável".

Paro por aqui e deixo que o(a) leitor(a) tire suas próprias conclusões...

Espero ter oferecido mostras suficientes a demonstrar a competência da autora e a qualidade das suas reflexões críticas, a transparecer a relevância do trabalho agora vertido em livro, certo de que esta obra, que tenho a satisfação de apresentar, alcançará o merecido sucesso. Ficam, pois, os efusivos cumprimentos à autora e à Editora Fórum, pela qualificada publicação.

Ilha de Santa Catarina (Desterro), 10 de dezembro de 2023 – um domingo chuvoso, de uma primavera que será lembrada como uma das mais chuvosas de todos os tempos! E ao fundo já se ouvem os *jingle bells* a recordar-nos que é Natal, e aqui sempre me vem à mente aquela musicada e incômoda pergunta na voz de Simone, "então é Natal, e o que você fez? O ano termina e nasce outra vez" – a lembrar-nos que a vida é sim feita de ciclos e que, para o ano que vem, podemos renovar nossa esperança não só na Humanidade, mas, sobretudo, em nós mesmos e no nosso potencial de renascimento. Amém! Oxalá!

José Sérgio da Silva Cristóvam
Mestre e doutor em Direito pela Universidade
Federal de Santa Catarina (UFSC)
Professor da graduação, mestrado e doutorado
em Direito da UFSC
Coordenador do Grupo de Estudos em Direito
Público (GEDIP/CCJ/UFSC)

APRESENTAÇÃO

Com grande satisfação, tenho a honra de apresentar esta obra escrita pela dra. Tatiana Meinhart Hahn, mestra em Direito pela Universidade Federal de Santa Catarina e Procuradora Federal na AGU. Sua expertise em Direito Público enriquece este trabalho, refletindo não apenas sua dedicação à pesquisa, mas também sua atuação sólida e comprometida com a área.

Ao longo do livro, a brilhante autora empreende uma jornada pelos intricados meandros da legislação, oferecendo-nos uma leitura sistemática e constitucional sobre a autorregulação em matéria de proteção de dados pessoais à luz do artigo 50 da Lei Geral de Proteção de Dados Pessoais (LGPD). Tal leitura concentra-se precisamente no papel a ser desempenhado pela Autoridade Nacional de Proteção de Dados (ANPD) e nos possíveis instrumentos autorregulatórios convergentes à implementação da Lei e de seus institutos.

O livro não se limita a discutir aspectos jurídicos, mas adentra nos desafios práticos e nas potencialidades que a autorregulação pode proporcionar no contexto transfronteiriço de proteção de dados pessoais. A reflexão sobre como tornar a autorregulação um elemento funcional e não meramente simbólico no cenário brasileiro é central nesta obra.

Nesse contexto, a autora destaca a importância da tríade da participação, da prevenção-precaução e da segurança jurídica como alicerces fundamentais para a compreensão da autorregulação. Além disso, a obra enfatiza o convite aos regulados não apenas para cumprirem a lei, mas para participarem ativamente em sua construção, proporcionando uma leitura dinâmica e atualizada do ambiente regulatório.

Quanto à estrutura do livro, esse inicia com uma introdução que delineia os propósitos e contornos do estudo, seguido por um segundo capítulo que desvenda a formulação autorregulatória no tratamento de dados pessoais no Brasil, explorando desde as raízes históricas até as condutas responsáveis e transparentes multifocais. O segundo capítulo aprofunda-se na estruturação autorregulatória e de governança de dados na LGPD, abordando a extensividade do princípio da prevenção, distinções conceituais autorregulatórias e requisitos legais do artigo 50. Na terceira parte, adentra na regulamentação das regras de boas práticas e de governança, discutindo desde a teoria responsiva até o *enforcement* e *accountability* da autorregulação na LGPD, culminando em uma análise abrangente do cenário internacional da proteção de dados.

Destarte, o livro não apenas ilumina a complexa legislação sobre proteção de dados, mas também instiga seus leitores a pensarem criticamente sobre os caminhos a serem trilhados na busca por um ambiente regulatório que promova o uso responsável de dados pessoais. Trata-se de uma obra que transcende a área acadêmica, podendo servir de guia reflexivo aos profissionais, operadores e interessados no tema da proteção de dados pessoais.

Por tudo isso, tenho certeza de que esta obra irá inspirar novas discussões e fomentar o avanço tecnológico e digital do país de forma sustentável e responsável.

Porto Alegre, 15 de dezembro de 2023.

Daniela Copetti Cravo
Procuradora do Município de Porto Alegre.
Doutora em Direito pela UFRGS.

INTRODUÇÃO

Em um lapso temporal de 50 anos, o ordenamento jurídico internacional passou de um cenário de ausência de leis sobre proteção de dados pessoais e privacidade (*protection of privacy*) a outro, de múltiplas fontes normativas (estatais e não estatais, domésticas, comunitárias e internacionais) sobre o tema no mundo. Isso exigiu dos atores públicos e privados (indivíduos, organizações e agentes econômicos), não apenas a análise dos contornos desses mapas jurídicos de tratamento de dados, mas uma adaptabilidade das normas às especificidades dos interesses envolvidos nesse ecossistema de circulação de dados.

O tratamento de dados pessoais, já prévio à expansão tecnológica, concentra uma demanda global progressiva. A coleta e o uso se tornaram essenciais à prestação de serviços, à elaboração de produtos, à tomada de decisões, ao desempenho de funções, e contabiliza diversos benefícios que um acervo informacional é capaz de proporcionar aos setores público e privado. Tamanha atenção não viria desacompanhada de desafios regulatórios e organizacionais, dos conflitos de interesse na ponderação entre a fruição dos dados e a preservação dos direitos individuais e coletivos envolvidos. As demandas cruzam limites territoriais e governamentais.

Não apenas o uso dos dados evoluiu, mas também o conhecimento e as formas de comunicação humanas alteraram a arquitetura das relações sociais, políticas e econômicas. Foram desenvolvidos novos modelos de negócios. Tais fenômenos trouxeram ao Estado e às organizações uma revisão de bases principiológicas e paradigmáticas para equacionar os interesses e as atribuições de cada parte frente às mutações em prol de uma racionalidade interdependente.

A década de 1970, período de intensificação de atividades públicas investigativas e legislativas concernentes ao tratamento automático de dados (*automatic data processing*, ADP), proporcionou à década de 1980 um debate político e jurídico entre especialistas de vários países, preocupados com os futuros obstáculos à livre circulação dos dados, com a ausência de um denominador comum quanto ao escopo das leis, aos mecanismos de controle estatal e aos objetivos regulatórios.

O emprego das tecnologias no processamento de dados deveria respeitar a privacidade, as liberdades individuais sem inviabilizar as atividades econômicas e públicas.

Foi assim que, em 23 de setembro de 1980, a Organização para a Cooperação e Desenvolvimento Econômico (OECD) lançou diretrizes harmonizadoras aos legisladores nacionais em matéria de privacidade, com o objetivo de orientá-los à tríplice conciliação: fluxo internacional de dados, desenvolvimento das relações econômicas e tecnológicas e respeito aos direitos humanos (OECD, 1980).

A grande contribuição desse documento foi consolidar a soma inicial das experiências dos países em leis de privacidade, o que permitiu, além de delinear uma política de harmonização regulatória na matéria, consolidar parâmetros aos Estados que não tinham a expertise no tema, notadamente em como estruturar suas normas. Nesse sentido, a quarta parte da recomendação delimitou cinco eixos principais de implementação das leis de privacidade: i) a adoção de uma legislação interna apropriada; ii) o incentivo e o apoio à autorregulação, seja na forma de códigos de conduta ou de outra forma; iii) a previsão de meios razoáveis para que os indivíduos exerçam seus direitos; iv) a previsão de sanções e de recursos adequados em caso de descumprimento; e v) a garantia de que não houvesse discriminação injusta contra os titulares dos dados (OECD, 1980).

A década de 1990 expandiu a conectividade das redes e reforçou a revisão conceitual do posicionamento interdependente do Estado em políticas regulatórias. A internet ampliou não apenas a transmissão e a acessibilidade dos dados como envolveu diferentes iniciativas ligadas ao desenvolvimento tecnológico. As organizações internacionais, os setores econômicos em telecomunicações, propriedade intelectual e finanças estavam engajados em indicar caminhos ao controle operacional, institucional e regulatórios da internet, como a *Internet Corporation for Assigned Names and Numbers* (ICANN) que definiu políticas para resolução de disputas de nomes de domínio, com regulamentação econômica e técnica do setor de fornecimento de nomes de domínio, controle de alocação e atribuição de domínios nos endereços do protocolo de internet.[1]

---

[1] Milton Mueller argumenta que o ICANN desempenhava uma governança da internet com a autorregulação. Segundo o autor, a cooperação pela justificativa de uma necessária coordenação técnica entre os *stakeholders* desenvolvia como atividade central o estabelecimento de um sistema de regras, formalizado em contratos de fornecimento global de nomes de domínio. Essas regras contratuais indicavam soluções em questões

A intenção de ingresso do Brasil na OECD foi formalizada em 29 de maio de 2017 e, à época, reforçou as tratativas internas para o atendimento às recomendações da organização acompanhada desde 2007, ano em que o país foi convidado a participar como *key partner* (Thorstensen; Nogueira, 2020, p. 10). Buscava-se atingir padrões internacionais que contribuíssem ao desenvolvimento de políticas públicas regulatórias internas e ao avanço da política externa do país, o que dependeria da inclusão de uma política robusta de proteção de dados pessoais, em franca expansão na União Europeia.

Em 14 de agosto de 2018, a Lei nº 13.709, a Lei Geral de Proteção de Dados (LGPD),[2] foi publicada para dispor sobre as normas gerais ao tratamento de dados pessoais no Brasil. Com 65 artigos, distribuídos em dez capítulos, o ordenamento brasileiro recebeu além de um sistema nacional de proteção de dados, um novo órgão destinado à supervisão e ao controle estatal: a Autoridade Nacional de Proteção de Dados (ANPD). Menos de quatro anos depois, no âmbito constitucional, a promulgação da Emenda Constitucional (EC) nº 115, de 10 de fevereiro de 2022, incluiu a proteção de dados no rol de direitos e garantias fundamentais e centralizou na União Federal as competências legislativas e executivas, amarrando o recente sistema normativo na matéria a desafiar os operadores jurídicos quanto à interpretação e ao implemento prático dos dispositivos (Brasil, 2022h). No mesmo ano, a Lei nº 14.460, de 26 de outubro de 2022, consolidou a criação da ANPD, ao transformá-la em uma autarquia de natureza especial, dotada de autonomia técnica e decisória, com jurisdição nacional, patrimônio próprio, centralizadora do sistema regulatório para o desempenho das competências previstas no artigo 55-J (Brasil, 2022i).

A arquitetura da lei também previu a possibilidade de controladores e os operadores de dados pessoais, responsáveis pelo tratamento de dados, traduzirem as normas da LGPD em regulamentos próprios de cumprimento voluntário. Nos termos do artigo 50, *caput*, os agentes de tratamento, no âmbito de suas competências, teriam a faculdade de

---

fundamentais de política pública envolvendo nomes de domínio, direitos de propriedade intelectual, privacidade, política de concorrência e alocação de recursos. Associavam regras, ações colaborativas, mecanismos de *enforcement* e de resolução de conflitos, ou seja, funcionavam conceitualmente como uma governança da internet e não apenas como uma coordenação técnica (Mueller, Mathiason, Mcknigh, 2004, p. 5). Nesse mesmo sentido em estudo anterior, MUELLER, 1999.

[2] A designação "Lei Geral de Proteção de Dados Pessoais (LGPD)" foi posterior em oito de julho de 2019 pela Lei nº 13.853 na conversão da Medida Provisória nº 869, de 27 de dezembro de 2018 (Brasil, 2019b).

formular regras de boas práticas e de governança quanto às condições de tratamento de dados pessoais (regime de funcionamento, procedimentos, normas de segurança, padrões técnicos), às ações educativas, aos mecanismos internos de supervisão, de mitigação de riscos, com o desempenho de uma função regulatória.

Entretanto, o mesmo artigo 50 em seu parágrafo terceiro facultou, de forma ampla, à ANPD reconhecer e publicar essas regras sem estabelecer quais seriam os critérios a essa faculdade. Essa abertura e discricionariedade conferida à Autoridade trouxe uma subutilização do instituto pelos agentes de tratamento diante de uma série de questionamentos relacionados a como ele seria operacionalizado. Quais seriam os requisitos para o reconhecimento pela Autoridade, as condições, o procedimento administrativo ao reconhecimento e os respectivos efeitos práticos. Quais seriam as vantagens e desvantagens de sua aplicação no tratamento de dados, como as regras de boas práticas e de governança vinculariam juridicamente os agentes, se seriam legítimas no âmbito das associações, como funcionaria a fiscalização e a supervisão dessas formulações. Tem-se, assim, um tema novo e ainda pouco explorado em suas potencialidades.

À medida que os questionamentos surgiam, aumentava a insegurança jurídica e inibia-se uma racionalidade dispositiva para além de uma cultural operacional interna. Gerou-se uma desconfiança no instituto quase ao ponto de torná-lo opaco, sem despertar a atenção e o interesse, inclusive no âmbito acadêmico, se comparado a outros temas dentro da LGPD. E, mesmo quando o artigo 50 (é) era analisado, não se ingressa, muitas vezes, na discussão sobre autorregulação. As regras de boas práticas e de governança tiveram seu potencial jurídico em grande parte desperdiçada ou mesmo sequer mencionada, seja diante da usual comparação ao modelo europeu e de apenas obter bons resultados pela réplica, seja pela busca comparativa aos modelos de autorregulação nacionais, seja pela não identificação do dispositivo como uma solução jurídica colaborativa, flexível e adaptativa aos desafios tanto do regulado quanto do regulador. Há, portanto, uma ausência de clareza operacional e conceitual dos termos associados e, principalmente, quanto ao real propósito da arquitetura normativa contida no artigo 50 dentro da proteção de dados e da discussão regulatória das novas tecnologias no ambiente regulatório contemporâneo.

O ponto de partida foi investigar o histórico legislativo brasileiro envolvido na proteção de dados pessoais e o cenário regulatório até que se chegasse à redação atual do artigo 50, bem como das alterações da redação do dispositivo desde o primeiro anteprojeto da LGPD para identificar os objetivos para a inclusão das regras de boas práticas e de governança em privacidade em um dispositivo. A partir dessas racionalidades e da análise doutrinária, desenvolveu-se a análise da função regulatória aplicável a dois instrumentos.

Uma primeira leitura do artigo 50, da Lei, enaltece a tripla presença do verbo "poder" a entregar ao intérprete a exigência de um regulamento e de uma previsibilidade de quando o artigo 50 estará, efetivamente, disponível à aplicação juridicamente segura aos destinatários (regulador e os regulados). Identificou-se que tal ausência gera uma incompreensão quanto a diversos pontos de contribuição do artigo 50, não apenas quanto ao exercício da função regulamentar, fiscalizatória e de supervisão da Autoridade, mas o que a sua prática oferece à expansão da lei, à formação de culturas de privacidade, à posição estratégica no direito regulatório digital na análise de requisitos formais e materiais, características, natureza jurídica dos instrumentos, *accountability*, métodos de gestão de dados. E mais, como alinhar esses dois instrumentos nacionais à outros dispositivos da LGPD que criam pontes a outros regulamentos internacionais em proteção de dados.

Fato é que, em matéria de proteção de dados pessoais, o decurso do tempo associado a reatividade se convertem em grave fator de risco. É crucial a investigação quanto aos dispositivos da LGPD que carregam oportunidades de expansão da lei em escalas maiores, em especial no Brasil, país de proporções continentais e conexão de um espectro múltiplo de envolvidos no tratamento de dados. Compreender a missão das normas, nesse contexto, permitirá alinhar os instrumentos oferecidos pelo legislador, além de ser uma estratégia de gestão regulatória e de impressão de segurança jurídica a toda cadeia de dispositivos atingidos, direta e indiretamente, a partir da análise específica do artigo 50.

No âmbito da ANPD, o tema "regras de boas práticas e de governança", com expressa referência ao fundamento do artigo 50, §3º da LGPD, está na agenda regulatória da autarquia. Durante a tomada de subsídios nº 3, de 2022, foram recebidas 127 contribuições no período de cinco de agosto a 31 de agosto de 2022 (Brasil, 2022b). Com a Portaria ANPD nº 35, de 4 de novembro de 2022, definiu-se a inclusão pelo início do processo regulatório no biênio encerrado em 2024 (Brasil, 2022e).

A relevância e atualidade do tema atraíram a atenção ao artigo 50 após repercussões diante do início operacional do Código de Conduta de serviços em nuvem em proteção de dados pessoais europeu em maio de 2021. Em novembro de 2022, o dispositivo foi pautado na Agenda

Regulatória da ANPD para o biênio seguinte. No mês seguinte, o Projeto de Lei nº 6.219, de 27 de novembro de 2019, que visava incluir artigos procedimentais e legitimatórios ao artigo 50, foi reapresentado no Senado Federal sob o nº 3.034, de 20 de dezembro de 2022. Em agosto de 2023, a Autoridade externou, por meio de nota técnica ao Projeto de Lei do Senado Federal nº 2.338, de 5 de maio de 2023, a conexão do artigo 50 com o artigo 30 do PL, o qual propõe a possibilidade de os agentes de inteligência artificial (IA) aderirem a um Código de Boas Práticas e Governança com redação muito semelhante à LGPD. O mesmo PL que visa regular o uso de IA recebeu em junho de 2024 proposta alterada em que se observa a expressão Código de Condutas no lugar de Código de Boas Práticas. Isto significa que os projetos e as agendas seguirão evoluindo e cambiantes. Depois de aprovados e cumpridas, novas discussões e agendas regulatórias serão necessárias. E esse é o fluxo esperado.

Elevou-se, portanto, a discussão para além da esfera acadêmica nacional e das agendas regulatórias bianuais. É urgente a expansão do debate binário pragmático e dogmático dos cenários autorregulatórios e da governança de dados em proteção de dados pessoais no Brasil. O país tem um espaço seu a ocupar no contexto internacional regulatório contemporâneo e que irá oferecer aos regulados uma presença estatal mais assertiva e atenta à segurança jurídica em ambientes compartilhados de regulação a partir do que o próprio legislador já nos ofereceu.

A obra defende que (a) o legislador no artigo 50 da LGPD autoriza o compartilhamento de funções regulatórias do regulador com o regulado por meio de dois institutos jurídicos colaborativos de utilização voluntária pelo regulado e (b) permite que os agentes de tratamento formulem regras de boas práticas e/ou de governança em privacidade no âmbito de suas competências sobre aspectos do tratamento de dados pessoais. Ao longos dos capítulos, o livro fundamenta e explica que (c) o reconhecimento pelo Estado de fontes normativas externas ao regulador e (d) o exercício voluntário de responsabilização pelos agentes de tratamento conferem (e) expansão nacional e internacional da lei com segurança jurídica e (f) ratifica a função da ANPD como Autoridade de Garantia do direito fundamental à proteção de dados pessoais.

Frente aos cenários fático e normativo, identifica-se como teoria de base a teoria da regulação responsiva, na qual há uma simbiose entre a participação do regulado e as ações regulatórias estatais no âmbito do direito administrativo. Por essa base gravitarão os conceitos e as funções examinadas, bem como o estudo de teorias críticas à responsividade e a forma pela qual o Brasil aplica isso em matéria de proteção de dados pessoais.

Foram trabalhados questionamentos sem qualquer pretensão exaustiva: (a) uma interpretação sistemática do verbo "poderá", constante no trecho "poderá reconhecer e publicar" do parágrafo terceiro do artigo 50, da LGPD, prevê uma análise a juízo (opcional) da Autoridade ou estabelece uma função constitucional da Autoridade de Garantia regulatória de controle dessas regras pela ANPD?; (b) como concretizar essa competência regulatória e quais são as diretrizes para a regulamentação quanto ao procedimento do ato administrativo que reconhecer as regras de boas práticas e de governança pela Autoridade?; (c) qual a natureza jurídica dos instrumentos regulatórios constantes no artigo 50 e quais as implicações dessa definição?; (d) por que a regulamentação do artigo 50 oferece legitimidade e segurança jurídica aos agentes de tratamento e titulares e quais os ganhos enquanto solução jurídica ratificadora da função de Autoridade de garantia no ordenamento jurídico nacional?; (e) qual a função do escalonamento dos graus de participação regulatória do regulado (autorregulação, corregulação, autorregulação regulada, regulação estatal) na implementação da LGPD?

Em direção a essas respostas a obra investiga a formação, os elementos, as distinções terminológicas,[3] a estruturação, os sujeitos e os princípios básicos aplicáveis às regras de boas práticas e de governança para sugerir uma análise de suficiência regulatória de garantias à LGPD como critério de submissão à Autoridade dos documentos elaborados com base no artigo 50, a ser editado com base no artigo 55-J, §2º, da LGPD.

Nesse contexto, dividiu-se o em três partes: conceitos, controles e projeções. A Parte I destina-se aos conceitos em sentido amplo primeiro pelo Capítulo 1 com os conceitos prévios à análise da autorregulação em proteção de dados e pelo Capítulo 2 com os conceitos diretamente aplicáveis à estruturação do artigo 50 da LGPD de forma mais pragmática. A Parte II volta-se ao estudo do controle das regras de boas práticas e de governança em privacidade. E a Parte III pelo Capítulo 4 se dedica a analisar as projeções e contribuir com propostas aos operadores jurídicos.

---

[3] A partir das observações: a importância de identificar e diferenciar as nomenclaturas associáveis ao artigo 50 (boas práticas, regras de boas práticas, código de boas práticas, código de condutas, governança de dados, governança em privacidade, compliance).

De forma mais específica, destaca-se no Capítulo 1 a análise, desde as primeiras discussões, do nascimento da proteção de dados pessoais no Brasil e o surgimento do artigo 50 na Lei nº 13.709. Detalha a influência da participação nas funções do Estado, passando pelas discussões em torno do uso da tecnologia e da privacidade que despertaram nos primeiros projetos de lei surgidos na década de 1970 no país, até chegar a uma leitura crítica atual das duas condutas reguladoras da autorregulação na matéria.

No Capítulo 1 também se repercute a participação no direito administrativo contemporâneo por meio de elementos históricos e principiológicos que informam a regulação do direito fundamental à proteção de dados no Brasil. Objetiva-se resgatar os precedentes legislativos nacionais à publicação da LGPD e comparar as redações sugeridas até que se firmasse o texto vigente do artigo 50. Serão examinadas duas condutas fruto do amadurecimento das gerações de leis na matéria de proteção de dados pessoais: a conduta responsável e a conduta transparente, como suportes introdutórios às análises trazidas no capítulo subsequente.

O Capítulo 2 desenvolve a estruturação das regras de boas práticas e de governança na LGPD, desde a extensividade do princípio da prevenção aplicado nesse campo pelo princípio da precaução a partir da abertura do artigo 64, passando pelas distinções conceituais necessárias à compreensão do que são as regras autorregulatórias e da sua natureza jurídica no contexto da lei. Serão trabalhados os conceitos que orbitam o artigo 50 e como se insere a aplicação do artigo 51 nesse contexto da LGPD, com reflexões críticas às recentes construções regulamentares da ANPD no processo sancionatório. Também são identificadas as distinções entre os institutos autorregulatórios da LGPD por meio de quadros comparativos. Após, são examinadas as abrangências material e subjetiva, os requisitos formais, as vantagens e desvantagens da autorregulação. Encerra-se o capítulo na discussão quanto às limitações do autocontrole dessas formulações e as razões que tornam a supervisão estatal indispensável.

O Capítulo 3 discutirá a interpretação constitucional da competência regulatória na autorregulação na proteção de dados, prevista no parágrafo terceiro do artigo 50 da LGPD. Sob o viés da obra publicada em 1992 por Ian Ayres e John Braithwaite, serão vinculadas a aplicação da teoria responsiva, a missão da Autoridade de garantia do direito fundamental à proteção de dados pessoais, o princípio da segurança jurídica na função regulatória e as respectivas aplicações nos processos regulatório, fiscalizatório e sancionador. Tal exame conjugará ainda: (a) os regulamentos já publicados pela autarquia, e como esses contextos repercutem na supervisão, no cumprimento e na prestação de contas das regras de boas práticas na LGPD; (b) as características do ato administrativo da ANPD que reconhecer ou não as regras de boas práticas e de governança e os efeitos decorrentes desse ato; (c) as influências do RGPD na LGPD na construção do artigo 50 e (d) as influências e contribuições do primeiro código de conduta vigente pelas normas do RGPD.

Por fim, o Capítulo 4 dedica-se à projeção do art. 50 no cenário nacional e internacional e examina: (a) as propostas legislativas à LGPD em curso; (b) apresenta um conceito novo ao art. 50, como um direito dos agentes de tratamento a um regular procedimento administrativo de análise de suficiência regulatória dos instrumentos autorregulatórios; (c) esquematiza uma proposta regulamentar à concretização do art. 50 pela ANPD; (d) enfrenta as consequências quanto ao monitoramento, à supervisão e às sanções a partir do *enforcement* e do princípio da *accountability* e; (e) analisa a autorregulação do tratamento de dados pessoais aos agentes de tratamento do setor público, bem como sugere uma governança regulatória a ser capitaneada pela ANPD com vista ao desenvolvimento de soluções plurifederativas.

O estudo visa recrudescer as discussões da autorregulação e da governança de dados pessoais, bem como atrair a atenção dos operadores jurídicos, da comunidade acadêmica, dos gestores, das organizações, dos titulares de dados, dos agentes de tratamento públicos e privados ao potencial regulatório dessas práticas. A escolha dos tópicos apresenta contribuições para que o futuro regulamento da ANPD e (ou) futura proposição legislativa sejam desenvolvidos pela lógica multiparticipativa e da maior segurança jurídica possível aos envolvidos.

Frente aos movimentos legislativos e regulatórios substanciais no período final de redação do presente estudo (definição da natureza jurídica da ANPD pela Lei nº 14.460, de 25 de outubro de 2022, a inclusão do artigo 50 na Agenda Regulatória 2023-2024 em 4 de novembro de 2022, a apresentação do PL nº 3.034, de 20 de dezembro de 2022, o regulamento da dosimetria em 28 de fevereiro de 2023, o PL nº 2.338, de 05 de maio de 2023, e do seu substituto de 06 de junho de 2024, utilizou-se um levantamento de dados exploratórios que permitem a flexibilidade e a abertura das fontes utilizadas para recepção das naturais mudanças regulatórias sem interferência na construção metodológica aplicada.

Cada Capítulo adota como apoio bases teóricas estruturais e argumentativas, respectivamente com (a) a participação no direito administrativo como fator de mutação e manutenção das funções regulatórias do Estado; (b) a autorregulação como um dos instrumentos autorregulatórios da LGPD caraterizado por um compromisso seguro de responsabilização voluntário pelos agentes de tratamento e; (c) o direito fundamental à proteção de dados pessoais, o princípio constitucional da segurança jurídica e a responsividade do regulador como fundamentos à leitura sistêmica do artigo 50, da LGPD.

Frisa-se que o objetivo é analisar a autorregulação nacional em proteção de dados pessoais a partir do artigo 50, da LGPD. No entanto, as possibilidades autorregulatórias aplicáveis no Brasil no campo da transferência internacional de dados será abordada em pontos de conexão com o dispositivo. O mesmo recorte ocorrerá no conceito de governança de dados, tendo em vista que o termo governança, por si só, deve ser, por essência, mantido aberto, de modo a guardar absoluta coerência com parte de suas missões: promover a participação, integrar interesses, gerir insuficiências, atender necessidades e destravar conflitos.

Consequentemente, para análise das regras de boas práticas e de governança em privacidade não se adotarão como fontes os documentos de boas práticas certificados em matéria de segurança da informação, gestão de risco e segurança cibernética das famílias ISO 27.000, ISO 31.000, entre outras formas de certificação e selos oferecidas no âmbito internacional. Da mesma forma, não integra o conteúdo desse estudo as normas da ABNT, o que não retira o destaque à comemorada ABNT NBR 37.000 sobre governança das organizações que visa auxiliar a criação de um programa de governança em privacidade veiculado ao artigo 50 da LGPD.

Registra-se, por fim, um cordial agradecimento pelo interesse e leitura das próximas linhas, sendo uma alegria e uma expectativa desta autora receber as diversas formas de contribuições para o debate.

PARTE I

CONCEITOS

CAPÍTULO 1

CONCEITOS PRÉVIOS À FORMULAÇÃO AUTORREGULATÓRIA NO TRATAMENTO DE DADOS PESSOAIS NO BRASIL

A tecnologia afetou o modo como o cidadão, as organizações e o Estado se relacionam. A comunicação é muito mais digital do que presencial. Profissões deixaram de existir ou estão nessa iminência, outras, ainda surgirão. Na economia virtualizada, as fronteiras não têm limitações geográficas, os serviços e produtos são virtuais. Nas redes on-line, muitas imagens são criadas e mascaram a realidade em uma exaltação ao perfeccionismo. As notícias nem sempre retratam literalmente os fatos e trabalha-se no combate às notícias falsas e às opiniões que disseminam conflitos e discursos de ódio nas plataformas sociais. Cada vez mais expandirá o valor sobre o que é, concretamente, real, tal como são os dados pessoais: fonte humana, incontível e genuína.

A depender da intensidade com que o indivíduo viver a conectividade, a forma pela qual ele se relacionar e participar nos espaços sociais, seus hábitos de consumo, a própria noção de tempo, serão proporcionalmente impactadas com o uso das tecnologias e da internet.[4]

Vivemos em um século em que o comportamento humano é capturado e transformado em dados, na maior parte das vezes de forma silenciosa e discreta. Eles são processados e utilizados para as mais

---

[4] No Brasil, há um conceito legal de internet, segundo o qual se trata de um sistema constituído por protocolos lógicos, estruturado em escala mundial para uso público e irrestrito, com a finalidade de possibilitar a comunicação de dados entre terminais por meio de diferentes redes, nos termos do artigo 5º, inciso II, da Lei nº 12.965, de 23 de abril de 2014 (Brasil, 2014). Pode-se, ainda, conceituar internet como um espaço apartado dos territórios físicos, um meio de comunicação em massa que liga intermediários, no qual há uma representação audiovisual de coisas reais (Leonardi, 2011, p. 19-129).

diversas finalidades públicas e privadas, sendo função da lei delimitar quais são as condições de tratamento, de modo a preservar os direitos dos titulares sem com isso engessar ou inviabilizar as atividades que fazem uso dessas informações.

Ocorre, entretanto, que a velocidade desses fenômenos tecnológicos não permite o acompanhamento e o controle do Estado na mesma fluidez. Consequentemente, é necessário revisar os conceitos jurídicos que não cumprem mais sua função e buscar outros conceitos e instrumentos que sirvam ao atendimento dessa realidade jurídica-social cambiante (Gardella, 2002, p. 7). Se o Direito não traduzir adequadamente a linguagem dos fatos sociais, ele tampouco resultará em qualquer efeito regulatório.

Uma visão estadocêntrica da criação do Direito tornou-se irrealista e inadequada. As mudanças estruturais da sociedade abriram espaço a uma perspectiva chamada de regulática, na qual o regulador heterônomo recebe em seu campo de atuação possibilidades e instrumentos autorregulatórios como resposta aos interesses sociais (Canotilho, 2003, p. 702-703).

É nesse ambiente em constante transformação que o direito à proteção de dados pessoais e as fontes normativas privadas se unem e formam uma ponte regulatória entre o Estado e as diversas realidades na viabilização de um fluxo seguro e confiável de uso de dados.

Por essa arquitetura teórica, serão estudados os instrumentos (auto)regulatórios previstos no artigo 50, da Lei nº 13.709, de 14 de agosto de 2018, e como estes podem contribuir ao melhor cumprimento das regras de tratamento de dados pessoais no Brasil.

1.1 A participação no direito administrativo contemporâneo

Ramo em constante evolução, o direito administrativo acompanha as mutações organizacionais e políticas do Estado no tempo e no espaço (Di Pietro, 2004, p. 25). A disciplina, voltada ao estudo da organização e das ações administrativas, analisa as formas pelas quais o Estado relaciona-se, comunica-se e integra-se com o particular. Logo, o direito administrativo também disciplina a participação do particular nas ações administrativas.

Como uma categoria da disciplina, a participação poderia ser entendida como um ato jurídico causal, de fonte formal e subjetiva do direito, na qual há um ato administrativo unilateral para cientificar ao interessado outro ato jurídico emitido. Nesse prisma, seria um participar o interessado enquanto forma direta de comunicar e, quando aplicável, como forma de prestar contas e publicizar o ato.

Por essa categorização, a participação funcionaria como etapa de uma procedimentalização da realidade administrativa. Por ela não se exerce qualquer forma interventiva na esfera pública. Era um participar tal como se via na Constituição de 1824.[5] Expressão do verbo "participar" no sentido de informar algo a alguém de direito, como uma ordem formal ou um direito a ter conhecimento sobre algo que envolvia o sujeito participado.

O participar é empregado na terminologia jurídica em sentido idêntico ao de uso comum e deriva do latim *participatio*, de *participare*, ou seja, ter parte, partilhar, compartilhar (Silva, 2005, p. 1007). Participa-se quando há ação que faça parte, quando se coopera com algo a ser arquitetado, construído, modificado. Está no sentido de contribuir e ter responsabilidade na constituição, na criação, na formação de um todo. Participar adquire sentido pelo integrar, comunicar, pela troca de informações e na descentralização do que é objeto de decisão.

Diogo de Figueiredo Moreira Neto (1995, p. 24) analisou as perspectivas da relação entre o Estado, a Administração Pública e a sociedade. Segundo o doutrinador, o indivíduo e os grupos sociais lutam para impor seus interesses na busca do progresso, razão pela qual se subdividem e se multiplicam em vários polos dinâmicos de poder, competitivos entre si, e que anseiam por informações e acesso à tomada de decisões além do âmbito privado. A esse movimento denominou sociedade da participação. Ela se caracteriza pela compreensão que a participação e o conhecimento são como elos condutores do desenvolvimento social (Moreira Neto, 1995, p. 31-39).

Sob a ótica do teórico político norte-americano[6] Robert Dahl (2005, p. 24), a participação é uma das dimensões teóricas da democratização ao lado da oposição (ou contestação pública). O autor defende uma visão contemporânea de democracia, ou seja, que as democracias são

---

[5] A Constituição de 1824 determinava no artigo 102, inciso IX, por exemplo, que declaração de guerra ou de paz deveria ser participada à Assembleia (Brasil, 1824).
[6] O termo norte-americano nesta pesquisa expressa o que é originário, natural do país Estados-Unidos da América, no mesmo sentido do termo estadunidense. Contudo, tal opção linguística não desconsidera a existência de outros países que integram a parte norte do continente americano.

"poliarquias", enquanto um sistema inclusivo no século XX.[7] Para ele, tanto histórica como contemporaneamente, os regimes políticos variam na proporção da sua população habilitada a participar do controle e da contestação (*opposition*) à conduta do governo. Têm-se no direito de participar uma escala quantificável do grau de oposição pública ao Estado, uma medida do quanto democrático é ou não um governo, o grau de tolerância, ou de potenciais conflitos inclusive para comparar regimes democráticos conforme o grau de inclusão (*inclusividad*), mesmo que esses fatores (oposição e inclusão) variem e sejam independentes (Dahl, 2005, p. 25).

A participação na seara pública envolveu mais o direito constitucional[8] do que o direito administrativo.[9] Mais como um exercício constitucional de direitos políticos do que de fiscalização e escolhas sobre as atividades administrativas dos poderes estatais. Tinha-se na esfera administrativa os particulares como administrados, "não podiam ser administração e nem compartilhar dela" (Moreira, 2003, p. 24). A participação apresentou-se muito mais como um bônus[10] do que um ônus: o ter direito à expressividade político-jurídica, de participar e de se manifestar (direito à manifestação), uma conquista ou possibilidade

---

[7] Cabe esclarecer que é na obra *Democracia e seus críticos*, versão traduzida para o português, que o autor caracteriza a poliarquia e enumera as instituições necessárias para sua formação (Dahl, 2012).

[8] No âmbito eleitoral e constitucional, as influências negativas que a propagação de notícias falsas pelas redes e mídias sociais pela internet têm no direito à participação é uma das grandes preocupações do século XXI. No Brasil, há PL que visa regulamentar parte dessa temática, com o combate das notícias falsas lançadas nas redes. Trata-se do PL nº 2.630, de 13 de maio de 2020, a Lei das *Fake News*, ou a "Lei Brasileira de Liberdade, Responsabilidade e Transparência na Internet" (Brasil, 2020a). Sobre o tema, sugere-se a obra: Campos *et al*, 2020.

[9] No âmbito do direito administrativo constitucional, Diogo de Figueiredo Moreira Neto explica a participação pessoal e individual no exercício do Poder Público e na atuação da autoridade governante pela possibilidade da escolha popular de como se deverá governar. Trata-se de uma visão pós-moderna de democracia ou democracia substancial, segundo a qual a democracia está pelo que se realiza (Moreira Neto, 2018, p. 280).

[10] Desde a Constituição de 1988, discute-se na doutrina brasileira a obrigatoriedade do voto e as análises com base no direito comparado quanto a esse tema, em que pese persista a compreensão no sentido de o voto ser um poder-dever, com natureza jurídica de função pública cujo exercício não imporia, em tese, ônus ao país, ao contrário da ausência que oferece uma lacuna política (Soares, 2004, p. 110). Um estudo de caso realizado em Porto Alegre, na década de 1990, trouxe uma visão antropológica do tema e demonstrou a existência de uma apatia pela política diante do sentimento de desrespeito experimentado pelo cidadão após cada período eleitoral (Magalhães, 1998, p. 49-67). Essa análise mostra-se relevante quando associada ao alto percentual de abstenção, votos brancos e nulos, que

constitucionalmente oferecida ao cidadão de estar mais próximo aos assuntos do Estado, muito mais do que um ter de (obrigacional) participar, enquanto uma imposição normativa de participar na esfera pública.[11]

É quase paradoxal, sob a perspectiva do direito constitucional à participação, analisar a manutenção da obrigatoriedade do voto (artigo 14, §1º, inciso I, da CF) iniciada pelo Código Eleitoral de 1932, sob a visão do poder constituinte de 1988 de que o Estado deveria permanecer tutor da consciência das pessoas (Soares, 2004, p. 107). Impõem-se a vontade estatal e torna-se o participar democrático ônus ao cidadão em exercer a soberania na escolha de seus representantes, em exercer a sua própria cidadania. Isto é, observar os graus de participação traduz muito sobre como a experiência nacional interfere na concepção de cultura participativa como um todo no Brasil.

Tampouco a ideia de bônus dialoga com a realidade de participação como requisito de eficácia ou conformidade de ações administrativas. Se a participação for meramente procedimental, sem que esse ato produza alteração autêntica, ela se torna um elemento complementar à publicidade, esvazia-se o emotivismo da participação como o direito em sua essência e perde-se a finalidade de provocação e persuasão dos seus destinatários (Ávila, 2019, p. 69).

A ausência de lugar à participação no Poder Público decorria em grande parte da visão estrita da administração como mera executora da lei e na existência mais tímida até então de ordens profissionais e câmaras de comércio. Entretanto, a pluralização social multiplicou as associações, as caixas de previdência operárias, as câmaras de trabalhadores além das anteriores de comércio (Moreira, 2003, p. 40).

---

juntos demonstram a manifestação dos eleitores que optaram por não escolher qualquer candidato no Brasil. Segundo notícia do Tribunal Superior Eleitoral (TSE), em 2020, as abstenções totalizaram 29,47%, com 11.116.373 eleitores que não participaram do processo eleitoral. O total de votos brancos somou 1.035.217 (3,89%), e os nulos foram 2.344.085 (8,81%). A abstenção foi maior do que a registrada em 2018 (20,32%) e em 2016 (17,58%) (TSE, 2020).

[11] Diogo de Figueiredo Moreira Neto (1992, p. 17) alerta que as formas direta e indireta de participação nas escolhas políticas não são suficientes ao necessário aprimoramento democrático, sendo essencial que sejam institucionalizadas novas formas de participação: "A própria hipertrofia do Estado e o surgimento de novos estamentos sociais estatais, como a burocracia e a tecnocracia, a primeira marca do aparecimento do próprio Estado concentrador e, a segunda, do Estado interventivo e planejador, estão distanciando os indivíduos e os grupos sociais secundários das decisões que lhes dizem respeito. É a consciência desse distanciamento que tem provocado o crescente interesse em aperfeiçoar os métodos de participação existente e em instituir novos, capazes de revertê-lo".

Diante do aumento da complexidade e da intensidade participativas na Administração Pública, por meio de grupos sociais, de categorias profissionais, de grupos de interesse econômicos ou políticos e até individualmente, funções antes exclusivamente públicas foram assumidas por esses atores. Vital Moreira (2003, p. 26) defende que esse compartilhamento de funções criou uma zona híbrida de ação, típica do Estado-social. É um modelo de tripartição da ação estatal entre o que é do Estado, o que é da sociedade e o que é de ambos (zona híbrida), preservou as distinções entre o público e o privado e deu origem à administração autônoma. O autor português explica que o conceito de administração autônoma nasceu na Alemanha no início do século XIX em administrações locais para contrapor à administração estadual nas designações de tarefas públicas locais e que eram desempenhadas pela própria comunidade. Surgiam aí as associações profissionais (Moreira, 2003, p. 27).

Na década de 1930, na Alemanha, essa ideia participativa recebeu outros contornos com a elaboração do conceito de administração indireta do Estado a designar toda a Administração Pública não realizada diretamente pelo Estado. A importância de proporcionar a participação dos interesses sociais organizados superou o pós-guerra e fortaleceu-se a noção de uma pluralização da Administração Pública e da sua descentralização administrativa. Via-se com mais nitidez a participação privada nas ações públicas por meio de processos consultivos a representantes de vários setores sociais envolvidos nas atividades econômicas e na prestação de serviços públicos.[12]

No âmbito do direito administrativo contemporâneo, a participação, sem sentido amplo, permite uma coleta empírica dos interesses, os quais são condensados em informações documentais a serem gerenciadas. Essa gestão da informação, seu acesso, o processo de acoplamento que pode (ou não) repercutir nas dimensões normativas, regulatórias e decisórias.

---

[12] Exemplo disso era a verificação consultiva sobre os regulamentos elaborados por parte das *independente regulatory agencies* norte-americanas (Moreira, 2003, p. 28-42). Oportuno referir neste ponto que a *Interstate Commerce Commission* (ICC) foi a primeira comissão reguladora da história dos Estados Unidos (EUA) criada pelo *Interstate Commerce Act* de 1887. A ICC perdurou até o final do ano de 1995, quando suas atividades foram transferidas para a *Surface Transportation Board* (STB). A comissão surgiu da insatisfação pública contra as más práticas e abusos das ferrovias, setor de fundamental importância na economia norte-americana na época. Ademais, a ICC representou um marco no direito administrativo regulatório inicialmente concentrada na *rate making power* ou fixação de tarifas (Tácito, 1977, p. 24). A STB, atualmente, é uma agência federal independente encarregada da regulação econômica dos modelos de transporte de superfície nos EUA.

Se por um lado a participação pública acrescenta força à democracia, colabora com desenvolvimento econômico, aprimora controles públicos, por outro recebe questionamento da doutrina administrativista quanto aos custos dos mecanismos participativos, a ausência de responsabilidade dos participantes frente aos seus representados, a ausência de verificação da legitimidade representativa dos interesses individuais em mecanismos de representação coletiva, a formação de grupos de caráter político revestidos de caráter social e até mesmo movimentos empresariais de captura de órgãos reguladores (Cassagne, 2017, p. 413).

A formação de uma cultura participativa depende da soma de fatores e da não corrosão do espírito participante mimado pelo indiferentismo (Bobbio, 2019, p. 93) social e estatal, sendo imperioso que o participar represente um balizador das forças sociais e não um fator de desgaste e desconfiança da sociedade com o Estado. Desse modo, a sobrecarga sobre o processo participativo ou o desvio de sua finalidade é inversamente proporcional à formação cultural participativa.

Norberto Bobbio (2019, p. 71) ainda adverte não ser possível, e nem realista, uma participação integral, em que o cidadão participe, a todo tempo, de todas as decisões a ele pertinentes. É o que Ralf Dahrendorf denominou de *cittadino totale*,[13] segundo o qual o "cidadão total nada mais é do que a outra face igualmente ameaçadora do Estado total" (Bobbio, 2019, p. 71).

Os crescimentos da atividade do Estado e da estrutura da Administração Pública ascendeu um processo de participação social nas tarefas administrativas responsável por tripartir a relação binária inicial e deu espaço a um modelo tricotômico (Estado-sociedade-organizações).[14] Criou-se um espaço intermediário de participação social, uma

---

[13] Bobbio transcreve o seguinte trecho para explicar o conceito: "as sociedades tornam-se ingovernáveis se os setores que as compõem rejeitam o governo em nome dos direitos de participação, e isto por sua vez não pode deixar de influir sobre a capacidade de sobrevivência: eis o paradoxo do cidadão total." (Dahrendorf, 1977, p. 56 *apud* Bobbio, 2019, p. 71).

[14] Vital Moreira emprega ao longo da obra vários termos para a terceira parte desse modelo tricotômico: entidades mistas, entidades particulares em virtude de delegação do Estado, organismos sociais, zona pública não-estadual, zona mista ou híbrida, zona de "auto-administração" social (investiduras com competências decisórias próprias), administração autônoma, pluralidade de administrações, quase-Estado, quase não-Estado. Também utiliza a expressão "co-decisão" à participação de representações em organismos de decisão (Moreira, 2003, p. 25-41).

área híbrida pública e privada, "através do qual a sociedade participa do poder público e o Estado descarrega funções administrativas em entidades particulares" (Moreira, 2003, p. 25).

Do ponto de vista histórico-político, por exemplo, a não oposição individual aos abusos de governos autoritários e violadores de direitos humanos foi equiparada à não assunção de responsabilidades sociais (Arendt, 2004, p. 222). Censurou-se no pós-guerra o positivismo jurídico[15] sob o argumento de que a lei vigente durante o regime nazista era o que fundamentava (vinculava) a participação dos agentes públicos alemães nos horrores do holocausto. A lei, ao legitimar a ação criminosa, não abria espaço à resistência por esses agentes, ou seja, permitia um esquivo moral quanto aos deveres humanos e sociais que eles teriam frente à coletividade.

Daí porque Ino Augsberg (2010, p. 754-755), em um dos seus estudos, analisa o pensamento de Carl Schmitt a partir do enfoque dos receios do filósofo na relação entre *nomos*, *norm* e *network*. Isto é, a formação (e permanência) de uma sociedade desintegrada e perdida do seu caráter constitutivo de homogeneidade interior (*Artgleichheit* ou *identity of kind*); a presença de um ocasionalismo, como sendo de uma sociedade desprovida de bases comuns; desde a extinção do político até a sua hiperpolitização. ou seja, a importância de enfrentarmos as causas primárias, as lições e investigar a visão do sistema jurídico do século XX para compreender e melhor conduzir os fenômenos emergentes do século XXI (Augsberg, 2010, p. 754-755).

Nesse contexto de reflexão e na também na direção oposta ao carácter fictício do normativismo (*norm* e *Grundnorm*) de Kelsen, Augsberg enfrenta a distinção de *nomos* e a de *norm*. Segundo o jurista alemão, Carl Schmitt desacreditava da mera continuidade de sistemas jurídicos e de interpretações pré-fabricadas desprovidas de vozes próprias (*prevent cacophony*). Ele explica a busca do filósofo por um sistema jurídico garantidor de decisões previsíveis para além da confiança apenas na letra da lei, por meio de uma forma de identificação (*identity of kind*).

---

[15] Rodrigo Borges Valadão investiga e apresenta argumentos para refutar a teoria da lenda do Positivismo Jurídico, teoria jurídica capitaneada por Gustav Radbruch, um dos juristas mais influentes na Alemanha no século XX. Segundo essa corrente jurídica, com repercussão em todo o mundo, o Positivismo Jurídico de Hans Kelsen (na separação do Direito e da Moral), viabilizou a destruição da República de Weimar e o funcionamento do Regime Nazista na Alemanha (Valadão, 2021, p. 14).

A ideia schmittiana retoma a formação de uma noção, de um povo, não apenas pela conquista ou destinação do espaço geográfico (*Landnahme*) ou do Estado (nascido pela lei). Antes que a noção de povo está muito mais – e por primeiro inserida – pela identificação entre os indivíduos entre si, pelo compartilhamento humano que os une. Disto decorre a confiança capaz de gerar uma previsibilidade nas decisões do Estado e da lei, pois àqueles que têm o poder de decidir, antes de tê-lo, se auto-reconhecem como um igual ao destinatário da sua decisão (Augsberg, 2010, p. 744-745).

Não há como legitimar o Estado e as suas normas com uma face de participação ou de uma obrigação participativa que se origine, direta ou indiretamente, de violação à dignidade da pessoa humana, tal como uma participação por pretexto. Da mesma forma, desconfigura a participação como atributo normativo ou político se seus produtos criarem uma inexistência fictícia daqueles que não podem ou não participam.

Se o ordenamento jurídico previr a obrigatoriedade da participação, a finalidade e as consequências do ato deverão ser claras e diretas, sem guardar entrelinhas ou ocultar planos estatais ou privados. Fabiano Menke (2019, p. 782-793), ao analisar o julgamento do Tribunal Constitucional Federal Alemão sobre a Lei de Recenseamento,[16] apontou as ameaças que o processamento automatizado de dados pessoais oferecia ao indivíduo a partir do perfil de personalidade formado com os dados pessoais que estava obrigado a fornecer ao governo alemão.

Segundo Laura Schertel Mendes, a decisão alemã entendeu que a finalidade do processamento ameaçava o poder de decisão do cidadão quanto ao fornecimento dos seus dados, pois ele não tinha conhecimento sobre os detalhes desse uso. Consequentemente, a lei alemã gerava uma "carga participativa muito maior" (Mendes, 2014, p. 66) do que em censos anteriores, sendo "prejudicial tanto à personalidade quanto à sociedade democrática" (Doneda; Sarlet; Mendes, 2022, p. 50).

No âmbito privado, a participação pactuada assimila muito mais naturalmente a dualidade do direito-dever de participar e, consequentemente, o compartilhamento de riscos, a distribuição de obrigações e de responsabilidades. Contudo, não sendo pactuada, o participar é fenômeno cultural e como tal está intrinsicamente ligado à convicção

---

[16] O tema será detalhado no próximo ponto deste capítulo.

de sua utilidade e funcionalidade como um hábito social[17] (Moreira Neto, 2008, p. 34).

Em 2018, o autor reanalisa a divisão estrutural de poder e identifica a diversificação dessas estruturas diante do pluralismo e da complexidade[18] das sociedades contemporâneas. Segundo o autor, o Direito Administrativo estuda uma linha "crescente de policentrismos de funções", articulada em centros de decisões e sistemas dentro da sociedade, os quais posicionam o Estado de múltiplas formas. Assim, esses sistemas podem ser "estatais, extraestatais, infraestatais, multiestatais, supraestatais ou transestatais" (Moreira Neto, 2018, p. 57) a depender de como se apresentem, e desde que destinados a interesses públicos definidos, pouco importando o grau de independência entre eles (os centros de decisão e o Estado).

A indiferença quanto ao grau de participação (intervenção) do Estado demonstra o quanto a participação de todos os campos e setores compostos pelo agir humano recebeu significado nas ações administrativas. São neles que nascem a necessidade de instituir certa ordem e de erigir um determinado centro de poder e de direção específicos. O grau de independência para mais ou para menos também considera as intercorrências do tempo e do espaço, sempre renovados, nas sociedades contemporâneas.

A resistência coletivamente considerada nem sempre terá propósito altruísta. A organização e a articulação de movimentos populares e políticos externados nas redes sociais ilustram muito bem isso. Mobilizações coletivas na era digital, como as *smart mobs* e as *flash mobs* caracterizam-se pela cooperação social rápida e fluida por meio de tecnologias digitais de comunicação (Han, 2019, p. 21). As pessoas não se conhecem, mas apresentam grande capacidade de coordenação e organização. Na primeira, o conceito engloba reuniões para quaisquer

---

[17] O autor define a cultura como sendo "comportamentos imitados em razão de sua presumida funcionalidade à satisfação de interesses vivenciais e convivenciais, individuais ou coletivos e, com repetição de hábitos, transformam-se em costumes (...)" (Moreira Neto, 2008, p. 35).

[18] Embora não haja esse esclarecimento na referência citada, por uma questão de coerência terminológica, emprega-se nesse parágrafo, como nos demais dessa pesquisa, o vocábulo complexidade como um "fenômeno quantitativo, de extrema quantidade de interações e de interferências entre um número muito grande de unidades" (Morin, 2005, p. 35), e como um fenômeno qualitativo quanto aos aspectos e às condições das relações humanas.

finalidades, inclusive antidemocráticas;[19] na segunda, o conceito vincula-se a fins multiculturais, artísticos ou lúdicos.[20]

Manuel Castells (2009, p. 4) explica que as redes horizontais de participação e o fenômeno da autocomunicação de massa (*mass self-communication*), frutos dos impactos das tecnologias da informação e da comunicação (TICs), alteraram sobremodo as formas e os processos da comunicação na sociedade. Criou-se uma configuração sobre os pensamentos, opiniões e decisões como espécies próprias de poder. Por esse poder torna-se possível tanto disseminar valores democráticos e potencializar adversidades, quanto promover desinformações e manipular mentalidades públicas (Castells, 2009, p. 41- 42).

No mesmo raciocínio, Howard Rheingold (2002, p. xviii) defende que "a mesma tecnologia tem potencial para ser usada tanto como arma de controle social quanto como meio de resistência".[21] Benefícios podem trazer malefícios na era digital. Movimentos sociais se formam com objetivos participativos, de liberdade de expressão; porém, podem servir também como uma espécie de máscara ou escudo ao predador democrático.

A aplicação da tecnologia nos diversos espectros da vida humana centralizou discussões quanto às consequências positivas e negativas observadas da sociedade globalizada. Tal cenário gera na sociedade uma expectativa de que o Estado poderia regular e ajustar esses contrapontos da realidade contemporânea. Espera-se que o ordenamento jurídico tenha respostas e instrumentos aptos a assegurar os direitos e garantias fundamentais sem que isso implique redução das liberdades econômica e de concorrência, ou do desenvolvimento de tecnologias futuras.

A realidade e os seus efeitos acarretam reações pelos atingidos. Desse modo, quando há ausência ou o anacronismo da (re)ação estatal,

---

[19] Ameaças híbridas se originam de atores não estatais e assim se denominam por representarem uma ameaça no âmbito civil e militar. Elas podem contemplar, entre outras formas de ataque, como a mobilização popular por intermédio do uso da internet e de redes sociais, com o intuito de causar ou proliferar alguma espécie de caos ou desordem social, econômica, religiosa, política até obter um enfraquecimento institucional do Estado (Treverton, 2017, p. 27). Essa análise, realizada no setor da cibersegurança, enfrenta uma visão dual sobre o uso da tecnologia (civil e militar), com um enfoque da participação e da proteção de dados voltados a preocupações institucionais de segurança de Estado.

[20] No original: "*A flash mob is a group of people, usually unknown to each other, who assemble suddenly in a public place, perform some unusual or notable activity according to predetermined instructions, and then quickly disperse*" (Duran, 2006, p. 301).

[21] Tradução nossa. No original: "*The same technology has the potential to be used as a weapon of social control and a means of resistance*" (Rheingold, 2002, p. xviii).

amplia-se a ansiedade participativa, infla-se a intervenção privada na defesa dos seus próprios interesses individuais. Há um impulso orgânico oriundo da necessidade coletiva por resultados, insatisfeitas com as promessas futuras de resolução estatal. O cidadão e suas organizações percebem que podem assumir para si a alocação dos seus interesses independentemente do Estado.

A partir do momento em que o indivíduo não recebe prestações resolutivas ou satisfatórias, em que há ausência interventiva estatal, a sociedade passa a depender da sua auto-organização, do seu autocontrole e da sua auto-responsabilização no trato das relações privadas. Perde-se a identificação do Estado como fonte única de ordenação social. Contudo, são fortalecidos instrumentos que vão desde o engajamento on-line do cidadão, em processos legislativos,[22] tomada de decisões,[23] consultas e audiências públicas, até a regulação privada.

Matthias Kettermann (2020, p. 305) defende a existência de uma regulação on-line e de uma ordem normativa da internet. Para ele, embora a lei seja a força da ordem, ela reage, geralmente, com um atraso de tempo necessário, mas anacrônico ao progresso tecnológico.[24]

---

[22] Beth Simone Noveck (2017, p. 364) lembra que o Ato Procedimental Administrativo de 1946 consagrou nos Estados Unidos o direito de todos os cidadãos americanos inserirem comentários em propostas regulamentares e normativas.

[23] A participação, que se inicia na escolha dos representantes políticos, prossegue na possibilidade de participação social, com o engajamento do cidadão por meio de plataformas digitais com soluções de ingresso no processo, desde a confecção legislativa e na tomada de decisões, o chamado *CrowLaw* (Noveck, 2018, p. 364-366). Nesse contexto, um fenômeno denominado *crowdlaw* denomina um movimento de participação popular, baseado na tecnologia, na legitimidade e na aferição da qualidade e adequação legislativa (*principle of proper law making*). O tema da *crowdlaw*, embora também um tema associado ao governo aberto, não se confunde com *crowdsourcing*, prática de governo aberto aplicada à formulação de políticas públicas (Cristóvam; Hahn, 2020, p. 15).

[24] Para demonstrar seu argumento, Matthias Kettermann (2020, p. 1-2) faz um contraponto crítico entre o nascimento da internet e dos telégrafos. Ele narra que os países da Europa Central concordaram na formação de quadro internacional para telégrafos após 12 anos (e passados seis anos da conclusão da primeira linha de telégrafo de Washington para Baltimore) da apresentação por Samuel Morse do primeiro sistema de telégrafo viável em Nova York, em 1838. Em compensação, a propagação do "world *wide web*" (www.) ficou sem nenhum quadro normativo internacional que aborde a existência de uma ordem subjacente e estruturante da internet em tempo muito superior, não sendo suficientes ainda as normas nacionais aplicáveis a essas estruturas digitais de comunicação. Aqui, utiliza-se o verbo "ficou" de modo diverso do autor. Isso porque ao tempo da publicação da obra, em 2020, não seria possível considerar a recente publicação do *Digital Services Act* (DSA) e do *Digital Markets Act* (DMA). Os documentos são duas propostas legislativas da Comissão Europeia para atualizar as regras aplicáveis aos serviços digitais na União Europeia. Os documentos objetivam criar um espaço digital mais seguro à proteção dos direitos fundamentais de todos os usuários de serviços digitais. As propostas foram apresentadas em dezembro de 2020 e, em 23 de abril de 2022, o Parlamento Europeu anunciou um acordo político pela aprovação do primeiro texto (União Europeia, 2022).

A ordem fundamental da internet tem, segundo o autor, sua formação para além do Estado e não funciona como um sistema hierarquizado explícito de normas na tradição kelseniana,[25] ao que o autor resume: *there is no Grundnorm*. Desta forma, Kettermann estrutura as normas segundo o uso e desenvolvimento da internet em três níveis diferentes: i) nacionais, regionais, internacionais, ii) de autoria privada ou pública e, iii) de normas de caráter cogente até normas meras técnicas (Kettermann, 2020, p. 306).

O estudo do Estado segundo "o que a sociedade quer que ele seja" retoma a defesa prospectiva da sociedade de Diogo de Figueiredo Moreira Neto (1995, p. 25) baseada na participação democrática, no pluralismo, na subsidiariedade, na governabilidade enquanto tendências ao lado de modelos institucionais instrumentais como são a deslegalização, a privatização e a desregulamentação, pontos que serão tratados no Capítulo 2.

O mesmo administrativista, em obra mais recente, reanalisa essa expectativa dos administrados quanto ao Estado segundo a ideia de "legitimidade de resultados" e o conceito da *responsiveness*. Segundo Diogo Figueiredo Moreira Neto (2018, p. 294), trata-se de uma versão mais ampla da administração gerencial aplicada nos Estados Unidos, a partir dos anos 1990, e que "desdobra a participação do particular em todo o *iter* administrativo, notadamente no que toca ao controle social possível desse indisponível desempenho finalístico da Pública Administração".

A participação pública não se refere a uma agenda, a um cumprimento constitucional normativo, ela é eixo de continuidade e de funcionamento da sociedade. Traduz-se como uma justificativa direcional das ações públicas, vinculada ao princípio da transparência. A participação e a transparência informam a compreensão contemporânea de Administração Pública que tem por "fundamento a visibilidade do exercício do poder" (Martins Júnior, 2010, p. 19). Juntas, elas atendem a necessidade de fornecer legitimidade formal-material à atividade administrativa que planeja, realiza e expõe as suas razões como uma demonstração de qual foi o grau de influência da participação sobre as ações públicas (Martins Júnior, 2010, p. 19).

---

[25] Sobre o sistema hierárquico, Juan Carlos Cassagne (2017, p. 154) esclarece: "(...) na pretensão kelseniana de identificar o Estado com o direito e defender que este é apenas um produto normativo dos órgãos estatais. Como se sabe, o eixo do positivismo kelseniano (também do administrativista Merkel) se baseia em uma construção que concebe o ordenamento normativo como uma pirâmide (na qual a validade da norma inferior está dada por sua adequação e subordinação à norma superior) (...)".

Embora o termo *responsiveness* não tenha tradução exata para a língua portuguesa, é possível alinhar o sentido aos vocábulos responsividade e receptividade. Robert Dahl (2005, p. 25) apresenta a *responsividade* como elemento essencial (em seu conceito e característica) à democracia e à identificação das necessidades sociais.[26] O teórico entende o agir responsivo do Estado como aquele que mais se aproxima, que melhor recepciona os plúrimos interesses sociais por adotar instrumentos normativos vocacionados à compreensão do cidadão como parte do ciclo decisório.

Peter Esaiasson e Christopher Wlezien (2017, p. 699-700) ampliam a teoria de Robert Dahl e analisam a responsividade com foco nas reações sociais e nas maneiras pelas quais os políticos se relacionam com os sentimentos públicos no período entre as eleições. Eles observam a forma de conectar os cidadãos não apenas ao processo de seleção eleitoral, mas durante o período em que as reais decisões são tomadas, na avaliação quanto à representatividade, e no sentimento de legitimidade. Analisam o quanto o agir responsivo confere sentido à participação, tanto no sentido constitucional-político, quanto no sentido administrativo-social.

Percebe-se a responsividade como uma postura de reação, uma das formas de avaliação de resposta do Estado à participação e as inúmeras formas de relação do estado com o indivíduo. Comunica diferentes formas de manifestação de poder estatal e do exercício de suas competências. Ela permeia os vínculos estatais interna e externa *corporis* na razão de que o Estado existe, funciona e tem razão de ser segundo a repercussão e a finalidade de suas ações. É pela projeção do resultado que se avalia a responsividade ou não do agir estatal seja no campo social, econômico, financeiro e normativo.

É correto pressupor, nessa linha, que os extremos responsivos estatais (reações excessivas ou as insuficientes) desencadeiam desconsertos sociais sistêmicos progressivos. Por conseguinte, a assertividade responsiva à participação não guarda correspondência com o grau de

---

[26] Robert Dahl (2005, p. 27) esquematiza em três fases os requisitos de uma democracia pelos estágios de "oportunidade das preferências", ou seja, como grupos sociais ou a maioria expressa os interesses e necessidades. A primeira seria "formular preferências", a segunda "exprimir preferências" e a terceira "ter preferências igualmente consideradas na conduta do governo", cada qual com as respectivas garantias institucionais, entre as quais estão a liberdade de formar e aderir organizações, a liberdade de expressão, direito ao voto, acesso a fontes alternativas ou diversificadas de informação e a autonomia para associações. Essas garantias institucionais democráticas dialogam amplamente com o conceito de autorregulação.

intervenção estatal na sociedade, antes com a qualidade interventiva em aproximar-se, o máximo possível, da expectativa, do interesse ou da necessidade social em seu tempo.

Pelo prisma procedimental nas relações entre o indivíduo e o Estado, a participação atua como instrumento processual de motivação estatal e de defesa do interessado no exercício de contraditório frente à Administração. Aqui, a participação é expositiva, descritiva e explicativa, sem necessariamente se vincular à oposição. É estabelecida pelo direito a procedimentos sequenciais pré-definidos em lei ou regulamentos que guardam em cada ato a garantia de participação como uma defesa. Daí porque no processo administrativo (espécie)[27] há a presença do contraditório, enquanto um critério para sua conceituação (Medauar, 2021, p. 45), composta por atos intercalados, subsequentes e não unilaterais. Enquanto na processualidade administrativa (gênero) há participação, como o interagir no *iter* administrativo.

Na proteção de dados pessoais, a aplicabilidade dessas variáveis participativas assume função primordial. A adoção de bases democráticas na regulação, no compartilhamento de experiências no combate às assimetrias informacionais e à abertura participativa de direcionamento das políticas na matéria até a construção nas relações jurídicas, individual ou coletivamente consideradas, com confiabilidade.

Por essas razões – e de tantas outras que as ciências sociais possam oferecer, é que a participação eleva a formação social (historiográfica) e com ela os fundamentos validadores do direito administrativo contemporâneo. A disciplina publicista identificou na participação a legitimidade das decisões administrativas para além do processo democrático de formação do poder. Além disso, a prática participativa conferiu mecanismos jurídicos permeáveis aos movimentos e interesses da sociedade, suprindo a impossibilidade de o Estado observar e responder a todas as demandas. Com base nesses ideais é que passamos a abordar a ação regulatória no direito fundamental à proteção de dados pessoais.

---

[27] Odete Medauar, no estudo sobre processualidade administrativa, utiliza a concepção de que procedimento é gênero do qual o processo é espécie, sob o argumento de que a ideia de procedimento como uma "passagem não instantânea entre poder e ato, como história do conjunto de atos que marcam a transformação do poder em ato final". A administrativista explica que o procedimento é um fenômeno que se produz em todo exercício de uma função e que constitui elemento basilar do sistema e da lógica do direito. Dessa forma, nem todo procedimento será processo, mas pode o primeiro se traduzir como o segundo (Medauar, 2021, p. 42).

1.2 A regulação do direito fundamental[28] à proteção de dados pessoais no Brasil: elementos[29] históricos e principiológicos

A análise do papel do Estado parte de aspectos distintos em termos de regulação[30] no direito à proteção de dados pessoais.[31] Nesse campo, há uma multidisciplinaridade de atores envolvidos nas esferas pública e privada, há uma complexidade na organização das atividades estatais regulatórias e de controle. A participação do regulado nas ações estatais mostra-se um elemento importante ao *enforcement* e ao aprimoramento do controle social (Moura, 2019, p. 21-22), pois a multiplicidade e a complexidade reverberam na transversalidade desse direito fundamental entre as diversas disciplinas jurídicas.[32]

---

[28] A discussão em torno da análise sobre a fundamentalidade do direito à proteção de dados pessoais não será abordada neste trabalho por três razões. Primeira, pois o Brasil incluiu, em 10 de fevereiro de 2022, o inciso LXXIX ao artigo 5º da Constituição Federal (Brasil, 2022b). Segundo, pois antes mesmo da inclusão expressa na Carta Constitucional e ainda ao tempo do primeiro anteprojeto de 2010 da LGPD, defendia-se a fundamentalidade do direito à proteção de dados pessoais, inclusive com respaldo na jurisprudência prática (Mendes, 2011, p. 76; Sarlet, 2020, p. 22). Terceiro, pois o Supremo Tribunal Federal (STF), em 06 de maio de 2020, por referenda cautelar confirmada no mérito, reconheceu a proteção de dados pessoais como direito fundamental no julgamento conjunto das ações diretas de inconstitucionalidade de nº 6.387, 6.388, 6.389, 6.393 e 6.390, contra a Medida Provisória (MP) nº 954, 17 de abril 2020 (Brasil, 2020d). As ações foram propostas contra a redação do artigo 2º da referida MP que determinava às empresas de telecomunicações o compartilhamento com o Instituto Brasileiro de Geografia e Estatística (IBGE) do nome, do número de telefone e do endereço dos consumidores de telefonia móvel e fixa nacionais (Brasil, 2020e).

[29] A flexão do verbo "informar" no presente deve-se à abertura temporal que a matéria deve preservar. As informações históricas e principiológicas na ação regulatória são as que integrarem até o momento atual, de modo a prosseguir no acompanhamento dos fenômenos sociais, políticos e econômicos.

[30] Anota-se, neste tópico, as relevantes discussões doutrinárias quanto à compreensão das teorias jurídicas e econômicas da regulação com repercussão sobre: os conceitos de técnicas/instrumentos regulatórios, as estratégias regulatórias, a forma/modo/modalidade regulatória e o mecanismo/engrenagem regulatória. Para essas distinções conceituais, sugere-se Aranha, 2021, p. 65-213.

[31] O Estado garante os direitos fundamentais pela intervenção como garantia de preservação das prestações materiais (serviços públicos e serviços privados). Para tanto, realizará o controle, a repressão (poder de polícia), desenvolverá atividades de fomento, regulamentações, e as todas as prestações positivas e concretas à fruição desses direitos (Aranha, 2021, p. 23).

[32] A proteção de dados pessoais transita nos diversos ramos da ciência jurídica tanto de direito privado, como o direito civil, direito comercial e direito internacional privado, como nas de direito público como o direito constitucional, o direito administrativo, o direito administrativo regulatório, o direito econômico, o direito internacional público, além do estudo entre as diferenças e semelhanças entre os diferentes ordenamentos jurídicos afetas ao direito comparado em busca das experiências e alternativas aos desafios do tema. Dessa forma, o intuito é oferecer trabalhar com o direito administrativo regulatório nacional que dialogue com os conceitos dessa matéria no direito comparado, oferecendo uma

Vital Moreira (1997, p. 34) refere que há duas ideias que se ligam ao conceito etimológico de regulação, uma de estabelecimento de regras e outra de manutenção equilibrada de um sistema, a partir das quais o autor sugere três sentidos à "regulação da economia". Um amplo, que engloba regulação como toda forma de intervenção do Estado na economia independente dos seus instrumentos e finalidades. O segundo sentido com amplitude intermediária em que a regulação ocorre sem a participação direta do Estado na economia, uma vez que este apenas condiciona, coordena e disciplina as atividades econômicas privadas. E o terceiro, com um sentido estrito, no qual o Estado condiciona a atividade econômica privada por meio de normas (Jarass, 1987, p. 77 *apud* Moreira, 1997, p. 35).

Foi a partir dos diferentes sentidos econômicos que a regulação assumiu, na tradição norte-americana, o maior distanciamento das acepções de regulação europeias. Nos EUA, diferentemente do que ocorreu na Europa, via-se uma regulação de amplitude intermediária, na qual a prestação de serviços públicos (*utilities*) nos setores de transporte, das comunicações, de gás, de eletricidade, eram prestados por empresas privadas mediante a cobrança de tarifas sob o condicionamento, a coordenação e a disciplina do Estado, enquanto o objeto principal da regulação pública (Moreira, 1997, p. 35). A essas distinções de direito comparado somavam-se as questões semânticas decorrentes da tradução das palavras *regulation, rulemaking, desregulation* e *re-regulation* para o português,[33] (Medauar, 2002, p. 124), conforme se analisará no Capítulo 2 quando da distinção conceitual das regras de boas práticas.

Ocorre que regular a economia é uma regular[34] pelo aspecto econômico.[35] O foco está nos fatores de conformação da concorrência,

---

compreensão dessa soma à visão civilista constitucional própria da proteção de dados e da privacidade.

[33] Eros Roberto Grau (2008, p. 131) chega a afirmar que "a '*desregulation*' dos norte-americanos está para a '*regulation*' assim como, para nós, a regulação está para a regulamentação".

[34] Por regulação, adota-se a definição de Marcio Iorio Aranha: "O certo é que o conceito de regulação é um pressuposto do Estado Regulador, que, sinteticamente se apoia: a) no Estado garante dos direitos fundamentais, inclusive a igualdade de condições competitivas; b) no Estado de intervenção permanente e simbiótica; c) no Estado Administrativo, por sua apresentação de agigantamento da função de planejamento e gerenciamento das leis; d) no Estado legitimado na figura do administrador, do processo de gerenciamento normativo da realidade ou do espaço público regulador; e) no Estado de direitos dependentes de sua conformação objetiva em ambientes regulados; f) no Estado Subsidiário, em sua apresentação de potencialização da iniciativa privada via funções de fomento, coordenação e fiscalização de setores relevantes; e g) no conceito de regulação como processo de realimentação contínua da decisão pelos efeitos dessa decisão, reconformando a atitude do regulador em uma cadeia infinita caracterizada pelo planejamento e gerenciamento conjuntural da realidade" (Aranha, 2021, p. 63-64).

do mercado e do comportamento empresarial, segundo as concepções, instrumentos e estratégias que são próprias desse contexto (Aranha, 2021, p. 81). Da mesma forma, segundo um aspecto sociológico,[36] a regulação buscará modelar e influenciar o comportamento social (Aranha, 2021, p. 99). Enquanto por um aspecto teleológico, a regulação investigará a sua própria razão interventiva, a compreensão de qual é a finalidade regulatória e a partir dessa noção formará o *locus* institucional do Estado (Aranha, 2021, p. 101).

Diogo de Figueiredo Moreira Neto (2008, p. 29) defende que no pós-guerra a *supremacia da Administração Pública* do Estado Moderno perdeu espaço a um Estado pós-moderno de realização de direitos a partir da segunda metade do século XX. A qualificação jurídica da ação administrativa recebeu novos paradigmas.[37] Antes, três paradigmas estavam vigentes: a existência (realidade), a validade (legalidade) e a eficácia (aptidão a produzir efeitos). Na fase pós-moderna, quatro outros somam-se à tríade da ação do administrador público: a legitimidade, a finalidade, a eficiência e o resultado (Moreira Neto, 2008, p. 29). Dentro dessa qualificação administrativista jurídica das ações estatais no século XXI, identificou-se a pertinência do aspecto teleológico de regulação destinada à proteção de dados pessoais.

A finalidade, ou os fins do Estado, substituíram o binômio poder-sujeição por função-direito. Isso porque a função da finalidade no direito não é a idealização abstrata ou uma cartilha ideológica estatal, antes contribuiu ao que importa: a realização dos direitos das pessoas (Moreira Neto, 2008, p. 14). De fato, o aspecto teleológico ajusta-se

---

[35] Richard Posner alerta às interpretações sobre as leis de privacidade nos EUA na década de 1970. Posner defende uma análise econômica e não econômica do uso de dados, o que ele denominou *"the economics of privacy" (commercial privacy e personal privacy)* (Posner, 1977, p. 394) e *"noneconomic Theories of Privacy"* com a privacidade segundo um artigo de Warren e Brandeis (Posner, 1978, p. 406), igualmente abordado nesse subcapítulo. Para o autor, as pessoas invariavelmente possuem informações, incluindo fatos sobre si mesmas e conteúdo de comunicações, que incorrerão em custos para ocultar. Da mesma forma, as informações que podem ser de valor para outros, geram a outros custos para descobri-las, razão pela qual a interpretação das leis de privacidade deveria considerar a existência de dois bens econômicos e as respectivas demandas resumidas em: "privacidade" e "intromissão" *(privacy and curiosity as intermediate good)* (Posner, 1977, p. 394).

[36] Vital Moreira (1997, p. 34) reconhece que não há consenso quanto ao conceito de regulação. Por isso, explica que, ao trabalhar o conceito de autorregulação profissional, ele adotou um conceito oriundo da economia e da sociologia (Moreira, 1997, p. 387).

[37] O autor adota a concepção de paradigma de Thomas Kuhn enquanto um "modelo científico vigorante em um certo momento histórico" (Kuhn, 1989, p. 219, *apud* Moreira Neto, 2008, p. 18).

aos objetivos desta investigação pelo fato de o direito à proteção de dados pessoais, apesar dos benefícios de matriz econômica, não ter na reparação ou na resolução econômica seu principal viés.

Nada mais próximo à realização de um direito do que oferecer concretude aos destinatários da norma, do que traduzir a abstração teórica das regras legais, dos princípios em descrições fáticas que (se e quando aplicados) preservam um direito fundamental. As regras de boas práticas e de governança, enquanto descrições concretas de compromissos voluntários de responsabilidade frente a uma regra legal,[38] podem oferecer um desenho realístico à proteção de dados pessoais. Fixados esses pressupostos metodológicos deste subcapítulo, seguimos aos principais elementos históricos e principiológicos que influenciaram o Brasil até a edição LGPD.

A visão do Estado como uma instituição que repousa e existe na força e na racionalidade das suas leis foi reforçada a partir da Revolução Industrial no século XVIII. Apostava-se no potencial coercitivo e não no consenso. Governava-se na crença da dispensabilidade da opinião da sociedade (Moreira Neto, 1992, p. 201-202) diante da autossuficiência decisória estatal, desvinculada da participação, da eficiência e do controle do poder estatal (Moreira Neto, 2008, p. 21).

No século XVI, o absolutismo político na Europa fazia a sociedade submissa ao poder do Estado até a eclosão de três revoluções liberais que provocaram mudanças profundas nessa relação, na política e no Direito. A Revolução Gloriosa (1688) trouxe no *Bill of Rights*[39] (1689) um alicerce ao princípio da legalidade administrativa (Otero, 2007, p. 45). A Revolução Americana (1775) elevou, no esforço de consolidar a soberania política do novo Estado independente e de equilibrar os poderes constituídos, o Poder Judiciário (Moreira Neto, 2007, p. 9). E a Revolução Francesa (1789) deu origem à tripartição das funções do Estado[40] (Souto, 2005, p. 9), além de assentar as bases da Administração

---

[38] Como se demonstrará no Capítulo 2, esse é um dos conceitos possíveis aplicáveis às regras de boas práticas, quando elas derivam de uma permissão legal.

[39] A experiência constitucional inglesa entregou documentos constitucionais importantes: *Petition of Rights* (1628), *Habeas Corpus Act* (1679) e a *Bill of Rights* (1689). Cita-se a *Bill of Rights* no texto, pois esta restringiu os poderes reais, a recusar ao monarca legislar autonomamente, bem como retira o poder de impor tributos, de convocar e manter o exército sem a autorização do Parlamento (Mendes, 2009, p. 217).

[40] A tripartição diz respeito às funções de legislar, administrar e julgar. Contudo, a separação dos poderes, como se sabe, constitui elemento essencial à própria noção de constituição no sentido moderno, tal como solenemente afirmado no artigo 16 da Declaração dos Direitos do Homem e do Cidadão, de 1789 (Sarlet, 2022, p. 173).

Pública contemporânea (Moreira Neto, 2007, p. 9). Passou-se da centralidade do poder no monarca à descentralização desse poder em um Estado liberal fundado no modelo de produção capitalista (Cristóvam, 2015, p. 68).

Mesmo em meio ao estabelecimento das liberdades de comércio, da indústria e das profissões durante as revoluções liberais (Moreira, 1997, p. 11), a liberdade individual ainda era considerada um risco ao Estado. Exemplo disso foi a Lei Chapelier que, no ano de 1791, no seu artigo 2º,[41] proibiu o restabelecimento das corporações de mestres, bem como a criação de quaisquer associações por parte de cidadãos do mesmo estado ou profissão com o fim de formular regulamentos sobre interesses comuns.

Durante o Estado Liberal, o direito administrativo se caracterizou, dominantemente, como uma prestação unilateral do Estado, ainda que submetido ao pressuposto de legalidade. A Administração Pública detinha, como regra, uma margem autoritária no sentido de sobrepor seus atos ao consentimento do administrado. Somente com a evolução do direito público, especialmente após as duas guerras mundiais no século XX, as desigualdades entre pessoas realçaram a inoperância do exercício dos direitos e garantias individuais (Tácito, 1997, p. 2), mesmo onde estes já estavam escritos em Constituições, como nos Estados Unidos da América (1787), da França de 1791, a Declaração dos Direitos da Virgínia,[42] em 1776 (Sarlet, 2022, p. 65), e da Declaração Universal dos Direitos do Homem e do Cidadão de 1789.

A Revolução Industrial iniciada no século XVIII na Inglaterra reverberou os impactos da máquina a vapor e do capitalismo no mundo. Foi um importante marco na consolidação industrial, na expansão urbana, no desenvolvimento tecnológico, nas mudanças das relações humanas de consumo e de trabalho. Mesmo no século XXI,

---

[41] A Lei Chapelier (escrita por Issac René Guy le Chapelier em 14 de junho de 1791) refletiu as ideias do liberalismo econômico e da vitória da burguesia com o declínio da classe trabalhadora. O texto proibia a formação de sindicatos, as greves e as manifestações dos trabalhadores sob argumento de proteger a iniciativa privada e a liberdade econômica. Vital Moreira faz destaque à redação do artigo 2º, dispositivo no texto mencionado: "Não haverá corporação no Estado. Existirá apenas o interesse particular de cada indivíduo e o interesse geral. A ninguém é permitido inspirar cidadãos um interesse intermediário, separá-los da coisa pública por um espírito de corporação" (Moreira, 1997, p. 11).

[42] Ingo Sarlet (2022, p. 65) explica que o texto foi o primeiro a consagrar direitos por representantes do povo e que "indiretamente, o constitucionalismo norte-americano influenciou textos constitucionais em escala global", ao servir de modelo à Declaração dos Direitos do Homem e do Cidadão de 1789.

defende-se uma quarta fase dessa revolução caracterizada pelas invocações tecnológicas em curso. Pelo atual período, o Estado deve estar aberto às mudanças estruturais digital impostas ao mundo físico e ao ser humano, abandonar o conservadorismo e compreender suas responsabilidades na criação de regras confiáveis, competitivas e equânimes (Schwab, 2016, p. 75).

No início do século XX, com os impactos da Primeira Guerra Mundial (1914-1918) e a quebra da Bolsa de Valores em Nova Iorque, em 1929, instalava-se o fim da economia liberal e do abstencionismo regulatório (Moreira, 1997, p. 11). Até então, era pequena a presença regulatória do Estado e o mercado se autorregulava (mercado regulador) na aplicação da chamada regra do *laissez faire, laissez passer* (Di Pietro, 2009, p. 23).

Os meios de comunicação pressionaram mudanças nas funções regulatórias estatais tanto quanto no próprio mercado. A abertura de novos canais de comunicação[43] a partir do final do século XIX completou o cenário das inovações tecnológicas nas relações humanas e na economia. Samuel Warren e Louis Brandeis explicam a sensação de invasão que esse período começou a causar. No ano de 1890, os autores descrevem o quanto as fotos instantâneas[44] e as notícias impressas em jornais largamente distribuídas invadiram a vida doméstica e privada, o que despertaria a necessidade de o Direito norte-americano conferir um instrumento próprio contra a circulação não autorizada de retratos, trazendo a referência[45] do que o Juiz Thomas Cooley designou

---

[43] O primeiro sistema de comunicação a distância foi o telégrafo. Antes disso, a comunicação por meio ótico. Criado em 1792 pelo francês Claude Chappe, disseminou-se no império de Napoleão Bonaparte. Na metade do século XIX, foi desenvolvido o telégrafo elétrico na Grã-Bretanha, seguido dos cabos telegráficos submarinos entre a Europa e a América do Norte. Samuel Morse transmitiu o primeiro telegrama em 24 de maio de 1844 nos Estados Unidos, usando uma linguagem de caracteres (Código Morse), após desenvolver seu telégrafo em 1837. A criação da máquina de escrever, da câmera polaroide, do rádio, do telefone, da televisão, das máquinas de processamento de dados, dos computadores, integram a era da comunicação e informação do final do século XIX ao século XX, até a chegada no final da década de 1960 da internet.

[44] O caso Marion Manola contra Stevens & Myeres, da *New York Supreme Court*, foi noticiado em 15 de junho de 1890. Marion Manola era atriz no Teatro da Broadway, em Nova York. Ela apresentou uma reclamação contra uma circulação de uma foto tirada de forma inesperada e sem o seu consentimento (Warren; Brandeis, 1890, p. 195).

[45] Radim Polčák e Dan Jerker Svantesson (2017, p. 81-90) discutem o conceito de privacidade, como um conceito de privacidade da informação comparado ao de soberania da informação. Eles se concentram em fundamentos semelhantes a ambos os conceitos e em suas implicações práticas. Assim, na análise do *"right to be let alone"* eles defendem a impossibilidade de se aplicar uma visão equivale a estar desassistido ou solitário (*to be left lonely*). Nesse sentido, os autores alertam que a tradução do direito de estar só de Cooley

o direito *"to be let alone"*.[46] Os autores argumentam que os direitos à vida e à liberdade tinham recebido uma extensão. O direito à vida era também o direito a usufruir a vida (*enjoy life*), de estar e ser deixado só e nesse contexto a noção de propriedade expandia a sua composição para todas as formas de posse, as tangíveis e as intangíveis (Warren; Brandeis, 1890, p. 195). O texto representa um marco à discussão da proteção da privacidade nos Estados Unidos[47] e serviu de referência a escritos na Europa.[48]

Em 7 de outubro de 1970, o Estado de Hesse, na Alemanha, editou a primeira lei de proteção de dados[49] na Europa, a Lei do *Lande* de Hesse. Era uma lei estadual de proteção de dados[50] com 17 artigos para disciplinar as atividades de centros de processamento de dados e que instituiu a figura do comissionário[51] de dados (Doneda, 2019, p. 191). Para Spiros Simitis, primeiro comissário de dados do Estado de Hesse, a proteção desse novo direito dependia fundamentalmente de uma base sólida de regulação a partir de quatro pilares: a) o reconhecimento da natureza única do processamento de dados pessoais; b) a necessária especificação da finalidade da utilização das informações pessoais solicitadas, de modo a barrar as tentativas de processamento multifuncional; c) a revisão e a atualização contínuas das

---

não pode ser compreendida como *"being left to one's self"* ou *"being left lonely"*. Ou seja, a privacidade não significa ser deixado por si só e a sua própria sorte, antes deve ser lido como o direito de ser deixado e estar em paz (*right to peace*). Destaca-se o seguinte trecho do original: *"In particular, we have reason to believe that the right to be let alone is actually a right to be left in peace."* (Radin; Svantesson, 2017, p. 86).

[46] Danilo Doneda (2019, p. 101) alerta que Warren e Brandeis não chegam a trabalhar com uma perspectiva fechada de privacidade, e que o direito de estar só foi uma citação da expressão da obra do magistrado norte-americano.

[47] Danilo Doneda indica também a contribuição do trabalho publicado em 1960 (*Privacy*) de Willian Proser com a consolidação da privacidade na *tort law* na época. O trabalho sofreu críticas na doutrina, mas se tornou influente na prática judiciária norte-americana. Doneda explica que o direito à privacidade não era fundamentado pelos juristas na Constituição, apenas no reconhecimento de um *privacy tort*, sendo o trabalho de Warren e Brandeis uma pesquisa de *case law* com esse propósito (Doneda, 2019, p. 236-237).

[48] Spiros Simitis, comissionário de dados no estado alemão de Hessen entre 1975 e 1991, reconhece a importância do artigo no seu artigo *"Reviewing privacy in an information society"* de 1987.

[49] Antes da edição dessa lei, em 17 de julho de 1970, o Código Civil alemão também foi alterado para incluir o "respeito à vida privada" no artigo 9º (Doneda, 2019, p. 191).

[50] Fabiano Menke (2019, p. 781-782) argumenta que a Alemanha é um dos países com maior desenvolvimento doutrinário em proteção de dados e que conta com um instituto autônomo (*Datenschutz*) tamanha a importância do tema no país.

[51] Hans-Peter Bull foi o primeiro encarregado da agência federal de proteção de dados alemã (Doneda, 2022, p. 96).

regulamentações de proteção de dados para compatibilizar com as mudanças na tecnologia; e d) a existência de uma autoridade independente para impor regulamentos na matéria[52] (Simitis, 1987, p. 737). A lei alemã foi sucedida por outras construções normativas em quase toda Europa,[53] até a elaboração da Convenção de Estrasburgo nº 108, 28 de janeiro de 1981, para unificar a proteção de dados pessoais no continente, sendo o único instrumento internacional juridicamente vinculativo na matéria. Os temas da privacidade e da proteção de dados expandiram na década de 1970, com a figura dos bancos de dados e a intensificação de atividades públicas voltadas ao tratamento automático de dados (*automatic data processing* – ADP). Os bancos de dados reuniriam informações organizadas segundo alguma função ou lógica. A informatização e os processos eletrônicos ampliaram a capacidade de processamento. Já a organização e o armazenamento permitiriam que funções até então manuais fossem centralizadas e de fácil utilização.

No final da década de 1960, o governo norte-americano debateu o *National Data Center*, que unificaria os dados do censo, os dados fiscais, previdenciários e trabalhistas. A ideia incentivou outras iniciativas[54] como o *Système Automatisé pour les Fichiers Administratifs et le Répertoire des Individus* (SAFARI) na França (Doneda, 2019, p. 164). Em 1969, já se tinha a primeira mensagem enviada por meio da *Advanced Research Projects Agency Network* (Arpanet), rede do Departamento de Defesa dos EUA e precursora da Internet global.

---

[52] Tradução nossa. No original: "*First, the unique nature of the personal data processing must be recognized. Second, requests for personal information must specify the purpose for which the data will be used, thereby excluding all attempts at multifunctional processing. Third, data protection regulations must be reviewed and updated constantly to reflect changes in technology. Finally, there must be an independent authority to enforce data regulations*" (Simitis, 1987, p. 737).

[53] No pós-guerra, o Conselho da Europa reuniu os Estados europeus com o objetivo de promover o Estado de direito, a democracia, os direitos humanos e o desenvolvimento social e adotou a Convenção Europeia dos Direitos do Homem (CEDH) em 04 de novembro de 1950, em vigor desde 1953. A Carta previa no artigo 8º o direito ao respeito pela vida privada e familiar. Poucos anos mais tarde, em 1959, foi criado, em Estrasburgo, o Tribunal Europeu dos Direitos do Homem (TEDH) para garantir as obrigações assumidas aos países europeus aderentes da CEDH.

[54] A afirmação não ignora que a coleta de informações sociais pelo estado tem registro desde o século XVI. No século XVII, a necessidade de maior atuação do Estado nas áreas de defesa nacional e saúde deu início ao processo de coleta de informações estatísticas em tópicos sociais. Nos séculos XVIII e XIX há uma intensificação dos movimentos de coletas e organização de dados nesse campo, o que introduziu o percurso para a construção dos modelos mais atuais de medição e coleta de características sociais e o ramo das estatísticas (Cristóvam; Hahn, 2020, p. 5).

Com o ingresso na década de 1970, Jon Postel iniciou os registros dos *socket numbers* (portas de entrada ou soquete) para a Arpanet, o que veio a se tornar, na década de 1980, a *Internet Assigned Numbers Authority* (IANA), responsável pelo gerenciamento e coordenação do sistema de nomes de domínio nas redes (*Domain Name System*, DNS).

O intuito administrativo dessas iniciativas era a eficiência pela gestão informacional, a transmissão de dados militares sigilosos, a redução de custos, a expansão fiscal e a organização de ações públicas. Contudo, os bancos de dados públicos não consideravam a necessária proteção às informações pessoais. A ideia de concentração de dados e de mais poder ao Estado foi mal recepcionada na sociedade e deu início às primeiras discussões de leis federais norte-americanas sobre privacidade.[55] Em 31 de dezembro de 1974, o *Privacy Act* passou a ser a lei aplicada às agências governamentais federais e às empresas privadas que administravam sistemas de registros de dados para o governo norte-americano (Mendes, 2014, p. 86).

O *Privacy Act* resultou do trabalho de um grupo multisetorial do Departamento de bem-estar social norte-americano (*Departament of Health, Education and Welfare*, HEW), iniciado em 1973, cuja missão era extrair as principais repercussões jurídicas e sociais em processamento de dados (Bioni, 2022, p. 6). Após as reuniões, o grupo concluiu que o uso das tecnologias no processamento de dados oferecia mais riscos do que benefícios à sociedade, razão pela qual era urgente desenvolver princípios de aplicação universal. A estes denominou-se "princípios de práticas informacionais justas" (*Fair Information Practice Principles* – FIPPs), os quais se tornaram uma abordagem dominante[56] nos Estados Unidos (Westin, 2003, p. 436) com expansão a leis setoriais norte-americanas (*common law of privacy*) (Bioni, 2022, p. 11).

Os FIPPs foram estruturados em cinco diretrizes e representam um forte referencial à função regulatória. Colin Bennett (2002, p. 390) defende que não só a experiência norte-americana partiu desses princípios como também influenciou a experiência europeia, razão pela qual denomina como uma doutrina: a doutrina das

---

[55] Danilo Doneda (2019, p. 238-244) traz uma evolução das leis de privacidade nos Estados Unidos entre 1903 e 1996.

[56] Alan Westin (2003, p. 437) indica, além do desenvolvimento das FIPPs, mais dois fenômenos importantes à regulação de proteção de dados norte-americana: a) o debate sobre as fichas de consumidores com a aprovação, em 1970, da *Fair Credit Report Act* (FCRA); b) o *Privacy Act* de 1974 e c) a designação do grupo *Privacy Protection Study Commission* (PPSC) que culminou no desenvolvimento das FIPPs.

práticas informacionais justas.⁵⁷ As matrizes originais das FIPPs eram: a) inexistência secreta de sistemas de registro de dados pessoais; b) o oferecimento de meios para que as pessoas saibam quais informações sobre ela estão em registro e o respeito ao uso; c) a possibilidade de a pessoa impedir que informações sobre ela sejam usadas para propósitos diversos dos quais foi inicialmente consentido sem um novo consentimento; d) a possibilidade de a pessoa corrigir ou ajustar os registros sobre seus dados; e e) a garantia de confiabilidade por aqueles que utilizarem e processarem informações pessoais (Bioni, 2022, p. 13).

Os princípios fixavam deveres de informação, de transparência, de finalidade, de acesso com fins retificadores e de confiabilidade. Por esses parâmetros, estava clara a impossibilidade de tratamento de dados nos moldes de processamento eletrônico até então conhecidas. A primeira geração de normas de proteção de dados pessoais⁵⁸ estava concretizada

---

[57] Colin Bennet resume a doutrina em dez e não cinco princípios, dentre os quais há o importante acréscimo do dever de responsabilidade pelas informações que o usuário de dados for possuidor e o dever de finalidade no uso. O autor ensina que a codificação desses dez princípios pode variar. Contudo, uma organização pública ou privada deve: a) ser responsável e prestar contas por todas as informações pessoais em sua posse; b) identificar os propósitos para os quais as informações são processadas em ou antes do tempo de coleta; c) apenas coletar informações pessoais com o conhecimento e consentimento do indivíduo (exceto em circunstâncias especificadas); d) limitar a coleta de informações pessoais ao que é necessário para o cumprimento dos propósitos identificados; e) não deve usar ou divulgar informações pessoais para fins diferentes daqueles identificados, exceto com o consentimento do individual (o princípio da finalidade); f) reter informações apenas por tempo necessário; g) garantir que as informações pessoais sejam mantidas precisas, completo e atualizado; h) proteger informações pessoais com segurança adequada salvaguardas; i) ser aberto sobre suas políticas e práticas e não manter um sistema de informações secretas; e h) permitir que os sujeitos de dados tenham acesso às suas informações pessoais com a capacidade de alterá-lo como impreciso, incompleto ou obsoleto (Bennet, 2002, p. 390). Tradução nossa. No original: *"While the codification of the principles may vary, they essentially boil down to a number of basic tenets. For example, an organization (public or private): *must be accountable for all the personal information in its possession; *should identify the purposes for which the information is processed at or before the time of collection; *should only collect personal information with the knowledge and consent of the individual (except under specified circumstances); *should limit the collection of personal information to that which is necessary for pursuing the identified purposes; *should not use or disclose personal information for purposes other than those identified, except with the consent of the individual (the finality principle); *should retain information only as long as necessary; *should ensure that personal information is kept accurate, complete, and up-to-date; *should protect personal information with appropriate security safeguards; *should be open about its policies and practices and maintain no secret information system; and *should allow data subjects access to their personal information with an ability to amend it as inaccurate, incomplete, or obsolete"* (Bennet, 2002, p. 390).

[58] A autora cita como exemplos da primeira geração, no âmbito europeu, a lei do Estado alemão de Hesse (1970), a lei de dados da Suécia (1973), o Estatuto de Proteção de Dados do Estado alemão de Rheinland-Pfalz (1974) e a Lei Federal de Proteção de Dados da Alemanha (1977). Nos EUA, no mesmo período o *Fair Credit Reporting Act* (1970), com foco na regulação dos relatórios de crédito dos consumidores, e o *Privacy Act* (1974), aplicável à Administração Pública (Mendes, 2014, p. 45).

e com ela a formação do conceito de privacidade ligado à proteção de dados pessoais e aos procedimentos de uso (Mendes, 2014, p. 45). Humberto Ávila ensina que as regras podem ser dissociadas dos princípios quanto ao modo como contribuem para a decisão. Os princípios consistem em normas primariamente complementares a preliminarmente parciais (Ávila, 2005, p. 68) e entregam ao operador apenas parte dos aspectos relevantes para a tomada de decisão. Isso significa que a "aplicação de um princípio não objetiva gerar uma solução específica" (Ávila, 2005, p. 68), mas contribuir, ao lado de outras razões, na decisão do caso concreto, na própria ação administrativa.

Sendo assim, a ação administrativa regulatória na primeira geração de leis de proteção de dados fundava-se na ideia de uma norma precedente ao evento "acessar dados". O entendimento era baseado no controle estatal sobre o tratamento do dado pessoal. Regulava-se um comportamento diante da assimetria informacional entre o usuário dos dados e o seu titular. Assim, exigia-se o registro em órgãos, em autoridades competentes ou a licença prévia do titular (consentimento) antes do tratamento ou da manipulação das informações acessadas. A esse modelo de regulação prévia ao ato regulado a doutrina denominou regulação *ex ante* (Mendes, 2014, p. 45).

Sob o ponto de vista da finalidade, a regulação *ex ante* apresentava lacunas.[59] Mesmo que fosse defensável pelo prisma de controle dos dados pelo titular, pela prevenção e controle estatal, ela não apresentava a porosidade em aspectos que precisam ser compartilhados com os usuários dos dados, tampouco enfatizava a repressão caso o consentimento fosse irregular ou inexistente. Além disso, as atividades de tratamento de dados não precisavam ser completamente descritas e nem especificadas na lógica *ex ante* (Baldwin; Cave; Lodge, 2012, p. 205). A doutrina *ex ante* na proteção de dados consistia no empoderamento do cidadão por meio do autocontrole de seus dados e na institucionalização de mecanismos de controle e supervisão sobre o uso, na linha do conceito de autodeterminação informativa fixado pelo Tribunal Constitucional Federal Alemão em 15 de dezembro de 1983 (Doneda; Schertel, 2018, p. 23).

---

[59] O Capítulo 3 será destinado ao estudo do controle regulatório (supervisão, cumprimento, correção) aplicado às regras de boas práticas no âmbito da LGPD, razão pela qual os conceitos sobre a regulação *ex ante* e *ex post*, a regulação responsiva, serão lá retomados, acrescidos aos conceitos sobre medidas regulatórias intrínsecas, governança regulatória e *enforcement*.

Nessa data, o Tribunal Constitucional Federal analisou reclamações constitucionais[60] ajuizadas por grupos de cidadãos que impugnavam a lei federal alemã do censo de 1982, aprovada de forma unânime pelo Parlamento e Conselho Federais alemães, para realização do censo no ano de 1983. A lei objetivava realizar o censo geográfico do país e coletar dados pessoais dos cidadãos não necessários à finalidade principal. A Corte Constitucional alemã, então, decidiu pela manutenção do censo de 1983, mas determinou a adoção de medidas de segurança às informações coletadas nas entrevistas, além da proibição de transferências de alguns desses dados a outros órgãos de governo (Menke, 2019, p. 783-784).

Com a vivacidade do tema na Europa e nos Estados Unidos, surgiu a preocupação em âmbito internacional quanto às divergências legislativas, aos futuros obstáculos à livre circulação dos dados e à ausência de um denominador comum quanto ao escopo das leis (se a privacidade, se os dados pessoais, se as liberdades individuais), aos mecanismos de controle estatal e o emprego das tecnologias da informação e da comunicação.

A repercussão negativa dos bancos públicos de dados do período não impediu a proliferação de processamentos de dados de forma descentralizada tanto no setor público como no setor privado, o que demonstrou a insuficiência das leis e das regulamentações aplicadas. Era a porta de entrada da segunda geração de normas de proteção de dados. O período iniciado no final da década de 1970 recebeu as inserções do direito à privacidade nos textos normativos constitucionais, tal como ocorreu nas Constituições da Áustria, da Espanha (1978) e de Portugal (1976) (Mendes, 2014, p. 63; Sarlet, 2022, p. 78).

Em 23 de setembro de 1980, a Organização para a Cooperação e Desenvolvimento Econômico (*Organisation for Economic Co-Operation and Development*, OECD) lançou diretrizes aos legisladores nacionais

---

[60] A decisão alemã apresenta diversos pontos valiosos à aplicação do direito fundamental à proteção de dados pessoais, aos conceitos de privacidade e autodeterminação informativa, notadamente nos âmbitos dos direitos constitucional, comparado e civil. Contudo, não ingressaremos nesses aspectos conceituais, assim como da fundamentalidade do direito à proteção de dados pessoais, como já mencionado, tendo em vista a centralidade do tema voltada à ação regulatória controle estatal. Para detalhamentos recomenda-se: Bioni, 2019, p. 101-107; Doneda, 2019, p. 165-172. Para aprofundamento jurídico do tema, contexto histórico alemão da decisão de 1983 associado à análise do surgimento do direito fundamental à garantia da confidencialidade e da integridade dos sistemas técnico-informacionais no mesmo país em 27 de fevereiro de 2008, consultar: Menke, 2019, p. 781-809.

em matéria de privacidade.[61] O objetivo era orientá-los à tríplice conciliação: fluxo internacional de dados, desenvolvimento das relações econômicas e tecnológicas e respeito aos direitos humanos (OECD, 1980). Depois, no final de 1983, a já mencionada decisão alemã sobre a parcial constitucionalidade da "Lei do Recenseamento de População, Profissão, Moradia e Trabalho" (Mendes, 2014, p. 45) completou o início da terceira geração das leis de proteção de dados pessoais.

O guia orientativo da OECD de 1980, ao consolidar experiências iniciais dos países em matéria de leis nacionais de privacidade e de proteção de dados, forneceu uma arquitetura geral às políticas regulatórias. Os parâmetros serviram como um documento harmonizador entre os países participantes e foi essencial aos países sem expertise no tema. O texto fixou oito princípios básicos de aplicação legal[62] e cinco eixos mínimos de implementação das leis de privacidade (regulação), sendo estes últimos: i) a adoção de uma legislação interna apropriada; ii) o incentivo e o apoio à autorregulação, seja na forma de códigos de conduta ou de outra forma; iii) a previsão de meios razoáveis para que os indivíduos exerçam seus direitos; iv) a previsão de sanções e recursos adequados em caso de descumprimento e; v) a garantia de que não houvesse discriminação injusta contra os titulares dos dados (OECD, 1980).

A associação das FIPPs, o guia da OECD e a decisão do Tribunal Federal Alemão concentraram subsídios de duas décadas de evolução e conquistas na ação regulatória de proteção de dados pessoais norte-americana e europeia. Como se verá no próximo ponto, os dois primeiros foram indicados como fundamento à inclusão das regras de boas práticas no anteprojeto de 2010 da LGPD, seja pela recomendação de as leis nacionais incentivarem a autorregulação, seja pela presença principiológica da participação, da responsabilidade e da prevenção.

A década de 1990 apresentou, entretanto, elementos empíricos quanto aos pontos sem êxito regulatório. Ficou exposta a impossibilidade de acompanhamento estatal em todos os setores em que o uso de dados

---

[61] Em 1985, a OECD também emitiu a *Declaration on transborder data flows* (OECD, 1985) para harmonização das normas no fluxo internacional de dados pessoais.
[62] Os oito princípios foram baseados, entre outras bases colhidas pela OECD entre 1968 e 1980, nos relatórios do HEW, os *"Fair Information Practice Principles"*. Os princípios para a uniformização de aplicação das leis nacionais foram os seguintes: princípio de limitação da coleta, princípio de qualidade dos dados, princípio da definição da finalidade ou de especificação de propósito; princípio da limitação de utilização; princípio de salvaguardas e de segurança, princípio da abertura, princípio da participação individual e o princípio da responsabilidade ou da responsabilização (OECD, 1980).

ocorria, diante da velocidade do progresso tecnológico e da necessidade de uma segurança informacional.[63] O que parecia estar ajustado nos anos 1980, não se encaixava à realidade política, econômica e social dos anos 1990 e à projeção crescente de demandas de dados do próximo século.

Ademais, os titulares não tinham assumido a função de controle de seus dados e a técnica legislativa de exigência do consentimento era insuficiente às demandas globais (Bioni, 2019, p. 136). Percebeu-se que o consentimento na prática era, na maior parte dos casos, realizado sem a compreensão do titular ou era obtido de forma ficta, por adesão ou por ser a única opção oferecida ao titular. Nas palavras de Danilo Doneda (2019, p. 298), viu-se o "mito do consentimento" frente ao "paradoxo da privacidade".

Paralelo a isso, no âmbito regulatório, a década de 1990 recebia significativas contribuições doutrinárias. Ian Ayres e John Braithwaite (1992, p. 4) defendiam a importância de o governo estar sintonizado com as diferentes motivações dos atores regulados, o que seria possível por meio de uma regulação responsiva.[64] O modelo[65] defende que uma boa política regulatória chama os interessados à participação colaborativa, ao envolvimento com o processo de confecção das normas, à assunção de responsabilidades frente ao processo fiscalizatório. Defende, ainda, um processo de interação entre a regulação estatal e a autorregulação (*self-regulation*) (Ayres; Braithwaite, 1992, p. 5).

Percebe-se que a ação regulatória, mesmo nos países com mais experiência em proteção de dados pessoais, vive sob novos desafios. Os países sem legislação específica sobre o tema (como era o Brasil até o ano de 2018) já sentiam a pressão internacional da economia globalizada, os prejuízos sociais do descontrole das redes de internet e da manipulação política pelas informações coletadas.

---

[63] A OECD publicou, em 1997, um guia sobre criptografia (OECD, 1997a).

[64] Tradução nossa. No original: "*Government should also be attuned to the differing motivations of regulated actors*" (Ayres; Braithwaite, 1992, p. 4).

[65] A regulação responsiva, teoria iniciada a partir do estudo realizado pelos autores em 1982 (Ayres; Braithwaite, 1992, vii), recebeu contribuições e críticas nos últimos trinta anos. Teorias como regulação inteligente, regulação baseada no risco, a abordagem analítica da regulação, foram respostas à teoria responsiva. Julia Black e Robert Baldwin também apresentaram seus argumentos pelo que eles denominaram a regulação realmente responsiva, em um documento publicado em 2007 (Black, Baldwin, 2008, p. 1), o qual foi republicado em 2022 (Black, Baldwin, 2022, p. 1). Pela atualidade e análise multifocal desse último, será adotado para detalhamento da regulação responsiva. Cabe lembrar que a regulação responsiva já foi expressamente descrita pela ANPD na Resolução do Conselho Diretor nº 1, de 28 de outubro de 2021, que aprova o regulamento do processo de fiscalização e do processo administrativo sancionador no âmbito da autoridade, o que reforça a pertinência teórica indicada (Brasil, 2021c).

A administração quanto ao uso das redes e a cobrança de taxas sobre os nomes de domínio na internet atraíram interesses e divergências privados e públicos. Nos EUA, entre 1994 e 1998, foram realizadas tentativas de transferir a administração da internet ao setor privado, iniciadas pela Internet Society (ISOC) incorporada em 1992. A formação de um grupo de tecnólogos centrados no ISOC tentava manter o controle da internet de forma privada, com impulso econômico na obtenção de registros de marcas e de propriedade intelectual sobre os meios digitais. Não tardou o cruzamento de interesses econômicos e políticos com o setor de telecomunicações, bem como discussão nas agências reguladoras americanas em torno de quem possuiria jurisdição e responsabilidade geral sobre as questões de nome de domínio, endereço e redes de acesso. O contexto fortaleceu a ideia de uma governança da internet, de diálogo organizado e centralizado à verificação dos posicionamentos do setor privado e do governo. Em junho de 1988, o Departamento de Comércio dos EUA reconheceu, oficialmente, uma organização como responsável pelo gerenciamento e resoluções das questões em torno dos nomes e números na internet, a *Internet Corporation for Assigned Names and Numbers* ICANN (Muller, 1999, p. 497-499).

A internet em sua infraestrutura normativa auto-organizada expandia cada dia mais a circulação dos dados. Era urgente o reforço à regulação *ex ante* e à expansão transnacional dos direitos fundamentais frente à multiplicidade e à dinamicidade das relações de tratamento de dados pessoais (Ladeur; Viellechner, 2022, p. 110). Era necessário aumentar a compreensão quanto ao aumento dos riscos e da insegurança das redes, aos danos envolvidos no uso dos dados de forma indiscriminada, isto é, era preciso envolver, de forma mais direta, com descentralização regulatória estatal, os responsáveis pelo uso e torná-los na mesma medida responsáveis pela proteção desses dados.

A quarta geração de leis de proteção de dados encontram uma realidade com os déficits de cumprimento das gerações antecessoras. Era uma vantagem fática quanto à observação do que não tinha ainda revertido positivamente. No entanto, havia um deságio maior quanto às soluções e ao desconhecimento de como novas opções regulatórias repercutirão na sociedade. A atual geração de leis firma-se, assim: a) na importância de um autocontrole sobre os dados pessoais e na expansão cultural de proteção e prevenção; b) na compreensão sobre uma maior proteção de dados pessoais sensíveis e da indisponibilidade destes pelo indivíduo; c) na necessidade de normas setoriais que supram os diversos setores em que o tratamento de dados é possível (Mendes, 2014, p. 69). A Diretiva nº 95/46 do Parlamento Europeu e do Conselho da União Europeia, de 24 de outubro de 1995,[66] é o primeiro documento fruto dessa evolução geracional e unificou a matéria na União Europeia,[67] O texto foi revisado e substituído em 2016 pelo Regulamento Geral de Proteção de Dados (RGPD). O Regulamento seguiu a centralidade na proteção dos indivíduos e no estímulo ao seu autocontrole de dados[68], porém a política regulatória ampliou a participação dos atores sociais no *enforcement* na proteção de dados e deu poderes de controle à coletividade (Bioni, 2019, p. 154).

Ao ampliar o eixo de responsabilidade no controle social sobre a proteção de dados pessoais, com novas soluções aos atores regulados, a tutela coletiva compartilha o controle regulatório com a sociedade civil. Assim, o RGPD no seu artigo 80 agora tem previsão expressa no sentido de que entidades representativas dos direitos dos titulares poderão propor ações coletivas[69] (União Europeia, 2016). Embora o dispositivo acrescente um filtro ao exercício desse direito ao delegar a cada Estado-Membro europeu a regulamentação do tema no âmbito

---

[66] Nos Estados Unidos, a vigência da Diretiva Europeia nº 95/46 restringiu à transferência de dados pessoais para países não membros da União Europeia ou não adequados aos padrões da norma europeia, razão pela qual em 2000 o Departamento de Comércio dos EUA criou uma estrutura certificadora denominada *"Safe Harbor"*, com regras internacionais que permitissem transferências de dados pessoais nesse quadrado geográfico. Contudo, após ausência de confiabilidade frente a denúncias de incidentes de segurança, a Agência de Segurança Nacional americana em 2013 levou a Corte de Justiça da União Europeia (CVRIA) à invalidação do tratado *"Safe Harbor"*. Nova tentativa de ajuste entre os EUA e a União Europeia ocorreu em 16 julho de 2016 no chamado *"Privacy Shield"*, após aprovação do RGPD. Mais uma vez a CVRIA considerou não se tratar de base jurídica válida à transferência de dados pessoais de europeus entre os países em decisão de 16 de julho de 2020. Em 25 de março de 2022, a União Europeia e os EUA anunciaram acordo preliminar à transferência de dados pessoais de cidadãos europeus ao país norte-americano. Contudo, em outubro de 2022, o Presidente Joel Biden assinou uma ordem executiva (*executive order*), medida interna editada pelo Presidente sem equivalência à lei, que não demonstrou atender às exigências do artigo 52 do RGPD, de modo que está pendente a decisão da Comissão Europeia quanto à adequação ou não na forma do artigo 45 do Regulamento Europeu (Noyb, 2022).

[67] A Diretiva nº 95/46 vingou até a substituição pelo RGPD, aprovado de 27 de abril de 2016, e que está em vigor desde 25 de maio de 2018 (União Europeia, 1995).

[68] Ingra Spiecker Genannt Dohmann (2021, p. 101) analisa que o RGPD carrega várias abordagens de regulamentação. Por isso, a autora explica ser elemento central a classificação do direito de proteção de dados pessoais como um direito referente à tecnologia e como tal aberto ao acompanhamento jurídico do campo tecnológico.

[69] A LGPD não exclui a defesa coletiva de direitos, com base no artigo 55-K (Brasil, 2018a) e dos procedimentos da ação civil pública previstos na Lei nº 7.347, de 24 de julho de 1985 (Brasil, 1985).

nacional, trata-se de um avanço na ação regulatória que valoriza a participação fiscalizatória social.

A esse ponto já não se identifica na lógica *ex ante* como a única forma de ação regulatória estatal na matéria. Percebeu-se que as experiências legislativas agregaram contribuições importantes às possíveis falhas em todas as fases do tratamento de dados. Preocupa-se com os envolvidos externos além da tradicional triangularidade entre o agente, titular e o Estado. Compreende-se a utilidade de uma lógica *ex post*, ou seja, de uma supervisão, de um controle e de uma sanção, se necessária, como meios de respaldar as centralidades da lógica anterior do consentimento. Expande-se quem pode e dever agir em auxílio do titular na sua determinação informacional.

Verifica-se na LGPD igualmente essa mudança regulatória, na qual o legislador permite o tratamento de dados, presumindo que este será feito na forma da lei (Parentoni, 2021, p. 704-707). É um modelo *ex post* em que os próprios responsáveis pelo tratamento devem assegurar esse cumprimento e os meios (documentais) de demonstração dessa conformidade, enquanto um voto de confiança nos responsáveis pelo tratamento decorre da aplicação do princípio da boa-fé na relação regulatória subjacente mais do que na legislação de proteção de dados em si.

Já em outra perspectiva de análise regulatória, distanciada do eixo da responsabilidade dos envolvidos no tratamento de dados, Julie Cohen (2019, p. 9) analisa formas institucionais do *Estado Regulatório na era da informação*,[70] e investiga atributos mais adequados à resolução dos problemas regulatórios criados pelos mercados de informação e das tecnologias de informação na sociedade em rede (*the network society*).[71] Ela explica que os regimes de regulação da era industrial pressupunham indústrias bem definidas, mercados e escolhas verificáveis,

---

[70] Tradução nossa. No original: *"The Regulatory State in the Information Age"* (Cohen, 2019, p. 1).

[71] Embora não se desconheça que a expressão "sociedade em rede" foi o primeiro autor a utilizar a expressão na obra traduzida para o inglês *"The Network Society"*, em 1991, por "sociedade em rede" busca-se exprimir, nessa pesquisa, a concepção de Manuel Castells na obra *The Information Age: The Rise of the Network Society* de 1996. A sociedade em rede para o sociólogo espanhol se caracterizada pela abertura, pela capacidade de expandir sem limites e integrar novos elementos, capazes de se comunicarem dentro de uma rede, ou seja, de compartilhar os mesmos códigos de comunicação, valores, metas de desempenho (Castells, 1996, p. 501). A sociedade em rede é uma rede social baseada em um sistema altamente dinâmico, aberto, suscetível a inovar sem que seu equilíbrio seja ameaçado (Castells, 1996, p. 502).

fenômenos que não se repetem na atual era (Coehn, 2019, p. 172). Consequentemente, a regulação das atividades na era da informação requer estruturas que confiram sentido (finalidade) às atividades reguladas e ao regulador. Para tanto, a autora afirma ser necessário tanto o autoconhecimento quanto a simetria informacional entre o regulado e o regulador.

Thiago Sombra, embora não adote o aspecto teleológico na ação regulatória, analisa importantes fundamentos à regulação da privacidade e da proteção de dados em três correntes. A primeira entende a regulação da proteção de dados a partir do contexto de regulação cibernética e a interação social que ocorre no ambiente virtual, além das discussões pela rejeição da regulação estatal e da autorregulação. A segunda analisa a regulação pela *Lex Informatica*, a qual defende que as regras padrão são tão essenciais aos participantes da Sociedade da Informação quanto a *Lex Mercatoria* era aos comerciantes. Nessa corrente, aplica-se um modelo de tomada de decisões na política regulatória por todos os atores sociais, aproximando-se do modelo de corregulação (Sombra, 2019, p. 37 - 49). Por fim, a terceira fundamenta a regulação pela *Lex Privacy* centrada no pluralismo jurídico da privacidade e na soma da visão da corregulação e de *accountability* como meios de promover a complementação normativa das hipóteses de tratamento e do consentimento (Sombra, 2019, p. 218).

Na verdade, a cada alteração legislativa, atualização de guias, identificação de gerações de lei de proteção de dados e avaliações dos resultados regulatórios (OECD, 2004) é como se os Estados e as organizações estivessem na própria supervisão, no controle e na repressão legal defasados. Essa avaliação, de que os fins regulatórios não mais são obtidos na forma original quando da edição, é o que expressa o compromisso *ex post* de revisões regulatórias (Baldwin; Cave; Lodge, 2012, p. 349).

Diogo de Figueiredo Moreira Neto (2008, p. 140) ensina que o controle é fator típico das sociedades contemporâneas, calcadas no risco e, consequentemente, na insegurança, o que caminha no lado oposto das intensas expectativas de resultado. Foi o risco que tornou a previsibilidade e o monitoramento tão preciosos. Desse modo, para a mitigação dos riscos e retomada da segurança, a ação regulatória deve contar com um *criterioso planejamento democrático* (Moreira Neto, 2008, p. 141), com o monitoramento e supervisão como suporte às ações e reações do objeto regulado.

A verificação apurada e crítica quanto a qual é a atribuição do Estado na condução de uma política regulatória lidará com tendências conflitantes da globalização e da identidade da função estatal (Castells, 2018, posição 61).

Quando a primeira, a segunda e a terceira gerações de leis de proteção de dados foram sucedendo-se no tempo estava claro que a "regulação não se contenta com o governo pelas leis; ela exige o compromisso público pela administração das leis *pari passu*" (Aranha, 2021, p. 59). A proteção de dados pessoais não vai ancorar-se em ações regulatórias disfuncionais que se contentem em pensar que uma nova lei resolverá seus enfrentamentos.

É preciso investir o tempo e a energia regulatórios no conjunto interdisciplinar de planejamento e gerenciamento de atividades de interesse geral, no qual o Poder Público é partícipe do setor regulado, *a era do Estado Regulador* (Aranha, 2021, p. 60). Toda essa arquitetura depende da associação das lógicas *ex ante* e *ex post* com mecanismos ativos e compartilhados de controle e supervisão.

Em pouco mais de 50 anos,[72] o ordenamento jurídico internacional migrou de um cenário de ausência de leis sobre proteção de dados pessoais e privacidade (*protection of privacy*) a outro de múltiplas fontes normativas (estatais e não estatais, domésticas, comunitárias e internacionais) sobre o tema em todo o mundo. O cenário tem exigido dos atores públicos e privados (indivíduos, organizações e agentes econômicos) a reflexão sobre os mapas jurídicos no tratamento de dados pessoais, a adaptabilidade dessas normas às especificidades e interesses envolvidos nesse ecossistema global de circulação de dados.

Foi nesse contexto voraz do mundo digital, com experiências normativas mais atentas aos avanços tecnológicos e regulatórios, que a Lei nº 13.709, a LGPD,[73] publicada em 14 de agosto de 2018, teve sua história inicial. Com a intenção de ingresso[74] do Brasil na OECD formalizada em 29 de maio de 2017, o cenário político somou esforços legislativos

---

[72] Cálculo temporal que considera a lei alemã de 1970 como a primeira lei em privacidade e proteção de dados.
[73] A designação "Lei Geral de Proteção de Dados Pessoais (LGPD)" foi conferida pela Lei nº 13.853, de 08 de julho de 2019, pela conversão da MP nº 869, de 27 de dezembro de 2018 (BRASIL, 2019b).
[74] Embora o Brasil já tenha formalizado sua solicitação, ainda não faz parte da OECD. Desde os anos 2000, o Brasil mantém uma relação internacional com a Organização por meio da participação de instâncias e da adesão a instrumentos normativos com vistas à uma maior inserção global na economia.

pelo atendimento às recomendações internacionais sinalizadas desde 2007, quando o país foi convidado pela organização a participar como *key partner* (Thorstensen; Nogueira, 2020, p. 10).

A lei nacional dispõe de normas gerais sobre o tratamento de dados pessoais distribuídas em 65 artigos e dez capítulos, sendo o Capítulo 9 destinado à supervisão estatal pela Autoridade Nacional de Proteção de Dados (ANPD), com a centralidade das funções regulatórias na matéria e, seu órgão consultivo, o Conselho Nacional de Proteção de Dados Pessoais e da Privacidade (CNPD) (Brasil, 2018a).

Em 10 de fevereiro de 2022, a promulgação da Emenda Constitucional (EC) nº 115 trouxe a força constitucional esperada. A proteção de dados pessoais foi incluída no rol de direitos e garantias fundamentais no inciso LXXIX no artigo 5º e centralizou-se na União Federal as competências executivas e legislativas na matéria nos artigos 21, inciso XXVI e artigo 22, inciso XXX, respectivamente (Brasil, 2022h).

O Brasil deu passos importantes e tem arcabouço jurídico para construir, de forma sólida, uma política regulatória própria. A publicação da lei foi mais do que um avanço regulatório nacional. Ela anunciou, principalmente, um compromisso internacional de aplicar normas e instrumentos que ofereçam proteção aos dados pessoais, o que, consequentemente, demonstrará confiabilidade nas operações e padrões de tratamento brasileiros na matéria.

Ademais, a LGPD é um elo de expansão às diversas funcionalidades do Estado[75] tais como: aos princípios de um governo aberto,[76] à gestão da informação e de políticas públicas, ao aprimoramento de práticas de governança em seus diversos campos de aplicação, à qualificação da transparência ativa e passiva, à assunção de compromissos internacionais de boas práticas regulatórias[77] e, como se estudará

---

[75] Na OECD, a Divisão de Política Regulatória faz parte da Diretoria de Governança Pública e Desenvolvimento Territorial, bem como conta com Conselho sobre Política Regulatória e Governança. Por recomendação deste último, o Comitê de Política Regulatória (criado em 2009) desenvolveu uma recomendação (nota nº 11) para auxiliar os membros e não membros na construção e fortalecimento da capacidade para a qualidade e reforma regulatória (OECD, 2015).

[76] Por governo aberto aqui entende-se aquele que, por meio ações estatais em sua gestão, ações, projetos e programas, atenda aos princípios de: a) aumento da disponibilidade de informações sobre atividades governamentais; b) implemento de padrões mais altos de integridade profissional na Administração; c) apoio à participação social e d) ampliação do acesso a novas tecnologias para fins de abertura e prestação de contas (Cristóvam; Hahn, 2020, p. 17).

[77] Foi publicado, em 08 de junho de 2022, o Decreto nº 11.092, com a promulgação do protocolo ao acordo de comércio e cooperação entre o Brasil e os EUA sobre regras

nesta obra, à abertura das funções regulatórias estatais por meio do desenvolvimento de instrumentos regulatórios[78] voluntários pelos regulados.

A análise de elementos históricos, principiológicos, normativos e jurisprudenciais refletem as conquistas no debate da privacidade e da proteção de dados no mundo. Retomam as razões dos Estados destinarem atenção ao tema e de manterem presentes as causas e os propósitos dos institutos. A partir do próximo ponto, será examinada a construção do tema no ordenamento jurídico brasileiro desde a primeira Carta Constitucional de 1824.

1.3 A pré-história legislativa do artigo 50, da LGPD

Pensar que a proteção de dados pessoais no Brasil poderia ter iniciado na década de 1970 pode causar perplexidade frente à publicação da LGPD somente em 14 de agosto de 2018. O caminhar histórico da proteção de dados pessoais no país teve seus primeiros passos por direitos fundamentais correlatos e, ao decorrer das décadas, as tentativas de inclusão desse tema no processo legislativo enfatizaram o quanto o ritmo de edição das leis destoa das demandas e interesses sociais.

Previamente à República, a Constituição de 1824 tinha no Título 8º, o último da Carta, os direitos civis e políticos. No artigo 179, com 35 incisos, estavam previstos os direitos de inviolabilidade de domicílio e o sigilo de correspondência, como primeiras aplicações de privacidade no país. Com a Proclamação da República em 15 de novembro de 1889 e a chegada da Constituição de 1891, a posição dos direitos individuais ganha posições mais ao centro do documento e no artigo 72, embora sem acrescer direitos, conferiu abertura ao reconhecimento de direitos não enumerados no texto constitucional, inaugurando uma teoria dos direitos fundamentais implícitos e decorrentes (Sarlet, 2007, p. 91-92), o

---

comerciais e de transparência. O Anexo II trata especificamente sobre quais são as boas práticas regulatórias a serem aplicadas pelos países em suas relações (Brasil, 2022g).

[78] Por instrumento regulatório se adotará o conceito de Márcio Iorio Aranha: "Instrumentos ou técnicas regulatórias são meios de que o Estado lança mão com a finalidade de influenciar o comportamento social para alcance dos objetivos inscritos em políticas públicas. Tais meios, sob o enfoque jurídico, configuram-se em instituições de direito público e institutos de direito privado, enquanto cristalizações de cultura jurídica estabilizadas no ordenamento jurídico e na prática institucional de um país" (Aranha, 2021, p. 92).

que, quase 130 anos após, em 2020, seria a entrada ao reconhecimento da proteção de dados pessoais pelo Supremo Tribunal Federal (STF).[79]

Foi na Constituição de 1946 que o direito à vida (fundamento na construção do direito de estar só) precedeu o direito à liberdade na introdução dos direitos e garantias fundamentais no artigo 141 *caput* (Brasil, 1946), e, na de 1967, que passou a ser inviolável, além da correspondência, o sigilo das comunicações telegráficas e telefônicas, nos termos do então artigo 150, §9º (Brasil, 1967a).

Na década de 1970, as influências econômicas de uma nova era industrial e eletrônica inflavam as ideologias do regime militar, o que alavancou as preocupações do emprego de computadores no controle político, as intenções de criar um órgão de abrangência nacional de registro de pessoas naturais[80] e os efeitos dessa tecnologia sobre a privacidade dos cidadão em prol de um aumento da capacidade militar de vigilância de atividades privadas,[81] bem como quanto à "estrutura organizacional do setor de informática e a quem deveria estar subordinado" (Baaklini; Rego, 1988, p. 89). Em 1975, houve a intensificação do uso de equipamentos de informática no país, quando os primeiros registros no Ministério das Comunicações ocuparam discussões quanto à transmissão eletrônica de dados, designada à época de teleinformática ou telemática (Benakouche, 1997, p. 126). Contudo, há registros de que a discussão foi iniciada ainda em 1958, quando o então Presidente Juscelino Kubitschek deu impulso à utilização de computadores nos serviços públicos (Albuquerque Moreira, 1995, p. 24).

---

[79] Em 12 de novembro de 2020, o STF, ao confirmar as medidas cautelares conferidas em 06 e 07 de maio do mesmo ano, julgou procedentes cinco ações diretas de inconstitucionalidade (ADI) de nº 6.387, 6.388, 6.389, 6.390 e nº 6393, contra a edição da MP nº 954, de 17 de abril de 2020, que obrigava as operadoras de telefonia a repassarem à Fundação Instituto Brasileiro de Geografia e Estatística, IBGE, dados identificados de seus consumidores de telefonia móvel, celular e endereço. A Corte Constitucional reconheceu o direito fundamental à proteção de dados pessoais em sua dimensão subjetiva (defesa de indivíduo) e na sua dimensão objetiva (proteção como um dever estatal) (Brasil, 2020e).

[80] Mesma época em que retornou a discussão, iniciada na década de 1930, sobre o projeto de estruturar no Brasil um Registro Nacional de Pessoas Naturais (RENAPE) e uma base de dados dessas informações (Doneda; Sarlet; Mendes, 2022, p. 128).

[81] Abdo Baaklini e Antônio Carlos Pojo do Rego (1988, p. 88) ainda indicam os seguintes fatores: "A política de informática ocupou posição importante na ideologia de desenvolvimento do regime militar. O regime encorajava a transferência de tecnologia e capital dos países capitalistas centrais para o Brasil, não apenas para efetivar substituição de importações, mas também para permitir a competitividade internacional dos produtos brasileiros. As principais questões se prendiam ao tipo de tecnologia a ser importado, o que deveria ser produzido no Brasil por subsidiárias de companhias multinacionais e que parte do mercado deveria ser reservada a empresas genuinamente nacionais (...)".

Após um período em que o papel constitucional do Congresso Nacional tinha sido extremamente limitado pelo enfraquecimento do legislativo no período militar, a casa passou a ser protagonista na formulação de uma política de informática no período entre 1971 e 1985. Nessa fase, foram 59 projetos de leis e iniciativas parlamentares que os autores Abdo Baaklini e Antônio Carlos Pojo do Rego (1988, p. 89-96) analisaram e dividiram em três fases diferentes. A primeira fase, entre 1971-1978, denominada período formativo e de propulsão de uma política vinculada a usos militares, formou um grupo de trabalho com oficiais e técnicos da Marinha voltados à fabricação de um protótipo de computador eletrônico para ser utilizado em operações navais. Mesmo como limitações, o Congresso produziu 14 projetos e pedidos de informação para chamar a atenção do Governo aos aspectos mais sensíveis no trato da informática e dos trabalhos em curso, como: a proibição de invasão da privacidade dos indivíduos pelo uso de informação computadorizada, a criação de um registro nacional de bancos de dados para a proteção da privacidade individual, a regulação do tipo de informação individual processada pelos bancos, a criminalização por uso ou criação de programas adulterados e a necessária limitação da jornada de trabalho dos empregados na área de processamento de dados (Baaklini; Rego, 1988, p. 91).

O segundo período, entre 1979-1981, a criação de uma Secretaria Especial de Informática (SEI) conferiu a esta ampla liberdade para decidir sobre a política de informática, as críticas e as divergências aumentaram quanto ao desenvolvimento de uma política econômica de reserva ou não de mercado às empresas de tecnologia não nacionais a abranger também as telecomunicações. Nessa época, foram 19 iniciativas parlamentares, entre as quais um projeto que visava reservar às empresas nacionais o mercado de prestação de serviços de processamento de dados e instituir o registro de bancos de dados computadorizados. Todavia, o Congresso ainda não tinha sucesso em definir uma política e mecanismos de controle, sem confrontar com as intenções do Poder Executivo na época (Baaklini; Rego, 1988, p. 95).

O terceiro foi o período de consolidação para uma política nacional de informática entre 1983-1985, com o auge de 26 projetos apresentados por deputados e senadores, agora submetidos a uma nova realidade pluripartidária, com discussões mais amplas, apesar das divergências quanto ao espaço de mercado direcionado à indústria de tecnologia nacional. Dentre eles destacou-se o PL nº 1.384, de 1983, da deputada federal Cristina Tavares, por seu alcance amplo e pela defesa da reserva de mercado à indústria brasileira de computação por meio de lei, sem que fosse delegada essa função a futuros atos administrativos. Além disso, o PL da congressista previa princípios para nortear uma política nacional de informática por meio da vedação da fabricação de computadores por corporações multinacionais no Brasil (Baaklini; Rego, 1988, p. 98).

A ausência de intervenção legislativa estatal no campo da teleinformática e o uso em curso por instituições públicas e privadas (bancos, companhias de aviação, multinacionais) de bancos de dados obrigou a busca por soluções próprias. O governo brasileiro colocou inicialmente à disposição dos grandes demandantes de serviços de transmissão de dados a rede Transdata, criada oficialmente pelo Decreto nº 104, de maio de 1980. A rede era constituída por circuitos privados do tipo ponto-a-ponto e locados pela Embratel para uso doméstico. Para comunicações com o exterior, a Embratel oferecia os serviços das redes denominadas Interdata e Findata. Em 1985, a Embratel implantou a Renpac, a primeira rede pública de transmissão de dados brasileira (Benakouche, 1997, p. 125-129).

Os registros legislativos de 13 anos de discussões e embates políticos em torno do uso, fabricação e aquisição de dispositivos informáticos revelaram o quanto havia dissensos quanto aos métodos e às finalidades desses instrumentos de tecnologia. Houve um esforço parlamentar em enfatizar que as preocupações centrais deveriam estar nos indivíduos, na preservação da privacidade dos cidadãos brasileiros, no seu ambiente de trabalho dos processadores de dados e no controle do uso das informações individuais em bancos de dados. Os números revelam que 28,81% dos projetos visavam à proteção de dados, e, se somados aos 18 projetos relacionados às condições de trabalho dos processadores,[82] o percentual subiu para 59,32%.[83]

No primeiro período, quatro projetos de lei (PL) tratavam da proteção da informação para privacidade do cidadão, quais sejam o PL

---

[82] Essa indicação mostra-se relevante para fins de análise de proteção de dados, pois evidencia o reconhecimento já na época quanto ao controle e à responsabilidade envolvida no trabalho dos processadores de dados e ao poder de decisão sobre o acesso, tratamento e uso dos dados individuais. Esses fatores dizem respeito à segurança da informação, a fatores de risco, a incidentes de vazamento de dados, ao controle das atividades, à manutenção de ambiente íntegro e menos suscetível à criminalização e à ilegalidade no uso dessas informações.
[83] Conforme análise quantitativa das iniciativas legislativas nacionais durante a tramitação da lei da política nacional de informática no período de 1971 a 1984, demonstrada em quadro demonstrativo (Baaklini; Rego, 1988, p. 102).

nº 1.434, de 1975, que propunha proibir a invasão da privacidade dos indivíduos pelo uso de informação computadorizada, o projeto de lei do Senado (PLS) nº 96, de 1977, que visava estabelecer a proteção para informações computadorizadas e o acesso aos dados armazenados em computador, o PL nº 4.365, de 1977, para estabelecer um registro nacional de bancos de dados para a proteção da privacidade individual, e o PL nº 4.368, também de 1977, com a proposta de regular o tipo de informação sobre os indivíduos que poderia ser fornecido aos centros de processamento de dados (Baaklini; Rego, 1988, p. 91).

No segundo período, um projeto condensou esses pleitos. O PL nº 2.796,[84] apresentado em 22 de abril de 1980, dispunha de seis artigos para assegurar aos cidadãos o direito de acesso às informações sobre sua pessoa constantes em bancos de dados. O artigo 1º previa ser direito de todos os cidadãos conhecer e contestar as informações e as razões utilizadas nos bancos de dados sobre sua pessoa, bem como que nenhuma decisão judicial se embasaria na apreciação do comportamento do cidadão a partir de dados extraídos em bancos de dados (artigo 2º) (Brasil, 1980b). O texto abordava as discussões internacionais da época sobre automatização de dados[85] e propunha um conceito de "tratamento

---

[84] O projeto foi redigido pela deputada federal Cristina Tavares, congressista com intensa participação e contribuição na importância do resguardo dos dados pessoais e privacidade. Além dos projetos citados no texto, a deputada também foi autora de um pedido de informações sobre exportação de serviços de processamento de dados para África e para América Latina, do PL nº 4.810, de 1981, para instituir o registro de bancos de dados computadorizados e regular o acesso a essas informações e do PL nº 5.117, de 1981, para estabelecer as diretrizes para a política nacional de informática com a proibição de fabricação de computadores por empresas multinacionais. Também em 1981, a deputada levou um projeto de criação de uma Comissão de Informática da Câmara de Deputados. Em 1983, o seu PL nº 1.384 buscou novamente regular a fabricação, a venda e a importação de equipamentos de processamento de dados. Em 1984, o PL nº 4.810, de 1984, determina a divulgação, pelo Governo, da lista dos bancos de dados existentes no Brasil (Baaklini; Rego, 1988, p. 94-98). A congressista era jornalista, graduada em 1955 pela Faculdade de Filosofia da Universidade Federal de Pernambuco em Línguas Neolatinas e, após sua graduação em Recife, residiu durante três anos na Europa (Cruviel, 2016, p. 17-19).

[85] É o que se constata na justificação do PL publicada no Diário do Congresso Nacional, em 23 de abril de 1980, nos seguintes trechos: "A informática deve estar a serviço de cada cidadão; não deve constituir ameaça nem à identidade ‹humana, nem aos direitos de cada um, nem à vida privada, nem às liberdades individuais ou públicas; Importa que a informática respeite quatro séries de valores: dois tradicionais: os direitos do homem e as liberdades individuais ou públicas e dois mais propalados atualmente: a vida privada e a identidade humana. (...) A noção de "identidade humana", primeiro objetivo citado pela nova lei. É o mais novo nos textos. (...) Em relação à informática, a palavra significa que a máquina deve respeitar o nome de cada um e não pode reduzir seus direitos á números anônimos. A questão da privacidade é, sem dúvida, a mais polêmica das questões, a que 'mais publicidade tem recebido e a que produziu maiores consequências legais em diversos países. A era do computador possibilitou, pelo menos potencialmente, a agregação de

automatizado de informações nominativas", como sendo o "conjunto de operações realizadas pelos meios automáticos e que permitem, sob qualquer forma, a identificação das pessoas físicas às quais elas se aplicam" (Brasil, 1980b).

O PL de 1980 teve aprovação legislativa unânime quanto à constitucionalidade, juridicidade, técnica legislativa e mérito em 04 de novembro de 1980, recebendo um substitutivo da própria autora, o PL nº 2796-A, em 23 de junho de 1981 (Brasil, 1980a, p. 37), com acréscimo de prazos para prestar as informações solicitadas, bem como a tipificação penal à transmissão de informação falsa, inexata ou sem autorização aos bancos de dados, após mais de três anos na análise da Comissão que trabalhava no atual Código Civil entre primeiro de dezembro de 1981 e 16 de maio de 1984.

Segundo os registros da tramitação, além do período da Comissão ocorreram sucessivos adiamentos de votação, até que em 09 de agosto de 1984 a autora do PL apresentou pedido de desistência acolhida com arquivamento em 30 de maio de 1985 (Brasil, 1980a, p. 47). Embora haja referência no dossiê legislativo e nem tenha sido declarada a razão da retirada na tramitação do PL nº 2.796 de 1980, há registro da representação do projeto pelo PL nº 4.780, de 1984 e apresentação do PL nº 4.646 do mesmo ano para assegurar o direito à privacidade a partir da regulamentação das operações de tratamento dos bancos de dados. O segundo listado chegou a ser aprovado, todavia foi integralmente vetado pelo presidente da República João Batista Figueiredo[86] (Cruviel, 2016, p. 60).

---

dados sobre indivíduos, dados esses antes dispersos em arquivos manuais. O "rastro" que uma pessoa deixa hoje de sua passagem pode ser muito mais nítido e permanente com o uso de computadores. Em consequência de extensões, debates públicos, alterações nas legislações vêm sendo propostas e tornadas efetivas, notadamente nos países adiantados. A Suécia foi pioneira na alteração de sua legislação. Nos Estados Unidos, principalmente após Watergate e outras invasões da privacidade, houve grande impulso na legislação sobre a matéria. Uma lei de 1975 regula os bancos de dados federais ou criados com ajuda federal. A lei contém dispositivos que possibilitam o conhecimento, por parte do público, dos bancos de dados existentes. (...) Lei da República Federal da Alemanha, datada de 27 de janeiro de 1977, em seu art. 4º, preceitua que qualquer pessoa tem acesso aos dados armazenados a seu respeito e pode corrigi-los quando não corresponderem à realidade. Verifica-se pelas providências adotadas por vários países que o problema da proteção à privacidade do indivíduo é da maior atualidade, face ao impacto que a informação computadorizada causou no mundo moderno" (BRASIL, 1980a, p. 6-8).

[86] Na primeira justificação do PL assim foi anunciado pela proponente com expectativa de ser contrário ao entendimento do Chefe do Poder Executivo: "A iniciativa não pretende ser a primeira e provavelmente não será a última, mas cremos que o momento é chegado de dar a nosso povo o direito de se precaver contra eventuais ofensas à sua integridade" (Brasil, 1980a, p. 8).

O Presidente da República João Figueiredo daria outro veto. Em 29 de outubro de 1984, encaminhou a mensagem de veto nº 389 à Lei nº 7.232, publicada na mesma data, que disciplina a ainda hoje vigente Política Nacional de Informática no Brasil (Brasil, 1984b). O objetivo da lei é[87] promover capacitação nacional nas atividades de informática, voltada ao desenvolvimento social, cultural, político, tecnológico e econômico da sociedade brasileira, nos termos do artigo 2º (Brasil, 1984a).

Entre as expressões e dispositivos vetados, o Presidente Figueiredo vetou as redações dos artigos 41 e 43, em que constavam as garantias aos direitos individuais à privacidade e à personalidade, sob o argumento de que não eram temas afetos ao âmbito da informática e que o assunto já estava em exame no Projeto do Código Civil e no Anteprojeto do Código Penal. Também foi excluído o termo "robótica"[88] na redação do artigo 43,[89] destinado à remissão do tema e à reserva de lei específica.

Apesar dos esforços legislativos, o entendimento, já na metade da década de 1980, que prevaleceu no Brasil foi de que a informática e a proteção de dados, à privacidade e à personalidade não teriam qualquer afinidade. Mesmo no espaço setorial ao qual o tema estaria afeito junto à análise do Projeto do Código Civil, a proteção de dados não recebeu amparo específico no diploma publicado em 2002 e nem tinha referência expressa nos principais projetos de lei (Passos, 2012, p. 48-50). O tema proteção de dados pessoais seguia como uma carta enviada em branco: existente, mas sem qualquer mensagem dos remetentes aos destinatários.

---

[87] O texto segue vigente no ordenamento jurídico nacional.

[88] O Presidente, assim, justificou seu veto: "O termo 'robótica' e a expressão 'controle de fluxo de dados transfronteiras', constantes no artigo 43, não poderão ser mantidos, porquanto 'Robótica' é apenas uma atividade estritamente técnica complexa, que se insere nas atividades de automação. É inviável pretender que uma atividade estritamente técnica seja regulada por lei. De outro lado, o País ainda não formou uma massa crítica de conhecimento e experiências, sequer para, em nível administrativo, estabelecer balizamento adequado. Quanto ao 'controle do fluxo de dados transfronteiras', o que se deve ter é uma posição política, que diz respeito à Segurança e à Defesa Nacional (...)" (Brasil, 1984b, p. 9).

[89] Pela importância visual do dispositivo vigente com a redação original de 1984, inclusive com a remissão ao capítulo segundo do Código Civil sobre os direitos da personalidade, transcreve-se: "Artigo 43. Matérias referentes a programas de computador e documentação técnica associada (software) (Vetado) e aos direitos relativos à privacidade, com direitos da personalidade, por sua abrangência, serão objeto de leis específicas, a serem aprovadas pelo Congresso Nacional" (Brasil, 1984a).

Oficialmente, o país reconhecia seu despreparo aos impactos da tecnologia em curso no mundo. Optava-se por negar as sugestões legislativas ao invés de acolher o conhecimento. Negava-se o principal eixo participativo das necessidades coletivas diante da insuficiência humana da Administração Pública. Enquanto isso, em 22 de setembro de 1980, a OECD publicava as balizas internacionais às leis de privacidade e proteção de dados. O Brasil, que parecia estar alinhado ao contexto mundial em 1958 com as iniciativas internacionais de processamento de dados no serviço público, já demonstrava, menos de 30 anos depois, um lapso de desenvolvimento ocorrido no período de ditadura militar.

Apesar desse fato, não se pode deixar de referir que, no final da década de 1980, o Decreto nº 97.057, de 10 de novembro de 1988, incrementou conceitos regulamentares ao Código Brasileiro de Telecomunicações (Lei nº 4.117, de 27 de agosto de 1962). Entre 164 conceitos aplicáveis às telecomunicações, o ordenamento jurídico brasileiro recebeu as primeiras definições legais de dado, codificação, descodificação, informação, distinções quanto aos tipos de tecnologias aplicáveis em telecomunicações, tratamento ao processamento de dados, tratamento racional de informações, os quais estão até hoje em vigor e que podem servir de base ao intérprete da LGPD (Brasil, 1988).

Após a revisão do Regulamento Geral para execução do Código Brasileiro de Telecomunicações[90] (Lei nº 4.117, de 1962), pelo Decreto nº 97.057, de 10 de novembro de 1988, foi criada, em 1989, a Rede Nacional de Pesquisas (RNP) pelo Ministério de Ciência e Tecnologia, a qual visava coordenar a disponibilização de serviços de acesso às redes. Porém, somente com a edição da Norma Anatel nº 4, aprovada por meio da Portaria nº 148, de 31 de maio de 1995, do Ministério de Estado das Comunicações, que o Brasil passou a regulamentar, pela primeira vez, o uso de meios da Rede Pública de Telecomunicações para o provimento e a utilização de serviços de conexão à internet aplicada às entidades exploradoras de serviços públicos de telecomunicações, aos provedores e aos usuários do serviço. Na mesma data, a Portaria Interministerial nº 147 criou o Comitê Gestor da Internet (CGI.br), o qual assumiu, entre 1995 e 2003, o protagonismo na expansão da internet no Brasil.

Foi então que, em 03 de setembro de 2003, o Decreto nº 4.829 criou, no âmbito nacional, o primeiro modelo de governança da internet[91] com funções destinadas ao desempenho pelo CGI.br,

---

[90] O regulamento geral era até então regido pelo Decreto nº 52.026, de 20 de maio de 1963.
[91] Por governança da internet adota-se a seguinte estrutural conceitual: *"La gouvernance de l'Internet peut être vue comme un ensemble de processus dont la légitimité et l'efficacité reposent sur*

dentre as quais articular as ações relativas à proposição de normas e procedimentos relativos à regulamentação das atividades inerentes à internet, nos termos do artigo 1º, inciso V (Brasil, 2003). Reconhecia-se como características de processo regulatório a interdependência dos atores envolvidos e a multiparticipação na matéria.

Em 2004, o Brasil participou de subgrupo no âmbito do Mercosul destinado ao comércio eletrônico, no qual foi apresentado pela Argentina uma proposta de regulamentação comum ao bloco sobre proteção de dados pessoais. O cenário regulatório no Mercosul não se concretizou, mas expôs ao executivo brasileiro um novo debate da matéria e um evento conduzido pelo Ministério da Justiça em novembro de 2005 com a participação de juristas e autoridades europeias (Doneda, 2020, p. 16).

Em julho de 2010, a Comissão Especial dos Centros de Inclusão Digital abriu consulta pública sobre o PL nº 4.361, de 09 de novembro de 2004, que tratava do funcionamento das chamadas *lan houses*. O PL visava modificar a Lei nº 8.069, de 13 de julho de 1990, o Estatuto da Criança e do Adolescente (ECA), para regulamentar o funcionamento das casas de jogos de computadores.[92]

A Agência Câmara de Notícias relatou que em 2010 existiam mais de cem mil *lan houses* no Brasil, as quais respondiam por 48% das conexões à internet no país, mas que apenas 10% desses estabelecimentos eram regulares. Essa era a preocupação. A irregularidade desses locais ampliava o acesso a conteúdo indesejado por menores de 18 anos, o que atraiu o tema a propostas de reforma ao ECA. A intenção do projeto era transformar as *lan houses* em Centros de Inclusão Digital (CID) diante da potencialidade que esses locais tinham de universalizar o acesso à internet e de promover atividades educacionais (Haje, 2010).

---

l'ouverture à la participation du plus grand nombre de parties intéressées, dans un cadre transparent et favorisant la «responsabilité» ou accountability des parties prenantes". "A governança da internet pode ser vista como um conjunto de processos cuja legitimidade e eficácia são baseadas na abertura à participação ao maior número possível de partes interessadas, num quadro transparente para promover a 'responsabilidade' ou responsabilização das partes interessadas (tradução pela autora) (Belli, 2015, p. 18).

[92] A redação original do projeto de 2004 visava incluir um artigo ao ECA com a seguinte redação: "Art. 80-A Os estabelecimentos que oferecerem jogos ou diversões eletrônicos destinados ao público infanto-juvenil deverão afixar, em lugar visível à entrada do local, informação destacada sobre a natureza dos jogos oferecidos e do público a que se destinam, conforme classificação indicativa atribuída pelo Poder Público. (...) §2º No caso de ser oferecido acesso à Internet, o proprietário providenciará o cadastro dos usuários ou de seus responsáveis, registrando o nome, domicílio e número de registro de identificação civil" (Brasil, 2004).

O PL nº 4.361, de 2004,[93] recebeu cinco propostas de emendas que pretendiam a inclusão da proteção de dados pessoais por redações diversas, as propostas de Emenda Aglutinativa de Plenário nº 1,[94] Emenda em Plenário nº 2[95] e Subemenda Substitutiva global de Plenário[96] (Brasil, 2011a, 2011b, 2011c). Esta última emenda previa que as organizações, as associações representativas aos CID poderiam criar selos de qualificação a serem conferidos aos estabelecimentos com boas práticas, inclusive no que tange à exigência de coleta de dados pessoais dos usuários e responsáveis que tiveram acesso à internet. A finalidade dessa coleta, os projetos não explicam.

O PL nº 4.361, de 2004, foi arquivado em 30 de abril de 2019, após parecer de rejeição da matéria em 29 de agosto de 2017. O parecer argumentou que durante os mais de 13 anos de tramitação do PL, o cenário de acesso e uso da internet no Brasil retirou a representatividade das *lan houses*, a qual em 2017 representava só 12% dos usuários para acesso à internet (Brasil, 2017b, p. 414). A tendência seria a redução a uma taxa mínima desse percentual diante da expansão de acesso à internet por meio de telefones celulares.

Os relatos acima podem parecer frustrantes, todavia apresentam pontos de reflexão prévios à análise do histórico da proteção de dados pessoais, das regras de boas práticas e de governança de dados. Primeiro, pois retratam a dinamicidade das relações digitais em velocidade muito superior à conclusão legislativa e regulatória. Segundo, pois durante o período de tramitação e discussões legislativas aqui consideradas desde 1980, perderam-se oportunidades valiosas ao

---

[93] Ao tempo em que quase a metade do acesso à internet no Brasil era realizado nas *lan houses* irregularmente instaladas no país, a União Europeia já aplicava a Diretiva nº 95/46/CE de Proteção de Dados Pessoais há quase uma década.

[94] A proposta era a seguinte redação ao artigo 3º do PL nº 4.361: "Art. 3º. (...) IV – o registro do nome e documentos de identidade do usuário. A proposta também solicitava incluir a expressão "cadastro dos usuários contendo seus dados" (Brasil, 2011a).

[95] A proposta era a seguinte redação ao artigo 3º do PL nº 4.361: "Art. 3º. (...) III – o cadastro dos usuários contendo seus dados pessoais e endereço residencial. (...) §2º O cadastro de que trata o inciso III deste artigo deve ser mantido pelo prazo mínimo de 24 meses" (Brasil, 2011b).

[96] A proposta era a seguinte redação ao artigo 3º do PL nº 4.361: "Art. 3º: Os Centros de Inclusão Digital – CID (*Lan Houses*) deverão possuir implementos técnicos tais como softwares, hardwares e outros, que permitam: (...) II – garantir a inviolabilidade dos dados pessoais do usuário, bem como do conteúdo acessado, salvo na hipótese de ordem judicial para fins de investigação criminal ou instrução penal. §1º Aos usuários dos Centros de Inclusão Digital CID (*Lan Houses*) é assegurado, em seu interior, e na tela inicial de cada computador, o direito à informação sobre as diretrizes estabelecidas neste artigo, e aos proprietários e gestores o dever de implementá-las" (Brasil, 2011f, 2011c, p. 1).

desenvolvimento social, cultural, econômico e tecnológico do país. Terceiro, pois a ausência regulatória não impediu a busca por resoluções pragmáticas, os processos automatizados, as repercussões jurídicas[97] e fáticas do tratamento e o uso de dados pessoais realizados sem qualquer controle. Em quarto lugar, pois quanto mais longa a tramitação legislativa, maior o custo financeiro aos cofres públicos, diante das despesas geradas por todo esse instrumental democrático sem qualquer resultado concreto à coletividade. O último e não menos grave: quando o decurso do tempo frustra o objeto do projeto legislativo, quando as demandas legislativas são rejeitadas sem considerar os reais interesses sociais, seja por um veto, seja pelo arquivamento, a confiança no processo legislativo e a legitimidade representativa pública ficam desgastados. Enfraquece a credibilidade quanto à capacidade de Estado em atender as necessidades e os interesses sociais.

Em 2019, juntamente com o PL nº 4.361, o Senado Federal anunciou o arquivamento de mais de três mil proposições apresentadas por parlamentares em legislaturas anteriores.[98] O número representava 46% do total de matérias em tramitação na Casa (Sá, 2019). O percentual, embora tenha sido divulgado como um índice de produtividade e decorrente da renovação parlamentar, merece outro olhar. A par de outras análises cabíveis no âmbito político e das justificativas jurídicas aplicáveis aos arquivamentos, evidencia a morosidade do processo legislativo, o risco de um tema ingressar, ficar e encerrar uma legislatura sem qualquer apreciação. Seja qual for a forma de análise desses percentuais, o século XXI cada vez mais elucida o compartilhamento das funções normativas e regulatórias como uma solução viável ao descompasso entre os fenômenos sociais e a resposta legislativa concreta.

Com base nesse cenário legislativo, parte-se à análise histórica da LGPD e como as regras de boas práticas foram abordadas até a redação final constante no artigo 50 (Brasil, 2018 a).

A primeira consulta pública sobre o anteprojeto da lei de dados pessoais foi aberta em 30 novembro de 2010, pelo Ministério da Justiça.[99]

---

[97] Laura Schertel Mendes (Mendes, 2011, p. 50) afirma que a jurisprudência nacional recebeu casos desde os anos 1990 com demandas sobre a assimilação do conceito de privacidade na sua dimensão da proteção de dados pessoais.

[98] A decisão incluiu tanto propostas analisadas pelas comissões quanto pelo Plenário e tem previsão no artigo 332, do Regimento Interno do Senado Federal (Brasil, 1970).

[99] Antes da consulta pública, o então Departamento de Proteção e Defesa do Consumidor (DPDC), coordenado por Laura Schertel Mendes, dentro do Ministério da Justiça, discutiu

Nele, o artigo 45 dispunha sobre os "códigos de boas práticas", em título próprio localizado na sequência do terceiro Título responsável pela tutela administrativa com sugestão de criação de uma autoridade administrativas na matéria.[100]

O anteprojeto de 2010 previa um procedimento para a criação dos códigos de boas práticas, os quais seriam vinculantes aos responsáveis e aos membros de uma determinada classe profissional. Sendo o procedimento do anteprojeto, a Autoridade solicitaria às respectivas organizações de classe a elaboração dos códigos de boas práticas segundo a conveniência administrativa dentre os temas prioritários listados no §3º, facultando à Autoridade participar dessa elaboração. Os códigos deveriam ser depositados na Autoridade para análise final sobre a conformidade (§4º do artigo 45) com a respectiva publicação e atualização dos textos (Brasil, 2010b).

Após a conclusão da consulta pública, as informações pessoais voltaram ao cenário legislativo pelo PL nº 219, de 26 de fevereiro de 2003. O projeto regulamentava o inciso XXXIII do artigo 5º da Constituição Federal para dispor sobre a prestação de informações detidas pelos órgãos da Administração Pública (Brasil, 2003). O PL[101] foi transformado na Lei nº 12.527, em 11 de novembro do mesmo ano, a chamada a Lei de acesso à informação (LAI). Nela, constou a primeira definição legal de informação[102] pessoal, com redação idêntica ao conceito de dado pessoal do artigo 5º, inciso I da LGPD.[103] A chegada da LAI foi um passo importante e celebrado, porém as demandas do setor privado quanto ao processamento de dados pessoais e às relações de direito do consumidor prosseguiam com atendimento parcial, por normas esparsas.

No âmbito constitucional, o artigo 5º, inciso X, zelava a intimidade e a vida privada, e inciso XII tratava a inviolabilidade do

---

a proteção às informações pessoais dos consumidores durante cinco anos até levar a decisão de criar um marco legal para a matéria, conforme a notícia publicada em 24 de janeiro de 2011 (Brasil, 2010b).

[100] No Quadro 2 desse tópico há um comparativo dos textos do anteprojeto 2010 com o texto vigente na LGPD.

[101] O PL nº 219, de 2003, não tinha previsão, nem por suas emendas, do conceito de informação pessoal. A disposição (dentre outras destinadas à proteção da informação pessoal constantes na LAI) foi trazida pelo PL nº 5.228, de 15 de maio de 2009, de autoria do Poder Executivo, apensando ao PL nº 219 em 15 de maio de 2009 (Brasil, 2009).

[102] O conceito de dado e de informação tiveram a primeira definição no Decreto nº 97.057, conforme já mencionado no texto (Brasil, 1988b).

[103] Artigo 3º, inciso IV – informação pessoal é aquela relacionada à pessoa natural identificada ou identificável (Brasil, 2011e).

sigilo da correspondência e das comunicações telefônicas. Na seara infraconstitucional, a Lei nº 7.347, de 24 de julho de 1985, disciplinava a ação civil pública e conferia, nos termos do artigo 1º, incisos II e IV, a proteção ao consumidor e aos interesses difusos e coletivos. Aliavam-se a esses dispositivos o artigo 43, da Lei nº 8.078, de 11 de setembro de 1990, o Código de Defesa do Consumidor (CDC), a Lei nº 9.507, de 12 de novembro de 1997, com o direito de acesso a informações pelo *habeas data*, a Lei Complementar nº 105, de 10 de janeiro de 2001, reguladora do sigilo das operações de instituições financeiras e o direito ao sigilo bancário, e a Lei nº 12.414, de 09 de junho de 2011, a lei do cadastro positivo (Brasil, 2011d).

Finalmente, em 13 de junho de 2012, o terceiro projeto sobre proteção de dados pessoais foi apresentado no Brasil. O PL nº 4.060 contava com 25 artigos divididos em três títulos. O primeiro Título era dividido em três capítulos sobre a tutela dos dados pessoais e tinha 20 artigos; o segundo Título dispunha sobre a "tutela fiscalizatória e sancionatória", com três artigos e, por fim, o terceiro Título apresentava um artigo de disposição final e transitória (Brasil, 2012a).

O PL nº 4.060, de 2012, diferentemente do modelo do anteprojeto de 2010, previa o termo autorregulação no artigo 23, no título sobre tutela fiscalizatória e sancionatória, com a possibilidade de formulação de códigos pelos responsáveis de tratamento de dados pessoais.[104] Segundo a redação proposta, as entidades representativas de responsáveis pelo tratamento poderiam instituir Conselhos de Autorregulamentação, os quais formulariam códigos com parâmetros éticos ao tratamento de dados e à comunicação comercial, além das condições para sua organização, funcionamento, controle e sanções. Em três anos de trâmite legislativo, o PL nº 4.060 passou pelo PL nº 3.558,[105] por relatórios das comissões legislativas e audiências públicas, até o arquivamento em 31 de janeiro de 2015, diante da alteração de legislatura.

Com o retorno das atividades legislativas, foi acolhido o pedido de desarquivamento do PL nº 4.060 em 12 de fevereiro de 2015.

---

[104] O primeiro PL nº 4.060, de 2012, também previa o termo responsável pelo tratamento ao invés de agentes de tratamento. Para o PL, o responsável era a pessoa natural ou jurídica, de direito público ou privado, a quem competia, na qualidade de possuidora de arquivo, de registro, de base ou de banco de dados, a tomada de decisões referentes à realização de tratamento de dados pessoais (Brasil, 2012a).

[105] O PL nº 3.558, de 28 de março de 2012, tratava sobre a utilização de sistemas biométricos e a proteção desses dados pessoais e tipificava os crimes de modificação de dados em sistema de informações (Brasil, 2012b).

Entre 06 de maio de 2015 e 1º de junho de 2016,[106] foram apresentados requerimentos de audiências públicas com as Associações representativas dos setores de tecnologia e da informação, diversas áreas da comunicação, publicidade e informática, momento em que os especialistas trouxeram contribuições e os seus pleitos quanto ao texto que seria a nova lei de proteção de dados brasileira.

Antes do encerramento das audiências públicas no PL nº 4.060, foi apresentado pela Presidente Dilma Rousseff[107] outro projeto, o PL nº 5.276, de 13 de maio de 2016,[108] que dispunha "sobre o tratamento de dados pessoais para a garantia do livre desenvolvimento da personalidade e da dignidade da pessoa natural" (Brasil, 2016a, p. 1).

Em suma, o texto do PL nº 5.276 tinha 56 artigos distribuídos entre nove capítulos. O primeiro, com disposições preliminares contava com seus artigos. O segundo, com dez artigos sobre os requisitos ao tratamento de dados pessoais. O Capítulo 3 tratava os direitos do titular em seis artigos. O quarto, acerca do tratamento de dados pessoais pelo poder público, tinha dez artigos. O quinto foi destinado ao tema da transferência internacional de dados em três dispositivos. No sexto capítulo, os agentes de tratamento foram disciplinados em outros nove. O sétimo capítulo fixava regras aplicáveis à segurança e às boas práticas, de forma diversa ao PL nº 4.060, ao detalhar as boas práticas e desvinculá-las da responsabilidade civil dos agentes de tratamento. O oitavo ficou voltado à fiscalização pelos artigos 52 a 55, e, por fim, no décimo capítulo, um artigo às disposições finais e transitórias.

---

[106] Externamente ao âmbito de discussão das casas legislativas, o tema seguia em debate na sociedade civil. No primeiro semestre de 2015, nova consulta pública do Ministério da Justiça recebeu mais de 50 mil visitas e de 1.110 contribuições que deram origem ao texto do PL nº 5.276, de 2016 (Brasil, 2016a).

[107] O texto apresentado pelo Poder Executivo tratava-se de uma minuta de Projeto assinada pelo então Ministro da Justiça, Eugenio José Guilherme de Aragão, e pelo secretário executivo do Ministério do Planejamento, Orçamento e Gestão, Francisco Gaetani, resultante de um debate público promovido no âmbito do Ministério da Justiça, durante seis meses, e que recebeu, segundo a minuta, mais de 50 mil visitas e 1.100 contribuições. O material teria sido consolidado com auxílio do Centro de Estudos sobre Tecnologia Web e do Instituto Nacional de Ciência e Tecnologia para a Web, da Universidade Federal de Minas Gerais (Brasil, 2016a, p. 20).

[108] O artigo 64 da Constituição Federal permite que o Presidente da República apresente projeto de sua iniciativa, com início de discussão e votação na Câmara dos Deputados, bem como permite, no §1º, que o Chefe solicite urgência na apreciação de projetos de sua iniciativa, no prazo de 45 dias a cada casa e emendas no prazo de dez dias, os quais não correm nos períodos de recesso, na forma dos §§2º e 3º do dispositivo.

O PL nº 5.276 era mais robusto e detalhado do que o PL nº 4.060.[109] Ele apresentava uma completa descrição de conceitos, de direitos e deveres dos atores envolvidos no tratamento de dados pessoais, trazia regras à transferência internacional, regras aplicáveis ao Poder Público, além da criação do Conselho Nacional de Proteção de Dados Pessoais. O texto de 2016 previa, além do Conselho, a existência de um órgão competente designado ao zelo da lei e a outras 12 atribuições iniciais, além da aplicação de sanções administrativas. O artigo dedicado ao regramento das boas práticas distinguiu-se, como mencionado, do artigo 23 do PL nº 4.060, de 2012, mas também se distanciou do anteprojeto de 2010, sendo a proposta de redação mais próxima ao texto atual do artigo 50 da LGPD.

Além dos projetos de lei na Câmara dos Deputados, registram-se outros dois pontos importantes. O primeiro é que, desde 13 de agosto de 2013, o Senado Federal também trabalhava em um PL de proteção de dados pessoais, o Projeto de Lei do Senado (PLS) nº 330.[110] O texto inicial tinha 19 artigos e recebeu, em cinco anos de tramitação, 74 propostas de emendas (Brasil, 2013).

O segundo registro é quanto à aprovação da Lei nº 12.965, de 13 de abril de 2014, que dispõe sobre os princípios, as garantias, os direitos e os deveres para o uso da Internet no Brasil, o Marco Civil da Internet (MCI) (Brasil, 2014a). A lei foi um marco na regulação da internet no país, porque contribuiu com um regime de acesso a dados cadastrais, ampliou o debate em torno dos desdobramentos do uso e dos poderes das redes sociais, da privacidade e da proteção de dados pessoais. Além disso, expressamente estabeleceu como princípio o estímulo ao uso de boas práticas na preservação da estabilidade, da segurança,[111] da

---

[109] A preocupação com conteúdo inapropriado a crianças e adolescentes veiculados pela internet retornou na tentativa de defesa desses interesses iniciada pelo PL das *Lan Houses*. Nesse sentido, foi apresentado o pedido de apensamento do PL nº 2.390, de 15 de julho de 2015, ao PL nº4.060, de 2012. O PL de 2015 tinha o objetivo de criar o Cadastro Nacional de Acesso à Internet, com a finalidade de proibir o acesso de crianças e adolescentes a sítios eletrônicos com conteúdo inadequado, indeferido por ausência de correlação entre as matérias (Brasil, 2015a). O tema, entretanto, foi em parte referido no artigo 29, parágrafo único, do Marco Civil da Internet (MCI), conforme também foi mencionado na nota de rodapé nº 80.
[110] Em conjunto foram apreciados outros dois PLS. O PLS nº 131, de 16 de abril de 2014, que dispunha sobre o fornecimento de dados de cidadãos ou empresas brasileiras a organismos estrangeiros (Brasil, 2014b) e o PLS nº 181, 20 de maio de 2014, que estabelecia princípios, garantias, direitos e obrigações referentes à proteção de dados pessoais (Brasil, 2014c).
[111] O MCI também abordou o tema da proteção de crianças e adolescentes e acolheu parte do debate do PL das *lan houses*. O MCI confirmou a importância de uma inclusão digital

funcionalidade da rede no artigo 3º, inciso V e fixou como diretriz, no artigo 24, inciso I, aos entes federados, o estabelecimento de mecanismos de governança multiparticipativa, transparente, colaborativa e democrática, entre o governo, o setor empresarial, a sociedade civil e a comunidade acadêmica (Brasil, 2014). A governança da internet recebeu, então, previsão em lei.

A redação do PLS nº 330, de 2013, não continha dispositivo sobre as regras de boas práticas até 2015. As emendas nº 10 e nº 16 foram parcialmente acolhidas com a inclusão do artigo 29 sobre a *responsabilidade demonstrável*, dentro do Capítulo 3 sobre o regime jurídico do tratamento de dados pessoais (Brasil, 2015d, p. 40). A redação dos artigos era semelhante e não previa que a aplicação dos dispositivos pudesse mitigar eventual sanção administrativa imposta aos responsáveis pelos tratamentos. No entanto, as justificações das propostas para a inclusão do tema das boas práticas na LGPD não eram semelhantes.

A Emenda nº 10, de 30 de setembro de 2015, fundamentou a proposta de inclusão das boas práticas na importância das normas deontológicas[112] (Brasil, 2015b, p. 1). Já a emenda nº 16, de primeiro de outubro de 2015, estabeleceu a aplicação da "responsabilidade demonstrável" diante do reposicionamento da OECD, ocorrido em 2013, acerca do princípio da responsabilidade,[113] sem qualquer menção à questão ética (Brasil, 2015c, p. 6).

Após três anos de tramitação no Senado Federal, em 13 de maio de 2018, o texto final prévio à tramitação conjunta[114] com o PL da CD já tinha a redação do artigo 29 idêntica à do artigo 50, do PL nº 5.276, de 2016 (Brasil, 2018d, p. 28). Em junho, o PL nº 4.060 e nº 5.276 foram

---

saudável e sem riscos, e determinou que o Poder Público definisse boas práticas para a inclusão digital de crianças e adolescentes.

[112] Deontologia jurídica é o estudo da influência da ética sobre o Direito e refere-se ao conjunto de princípios éticos que norteiam a atividade do operador jurídico (Silva, 2005, p. 432).

[113] Segundo a OECD, o princípio da responsabilidade ou da responsabilização exige que o responsável pelo tratamento de dados responda pelo cumprimento das medidas que garantam os demais princípios de aplicação da lei de proteção de dados (OECD, 1980). A revisão de 2013 pela OECD não alterou a redação desse princípio, mas a evolução da matéria apresentou novos contornos que foram tratados no item 1.3 deste capítulo.

[114] O PLC nº 53, de 2018, era bastante similar ao PLS nº 330, de 2013, o que decorreu do diálogo permanente entre os relatores dos projetos nas duas casas legislativas no período de tramitação em cada casa. Foram realizadas inclusões quanto à pseudonimização, a substituição dos termos "responsáveis" por "controladores" e de "órgão competente" por "autoridade nacional", tendo em vista que o PLC previa a criação da ANPD, além de outras alterações de redação (Brasil, 2018e).

transformados no Projeto de Lei da Câmara (PLC) nº 53, de 1º de junho de 2018, e seguiram até a conversão em lei no Senado (Brasil, 2018d). No panorama final, a análise das regras de boas práticas na LGPD resumia-se em três linhas de justificativas produzidas em oito anos de debates. A comparação das redações permite identificar quais os modelos normativos foram considerados no âmbito político e levados ao debate público, bem como verificar quais os fundamentos e os modelos legislativos foram consultados para que se chegasse ao instituto das regras de boas práticas. Além disso, oferece um perfil parcial subjetivo quanto aos setores sociais e econômicos participantes dos debates no período, diante da impossibilidade de captação integral de todos os envolvidos que de alguma forma tiveram seus interesses defendidos na tramitação da lei nacional.

As bases do vigente artigo 50 da LGPD foram traçadas em 2015 no PLS nº 313, de 2013. A ideia de que os responsáveis pelos tratamentos poderiam formular regras de boas práticas também estava no texto original do PL nº 5.276, de 2016.[115] Desta forma, a redação final comparada à do PLC nº 53, de 2018, recebeu ajustes de grafia para alterar as expressões "responsáveis" por "controladores", "responsável" por "controlador", e de "órgão competente" para "autoridade nacional".[116]

---

[115] Em 27 de outubro de 2016, ao PL nº 5276, de 2016, foi ainda apensado o PL nº 6.291, de 11 de outubro de 2016, o qual visava alterar o MCI para proibir o compartilhamento de dados pessoais dos assinantes de aplicações de internet (Brasil, 2016a, 2016b).

[116] Pela importância do texto consolidado antes da redação final, transcreve-se com grifo em itálicos das expressões alteradas: "Seção II Das Boas Práticas e da Governança Art. 50. Os *responsáveis* e operadores, no âmbito de suas competências, pelo tratamento de dados pessoais, individualmente ou por meio de associações, poderão formular regras de boas práticas e de governança que estabeleçam as condições de organização, o regime de funcionamento, os procedimentos, incluindo reclamações e petições de titulares, as normas de segurança, os padrões técnicos, as obrigações específicas para os diversos envolvidos no tratamento, as ações educativas, os mecanismos internos de supervisão e de mitigação de riscos e outros aspectos relacionados ao tratamento de dados pessoais. §1º Ao estabelecer regras de boas práticas, o responsável pelo tratamento e o operador levarão em consideração, em relação ao tratamento e aos dados, a natureza, o escopo, a finalidade e a probabilidade e a gravidade dos riscos e dos benefícios decorrentes de tratamento de dados de titular. §2º Na aplicação dos princípios indicados nos incisos VII e VIII do *caput* do art. 6º desta Lei, *o responsável* observados a estrutura, a escala e o volume de suas operações, bem como a sensibilidade dos dados tratados, a probabilidade e a gravidade dos danos para os titulares dos dados, poderá: I – implementar programa de governança em privacidade que, no mínimo: a) demonstrar o comprometimento *do responsável* em adotar processos e políticas internas que assegurem o cumprimento, de forma abrangente, de normas e boas práticas relativas à proteção de dados pessoais; b) seja aplicável a todo o conjunto de dados pessoais que estejam sob seu controle, independentemente do modo em que se realizou sua coleta; c) seja adaptado à estrutura, à escala e ao volume de suas operações, bem como à sensibilidade dos dados tratados; d) estabeleça políticas e salvaguardas adequadas com base em processo de avaliação sistemática de impactos e

A evolução das redações comparativas está em dois quadros elaborados pela autora. No Quadro 1, demonstra-se a comparação entre as redações originais do PL de 2012 e o PL de 2016, no qual estão representadas duas ideias de aplicação das boas práticas, uma dependente de uma entidade representativa e outra com atribuição formuladora a todos os responsáveis pelo tratamento de dados pessoais. Vejamos:

Quadro 1 – Comparativo dos dispositivos sobre boas práticas nos projetos de lei de proteção de dados pessoais no período de 2010 a 2018

ARTIGO 23, PL Nº 4.060, DE 2012	ARTIGO 50, PL Nº 5.276, DE 2016[117]
Artigo 23. As entidades representativas de responsáveis pelo tratamento de dados pessoais poderão instituir Conselhos de Autorregulamentação, que formularão códigos que definirão parâmetros éticos para tratamento de dados, comunicação comercial, bem como condições para sua organização, funcionamento, controle e sanções. (Sem parágrafos ou incisos)	Artigo 50. Os responsáveis pelo tratamento de dados pessoais, individualmente ou por meio de associações, poderão formular regras de boas práticas que estabeleçam as condições de organização, o regime de funcionamento, os procedimentos, as normas de segurança, os padrões técnicos, as obrigações de supervisão e outros aspectos relacionados ao tratamento de dados pessoais. §1º Ao estabelecer regras de boas práticas, o responsável pelo tratamento e o operador levarão em consideração a natureza, o escopo e a finalidade do tratamento e dos dados e a probabilidade e gravidade dos riscos de danos aos indivíduos. §2º As regras de boas práticas serão disponibilizadas publicamente e atualizadas e poderão ser reconhecidas e divulgadas pelo órgão competente.

Fonte: elaborado pela autora.

---

[117] riscos à privacidade; e) tenha o objetivo de estabelecer relação de confiança com o titular, por meio de atuação transparente e que assegure mecanismos de participação do titular; f) esteja integrado à sua estrutura geral de governança e estabeleça e aplique mecanismos de supervisão internos e externos; g) conte com planos de resposta a incidentes e remediação; e h) seja atualizado constantemente com base em informações obtidas a partir de monitoramento contínuo e avaliações periódicas; II – demonstrar a efetividade de seu programa de governança em privacidade quando apropriado, e, em especial, a pedido *do órgão competente* ou de outra entidade responsável por promover o cumprimento de boas práticas ou códigos de conduta, os quais, de forma independente, promovam o cumprimento desta Lei. §3º As regras de boas práticas e de governança deverão ser publicadas e atualizadas periodicamente e poderão ser reconhecidas e divulgadas *pelo órgão competente*" (sem grifo no original) (Brasil, 2018e, p. 36-38).

[117] A redação usada no Quadro 1 foi a primeira redação do artigo 50 sugerida pelo PL nº 5.276, de 2016. O artigo 50 sofreu alterações no parecer final da Comissão de 29 de maio de 2018

Na linha do que foi analisado no tópico anterior quanto à necessária harmonização das legislações nacionais proposta pela OECD em 1980, atualizada em 2013, bem como da sugestão de que os países deveriam estimular a adoção de regras de boas práticas, o anteprojeto de 2010, além de prever a utilização dos códigos de boas práticas sob o controle e validação de uma autoridade, acolhia a importância dos princípios da responsabilidade, da prevenção,[118] da transparência, com o acréscimo da boa-fé objetiva em incisos individuais no artigo 8º, incisos IX, X, VI e VII, respectivamente (Brasil, 2010b, 2010c).

No modelo do PL de 2012, entendia-se por regras de boas práticas padrões éticos aplicáveis ao tratamento de dados e as condicionava à formulação após a instituição de Conselhos. Essas entidades representativas assegurariam o controle, a fiscalização e a aplicação de sanções em caso de descumprimento das regras constantes do código, sem prejuízo de eventual sanção pelo órgão competente. Nesse modelo, há uma exigência procedimental de que sejam criadas entidades representativas de responsáveis de tratamento e somente estas poderiam instituir um Conselho de Autorregulamentação. Não havia espaço, segundo essa proposta, para que um responsável individual, ou um grupo deles sem registro ou vinculação ao Conselho, estabelecessem o seu próprio código.

O modelo normativo de 2012, trazia como justificativa os debates na sociedade civil com experiência em autorregulação no setor privado, bem como considerou os setores de comunicações, de publicidade, e de tecnologia. O parlamentar fundamentou a aplicação dos códigos de conduta como uma forma de contemplar as especificidades de cada setor e a demanda por soluções e instrumentos mais rápidos e externos ao Poder Público. A justificativa cita como exemplo a experiência de autorregulação do Conselho Nacional de Autorregulação Publicitária, o CONAR,[119] porém não traz qualquer referência a modelos no âmbito

---

após a análise das emendas parlamentares e audiências, com o consequente acréscimo das regras de governança em privacidade ao artigo 50, conforme se analisará no ponto 2.3.3.

[118] No Capítulo 2, o princípio da prevenção na LGPD será analisado com detalhes e se demonstrará a sua evolução quanto à figura do risco, a distinção do princípio da precaução, bem como a sua constância na redação, aplicação, controle e correção das regras de boas práticas.

[119] Durante o regime militar, diante do receio de uma lei federal que viesse a censurar a propaganda no Brasil, estudiosos reuniram-se e redigiram, em 1977, um documento com o início da autorregulamentação publicitária no país. O Código Brasileiro de Autorregulamentação Publicitária, aprovado em 1978 durante o Terceiro Congresso

internacional ou a outras experiências sobre proteção de dados pessoais no exterior (Brasil, 2012a, p. 7).

Importante salientar que em 2012 a autorregulação no Brasil contava com experiências em setores diversos da economia e que não havia na doutrina nem na prática uma uniformidade quanto à aplicação, ao conceito e às características desse instituto.[120] Diogo Figueiredo Moreira Neto, primeiro administrativista brasileiro a conceituar o instituto, extraía a noção da autorregulação a partir da defesa de interesses metaindividuais com fundamento na liberdade constitucional de associação para fins lícitos e na defesa dos interesses individuais homogêneos (Moreira Neto, 1995, p. 16 $apud$[121] Souto, 2005, p. 46). É igualmente correto situar a autorregulação no direito administrativo regulatório como um instrumento alternativo decorrente da descentralização das funções regulatórias estatais (Saddy, 2015 p. 5). Percebe-se, nesse contexto, que a aplicação do modelo tinha representatividade, mas da maneira como foi prevista na redação do projeto limitada a acessibilidade por não acolher os setores menores envolvidos na matéria de proteção de dados pessoais.

Na coluna da direita do Quadro 1, o artigo 50, do PL nº 5.276, por outro lado, ampliava o rol de legitimados à formulação de regras

---

Brasileiro de Propaganda, em São Paulo, foi pelo presidido pela Associação Paulista de Propaganda. O texto passou por um período de divulgação pública. Em 05 de maio de 1980, foi fundado o Conselho Nacional de Autorregulamentação Publicitária (CONAR), uma organização não governamental voltada à promoção da liberdade de expressão publicitária e à defesa de prerrogativas constitucionais da propaganda comercial. A função do Conselho é atuar na resolução de denúncias julgadas no seu Conselho de Ética e recomendar e até suspender anúncios dos seus associados (Conar, 2022).

[120] Floriano de Azevedo Marques Neto (2011, seq. 9) classifica a autorregulação em três espécies. Autorregulação delegada, como mecanismo de transferência legal de competências regulatórias do Estado ao particular, que seriam os conselhos de classes e ordens profissionais; a autorregulação induzida, em que a atividade regulatória é exercida pela sociedade com incentivo ou recomendação do Estado, por meio de instrumentos de natureza contratual ou autorizações; e a autorregulação espontânea, que nasce por adesão voluntária, de forma independente, sem envolvimento estatal ou prévia autorização legal, diante de interesses comuns de uma categoria ou grupo econômico, como é exemplo do CONAR. Observa-se que a classificação não atinge pontos importantes da autorregulação na matéria de proteção de dados pessoais no século XXI, como a autorregulação regulada, ponto dos Capítulos 2 e 3. A escolha se deve à contemporaneidade da redação do PL nº 4.060, de 2012 o que também ocorreu ao tempo do CONAR.

[121] Trata-se de conceito produzido em parecer não publicado do autor para a Associação Brasileira da Indústria do Café, ABIC, em 1995. Marcos Juruena Villela Souto (2005, p. 46) afirma que Diogo de Figueiredo Moreira Neto realizou o primeiro trabalho sobre autorregulação no Brasil e teve acesso ao parecer durante a sua pesquisa. Por ser o primeiro conceito doutrinário de autorregulação no direito administrativo brasileiro, é necessária a referência, ainda que o original não tenha sido publicado.

de boas práticas. A redação não exigia a criação e a participação de uma terceira parte no controle das boas práticas. O artigo permitia que os responsáveis tanto de forma individual, tanto por meio de associações, editassem as regras de boas práticas. A contrapartida fiscalizatória ficava no §2º com duas formas de controle do cumprimento dessas regras: a) por meio da transparência (disponibilização e publicação do conteúdo das regras) e b) por meio do reconhecimento pelo órgão competente. Desse modo, o texto de 2016 compartilhava a função regulatória com todos os responsáveis pelo tratamento, atendia a liberdade associativa e excluía a ideia de representatividade vinculada do PL de 2012.

O texto de 2016, apresentado pelo Poder Executivo, somava pesquisadores de referências no tema de proteção de dados e foi assinado pelo Ministério da Justiça. Resultou da segunda consulta pública realizada pelo órgão um texto reformulado após a consulta ao primeiro anteprojeto em novembro de 2010. O texto de 2016, na sua versão de anteprojeto, ficou em consulta pública no primeiro semestre de 2015, período em que recebeu mais de 50 mil visitas e de 1.110 contribuições (Brasil, 2016a). Como referido acima, na primeira versão do anteprojeto, as boas práticas estavam no artigo 48 do sétimo capítulo, sobre as responsabilidades dos agentes. Após as contribuições, a redação do PL de 2016 não mais vinculava uma participação obrigatória da ANPD no processo. Seguia um parágrafo com a previsão de que as regras de boas práticas seriam publicadas e atualizadas, porém elas poderiam (ou não) ser reconhecidas e divulgadas pelo órgão competente. A mesma sistemática ficou na redação do atual §3º do artigo 50 da LGPD.

Quadro 2 – Comparativo dos dispositivos sobre boas práticas no primeiro anteprojeto de 2010 e na redação vigente da LGPD

(continua)

ARTIGO 45, ANTEPROJETO DE 2010	ARTIGO 50, LGPD
Título III – Códigos de boas práticas Art. 45. Os responsáveis pelo tratamento de dados pessoais, individualmente ou através de organizações de classe, poderão formular códigos de boas práticas que estabeleçam as condições de organização, regime de funcionamento, procedimentos aplicáveis, normas de segurança, padrões técnicos, obrigações específicas para os diversos envolvidos no tratamento e no uso de dados pessoais e demais quesitos e garantias para as pessoas, com pleno respeito aos princípios e disposições da presente lei e demais normas referentes à proteção de dados. §1º Os códigos de boas práticas vincularão os respectivos responsáveis pelo tratamento de dados e os membros de uma determinada classe profissional. §2º A Autoridade de Garantia solicitará às respectivas organizações de classe a elaboração dos códigos de boas práticas quando julgar conveniente e poderá participar de sua elaboração. §3º Entre outras categorias profissionais, a Autoridade de Garantia priorizará o fomento à elaboração de códigos de boas práticas em tema de: I – vigilância e monitoramento; II – publicidade e marketing direto; III – bancos de dados de proteção ao crédito; IV – seguros; e V – demais matérias pertinentes. §4º Os códigos de boas práticas serão depositados na Autoridade de Garantia, que poderá não aprova-los se estiverem em desconformidade com as disposições legais e regulamentares sobre a matéria, ao que seguirá uma solicitação para que sejam feitas as modificações necessárias e indicadas.	Seção II. Das boas práticas e da governança Art. 50. Os controladores e operadores, no âmbito de suas competências, pelo tratamento de dados pessoais, individualmente ou por meio de associações, poderão formular regras de boas práticas e de governança que estabeleçam as condições de organização, o regime de funcionamento, os procedimentos, incluindo reclamações e petições de titulares, as normas de segurança, os padrões técnicos, as obrigações específicas para os diversos envolvidos no tratamento, as ações educativas, os mecanismos internos de supervisão e de mitigação de riscos e outros aspectos relacionados ao tratamento de dados pessoais. §1º Ao estabelecer regras de boas práticas, o controlador e o operador levarão em consideração, em relação ao tratamento e aos dados, a natureza, o escopo, a finalidade e a probabilidade e a gravidade dos riscos e dos benefícios decorrentes de tratamento de dados do titular. §2º Na aplicação dos princípios indicados nos incisos VII e VIII do caput do art. 6º desta Lei, o controlador, observados a estrutura, a escala e o volume de suas operações, bem como a sensibilidade dos dados tratados e a probabilidade e a gravidade dos danos para os titulares dos dados, poderá: I – implementar programa de governança em privacidade que, no mínimo: a) demonstre o comprometimento do controlador em adotar processos e políticas internas que assegurem o cumprimento, de forma abrangente, de normas e boas práticas relativas à proteção de dados pessoais;

(conclusão)

ARTIGO 45, ANTEPROJETO DE 2010	ARTIGO 50, LGPD
§5° Os códigos de boas práticas serão disponibilizados publicamente e deverão ser atualizados sempre que se demonstrar necessário. *(sem grifo no original)*	b) seja aplicável a todo o conjunto de dados pessoais que estejam sob seu controle, independentemente do modo como se realizou sua coleta; c) seja adaptado à estrutura, à escala e ao volume de suas operações, bem como à sensibilidade dos dados tratados; d) estabeleça políticas e salvaguardas adequadas com base em processo de avaliação sistemática de impactos e riscos à privacidade; e) tenha o objetivo de estabelecer relação de confiança com o titular, por meio de atuação transparente e que assegure mecanismos de participação do titular; f) esteja integrado a sua estrutura geral de governança e estabeleça e aplique mecanismos de supervisão internos e externos; g) conte com planos de resposta a incidentes e remediação; e h) seja atualizado constantemente com base em informações obtidas a partir de monitoramento contínuo e avaliações periódicas; II – demonstrar a efetividade de seu programa de governança em privacidade quando apropriado e, em especial, a pedido da autoridade nacional ou de outra entidade responsável por promover o cumprimento de boas práticas ou códigos de conduta, os quais, de forma independente, promovam o cumprimento desta Lei. §3° As regras de boas práticas e de governança deverão ser publicadas e atualizadas periodicamente e poderão ser reconhecidas e divulgadas pela autoridade nacional.

Fonte: elaborado pela autora.

Como se infere no Quadro 2, os *caputs* dos artigos 45 e 50 apresentam semelhanças substanciais. A par das distinções de redação legislativa, ambos entendem que os agentes de tratamento poderiam, de forma individual ou coletiva, formular regras de boas práticas sobre o funcionamento, o procedimento, as normas de segurança, os padrões técnicos, a partir de uma abertura normativa por meio da expressão "obrigações específicas" como alternativa às especificidades de cada setor atingido pela proteção de dados.

O Quadro 2 ainda permite uma comparação importante quanto à função da ANPD nas boas práticas em relação ao Quadro 1. O *caput* do artigo 45 entende que as boas práticas deveriam ser previamente avalizadas e analisadas pela *Autoridade de Garantia*. Essa obrigatoriedade de controle não reapareceu no anteprojeto levada à consulta pública de 2015, pois indicou a expressão "poderão ser reconhecidas e divulgadas pelo órgão competente", isto é, retirou a obrigatoriedade de análise das regras de boas práticas pela ANPD, sendo a redação que seguiu à Câmara dos Deputados pelo PL nº 5.276, de 2016, como se verifica pelo Quadro 1.

A análise das redações demonstra a ausência de consenso quanto ao regime jurídico aplicável às boas práticas. Se seriam vinculantes aos formuladores, se deveriam ou não serem validadas para adquirir essa vinculação, como obter o consenso e legitimar as formulações provenientes das associações e das categorias profissionais, quais seriam as funções regulatórias da Autoridade e a quem e de que forma seria realizado esse controle das formulações. Ao estudo dessas questões e, principalmente ao último ponto, dedicaremos o Capítulo 3.

Os projetos de 2012 e 2016 foram apensados em 18 de julho de 2016. Entre julho de 2016 e julho de 2018 foram intensificados os debates[122] com a sociedade civil e com diversos especialistas. No Plenário, o texto recebeu quatro propostas de emenda em 29 de maio de

---

[122] No dia 18 de março de 2018, uma reportagem do jornal americano *New York Times* revelou o uso de dados pela *Cambridge Analytica*, empresa de consultoria política, na campanha eleitoral de Donald Trump. No caso, a empresa coletou informações pessoais de mais de 50 milhões de usuários do *Facebook*, os quais foram utilizados na formulação de perfis e envio de conteúdo eleitoral direcionado durante as eleições presidenciais dos Estados Unidos. Também se apurou que conteúdos políticos foram enviados ao tempo em que Reino Unido iniciou a sua saída da União Europeia. O teve ampla repercussão internacional e nacional e foi um alerta quanto aos riscos de manipulação social pela coleta de dados caso foi um alerta, sendo um dos fatores de impulso à tramitação final dos projetos em 2018, ano de eleitoral no Brasil. No mesmo semestre, ocorreu o início da vigência RGPD, em 25 de maio de 2018, o que também contribuiu nessa fase final de tramitação legislativa.

2018. Após o envio do texto legislativo à Presidência da República, a Lei nº 13.709 foi publicada em 14 de agosto de 2018 com vetos significativos, entre os quais a exclusão da Autoridade Nacional de Proteção de Dados (ANPD) e do Conselho Nacional de Proteção de Dados Pessoais e da Privacidade (CNPD), sob argumento de afrontarem as competências previstas nos artigos 61, §1º, inciso II, letra 'e', e do artigo 37, inciso XIX, da Constituição Federal (Brasil, 2018c).

Após o veto presidencial ao PLC nº 53, de 2018, a ANPD foi criada pela MP nº 869, de 27 de dezembro de 2018, a qual foi convertida na Lei nº 13.853, de 08 de julho de 2019. Com uma Autoridade criada, o respectivo funcionamento ocorreu só com a nomeação do primeiro Diretor-Presidente, em 05 de novembro de 2020 (Brasil, 2018b).

Em 2022, diante da previsão do já revogado artigo 55-A, §2º, que estabelecia a fixação da natureza em até dois anos da publicação da LGPD, foi publicada a MP de nº 1.124, em 13 de junho de 2022, para transformar a ANPD em autarquia de natureza especial (Brasil, 2022j), o que foi confirmado pela conversão na Lei nº 14.460, de 25 de outubro de 2022 (Brasil, 2022i).

Após longo período de maturação legislativa, o artigo 50 oferece uma redação democrática e aberta. Contudo, ainda persistem dúvidas legítimas aos operadores e destinatários da norma pelas interpretações quanto às formas e aos legitimados ao controle dessas regras. A interpretação dos seus termos é desafiadora, porque os aspectos materiais possíveis dentro do tratamento de dados pessoais e a ampla abrangência subjetiva envolve agentes de tratamento que podem ser tanto pessoa física quanto pessoa jurídica, de direito público, interno e externo, ou de direito privado, nacional ou estrangeira, com funções previstas nos incisos VI e VII, respectivamente, do artigo 5º, além das obrigações dispostas nos artigos 37 a 40 e responsabilidades dos artigos 42 a 45 da lei nacional. E mais, indiretamente, outros atores integram o espectro de análise das regras de boas práticas, como se analisará no Capítulo 2.

1.4 Condutas[123] autorregulatórias em proteção de dados pessoais

Ocupar a função de descrever e elaborar as regras que descreveram uma ação com força normativa é assumir uma parcela da responsabilidade estatal e atuar para além das prescrições oferecidas pelo legislador ao cidadão. A conduta comportamental que cumpre as regras prescritas em lei não equivale àquela que, como meio de cumprir os comandos normativos, reescreve a regra segundo a visão empírica e específica de uma determinada atividade. Para a primeira, o destinatário da norma age ou se omite de forma direta com a lei ou com o regulamento. Já na autorregulação autorizada em lei, há uma segunda camada normativa que carece, além da compreensão da norma, da preservação do propósito nela contida.

Por isso, antes de ingressar especificamente no estudo do artigo 50, da LGPD, é preciso perquirir as características essenciais da conduta antecedente ao produto autorregulatório. Deve-se partir do pressuposto de que antes da intenção em formular regras autorregulatórias, há no regulado (futuro autorregulador) uma conduta comportamental dotada de elementos positivos ao cumprimento legal. E não o inverso. Ou seja, a autorregulação parte do cumprimento normativo, de um ato voluntário de assunção de responsabilidades frente a fenômenos sociais relevantes ocorridos no espaço público e que eram, originalmente, destinados somente ao regulador estatal.

Diferentemente da autorregulação pura em que os regulados atuam sem qualquer parâmetro estatal e na ausência de lei, a autorregulação prevista em lei tem uma missão normativa a cumprir, o que se amplia quando está relacionada diretamente à um direito e garantia fundamental tal como é a proteção de dados pessoais. Considerando que as condutas autorregulatórias não estão a serviço apenas dos interesses regulatórios dos agentes econômicos e públicos, elas pressupõem duas condutas como bases: a responsável e a transparente multidirecional.

---

[123] Quando o texto referir conduta responsável e conduta transparente não devem ser excluídos os sentidos aplicáveis aos seus sinônimos, tendo em vista a escolha se dar apenas por uma melhor pertinência vocabular no assunto tratado.

1.4.1 Conduta responsável

Inicialmente, faz-se necessário tecer considerações quanto à escolha do termo "conduta" para os fundamentos de "conduta responsável" e de "conduta transparente" (objeto de análise do próximo tópico) na elaboração das regras de boas práticas na LGPD ao invés de, por exemplo, "regra responsável" ou "regra transparente".

Atitude, conduta e comportamento são palavras com elementos conceituais muito semelhantes, pois se referem à ação que interfere no meio social, podendo significar um modo de agir, um padrão de ações ou hábitos. No direito regulatório, os termos comportamento e atitude são mais frequentes na doutrina ao designarem-se as ações dos regulados. Isto é, regulam-se comportamentos sociais, empresariais, comportamentos econômicos. Incentivam-se ou reprimem-se as atitudes na expressão de *"regulatees atitudinais settings"* de Julia Black e Robert Baldwin (2022, p. 59). No entanto, a escolha pelo vocábulo conduta deve-se a sua força aos institutos das regras de boas práticas e de governança. Adota-se conduta como a prática, ação ou o resultado de conduzir-se algo ou alguém a determinado fim. Além disso, é comum as regras de boas práticas serem compiladas em um código de condutas, como se abordará no Capítulo 2. Na proteção de dados pessoais, o RGPD utiliza a expressão "códigos de conduta" a partir do artigo 40 (União Europeia, 2016).

As regras de boas práticas têm como objeto e como resultado a descrição de condutas ao melhor cumprimento das regras previstas em lei aos agentes de tratamento. Logo, a terminologia "regra", em "regras de boas práticas", serve para descrever a regulação aplicável às boas práticas. Mesmo que seja possível argumentar que as boas práticas podem se revestir de um caráter vinculativo aos formulares e aderentes, é prudente utilizar expressões que não induzam os operadores das boas práticas a equívocos. Assim, ao optar por conduta ao invés da expressão "regra", firma-se o sentido de que as boas práticas irão nortear as ações, as condutas dos destinatários desse documento escrito. Segundo motivo é que a legislação nacional sobre proteção de dados pessoais teve apoio tanto na legislação europeia quanto nas recomendações da OECD, notadamente na confecção do artigo 50. Dessa forma, a expressão "conduta" é o termo identificado no artigo 40 do RGPD quando se regulamentou a formulação de boas práticas em proteção de dados nos "códigos de conduta", o que igualmente já ocorria na Diretiva nº 95/46 (União Europeia, 2018). Terceiro, porque "regras de boas práticas" é uma expressão conjugada à "código de conduta", quando não são inclusive sinônimas, ambas são uma espécie do gênero autorregulação (Saddy, 2015, p. 4). Dito de outra forma, quando formuladas as boas práticas, o documento escrito resultante será um código de condutas. Essas razões igualmente devem ser associadas a uma importante distinção.

Aqui, a conduta também não se associa ao eixo de trabalho da OECD sobre conduta empresarial responsável, ou *Responsible Business Conduct (RBC)*, temática que integra a área de governança corporativa (OECD, 2020a). Embora a RBC tenha por um dos principais fundamentos a responsabilidade social do setor privado quanto aos impactos que suas atividades geram no mundo e na necessidade de um compromisso desse setor com o desenvolvimento sustentável, a RBC tem como escopo fixar diretrizes para um padrão internacional de atuação do setor privado em áreas específicas selecionadas pela OECD diversas da proteção de dados. A RBC visa áreas macroeconômicas como trabalho infantil, meio ambiental, agricultora, mineração, compras públicas, digitalização. Ou seja, a conduta responsável aplica-se à conduta do agente de tratamento na formulação de regras que visam ao cumprimento da LGPD, ou seja, não é apenas empresarial, pois envolve o setor público, e está exclusivamente dedicada à proteção de dados pessoais. Menciona-se, ainda, que a OECD não tem documento que trate sobre a RDC aplicada à proteção de dados pessoais ou leis de privacidade até a presente data. Sendo assim, feitas essas considerações terminológicas, parte-se ao estudo das condutas em comento.

O processo legislativo da LGPD trouxe o amadurecimento necessário à lógica do instituto da responsabilidade civil do controlador, operador e o princípio da responsabilidade apresentados no anteprojeto da LGPD de novembro de 2010. O princípio da responsabilidade foi substituído pelo princípio da responsabilização e da prestação de contas no texto do artigo 6º, inciso X,[124] do PLC nº 53, de 2018, dispositivo que assim se manteve na redação final (Brasil, 2018e).

O estudo das boas práticas parte da compreensão de que, além das regras previstas em lei, para as quais o ordenamento jurídico já prevê instrumentos de aplicação, os sujeitos poderão formular regras que criam outras obrigações aos seus formuladores diante das

---

[124] Artigo 6º, inciso X: responsabilização e prestação de contas: demonstração pelo agente da adoção de medidas eficazes e capazes de comprovar a observância e o cumprimento das normas de proteção de dados pessoais, inclusive da eficácia das medidas (Brasil, 2018a).

especificidades técnicas da atividade. Essas regras funcionam como uma engrenagem de encaixe do amplo em direção ao específico e nesse processo não cabe reduzir ou copiar o conteúdo normativo. Se assim o fizer, perderá a sua razão de ser. Daí porque é preciso compreender as noções de conduta responsável e conduta transparente, iniciando pela primeira.

A análise da conduta responsável na LGPD alarga o estudo e os pressupostos de reparação da responsabilidade civil, administrativa ou penal,[125] pois essas, em regra,[126] exigem um dano material,[127] uma violação, uma lesão. Ocorre que a proteção de dados pessoais tutela um direito fundamental e humano (Sarlet, 2021, p. 25), a autodeterminar-se por sua livre decisão. Está relacionada a outros princípios e direitos fundamentais, como a dignidade da pessoa humana, a privacidade, o livre desenvolvimento da personalidade e do consentimento (Sarlet, 2021, p. 30), o que altera o significado desses pressupostos em termos de responsabilidade.

Fabiano Menke (2022, p. 3-4) analisa um estudo de caso recente do Tribunal de Goslar na Alemanha[128] que reflete essa problemática no âmbito material e processual de aplicação do artigo 82 do RGPD e o considerado nº 146 sobre a responsabilidade civil e o conceito de dano na proteção de dados pessoais no âmbito do regulamento europeu (União Europeia, 2016). No que tange ao direito material, discute-se se o recebimento de mensagens de publicidade não autorizadas pelo

---

[125] A LGPD não prevê a responsabilidade penal aplicável aos agentes de tratamento ou ao encarregado. Contudo, na doutrina nacional, há a defesa pela possibilidade de imputação de crimes omissivos impróprios ao encarregado decorrentes do dever de vigilância e analisa as tendências atuais de omissão imprópria nas estruturas empresariais. Sobre o tema, recomenda-se: Stuart; Valente; Martins, 2022.

[126] Há corrente doutrinária que defende a existência de responsabilidade civil sem a ocorrência de dano (evento-prejuízo) tanto com fundamento constitucional quanto em uma análise econômica. A perspectiva é observar quais são os padrões de conduta que uma pessoa deve ter em relação à outra e, quando essa apresentar uma conduta indesejada, se seria possível aplicar instrumentos cíveis de repressão com vistas à proteção de um interesse juridicamente tutelado. Essa corrente é convergente ao que aqui ora se analisa (Leal, 2017, p. 65)

[127] O artigo 42, da LGPD, refere expressamente que o controlador ou o operador que, em razão do exercício de atividade de tratamento de dados pessoais causar a outrem dano patrimonial, moral, individual ou coletivo, em violação à legislação de proteção de dados pessoais, é obrigado a repará-lo.

[128] O autor explica que o caso, com decisão publicada em 14 de janeiro de 2021, foi levado também ao Tribunal Federal Constitucional Alemão por meio de uma reclamação constitucional do autor da ação diante da improcedência do pedido de reparação de danos imateriais, o que levou a Corte Federal a entender que a questão, que não conta com precedentes, deve ser analisada pelo Tribunal de Justiça Europeu (Menke, 2022, p. 4).

destinatário geraria direito à indenização por dano imaterial, bem como quais são os pressupostos para um conceito de dano, qual significado e extensão de uma violação à proteção de dados pessoais, diante da interpretação de responsabilidade civil prevista no RGPD, tema que poderá ser analisado pelo Tribunal de Justiça da União Europeia (Menke, 2022, p. 8).

Essas movimentações revelam a linha específica da tutela jurídica na proteção de dados pessoais e do quanto o acontecimento do dano não é reversível ao *status quo*, fator que demanda uma análise diferenciada quanto à responsabilidade e à prevenção.

É difícil imaginar uma lesão à personalidade ou à dignidade da pessoa humana que se delete por completo por meio de uma reparação civil. Reparar é compensar. Não equivale ao retorno anterior como se o evento danoso inexistisse. Vale dizer: se a reparação civil é a resposta da responsabilidade civil, a conduta responsável nas regras de boas práticas especifica as funcionalidades para criar ou ampliar obrigações,[129] justamente pela desnecessidade de reescrever o texto legal para ter força normativa entre as partes (regulador, regulado e titular).

Isso não significa afirmar que a conduta responsável tenha que se sobressair às exigências legais ou que o código descreve ações com conteúdo obrigacional mais severo e amplo do que aqueles expressos em lei. As regras de boas práticas, embora possam prever compromissos voluntários, devem reunir garantias de cumprimento, uma modelagem específica a dispositivos da lei que por sua abstração não são aptas à correspondência concreta às condutas desenvolvidas em um setor específico.

Nessa linha de raciocínio, a conduta responsável localiza-se nas zonas da prevenção e na da análise apurada do risco,[130] com exemplos dessa lógica na LGPD. No artigo 11, §1º da LGPD, o legislador utilizou a expressão "que possa a vir a causar dano ao titular". No dever do

---

[129] A justificativa está no conceito e na natureza jurídica das regras de boas práticas, ponto específico do Capítulo 2.

[130] Por fontes de risco consideram-se todos os sujeitos, objetos ou situações que podem originar um evento negativo, os quais podem ser avaliados por meio de uma análise apurada do risco. Essa análise calcula os riscos inerentes (próprios da atividade e livres de controle) e riscos residuais (riscos remanescentes após aplicação de métodos de controle) (Oliveira Júnior; Gomes, 2015, p. 31). Ou seja, trabalha-se na impossibilidade de uma ausência de risco residual, pois não há perfeição na eliminação de riscos. O objetivo, no entanto, na equação risco inerente menos risco residual é obter um resultado mais próximo possível a zero.

controlador em comunicar a ANPD[131] sobre a ocorrência de incidentes de segurança mesmo que não se tenha constatado qualquer dano, mas passível de risco aos titulares, na forma do artigo 48. Ou ainda na ideia reforçada da "probabilidade" constante da casa das boas práticas, o artigo 50, nos §§1º e 2º, voltados à aplicação das boas práticas e dos programas de governança.

Outros dispositivos da lei também permitem uma distinção entre a responsabilidade civil como eixo de reparação do dano e uma conduta responsável previdente. Segundo o artigo 42, caso o controlador ou o operador causem dano patrimonial, moral, individual ou coletivo, em violação à legislação,[132] eles estarão obrigados à reparação, diante da responsabilidade civil e administrativa pelo dano. Tal resposta coercitiva da regra diante da ocorrência do fato danoso não se confunde com o dever (prévio) de adoção de medidas que previnam a ocorrência desses danos no tratamento de dados pessoais. Isto é, são duas obrigações distintas em torno do agir responsável: uma inicial, que determina uma conduta esperada, necessária; e outra destinada a reparar a falta da primeira, seja pela ausência da conduta esperada, seja pela sua falibilidade. Na primeira, há a conduta responsável, confiável,[133] prevista; na segunda, há a conduta que assume as consequências diante da não confirmação da primeira. As regras de boas práticas trabalham com a primeira.

A conduta responsável é um ônus que os legisladores constitucional e infraconstitucional impuseram aos sujeitos envolvidos em

---

[131] A Resolução nº 1, do Conselho Diretor da ANPD, de 28 de outubro de 2021, que aprovou o regulamento do processo de fiscalização e do processo administrativo sancionador no âmbito da Autoridade Nacional, prevê que o processo de fiscalização possui uma atuação responsiva pelo monitoramento, pela orientação e pela prevenção. Assim, a atividade preventiva aborda a elaboração dialogada de soluções que visam evitar situações que possam acarretar risco aos titulares, nos termos do artigo 15, §3º (Brasil, 2021d).

[132] O artigo 45 remete o intérprete ao Código de Defesa do Consumidor (CDC) para as hipóteses de violação do direito do titular no âmbito das relações de consumo. No CDC, os artigos 12 e 25 igualmente não dispensam a ocorrência do dano (Brasil, 1990).

[133] A confiança aqui não entra no campo moral, ético, deontológico, no sentido de ser bom ou mau (ruim), apenas no sentido de previsibilidade, de expectativa de algo em determinado sentido. Conduta responsável não tem a pretensão em equivaler a uma opinião subjetiva, a uma moralidade dentro de um determinado contexto cultural. Um exemplo pode ilustrar a diferença. Uma conduta responsável do empregador pode não ser considerada boa pelo empregado que se sente desconfortável ao usar óculos de proteção novos e mais modernos do que os anteriores solicitados de volta ao empregado. O empregador tem como conduta responsável exigir e fiscalizar, nesse caso, o uso apenas do equipamento de segurança novo e mais seguro. Mesmo que se demonstre que os óculos mais antigos ainda eram funcionais, o critério maior segurança seria, nesse exemplo, prevalente sobre o critério comodidade ou conforto.

qualquer parte do circuito de tratamento de dados pessoais.[134] Abrange, portanto, tanto as ações quanto as omissões, pois esta última pode resultar da falha em um dever de diligência ou de precaução.

O recorte da conduta responsável justifica-se pelo bem jurídico resguardado. A proteção de dados pessoais depende de uma postura compreensiva da sua função de guardiã desde o primeiro olhar com a informação do indivíduo. É preciso estar definida a conduta sobre como entrar em contato, o que será feito com o dado pessoal quando o titular o apresentar ao destinatário, e, a partir daí, cada passo em todas as cadeias e circuitos de manipulação ou acesso ao dado, até o seu resguardado ou eliminação. Vale dizer: a conduta responsável (assim como a conduta transparente, que se analisará na sequência) tem como bússola o risco.[135]

O que se pretende identificar nesse ponto é a ação ou omissão humana prévia, com uma finalidade preventiva, e que precisa saber identificar as probabilidades de danos (as potencialidades), os riscos, o mapeamento de falhas pretéritas, o reconhecimento do processo como um todo a ponto de evitar a proximidade mínima com o dano. A conduta responsável é previdente e investiga comportamentos desformes ou antijurídicos (reprovabilidade).

Nesse sentido, há um liame temporal que separa a conduta responsável da responsabilidade, mesmo diante da imprevisibilidade, afinal a conduta responsável investiga o risco e por isso sabe como reagir ao inesperado. Diante de um incidente (previsível ou não), a conduta responsável pode dispor de instrumentos que impedem, em tempo hábil, a ocorrência do dano mesmo após o incidente. A responsabilidade, ao contrário, mesmo podendo agir contra o dano, por vezes, opta pela reparação se esta lhe parecer mais vantajosa frente aos custos da reversão.

---

[134] O artigo 5º, inciso X, da LGPD, conceituou tratamento com 20 ações diferentes, quais sejam: coleta, produção, recepção, classificação, utilização, acesso, reprodução, transmissão, distribuição, processamento, arquivamento, armazenamento, eliminação, avaliação ou controle da informação, modificação, comunicação, transferência, difusão ou extração (Brasil, 2018a).

[135] Nesse ponto, igualmente é necessário distinguir a expressão "risco integral". No Brasil, a disciplina com considerável amplitude ao termo risco é o direito ambiental, no qual se adota um sistema abrangente de responsabilidade civil pela teoria do risco integral. No direito ambiental, prevalece o risco evidenciado pela própria existência do dano, ou seja, qualquer alteração no ambiente considerado será considerada para caracterizar a responsabilidade reparatória (Bahia, 2021, posição RB-21.1).

A doutrina civilista, ao analisar a responsabilidade civil na LGPD, enfrenta vários desafios, razão pela qual pouco se deteve especificamente à distinção com a conduta responsável ou à perspectiva das boas práticas ou das práticas autorregulatórias. No entanto, quando são considerados os dois aspectos, a doutrina indica a ponderação das boas práticas pelo legislador como um sinal à existência de um sistema de responsabilidade civil de natureza subjetiva e que "prioriza um juízo de valor em torno da conduta do lesante" (Bioni; Dias, 2020, p. 8-9). Ou, ainda, como um indicativo de boa-fé, como um elemento subjetivo de intenção do sujeito no cumprimento da norma (Guedes, 2019, p. 174). Isso decorre porque a distinção entre responsabilidade e conduta responsável mostra-se relevante no âmbito regulatório, mas é apenas um subelemento na esfera cível.[136] São campos distintos e independentes entre si.

As condutas responsáveis são definidas de forma voluntária como uma autovigilância, um autocondicionamento, uma autolimitação voluntária comportamental do conteúdo normativo. São regramentos próprios e formulados segundo a experiência e interesse do formulador, diante da sua realidade[137] específica, o que justamente as torna de quase impossível acesso pelo legislador. Não existe, portanto, um padrão que o legislador possa aplicar a todos. Só o formulador será capaz de esmiuçar as ações, estabelecer conexões pertinentes entre as ações cotidianas e a regra que ele precisa cumprir, em classificá-las em grau de risco e agrupá-las em padrões desejáveis ou modelo de atuação.

Os padrões de atuação, provavelmente, não serão utilizáveis em outro nicho ou área de conhecimento. E mesmo quando sua aplicação estiver em funcionamento e demandará uma revisão periódica pelo próprio formulador, pois sequer o seu padrão será estanque. Aqui, o afastamento de incidentes se dá segundo dois prismas: o *ex ante*, como um escudo ou veneno a eventos indesejados e o *ex post*, no sentido de não reproduzir falhas, ações temerárias ou equívocos por redução de protocolos ou fases de segurança.

---

[136] Considerando que a responsabilidade civil na LGPD compreende outros ramos além do direito civil, como o direito trabalhista, direito comercial, direito do consumidor.

[137] Por realidade, aqui acolhemos a lição de Eros Roberto Grau (2008, p. 72), que defende que não descrevemos a realidade, mas sim o nosso modo de ver a realidade. Para o autor, "podemos descrever o direito de várias formas e desde várias perspectivas; na verdade, contudo, não descrevemos jamais a realidade, porém o nosso modo de ver a realidade" (Grau, 2008, p. 17). A missão da conduta responsável, enquanto fundamento das regras de boas práticas, está no empenho em traduzir em palavras acessíveis uma norma, em formar um diálogo (escrito, organizado e descritivo) entre a realidade do formulador e o conteúdo normativo previsto em lei.

Outra diferença é que o campo de análise da responsabilidade é menor, pois segue apenas a lógica *ex post* de reparação do evento danoso, ainda que o ordenamento em que ela esteja prevista, como é o caso da proteção de dados, trabalhe na racionalidade *ex ante*. Desse modo, no caso de um tratamento que exige prévio consentimento e ele não for coletado ou for coletado em desconformidade aos requisitos legais, a racionalidade da LGPD *ex ante* não terá cumprido seu papel e a lógica *ex post* irá aplicar a reparação ao dano causado ao titular. Pela responsabilidade, o Estado só intervém para atender uma expectativa social frustrada.

Nesse ponto, Leonardo Netto Parentoni (2021, p. 707) alerta que uma leitura não sistemática da LGPD, induzida inclusive pelo conceito de agentes de tratamento que engloba o controlador e o operador no inciso IX do artigo 5º da LGPD (Brasil, 2018a), poderia levar ao falso entendimento de que eles se submeteriam ao mesmo regime jurídico na lei. No entanto, segundo o autor, a LGPD direciona os padrões de conduta ao controlador, pois é a ele quem compete a decisão quanto às finalidades do tratamento e as obrigações decorrentes da *accountability*.[138] Aqui, a conduta responsável autorregulatória novamente ganha uma distinção da responsabilidade civil, na medida em que é possível que o operador se voluntarie a assumir essas atribuições via contrato no chamado *data processing agreement* (DPA), como sugere o doutrinador (Parentoni, 2021, p. 707).

Nota-se assim, aplicada essa lógica, ser igualmente possível que esse compromisso voluntário do operador em assumir as responsabilidades do controlador ou a ele se equiparar seja concretizado por meio de um código de conduta na forma do *caput* do artigo 50 da LGPD (Brasil, 2018a), hipótese em que não se estará aplicando uma responsabilidade contratual de eficácia *inter partes*, mas sim de uma hipótese de conduta responsável autorregulatória passível de eficácia *erga omnes* como se analisa no segundo, terceiro e quarto capítulos.

Oportuno, ainda, ponderar que o intérprete jurídico e o operador não jurídico podem inclusive confundir ou unir os conceitos de "conduta responsável" com o de "regras de boas práticas". De fato, as características acima descritas integram igualmente o conceito de regra de boas práticas, como se elaborará no Capítulo 2, pois guardam um

---

[138] Caso o operador realize o tratamento de dados pessoais em desconformidade com a lei e contra as decisões do controlador, ele assume a posição de controlador e como tal responderá pelos danos causados, nos termos do artigo 42, §1º, inciso I, da LGPD (Brasil, 2018a).

denominador comum. A descrição de uma regra de boa prática gera uma expectativa, logo, implicitamente, há uma conduta esperada, tal como ocorre na conduta responsável.

A diferença é que as regras de boas práticas são gênero e a conduta responsável é espécie. A conduta responsável foca na ação e na omissão do sujeito envolvido nas múltiplas ações de tratamento de dados de acordo com o que é dele esperado, desejado. Já as regras de boas práticas podem simplesmente descrever protocolos específicos de segurança, ou de comunicação entre o formulador e os titulares de dados, ou a aplicação de penalidades ao aderente que descumprir ou agir em desconformidade com uma conduta responsável. Logo, as regras de boas práticas englobam outras espécies de condutas, além da conduta responsável.

Cabe ainda registrar ser inegável que a transformação digital operou uma mudança na estrutura da responsabilidade civil, principalmente nas relações que envolvem a formulação de regras de boas práticas e outros instrumentos de autorregulação, uma vez que causou uma transferência do poder de agir para instituições privadas que atuam segundo suas diretrizes autodefinidas (Hoffmann-Riem, 2022, p. 165). Contudo, essa passagem peripatética engloba, como já mencionado, a assunção do controle dos fatores de risco, a aprendizagem com as experiências e a maximização proativa do prevenir.

Nesse contexto, recorda-se que o texto de 1980 da OECD lançou diretrizes de harmonização das legislações em proteção de dados pessoais e, como já mencionado neste capítulo, sugeriu parâmetros regulatórios e princípios básicos de ação. O princípio da responsabilidade recebeu como atribuição dar cumprimento[139] aos demais princípios[140] (OECD, 1980, 2013).

Observa-se que a conceituação de conduta responsável não desconhece a polissemia da expressão "responsabilidade". Assim, abrange, terminologicamente, tanto os seus sinônimos, como diligência, cuidado, um compromisso, como sua caracterização jurídica, como

---

[139] Embora seja comum a tradução da *accountability* por responsabilidade, prestação de contas, o termo não assim se resume, tendo uma aplicação ampla que Bioni (2022, p. 242) apresenta como um "conceito relacional", operado em um conjunto de normas e que ganha significado pelo princípio da precaução. Para o autor, "o detentor de um poder de prestar contas" ao titular dos dados pessoais e ao "fórum público que reúne entidades de interesse público e outros atores" (Bioni, 2022, p. 242).

[140] Tradução nossa. No original: *"A data controller should be accountable for complying with measures which give effect to the principles stated above"* (OECD, 1980, 2013).

a obrigação imposta a todos por seus atos, o responder por algo ou por algum fato que deu causa. O termo, por isso, designa uma relação obrigacional. Da mesma forma, a conduta responsável tem suas aplicações associadas a outros termos. Por fim, ainda que seja imprescindível distinguir responsabilidade e conduta responsável, os termos se conectam desde os anteprojetos da LGPD, pois as emendas parlamentares fundamentaram a inclusão das boas práticas e da governança no princípio da responsabilização e da prestação de contas.[141]

1.4.2 Conduta transparente multifocal

O estudo da conduta transparente, assim como do princípio da transparência, representa passo imprescindível à proteção dos dados pessoais. Ainda que os agentes de tratamento não sigam a recomendação de formulação de regras de boas práticas, os atores envolvidos nesse direito devem assimilar a importância da transparência, tanto pelas obrigações legais e pelo princípio da transparência previsto no inciso VI do artigo 6º[142] da LGPD, quanto pela essência do conceito fora do âmbito legal. É muito mais quanto a esse último sentido que recai a contribuição da transparência à tutela dos dados pessoais.

As regras de boas práticas e de governança habitam um mundo pragmático e a transparência nem sempre se releva de tão fácil aplicação, especificamente nesse instituto em que os formulares precisarão ir além da LGPD e assumir mais compromissos em prol da prevenção de suas atividades de tratamento.[143] Aliás, é justamente no estudo das regras de boas práticas na proteção de dados pessoais que a conduta responsável e a conduta transparente se unem como faces da mesma moeda, o que torna ainda mais lógica as presenças constantes dos

---

[141] Bruno Bioni (2022, p. 41) explica que o princípio da responsabilidade passou a ser o princípio da responsabilização e prestação de contas no regime de responsabilidade do direito civil. O primeiro, seguindo a lógica de reparação de danos e estava no anteprojeto de 2010. O segundo apresenta uma lógica de prevenção de danos, presente a partir de 2016 na tramitação do PL nº 4.060, de 2012, na Câmara.

[142] O artigo 6º estabelece como princípios: finalidade, adequação, necessidade, livre acesso, qualidade dos dados, segurança, prevenção, não discriminação e responsabilização e prestação de contas. A todos deve ser associada a boa-fé diretriz máxima fixada no *caput*, logo de aplicação comum a todos os incisos (Brasil, 2018a).

[143] No Capítulo 2, explicaremos a natureza jurídica das regras de boas práticas e de governança em privacidade e porque elas são compromissos voluntários de responsabilidade.

princípios da responsabilidade e da transparência lado a lado, desde os debates prévios às FIPPs abordadas no segundo tópico deste Capítulo. Precedente a qualquer desenvolvimento identificador dessa conduta multifocal transparente, salienta-se que as ideias de transparência não abdicam da necessária preservação da confidencialidade empresarial, do sigilo comercial e industrial que tornam uma atividade privada lucrativa e fazem com que ela se sustente e se mantenha em um mercado de ampla concorrência. Seus diferenciais, seus ingredientes que conferem a especialidade ou seu diferencial no mercado não integram o que se apresenta como uma conduta transparente *by design* e *by default*. Essa ressalva, desde o princípio preservada, é de substancial importância na formulação e no sucesso de regras de boas práticas associativas, em que a entrega empresarial na formulação de um código exige dos seus atores, até então somente concorrentes no mercado, que se tornem parceiros em prol de um interesse comum: a edificação de um instrumento vivo de aplicação legal. Esse instrumento autorregulatório é capaz de comunicar as dificuldades e as necessidades do setor em torno do uso dos dados em suas atividades, sem que isso deixe de representar a conduta responsável praticada por eles e tão esperada pela sociedade e pela ANPD. A ponte de tráfego entre esses dois mundos (concorrência e cooperação) é uma conduta transparente multifocal, cuja leitura vocabular em si já reflete a fluidez e a clareza que lhe são típicas.

A conduta transparente confere credibilidade, confiança (digital), controle, porém exige lealdade, constância e engajamento. Ela conclama à participação de todos os atores envolvidos nos processos físicos e digitais de tratamentos de dados. No entanto, o que a transparência possibilita em teoria por suas virtudes, oferece em abstração para executá-la na prática. Há um esvaziamento da transparência quando lemos sua obrigação como atendida só por viabilizar o direito de acesso à informação (livre acesso), ou quando atendido o dever de comunicação e de resposta. Eis o ponto: a transparência, ao ser resumida como atendimento a outros direitos – o que o intérprete faz, é verdade, diante do comando legal – acaba por empobrecer o potencial produtivo de conformidade que a transparência exerce nos processamentos de dados.

Ocorre que a LGPD descreve procedimentos de transparência e não os atributos de uma conduta transparente. A lei deixa tanto à regulamentação quanto às regras de boas práticas essa possibilidade de diferenciação, conforme as permissões legislativas do *caput* do artigo 9º e da parte final do *caput* do artigo 50.

Nesse sentido, questiona-se: o que na prática a transparência implica como direito e como dever? A quem assegura como direito e a quem incumbe como dever? Os deveres de comunicação e de informação aplicam-se a todos os atores envolvidos no contexto de proteção de dados pessoais? Seria possível a transparência ter suas hipóteses legais de aplicação ampliadas além dos casos previstos na LGPD? A abrangência da conduta transparente, do ponto de vista teórico, mesmo que não seja capaz de alcançar a complexidade e a multiplicidade das situações reais, pode desafiar os formuladores desde o primeiro momento, razão pela qual se propõe aqui reflexões introdutórias sobre essas perguntas.

Se focarmos a definição da conduta transparente como aquela que desempenha as funções já previstas em lei, repetindo cada dispositivo que corresponde aos deveres previstos na LGPD, não haverá regras de boas práticas, mas tão somente uma réplica do texto legal, a desconfigurar o intuito do artigo 50. Ou seja, a conduta transparente já deve ter em si internalizados os conceitos, as obrigações legais, como padrões mínimos a serem seguidos pelos formuladores das boas práticas.

O artigo 6º volta toda a sua potencialidade às atividades de tratamento de dados pessoais. Explicita que entre seus destinatários não está o próprio titular dos dados. Não que tal determinação não seja imprescindível aos agentes de tratamento e demais eventualmente envolvidos no tratamento de dados, porque quanto a isso a fundamentalidade do direito à proteção de dados pessoais não deixa margem ao intérprete. O que se questiona é se essa limitação subjetiva poderia invadir o campo de aplicação de outros princípios previstos no artigo 6º da LGPD.

A conduta transparente é proativa e gere ações privadas ou públicas auditáveis, acessíveis a quem de direito couber (ou tiver interesse jurídico) observar ou fiscalizar. A aplicação não deve ser encarada como um fardo organizacional, pois oferece segurança digital e jurídica, controle operacional, estabilidade, previsibilidade e conquista à confiança interna e externa. E mais: a transparência funciona também como uma espécie de catalisador de riscos.

A transparência deve ser ininterrupta e se move como um espiral multifocal horizontal e vertical simultâneos. O mundo das informações, dos eventos e dos dados confia ao poder da transparência a observação e a captação necessárias à construção material, procedimental e logística das regras de boas práticas. Não por outro motivo a conduta transparente é comumente relacionada à ideia de *accountability*, palavra sem tradução exata na língua portuguesa, porém com definição vocacionada a relacionar obrigações e a prestar contas pelas responsabilidades assumidas (regras de boas práticas) ou impostas (lei) por seus destinatários.[144] Em resumo: a transparência integra todas as etapas do controle, desde o autocontrole até o controle forçado, razão pela qual está unida ao que é *enforcement* e à *accountability* (Pó, Abrucio, 2006, p. 686).

Aliás, é nesse quadrante em que se situa na qual a transparência se homogeneíza com a segurança jurídica[145] na formulação de regras não legislativas (autorregulação). Elas funcionam tanto como um critério da regra em si (clara, objetiva) quanto do processo de sua criação, no sentido de que o efeito legal das regras só se faz possível se a própria regra e o processo de seu desenvolvimento forem conhecidos antecipadamente pelo público-alvo (Kamara, 2017, p. 4), análise trazida no Capítulo 3.

Retomando a conduta transparente, se considerarmos a responsabilidade do titular de dados com base no consentimento, na autodeterminação informativa, eixos iniciais da racionalidade *ex ante* regulatória das leis de proteção de dados da primeira geração (Bioni, 2019, 138), a transparência tinha como um dos seus deveres principais a redução das assimetrias informacionais. Contudo, depois se verificou a ausência de balanceamento no empoderamento do titular de dados a ponto de resguardá-los de suas próprias decisões, tendo em vista que, muitas vezes, o próprio titular não agia em conformidade aos seus próprios direitos e optava por ações prejudiciais ao que a lei lhe protegia.

A partir da quarta geração de leis de proteção de dados, o foco já estava nos agentes de tratamento, o que se observa no texto do *caput* do artigo 6º, diante da ausência de um dispositivo que trate dos deveres dos titulares, ou na ausência da expressão "ao titular incumbe". Há um novo descompasso entre a função do titular e a sua participação, nem

---

[144] Para Bruno Bioni (2022, p. 242), *accountability* é um "conceito relacional pelo qual quem é detentor de um poder deve prestar contas a quem pode por ele ser impactado".
[145] Humberto Ávila (2019, p. 19) explica ser condição essencial ao Estado do Direito que o Direito seja conhecido, compreendido, estável, não contraditório, prospectivo e efetivo. Assim, ao trabalhar a teoria da segurança jurídica, o autor observa que a clareza quanto ao conteúdo do Direito integra a dimensão estática da segurança jurídica, ou seja, é a dimensão pela qual há segurança frente ao Direito e obtida através dele (Ávila, 2021, p. 309). No Capítulo 3, retoma-se essa abordagem que une a transparência à segurança jurídica.

sempre tão responsável frente aos seus próprios dados. Seria desproporcional esperar que o titular haja de acordo com a boa-fé frente aos agentes de tratamento? Que ele adote medidas de segurança que lhe são acessíveis ou que dele seja exigida transparência na condução de suas escolhas sobre o tratamento de dados?[146]

O fato é que a compreensão sobre o que seja transparência no ordenamento jurídico tem participação nessa equação e não diz tanto respeito a como o titular é vulnerável ou não.

Ao titular de dados não se aplica o princípio da transparência, pois o intuito da norma de proteção de dados, a ideia que se entrega ao titular, é justamente que ele caminhe no contrafluxo da exposição ativa ou passiva, a menos que isso seja estritamente necessário ou que decorra na forma e na medida da lei. Contudo, se considerado que a transparência também integra a obrigação do titular ou de seus herdeiros em comunicar, por exemplo, um incidente pessoal de vazamento de dados em um *hardware* pessoal usado em home office, questões sobre o potencial lesivo receberão atenções, tanto em torno dos estudos sobre a tutela do corpo jurídico e paradoxos da desproteção do usuário nas plataformas digitais,[147] quanto sobre o descumprimento de uma regra de boa prática por parte do empregador ou servidor público. Haveria, nesses casos, uma possível inversão sobre o feixe de análise da transparência do agente de tratamento de dados em direção ao titular de dados? A resposta parece ser positiva.

Percebe-se que há pertinência nas perguntas se o conceito de conduta transparente pode ou não ser ampliado a quem se destina à regra principiológica do inciso VI do artigo 6º. Também no caso de a conduta transparente se limitar à aplicação da transparência nas hipóteses da LGPD sem que haja outros comprometimentos voluntários. Afinal, se a própria LGPD traz aberturas a outros diplomas legais, como se constata nas redações dos artigos 7º, inciso VI, 11, inciso II, letra "d", 23 *caput* e §§2º e 3º, 26 §1º, inciso I, 33 parágrafo único, 52, §§2º, 3º e 5º e do artigo 55-J, incisos XVII e XIX, talvez não tenha fechado

---

[146] Esses questionamentos poderiam ter cabimento teórico no item anterior deste capítulo. Nada obstante, a conduta responsável, sob o sentido do que se espera do outro, apenas se atribui a que tem competência de formular as regras, ou seja, aos agentes de tratamento, conforme determina o *caput* do artigo 50, da LGPD.

[147] Pietra Quinelato, Mariana Figueiredo e Lucas Gomes (2022, p. 554) argumentam que os riscos dos comportamentos contraditórios dos usuários de plataformas digitais por meio do compartilhamento irrestrito e indiferente dos seus dados pessoais pode decorrer tanto do desconhecimento das consequências expositivas ou dos benefícios que os usuários consideram vantajosos no compartilhamento irrestrito de dados pessoais.

os destinatários do artigo 6º, notadamente se o resultado final for a proteção dos dados pessoais de vários titulares e não apenas de um. Daí que a conduta transparente enquanto fundamento à formulação de regras de boa prática e de governança em privacidade implica deveres a todos os envolvidos no tratamento de dados pessoais, desde que não se contrarie nenhum direito ou garantia fundamental.[148] Da mesma forma, sendo o *caput* do artigo 50 da LGPD não taxativo quanto às competências materiais do formulador e diante da forte influência do princípio da prevenção, a conduta transparente teria aplicabilidade ampliada quanto aos seus destinatários.

A conduta transparente gira, pois, nessa dupla face e interfere na apreciação de regras de boas práticas e de governança em privacidade quando submetidas à análise de suficiência regulatória (ASR, tema do Capítulo 3). A transparência não é como um espelho, a refletir apenas ao externo e não o seu verso. Ela deve ser um cristal fino, barulhento ao toque e incolor, principalmente quando exposto à intensidade solar. Funciona como um propósito organizacional de transparência e clareza internos no uso dos dados e que, como consequência e não somente como causa, oferece uma atuação transparente aos titulares e autoridades.

Cada sujeito envolvido no fluxo de dados deve estar ciente da extensão da conduta transparente e da postura que deve assumir na organização. Ademais, diante do cenário de criação de regras de boas práticas pelo setor público, essa dupla face adquire especialidades na distinção entre transparência ativa e passiva em atenção à Lei nº 12.527, de 2011, a LAI[149] (Brasil, 2011e).

Considerando que a formulação de regras de boas práticas e de governança no setor público igualmente pode implicar a tomada

---

[148] Lembrando que aqui não se discute a ressalva quanto ao resguardo dos segredos comercial e industrial nos termos do artigo 6º, inciso VI, da LGPD (Brasil, 2018a).

[149] Desde a edição da LAI, o dever de transparência assume um prisma instrumental ao titular e procedimental ao controlador e operador públicos no direito de acesso à informação. Exemplifica-se. Aplica-se à LGPD a distinção constante no artigo 8º, da LAI, no sentido de ser a transparência ativa a divulgação de informações por iniciativa do próprio órgão público, diante de uma política de dados abertos (Cristóvam; Hahn, 2020, p. 2), independentemente de solicitação prévia do cidadão. Ou seja, poderia, em tese, a administração publicar relatórios quanto aos itens do artigo 9º, da LGPD, dos tratamentos de dados realizados em cumprimento à obrigação regulatória pelo controlador público, por força dos artigos 23 e 7º, inciso II, da LGPD. Da mesma forma, aplica-se também a ideia de transparência passiva no mesmo artigo 9º, da LGPD, que pode ser exercido pelo titular interessado, segundo os procedimentos previstos na LAI e no Decreto nº 7.724, de 16 de maio de 2012 (Brasil, 2012c). Ou seja, com a LGPD, os canais de transparência disponíveis aos titulares de dados pessoais foram reforçados.

de decisões nessa seara, será ainda aplicável o reforço do artigo 20, da Lei de Introdução das Normas de Direito Brasileiras (LINDB) (Brasil, 1942), que impede decisões[150] com base em valores jurídicos abstratos (subjetividades e arbitrariedades) e retira o âmbito valorativo do administrador (Justen Filho, 2018, p. 27). Assim, a exigência de considerar as consequências práticas da decisão também é um fator de transparência. Isso se mostra de extrema valia no contexto das boas práticas, em que os formuladores precisam ser explícitos quanto às circunstâncias decisórias envolvidas no processamento dos dados.

No caso dos agentes de tratamento de direito público, a conduta transparente aplica-se inclusive à ANPD, tendo em vista que o artigo 50 recomenda que a Autoridade formule suas próprias regras de boas práticas, enquanto agente de tratamento dos dados pessoais internos sobre os quais realizar tratamento.[151] Aqui, o princípio da publicidade não deve conflitar com o princípio da transparência e a interpretação do administrador será restrita e vinculada ao artigo 23 da LGPD.[152] Desse modo, a transparência englobaria, por exemplo, o dever de documentação (Genannt Döhmann, 2020, p. 24) das ações públicas para permitir a verificação por quem de direito.[153]

Por fim, cabe mencionar que eventual opacidade de uma tecnologia não se coaduna com a transparência. Sendo assim, os modelos

---

[150] No *due process of lawmaking* regulatório, a aplicação da transparência implica um dever de motivação. Isso significa que se a lei obrigar o administrador a expor as razões fáticas e jurídicas, os elementos formadores do ato administrativo normativo, está, na verdade, exigindo que ele haja com transparência no devido processo normativo, o que não se confunde com a motivação do ato administrativo decisório. Ao primeiro direito, denomina-se o direito constitucional a um devido procedimento na elaboração normativa (Barcellos, 2020, p. 78, 135).

[151] A Portaria da ANPD nº 16, de 08 de julho de 2021, aprovou o processo de regulamentação no âmbito da autoridade e referiu a transparência da atuação e o fortalecimento da participação social como diretrizes dos seus processos (artigo 3º, incisos V e VIII). Na modalidade de transparência ativa, determinou a disponibilização pela internet de informações relativas às participações em consulta e em audiência públicas no artigo 24 (Brasil, 2021c). Mesmo assim, regras de boas práticas poderia ampliar tais ações. Por exemplo, poderia prever a disponibilização de relatórios com os dados da Ouvidoria, a forma como são tratados os dados pessoais dos seus servidores e prestadores, quais cláusulas adota em seus contratos, se há ou não utilização de inteligência artificial no processamento de suas informações.

[152] A LGPD estabelece no artigo 23, §1º, que a ANPD poderá dispor sobre as formas de publicidade das operações de tratamento, o que deve ser conduzido pela matriz da transparência (Brasil, 2018a).

[153] Segundo a LGPD, em seu artigo 40, a ANPD poderá dispor sobre padrões de interoperabilidade para fins de portabilidade, livre acesso aos dados e segurança, assim como sobre o tempo de guarda dos seus registros internos.

e os parâmetros de inteligência artificial (IA) utilizados pelos agentes de tratamento e pela Autoridade estão atrelados ao princípio da explicabilidade[154] (União Europeia, 2019b, p. 14-21) e ao fornecimento de informações sobre o seu uso no tratamento de dados pessoais.

1.5 Síntese conclusiva: o artigo 50 como propulsor da cultura de proteção de dados pessoais na LGPD

As mudanças tecnológicas com impacto direto no mercado e na sociedade foram aceleradas pela globalização, de tal forma que o Direito se transpôs à estatalidade. Elas reverberam movimentos externos que pressionam a aceitação de fenômenos jurídicos de construção da norma descentralizada do Estado (Ladeur; Viellechner, 2022, p. 113) e o despertar na comunidade internacional,[155] da importância na formação de uma auto-organização normativa, com transferência ou compartilhamento de poder estatal. O Estado reduz a centralidade na referência de criação e de validação das normas, dando espaço ao aumento, aperfeiçoamento e diversificação dos espectros da participação.

A aplicação de instrumentos jurídicos diversificados permite o acompanhamento normativo jurídico aos impactos da tecnologia e da globalização nas relações humanas e nas relações do Estado com a sociedade com vistas à aplicação de direitos fundamentais. O direito à proteção de dados pessoais surge como um direito líder dos direitos humanos, capaz de impor limites às ações públicas e às privadas,

---

[154] A União Europeia editou diretrizes éticas ao emprego de uma inteligência artificial de confiança desenvolvidas por um grupo independente de peritos de alto nível no tema, o *High-Level Expert Group on Artificial Intelligence* (AI HLEG). O relatório apresenta orientações éticas para a aplicação da IA entre os quais o princípio da explicabilidade (*principle of explicability*), que consiste na abertura, tanto quanto possível, das capacidades e a finalidade dos sistemas de IA àqueles que são por elas afetados de forma direta e indireta. O relatório explica ainda que mesmo os algoritmos desconhecidos podem contar com medidas da explicabilidade, como a rastreabilidade, a auditabilidade e as comunicações de capacidade sistêmicas. Por fim, o relatório explica que o grau de aplicação do princípio dependerá do contexto e das consequências em caso de erro (União Europeia, 2019, p. 19).

[155] Embora voltado ao campo do direito internacional, o estudo sobre o constitucionalismo global de Karl-Heinz Ladeur e Lars Viellechner (Ladeur; Viellechner, 2022, p. 109-173) aproxima-se em muito à análise que os instrumentos autorregulatórios adquirem na proteção de dados e da privacidade. Os autores analisam a expansão transnacional de direitos fundamentais estatais humanos e os processos de diversificação dos processos de interlegalidade no limiar entre o Direito Privado e do Direito Público por reflexões de diferentes autores em torno da ideia do Direito (ou de constitucionalização) sem Estado.

associar em uma mesma linha de redação normativa o ser humano, o papel e a inteligência artificial. Desafia os direitos fundamentais a resguardarem o futuro da sociedade de prejuízos à autodeterminação humana e à privacidade. Viu-se, por isso, no direito à proteção de dados pessoais, um espaço mais seguro e intermediador entre a permissão ao uso e a autonomia informativa dos seus titulares.

O legislador pátrio organizou as disposições que nacionalmente vigem sobre o tratamento de dados pessoais e, nesse exercício de competência constitucional ratificada com inclusão do inciso XXX no artigo 22, oportunizou aos agentes de tratamento (públicos e privados) que disciplinassem as suas próprias regras de boas práticas e de governança em privacidade. Ou seja, o legislador, após desenhar e redesenhar o artigo 50 em longos anos de discussão, oportuniza ao regulado instrumentos que autorregulem as suas condutas para que elas sejam por eles próprios regulamentados para posterior análise da Autoridade que tem como missão constitucional garantir (zelar) o direito fundamental à proteção de dados pessoais (art. 5º, inciso LXXIX, da CF).

Seria então o dispositivo um dos eixos centrais de expansão da cultura de proteção de dados pessoais nos ordenamentos jurídicos? Defende-se que sim. De um lado, porque os agentes de tratamento têm maior conhecimento sobre suas atividades, falhar, lacunas internas em sua estrutura e são reais conhecedores de quais os benefícios ou necessidades envolvidas no uso dos dados pessoais. Por outro, o Estado, presente por três frentes de separação constitucional de poderes, oferece os sistemas constitucional e infraconstitucional que assegure aos dados pessoais, as estruturas de aplicação, execução das normas e de forma de interlocução entre os diferentes interesses envolvidos, além do controle e supervisão com vistas à estabilização e à confiança nas relações jurídicas envolvidas.

Demonstrou-se, no primeiro ponto, que a participação permite uma intervenção mais alinhada do Estado aos interesses e necessidades da sociedade. Revela uma resposta concreta, positiva e construtiva no âmbito do direito administrativo e do direito regulatório e funciona como uma porta de ingresso constitucional e regulada à autorregulação, seguindo a tendência mundial de outras iniciativas normativas em proteção de dados. O autorregular na LGPD não equivale à ausência do Estado, mas sim ao protagonismo dos regulados em espaços abertos pelo legislador. É como o regulado se manifesta na prática no ambiente regulatório e como apresenta ao regulador a sua leitura da lei, resguardando suas atividades e sua permanência no tratamento de dados a partir dos parâmetros delineados pelo legislador. Defendeu-se, por isso, a autorregulação a partir de duas condutas: a responsável e a transparente, eixos de centralidade do autorregulador da Lei nº 13.709.

O percurso desbravador da participação habilitou o acesso às funções e às decisões do Estado mesmo antes do advento da tecnologia. Logo, a tecnologia foi um impulsionador[156] e não a causa da participação dos indivíduos na vida pública, de modo que se a participação não existisse, as aberturas e os acessos às funções estatais não seriam possíveis.

Contudo, como demonstrado neste capítulo, a participação, justamente por ser humana, é imperfeita, adjetivação não aceita na tutela dos dados pessoais que almeja ser implacável. Assim, à participação foram combinadas duas condutas mínimas ao formulador de boas práticas: a responsabilidade e a transparência. Uma porque impõe uma cultura preservacionista e a outra porque a executa com clareza e lealdade.

Argumentou-se a essencialidade da participação no direito administrativo, bem como foram apresentados os fundamentos que balizam a elaboração das regras de boas práticas na LGPD. Investigou-se quais elementos justificam o convite do ordenamento jurídico dos próprios destinatários das regras à formulação de outras obrigações que especifiquem e prestem contas sobre suas condutas frente à lei.

Para chegar a uma resposta, seria imprescindível analisar os eventos fáticos que tangenciaram a edição da LGPD, bem como os fundamentos jurídicos vinculados a esse momento. Para isso, foram destinados dois subcapítulos: um ao estudo dos elementos históricos e principiológicos que informaram (informam) a regulação na privacidade e na proteção de dados pessoais e outro destinado à investigação dos debates legislativos travados no Brasil a partir da década de 1970 em resposta aos debates em torno do uso computador no serviço público iniciado em 1958 no país.

---

[156] Parte-se da lógica de que a tecnologia oportunizou uma expansão da participação, isto é, foi propulsora em termos de tempo e velocidade (instantaneidade). Não se trata de uma visão acrítica ou apenas otimista da tecnologia, mas de sim de identificação das oportunidades que, desde a década de 1960, são debatidas pela visão de uma sociedade da informação que sucede à pós-industrialização na linha descrita por Yoneji Masuda na chamada "computopia". Para o autor japonês, os 'utilitários' da informação permitiriam, de um modo inacreditável, que todos estivessem a par das informações, resolvessem problemas e criassem suas próprias oportunidades, desde que estivessem simplesmente conectados (Masuda, 1980, p. 114 *apud* Rankin, 1984, p. 346).

Foi também na participação que se identificou a responsividade como uma equivalência do agir estatal mais receptivo. Participação e responsividade integram faces de uma mesma moeda no direito administrativo contemporâneo. De um lado, estão aqueles que por diferentes formas e razões interagem com o Estado e dele participam. Na outra face, está o Estado e como ele deve receber e reagir a essas interações sob o ponto de vista da finalidade e da repercussão na sociedade. Essa integração será analisada no Capítulo 3.

De pronto, observa-se desde já que a responsividade é uma postura do Estado frente ao regulado, àqueles que se relacionam ou estão vinculados às formas de manifestação de poder e de exercício das competências estatais. Por isso, a responsividade traz a reflexão essencial quanto ao impacto do agir estatal reflete no agir da coletividade.

Diogo de Figueiredo Moreira Neto (2008, p. 34-35) explica que a cultura é formada a partir de padrões de comportamento humano imitáveis, os quais se reproduzem e viram costumes. Esses são capazes de oferecer um legado que lida com as questões de convivencialidade com novas formas normativas. Somente por serem ações em escala, pela repetição, pelo hábito como ferramenta, é que uma norma, limitadora de padrões mais comuns, será capaz de imprimir a cultura.

A mudança cultural é, assim, a maior conquista que se poderia almejar em matéria de proteção de dados pessoais. É pelo engajamento voluntário despertado pelo benefício e atendimento do interesse de cada indivíduo (ou grupo) que se constrói um cenário público de melhor utilização e aproveitamento de dados. A participação pública não se refere, nesse sentido, a uma agenda, a um cumprimento constitucional normativo. É eixo da engrenagem de funcionamento da sociedade e se traduz como uma justificativa direcional e finalística.

A proteção de dados pessoais, uma vez incorporada à cultura dos indivíduos, trará a previsibilidade e a segurança que o tema tanto persegue. Daí porque a LGPD enfatiza a necessidade de promoção de ações educativas, de providências que divulguem o direito na coletividade. Além de esforço e dedicação, a formação dessa cultura demandará tempo.

Por certo que as reflexões desde o percurso legislativo até a publicação da LGPD, os avanços já alcançados repercutiram e já instigaram movimentações culturais na matéria em proteção de dados. Todavia, a LGPD teve uma chegada tardia no Brasil. Cabe, pois, observarmos com preocupação o extenso trabalho que a Lei tem a executar e fazer uso dos instrumentos regulatórios mais abrangentes a esse propósito.

Como defendido neste capítulo, parte da experiência regulatória demonstra que o envolvimento dos destinatários das normas em ações regulatórias com o compartilhamento de responsabilidades, como é hipótese observada no artigo 50, da LGPD, é uma ferramenta poderosa à expansão e à disseminação da matéria entre as múltiplas camadas envolvidas na execução de uma lei. Ou seja, na medida em que o Estado convida os envolvidos a formularem regras que lhe permitirão cumprir a lei, reduz-se o distanciamento da matéria pela proximidade fática que só a realidade pode oferecer. A autorregulação funciona como enxame que consome a norma e produz a prática.

Sendo a participação o primeiro fundamento da autorregulação, nos próximos capítulos avança-se em direção aos fundamentos subsequentes: a precaução-prevenção e o controle.

Prossegue-se, portanto, ao Capítulo 2, no qual serão aprofundadas as distinções conceituais envolvidas no artigo 50 da LGPD, com a respectiva análise quanto à abrangência material e principiológica, aos sujeitos envolvidos, aos termos, às distinções entre os instrumentos autorregulatórios do dispositivo, aos aspectos positivos e negativos a serem considerados pelos agentes de tratamento.

CAPÍTULO 2

CONCEITOS APLICÁVEIS À ESTRUTURAÇÃO DAS REGRAS DE BOAS PRÁTICAS E DE GOVERNANÇA EM PRIVACIDADE NA LGPD

As regras de boas práticas constavam desde o anteprojeto da LGPD levado à consulta pública em novembro de 2010. Apesar dos diferentes modelos jurídicos, a presença do instituto sempre foi inquestionável.

Os legisladores brasileiros consideraram as diretrizes da OECD de 1980, atualizadas em 2013, de que as leis nacionais em matéria de proteção de dados pessoais deveriam estimular os responsáveis pelo tratamento de dados à autorregulamentação, com ênfase nos princípios da responsabilidade, da transparência e da prevenção. Essas recomendações foram elaboradas por especialistas em privacidade e proteção de dados pessoais, aliando experiências regulatórias norte-americanas e europeias,[157] deixando a cargo das leis nacionais traçarem

---

[157] Registra-se o desenvolvimento histórico sobre o direito à proteção de dados pessoais e o direito à privacidade como marcos às nuances termológicas no âmbito regulatório. Segundo essa perspectiva e pela investigação legislativa, tanto a matriz europeia voltada ao direito de proteção de dados pessoais quanto as raízes norte-americana sobre o direito à privacidade tiveram marcas na construção da lei nacional brasileira. Além disso, as formulações regulatórias tiveram início nos Estados Unidos, o que se associou-se a uma inspiração na legislação europeia (Doneda, 2020, p. 5). Assim, no Capítulo 1, apresentou-se um panorama conjunto sobre essas abordagens regulatórias tanto a partir do artigo de 1890 de Warren e Brandeis quanto da decisão de 1983 do Censo Alemão. Sobre este último tema, bem como sobre a origem, o conceito e as referências da jurisprudência alemã sobre a autodeterminação informativa, a liberdade geral de ação, o direito da personalidade e o âmbito do direito fundamental à proteção de dados pessoais para além da autodeterminação, sugere-se: Doneda; Mendes; Sarlet, 2022, p. 11-96.

modelos que melhor representassem essa diretriz em cada ordenamento jurídico.

Durante o processo legislativo da LGPD, não havia uniformidade quanto à compreensão do tema, de qual posicionamento deveria a futura lei adotar quanto à natureza jurídica das regras de boas práticas e a quem caberia a função de controlá-las. Esse desalinhamento conceitual e cético quanto à segurança jurídica e à funcionalidade persistem. Entretanto, como enfrentado no Capítulo 3, diante de uma agenda regulatória da ANPD, projetos de lei posteriores à LGPD com mais institutos autorregulatórios, somado à prospecção em torno da ANPD como uma possível autoridade responsável no âmbito da IA, resulta em momento frutífero ao avançado da matéria na prática.

No campo acadêmico, há conceitos que trafegam em matéria regulatória e analisam o grau de participação do Estado. Há outros que aplicam as boas práticas como ações no campo deontológico e não avaliam a intervenção ou não do Estado em sua formulação, execução e controle. Há referenciais teóricos que identificam as boas práticas como um subelemento da boa-fé na perspectiva contratual. Desse modo, as distinções e as repercussões na LGPD integram o estudo sobre a matéria com discussões objeto deste e do Capítulo 3.

Às variações conceituais e teóricas, acrescenta-se o fato de que a economia global e a intensidade revolucionária da tecnologia expuseram as insuficiências estatais com repercussões sociais na autonomia privada a operarem a transferência de parcelas de responsabilidades do Estado ao particular (Hoffmann-Riem, 2022, p. 164). A transferência pauta-se na justificativa de que quanto maior o impacto de uma atividade, maior deve ser a sua responsabilidade de resguardo sobre os fatores de risco, independentemente de posterior possibilidade de reparo econômico-financeiro. Essa linha dialoga com a teoria da *triple bottom line*[158] no entendimento de balancear o benefício decorrente das atividades de acordo com os respectivos efeitos sobre a vida humana e o mundo (Elkington, 2018, p. 3).

A harmonização entre os benefícios, as obrigações de prevenção e as diferentes características setoriais que são atingidas pela LGPD depende de uma regulamentação flexível das disposições da lei, razão

---

[158] A teoria da *triple bottom line* ou linha de fundo triplo foi desenvolvida pelo sociólogo inglês John Elkington. O autor defende ser preciso examinar o impacto social, econômico e ambiental de iniciativas privadas lucrativas, isto é, perquirir a sustentabilidade das operações privadas e, a partir disso, definir as contraprestações dessas iniciativas (Elkington, 2018, p. 4).

pela qual abordaremos o princípio da prevenção como um eixo vetorial à estruturação das regras de boas práticas na sua acepção regulatória.[159] Isso porque, após quatro gerações de leis de proteção de dados que reforçaram uma postura procedimental, caminha-se para a ampliação da lógica *ex ante* de regulação com o uso secundário da lógica *ex post*, frente ao grau de incerteza quanto à operacionalização das leis que subsiste (Bioni, 2022, p. 223-224). Logo, prevenir é essencial, desde que seja possível tornar o princípio exequível aos seus destinatários obrigacionais.

Ocorre que a demonstração da efetividade das medidas de proteção é o ponto firme nas leis de quarta geração, as quais, uma vez descumpridas, implicam severas sanções aos agentes de tratamento, a ponto de paralisar suas atividades. Logo, a precaução e a prevenção encaixam-se nesse prisma como guias protetoras da responsabilidade, tendo em vista que o responsável se movimenta em zonas de incerteza sobre como operacionalizar a lógica da regulação *ex ante*. Na LGPD, há a ligação entre o princípio da responsabilidade à obrigação de prestação de contas no artigo 6º, inciso X, na determinação de êxito das medidas de segurança (Bioni, 2022, p. 224).

Não apenas as leis de proteção de dados pessoais passaram por transformações, mas principalmente as funções estatais para se adaptarem e se atualizarem aos interesses sociais. Logo, para se dar vida ao texto normativo, frente ao reconhecimento da impossibilidade operacional de manter no Estado a criação regulamentar e das funções de controle,[160] é também reconhecer a importância da participação dos envolvidos no processo de promoção da cultura responsável no uso dos dados pessoais.

Conquanto o direito à proteção de dados enfatize a individualidade do titular de dados com a exaltação à autodeterminação informativa, à

---

[159] O termo agentes de tratamento engloba o conceito de controlador e operador nos termos do artigo 5º, inciso IX, da LGPD (Brasil, 2018a).
[160] Essa impossibilidade também permite a abertura à visão do compartilhamento de responsabilidades na função regulatória, de controle pela sociedade civil, a possibilidade de associações buscarem a defesa, inclusive judicial, de direitos previstos em regramentos de dados pessoais. Destaca-se, ainda, a relevância da participação da sociedade civil nas consultas públicas realizadas em matéria regulatória, na forma do artigo 55-J, §2º da LGPD e do artigo 32, do Decreto nº 10.474, de 2020 (Brasil, 2018a, 2020e). No Brasil, tanto as associações de classe, quanto o Ministério Público, a Defensoria Pública, os entes federados e entidades da administração indireta têm legitimidade ativa para ajuizar ações que visem resguardar a proteção de dados com base na Lei nº 7.347, de 24 de julho de 1985, que disciplina a ação civil pública (Brasil, 1985). Possibilidade parecida observa-se no artigo 80, do RGPD (União Europeia, 2016).

liberdade de expressão, de informação, de comunicação e de opinião, ao livre desenvolvimento da personalidade, à dignidade e ao exercício da cidadania, a Lei assegura um balizamento pelo intérprete de que a lei nacional é um instrumento de racionalização e promoção do uso dos dados com vistas ao desenvolvimento econômico, tecnológico, à livre iniciativa e à concorrência, tendo em vista que é a reunião de todos esses fundamentos que formam a racionalidade do artigo 2º da LGPD[161] (Brasil, 2018a).

A utilização de dados pessoais tem amplo potencial ao desenvolvimento científico, tecnológico, econômico e social. E é por essa razão que os comandos legais e regulatórios voltados aos responsáveis pelo tratamento não podem representar uma inviabilidade em suas atividades. A Lei não veda que haja o uso dos dados de forma rentável, produtiva. A LGPD apenas impõe padrões para que isso ocorra com respaldo legal e com proteção à individualidade e privacidade do titular. Ou seja, a lei é uma resposta regulatória aos usuários de como é possível utilizar dados sem violar o direito fundamental da proteção de dados pessoais, serve como suporte aos responsáveis, o que os torna também sujeitos de direitos frente ao Estado.

Se a LGPD prevê a possibilidade de o regulado tornar-se seu próprio regulador, ela deve possibilitar o respectivo suporte através de parâmetros mínimos de atuação que permitam o exercício dessa faculdade com segurança jurídica. Nos termos do artigo 55-J, §2º da LGPD, a ANPD poderá editar regulamentos específicos nos casos previstos na lei nacional, tal como dispor sobre as condições ao reconhecimento das regras de boas práticas do artigo 50, os critérios mínimos de submissão à Autoridade, as fases e os efeitos do controle regulatório, além de estabelecer diretrizes de análise de conformidade dessas regras à LGPD. Desse modo, é oportuna a análise pelos operadores jurídicos quanto aos contornos do referido artigo.

Frisa-se: a publicação e a vigência da LGPD são tardias no ordenamento brasileiro. É natural haver um ambiente desafiador, lacunas interpretativas e uma extensa agenda regulatória a ser cumprida pela Autoridade Nacional. Por isso, trata-se de uma estruturação da autorregulação e da governança. Não há padrões edificados, por isso

---

[161] A leitura da primeira parte dos fundamentos do artigo 2º mencionados nesse parágrafo, quanto aos titulares de dados pessoais, deve ser associada aos objetivos do artigo 1º, da LGPD, quanto à proteção de direitos fundamentais de liberdade e de privacidade e ao livre desenvolvimento da personalidade da pessoa natural (Brasil, 2018a).

se deve arquitetar os institutos, verificar os propósitos e as aberturas às práticas frente à missão do direito fundamental à proteção de dados pessoais e da política pública regulatória na Lei nº 13.709, de 2018.

Neste capítulo, serão analisadas a estrutura das regras de boas práticas e das regras de governança previstas na LGPD, com exame das distinções conceituais, dos requisitos sob os aspectos formais, materiais e subjetivo, aspectos positivos e negativos, o autocontrole e a autogovernança.

Para traçar um panorama geral da Seção II do Capítulo VII, da LGPD, abaixo segue o organograma vertical em que se contextualiza tanto o presente Capítulo quanto os Capítulo 3 e 4.

A figura tem no ponto mais alto do organograma vertical a Constituição Federal como o ponto de partida à edição da LGPD. Na terceira camada, indica os Capítulos da lei de interação mais direta com o Capítulo VII, os quais sejam o Capítulo I (disposições preliminares), o Capítulo V (transferência internacional de dados), Capítulo VI (agentes de tratamento de dados pessoais) e, em um mesmo círculo de interação, os Capítulo VIII (fiscalização) e Capítulo IX (ANPD e CNPD). No desdobramento da Seção II, adota-se um organograma vertical e horizontal. Horizontal, ao indicar os dois dispositivos da Seção. Vertical, para primeiro aplicar os destinatários de cada dispositivo (agentes de tratamento e ANPD, respectivamente). Depois, com a referência dos instrumentos legais oferecidos pelo legislador (regras de boas práticas, regras de governança e padrões técnicos). E, por fim, diante da subdivisão específica prevista no §2º, inciso II, a identificação dos destinatários à demonstração de efetividade das regras de governança. Inclui-se, na quarta linha vertical, na mesma camada horizontal dos destinatários das regras de governança, os titulares, a quem se faculta o controle, nos termos do artigo 51, conforme se explicará neste capítulo.

Para o Capítulo 3, o organograma antecipa que a presença estatal na proteção de dados pessoais e, por consequência, nos institutos da Lei, seja pelos poderes, seja pela União, seja pela ANPD, desde a primeira linha até a fase de aplicação, devem seguir a matriz de tutela de um direito fundamental, a repercutir nos âmbitos nacional e internacional.

A clareza conceitual permitirá identificar o que são ou não regras de boas práticas, de modo a excluir aplicações disformes sobre o tema e a prevenir abordagens diminutas do artigo 50 por parte dos legitimados.

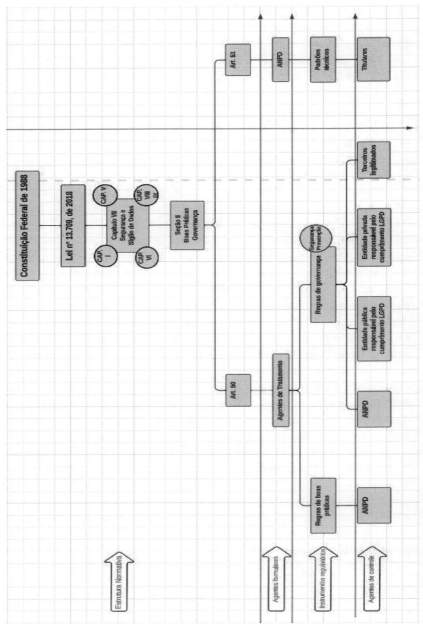

Figura 1 – Organograma estrutural normativo da autorregulação e da governança na LGPD

Fonte: elaborado pela autora.

2.1 A extensividade do princípio da prevenção

O ano de 2021 foi marcado por inúmeros episódios de ataques cibernéticos no Brasil (Pacete, 2021). Em 2024, um relatório apurou que o ano de 2023 foi 49% maior em bloqueios de ataques do que o ano de 2022 e chegou a cerca de 10 bilhões de ataques impedidos (Febraban, 2024). Órgãos governamentais, empresas de pequeno, médio e grande porte, plataformas digitais, instituições de ensino, organismos internacionais, um *smartphone* pessoal, todos estão sujeitos, uma vez conectados em bateria (mesmo off-line), a uma ameaça ou efetiva infecção via *malware, ransomware*[162] ou por discretos *bots* a serem acionados a qualquer momento. O crescimento de golpes cibernéticos cresceu 92% (Cunha, 2021) no Brasil, país que já ocupa o quarto lugar no ranking de nações que mais sofreram tentativas de invasões no mundo, ficando atrás somente dos Estados Unidos, da Alemanha e do Reino Unido (Labs, 2021).

Coincidência ou não, foi também em 2021 que a LGPD passou a ter vigência em todos os seus dispositivos. Os artigos 52, 53 e 54, que tratam sobre as sanções administrativas, passaram a vigorar em 1º de agosto, nos termos do artigo 65, inciso I-A da LGPD. E foi a partir da vigência das sanções, da estruturação da ANPD, que a lei como um todo recebeu substancial atenção dos envolvidos e dos pontos que ela objetiva ordenar (Brasil, 2018a).

Embora as notícias sejam correntes e os fatos demonstrem os riscos presentes no ambiente digital, ainda é incipiente a atuação preventiva. Seja por desconhecimento quanto aos instrumentos de organização interna e de segurança da informação, seja pela escassez de recursos financeiros e humanos, há uma espécie de descrença que o ataque ocorrerá até que ele efetivamente aconteça.

Neste livro defende-se a centralidade do art. 50, da LGPD, como um instrumento de expansão da cultura de proteção de dados pessoais no país, sendo por isso parte da racionalidade principiológica própria

---

[162] O termo *ransomware*, do inglês "*ransom*", significa resgate e é um "termo abrangente usado para descrever uma classe de malwares que serve para extorquir digitalmente as vítimas, fazendo-as pagar um preço específico" (Liska; Gallo, 2019, posição 225). O que difere um *ransomware* de um *malware* são os efeitos. No primeiro, os dados são criptografados e a chave de descodificação não é fornecida até que seja atendida alguma exigência do captador, geralmente econômica. Já o *malware* pode danificar ou desativar computadores e sistemas. Os autores explicam que não há um limite geográfico, ou de sistema operacional, ou de número de dispositivos e dividem em duas formas principais: a) quando os invasores criptografam, ofuscam ou impedem o acesso aos arquivos, e b) quando há restrição de acesso ou bloqueio de usuários dos sistemas (Liska; Gallo, 2019, posição 225-230).

deste dispositivo trazida pelo legislador incutir aos agentes envolvidos (agentes de tratamento, ANPD e outros agentes de controle[163]) a aplicação do artigo 6º, incisos VII e VIII no art. 50, §2º.

Em que pese não haja discussão que os dez princípios[164] do art. 6º se aplicam aos artigos 50 e 51 da LGPD, o art. 50, §2º, especialmente destaca dois como centrais às boas práticas e à governança. A segurança (inciso VII) endereçada à utilização de medidas técnicas e administrativas aptas a resguardar efetivamente os dados pessoais de incidentes e acessos indevidos e a prevenção (inciso VIII) dirigida à adoção de medidas impeditivas de danos.

No tratamento de dados pessoais remediar incidentes é viável. Recuperam-se sistemas, retomam-se processamentos, ou seja, é possível, mesmo com prejuízo, reparar os danos causados em incidentes ou irregularidades no âmbito organizacional. A diferença, no entanto, é que não há como recuperar a situação ao estado anterior, como se o dano não tivesse ocorrido. Haverá perdas de informações, de dados pessoais, descontinuidades de prestação de serviços e de produção, impactos financeiros, quebra de confiança do titular e do mercado em toda a cadeia envolvida no processo de uso e controle sobre esses dados.

Em março de 2022, a IBM lançou um relatório acerca da importância da formação de uma cultura organizacional diante do custo médio da violação de dados. O valor subiu, de forma recorde, para US$4,35 milhões em 2022. Esse número representa um aumento de 2,6% em relação ao ano de 2021 e um salto de 13% em relação a 2020 (IBM, 2022, p. 9). O relatório informa que 60% das organizações pesquisadas reconheceram repassar esses custos aos seus clientes com a aplicação de preços mais altos em produtos e serviços (IBM, 2022, p. 4). Isso significa que, mesmo que um ataque cibernético não seja de conhecimento público, o seu prejuízo será suportado por toda coletividade. Quanto mais caro um produto ou um serviço, menos acessíveis serão, maiores os espaços de desigualdade social e cultural.

Os relatórios enfatizam que a precaução e segurança são posturas inegociáveis aos agentes de tratamento, aos titulares e ao Estado em matéria de proteção de dados pessoais. Os incidentes de vazamentos de dados, os ataques cibernéticos, os abusos de sítio, as indisponibilidades por violações de segurança, as violações sem danos aparentes com

---

[163] Sobre essa divisão de agentes envolvidos remete-se o leitor aos pontos 2.3.3 e 2.4.2.
[164] Quanto ao princípio da transparência consultar o ponto 1.4.2, quanto ao princípio de responsabilização e prestação de contas o ponto 4.6.

perturbação aos titulares são apenas exemplos com causas múltiplas de falhas de segurança e de necessária incidência da LGPD. E mais. Há falhas de segurança que podem ocorrer inclusive por meios físicos de tratamento de dados quando, por exemplo, não se adotam medidas seguras e completas de descarte ou armazenamento de documentos em um departamento responsável por recursos humanos. Essas falhas podem ser menos identificáveis do que os próprios incidentes virtuais.

Ocorre que há questões de segurança, principalmente no ramo dos ataques cibernéticos e da criação de tecnologias, que não são sequer conhecidos. A cada período são desenvolvidas e patenteadas novas tecnologias. São identificadas novas variantes de riscos, são desenvolvidos novos instrumentos de ataque e assim por diante. É um ciclo sem previsão de encerramento.

A questão é que mesmo se cogitarmos que há certezas científicas sobre determinados aspectos no campo da proteção de dados, cibernética, segurança de informação, haverá ainda elementos insuficientes para a tomada de decisões que causem repercussões no futuro. Ao analisar as relações entre o Direito, o tempo e a tecnologia, Ricardo Campos (2022, p. 124), entre outros pontos, afirma que a sociedade moderna vive um aumento do espaço das possibilidades (*Möglichkeitsraum*), o que gera um "problema de como lidar com certezas ou certas incertezas". O doutrinador explica que as categorias de tempo, estrutura, expectativa mostram uma extrema abertura ao futuro,[165] o que não torna possível criarmos expectativas de que as experiências acumuladas socialmente possam fornecer pistas seguras para as decisões que tenham consequências projetadas ao futuro.

Além do embate constante entre tecnologias que lutam pela proteção e resguardo e outras que visam ameaçar e violar, há movimentos focados em técnicas de aprimoramento das formas de tratamento. É imperativo que a proteção de dados acompanhe movimentos em diferentes níveis de conhecimento.

Isso significa dizer que, em matéria de proteção de dados pessoais, haverá sempre incontáveis variantes, mesmo se for considerado um nicho específico. Haverá riscos conhecidos e outros, não. O que mediará essas variáveis será a relação existente entre o responsável pelo dado

---

[165] Assim explica Ricardo Campos (2022, p. 122): "O fato de que o futuro esteja à disposição na sociedade moderna nada diz sobre sua forma de lidar com ele. O tempo em si não pode ser fixado, mas a sociedade por sua vez cria estruturas ou formas de estruturas (de expectativa) para lidar com um futuro aberto".

(agente de tratamento ou titular) e a possibilidade de associar essa relação a eventos subsequentes futuros. Por isso, é o momento entre a tomada de decisão (pessoal, econômica, política, jurídica, científica, financeira, administrativa) e a respectiva consequência sobre o dado que será capaz de causar o dano ou não. Vale dizer: o princípio da prevenção incide em cada momento da tomada de decisão do responsável pela posse (não pelo uso) do dado.

Nas atividades públicas ou nas privadas, o desafio é observar quais relações jurídicas demandarão respostas precaucionistas, sob pena de esvaziar-se a própria ação. No caso da ação regulamentar, na qual o Estado visa criar uma regra que impeça a ocorrência do dano, o dever de precaução considera a natureza jurídica do direito a ser tutelado. Logo, o agir do Estado precisa ser proativo e preventivo no controle dos riscos na disciplina de proteção de dados pessoais (Menke; Goulart, 2020, p. 348).

O artigo 6º, inciso VIII da LGPD, conceitua o princípio da prevenção como "medidas contra a ocorrência de danos em virtude do tratamento de dados pessoais", e carrega o princípio com um conteúdo obrigacional dinâmico desde o nascimento até o cumprimento (Couto e Silva, 2017, p. 43). Nesse sentido, o legislador estabelece a adoção de medidas de segurança aptas a proteger os dados pessoais de qualquer situação não acolhida pela lei (artigos 46 e 49), bem como o dever de garantir a segurança da informação (artigo 47), impondo aos agentes de tratamento a obrigação de considerar a mera probabilidade de risco ao dano para elaborar regras de boas práticas sobre normas de segurança (artigo 50, §§1º e 2º) (Brasil, 2018a).

Especificamente, percebe-se que a prevenção aplicada às regras de boas práticas recebeu do legislador um conteúdo obrigacional mais elastecido do que o do princípio da prevenção estabelecido no artigo 6º da LGPD. O artigo 50, dividido entre as regras de boas práticas e os programas de governança em privacidade, faz uma distinção nesse sentido. No *caput* e no parágrafo primeiro, o legislador não utiliza a expressão "dano", apenas o risco desse dano ("probabilidade e a gravidade dos riscos"). Logo, estabelece que é o risco de dano que deverá pautar a atuação dos agentes de tratamento nessa mitigação, na probabilidade e gravidade dos riscos. Já no parágrafo segundo, faz a menção expressa ao dano ("probabilidade e a gravidade dos danos") e ao inciso VIII do artigo 6º, retomando a lógica preventiva.

Quadro 3 – Aplicação principiológica no dano *versus* risco de dano na LGPD

PRINCÍPIO DA PREVENÇÃO DE DANOS	PRINCÍPIO DA PRECAUÇÃO QUANTO AOS RISCOS DE DANOS
Artigo 6º. VIII - prevenção: adoção de medidas para *prevenir a ocorrência de danos* em virtude do tratamento de dados pessoais; Artigo 50. (...) §2º Na aplicação dos princípios indicados nos incisos VII e VIII do *caput* do art. 6º desta Lei, o controlador, observados a estrutura, a escala e o volume de suas operações, bem como a sensibilidade dos dados tratados e a *probabilidade e a gravidade dos danos* para os titulares dos dados, poderá: (...)	Artigo 50. (...) §1º Ao estabelecer regras de boas práticas, o controlador e o operador levarão em consideração, em relação ao tratamento e aos dados, a natureza, o escopo, a finalidade e a *probabilidade e a gravidade dos riscos* e dos benefícios decorrentes de tratamento de dados do titular.

Fonte: elaborado pela autora.

Se o legislador substituísse o termo *risco* do *caput* e do parágrafo primeiro por *danos*, não se afastaria a aplicação do princípio da prevenção. Primeiro, porque está implícito que o *risco* referido é o *risco de dano*. É como se a expressão dano estivesse apenas oculta, mas não ausente. Segundo, porque essa mesma substituição prejudicaria a missão das regras de boas práticas que está no comprometimento voluntário dos agentes de tratamento pela melhor aplicação das determinações legais, o que inclui o artigo 6º, inciso VIII. Consequentemente, implica estar um passo à frente da prevenção.

O dever de prevenção quanto ao dano pode tanto ser aquele que reconhece os riscos que visa proteger, quanto aquele que reconhece a impossibilidade de fazê-lo diante da incerteza quanto aos eventos que podem expor o direito protegido. Logo, quando a LGPD insere o risco no artigo 50 e determina que os agentes de tratamento demonstrem efetividade, mesmo frente a uma probabilidade do risco (de dano), inserta-se a avaliação na tipologia do risco, e não do dano. No entanto, há substancial crítica na aplicação do princípio da precaução em funções regulatórias no âmbito do direito administrativo, o que atinge, por derradeiro, a sua aplicação ao artigo 50 da LGPD.

Cass Sunstein (2012,[166] p. 67) desenvolve críticas à aplicação do princípio da precaução no direito regulatório e sustenta uma forte

---

[166] Em que pese se tenha adotado como referência o artigo publicado em revista de circulação nacional de 2012, o estudo foi desenvolvido a partir de estudos iniciados em 2002

mitigação do seu conteúdo, sob pena de uma inoperatividade das políticas e das funções regulatórias. As críticas desenvolvidas por Cass Sunstein (2012, p. 11-71) se dão basicamente pelos seguintes fundamentos: a) o princípio da precaução causa um efeito paralisante na regulação; b) trata-se de medida não útil, que age de forma indiferente quanto aos graus de probabilidade (riscos pouco prováveis) e aos efeitos sistêmicos, pois foca em um problema singular e não nas consequências integrais de um risco; c) é princípio não racional e decorre da aversão à perda, criando extremos improdutivos em termos de resolução de questões que desconsideram a possibilidade de ganhos nos riscos; d) trabalha sob uma falsa sensação de que de o princípio seria funcional por criar mecanismos cognitivos identificáveis dos riscos, logo não se suprem a incerteza, a instabilidade e a insegurança jurídica tanto ao Estado regulador, quanto ao regulado e à coletividade.

O autor, contudo, questiona até que ponto justifica-se o investimento regulatório sobre um risco que tem uma chance ínfima de ocorrer ou inclusive a riscos desconhecidos que, ao se tornarem factíveis, tenham um custo de reparação inferior ao investimento operado na sua descoberta. Essas perguntas do autor não se debruçam apenas quanto ao investimento dos atores regulatórios, mas principalmente ao desvio de atenção que isso acarreta quanto aos riscos já conhecidos, os quais podem ser negligenciados pela concentração de esforços na precaução (Sunstein, 2012, p. 17). Cass Sunstein (2012, p. 70), embora refute visões teóricas de rejeição completa do princípio da precaução, sugere uma abordagem distributiva de ônus entre sujeitos envolvidos nas políticas regulatórias no âmbito global, além da consideração das limitações cognitivas.

Ainda que a crítica de Cass Sunstein esteja direcionada ao direito regulatório ambiental, assim como é a doutrina a seguir desenvolvida, no caso da LGPD, o princípio da precaução tem fortes contrapontos

---

(Sunstein, 2005, p. xi) e que resultaram na obra publicada em 2005 com o título "*Laws of Fear: beyond the Precautionary Principle*". Em apertada síntese, além dos pontos expostos ao longo da obra, o autor argumenta que os riscos são muito diferentes e grande parte deles decorrem de influências sociais e pressões por pares que apenas acentuam medos (as *leis do medo* ou *laws of fear*). Como alternativa, o Cass Sunstein sugere três passos, quais sejam: a aplicação de um princípio de governabilidade do medo ou anticatástrofe (*managing fear*) projetado para os riscos mais graves; outro viés de atenção aos custos e aos benefícios (*costs and benefit*); e terceiro passo à abordagem "paternalista liberal" (*libertarian paternalism*), projetada para respeitar a liberdade de escolha (*fear and liberty*) e, ao mesmo tempo, mover as pessoas em direções que farão suas vidas melhorarem (Sunstein, 2005, p. 5-9).

em seu favor por guardar mais racionalidade à promoção do objetivo regulatório na proteção dos dados pessoais.

Na doutrina nacional,[167] não se identifica (ainda) resistência à aplicação do princípio da precaução à proteção de dados pessoais, tampouco impedimento pelo texto legal da LGPD diante da abertura dialógica do artigo 64.[168] O princípio já foi aplicado na sugestão de fixação de limites na pesquisa genoma humano frente ao direito à privacidade (Ruaro, 2015). Foi adotado na análise de aspectos da regulação da inteligência artificial (IA) e da proteção de dados, tendo em vista a abordagem regulatória pelo pressuposto da incerteza e da complexidade sobre a IA,[169] das limitações do conhecimento científico e do entendimento de que os métodos de regulação baseados no risco (*risk assessment, risk managment* e análises de custo-benefício) não são suficientes a esse grau de desconhecimento envolvido (Bioni; Luciano, 2019, RB11-2). Também foi associado ao princípio de prestação de contas (*accountability*) frente à predominância da regulação *ex ante* na proteção de dados pessoais (Bioni, 2022, p. 224).

O estudo da precaução verifica a tipologia do risco. Considera que este pode ser certo ou incerto. Pelo risco certo, é possível identificá-lo, pois os riscos são conhecidos, o que permite a prevenção. Já o risco incerto é desconhecido, seja porque está vinculado a um tempo futuro (incerto, incalculável), seja por uma inviabilidade técnica atual, o que convoca a aplicação do princípio da precaução, enquanto uma espécie

---

[167] Na doutrina estrangeira, também há entendimentos pela aplicação da precaução à proteção de dados e às leis de privacidade. Selecionamos três com diferentes abordagens do mesmo princípio. O estudo de Adam Thierer (2014) defende que a lei e as regulamentações não são tão eficientes quanto uma devida atenção ao princípio da precaução, a qual atua focada na lógica prática "de baixo para cima" por meio de soluções educacionais, empoderamento dos cidadãos, pressão pública e midiática, normas de conduta e códigos de ética, autorregulação da indústria, fixação de regras de boas práticas, no aprimoramento do papel da sociedade e dos profissionais de privacidade dentro das organizações. Luiz Costa (2012), na defesa de que, embora a legislação europeia estabeleça o princípio da precaução no âmbito ambiental e de saúde humana, o princípio está em pontos caros à proteção de dados (prudência, transparência, responsabilidade e tomada de decisão) e que se associam ao *privacy impact assessment* desde a vigência do então artigo 20, da Diretiva nº 95/46/CE, e da obrigação de um controle prévio das operações no caso das aplicações de identificação por radiofrequência. Raphaël Gellert (2015) identifica que a proteção de dados é um marco na regulação de riscos e nisso reside a importância da precaução a demandar ampla demonstração das medidas legais pelos responsáveis do tratamento.

[168] Artigo 64. Os direitos e princípios expressos nesta Lei não excluem outros previstos no ordenamento jurídico pátrio relacionados à matéria ou nos tratados internacionais em que a República Federativa do Brasil seja parte (Brasil, 2018a).

[169] Os autores explicam que a incerteza pode ser tanto indeterminação quanto às causalidades, ambiguidade ou ignorância sobre o determinado conhecimento (*unknow unknowns*) (Bioni; Luciano, 2019, RB11-2).

qualificada ou mais desenvolvida do princípio da prevenção (Sarlet; Fensterseifer, 2017, p. 368).

A diferença guarda importância em ramos jurídicos como os do direito ambiental e do direito do consumidor, porque resguardam direitos difusos.[170] Na verdade, o meio ambiente e o direito à proteção de dados, essenciais à dignidade da pessoa humana, são direitos constitucionais umbilicalmente relacionados ao direito à vida, a tornar mais próxima a vinculação ao direito à privacidade. Um dos principais referenciais teóricos do direito norte-americano descortina o direito à privacidade a partir do direito à vida, no sentido de que o direito à vida deve incluir o poder de o indivíduo assim poder usufruí-la, de estar e ser deixado só (Warren; Brandeis, 1890, p. 193). Isso faz ter mais valor no século XXI do que já tinha no final do século XIX.

Nesse mesmo passo de intercomunicação dos direitos fundamentais, Cíntia Teresinha Burhalde Mua (2020, p. 47-65) analisa a aplicação do princípio da precaução em diferentes dispositivos da LGPD. Ela analisa o quanto esse princípio fortalece os objetivos do artigo 1º e dialoga com os fundamentos previstos no artigo 2º da Lei. É a precaução como reforço da auditabilidade dos parâmetros da licitude do tratamento de dados e da qualificação das ferramentas de monitoramento, da classificação e da gestão de riscos, notadamente quando a lei não faz referência à certeza científica do risco e sim à sua probabilidade, tal como o artigo 50, §1º da LGPD (Mua, 2020, p. 59).

Não é, pois, indevida a análise de princípios não expressos diretamente na LGPD, quando eles puderem oferecer ao operador jurídico ferramentas que preservam o bem jurídico tutelado pela norma por seus preceitos. O conceito de um princípio não está atrelado a uma área específica do Direito, pois ele carrega seus elementos conceituais. Dito de outra forma, se o princípio da precaução visa proteger o meio ambiente, o direito à vida, a segurança de um consumidor, seus elementos conceituais podem se conectar à proteção de outros bens jurídicos relevantes no ordenamento.

Humberto Ávila defende que as regras podem ser dissociadas dos princípios quanto ao modo como elas contribuem à decisão e de acordo com a carga obrigacional a elas inerentes. Os princípios

---

[170] Caio Tácito explica que a partir do momento em que os direitos humanos tiveram seus âmbitos ampliados e passaram a abranger não apenas os direitos pertinentes a uma ou mais pessoas determinadas, ou direitos coletivos de categorias específicas, mas sim a interesses de grupos integrados por uma pluralidade de pessoas indeterminadas, nos vários segmentos sociais que pertencem, enquanto um bem coletivo, foi consagrada a qualificação de um direito difuso (Tácito, 1984, p. 11).

consistem em normas primariamente complementares (Ávila, 2005, p. 68), e entregam ao operador apenas parte dos aspectos relevantes para a tomada de decisão. Desta forma, a "aplicação de um princípio não objetiva gerar uma solução específica" (Ávila, 2005, p. 68), antes contribuir, ao lado de outras razões, na decisão do caso concreto.

O princípio da precaução se originou com o intuito de proteção ambiental na década de 1970 na Alemanha e desde então, mesmo na doutrina ambiental, o seu significado não é uníssono. Paulo Leme Machado[171] (2011, p. 75-95) recupera a origem do princípio da precaução (*Vorsorgeprinzip*) do direito alemão, e caracteriza o princípio da precaução por vértices, os quais dividiremos em três grupos abaixo examinados.

Figura 2 – Os nove vértices do percurso do princípio da precaução

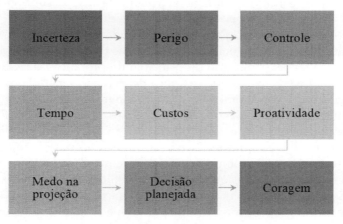

Fonte: elaborado pela autora com base em Paulo Leme Machado (2011, p. 75-95).

---

[171] Nesse ponto, o objetivo do estudo do princípio da precaução e as discussões em torno de seus conceitos nos direitos ambiental e internacional foram trazidos à luz do direito administrativo contemporâneo. O objetivo é a análise do conceito apenas para que este dialogue com a proteção de dados pessoais. Para tanto, buscou-se doutrina nacional que fosse referencial em direito ambiental, que igualmente contasse com estudos e obra em direito administrativo e tivesse uma compreensão quanto à lógica de criação de políticas públicas, pontos essenciais ao estudo conjugado e dialógico com a LGPD. Por isso, a linha de Paulo Affonso Leme Machado tem destaque e resguardo pela sua coautoria no projeto de lei que criou a Política Nacional do Meio Ambiente. Importante observar, por fim, que o princípio da precaução aliado à proteção de dados também foi tema de artigo de Bruno Bioni e Maria Luciano, publicado em 2019, no qual os autores explicam o conceito desse princípio a partir da doutrina estrangeira de David Resnik, filósofo e bioeticista americano, ao qual igualmente se recomenda a consulta (Bioni; Luciano, 2019, RB11-2).

Na primeira linha, trabalha-se o vértice da incerteza do dano. Preconiza-se que não somos apenas responsáveis pelo que sabemos, tal como o princípio da prevenção (Machado, 2011, p. 84). A incerteza corresponde a algo que é existente, porém não foi constatado ou catalogado. Sendo a incerteza contrária à precisão, impacta-se a segurança e como tal repercute suficientemente no aconselhamento, na pesquisa, na atenção (Machado, 2011, p. 88). O perigo a ser verificado depende do setor ou da atividade em que for projetado, desse modo será a precaução que oferecerá a perceptibilidade quanto à concretização ou não desse risco (Machado, 2011, p. 85). Outra característica é que a precaução tem controle obrigatório principalmente sobre os dois primeiros (vértice da obrigatoriedade do controle) e atinge também o Poder Público, pois o controle é a força de desempenho dos vértices que integram a precaução. Sem o controle, a precaução assume uma postura mais abstrata do que concreta, diante da ausência de vigilância que o controle implica a execução de cada vértice.

No segundo grupo, Paulo Leme Machado (2011, p. 87) caracteriza a precaução segundo o tempo e a análise dos custos dessas medidas. O responsável pela aplicação do princípio da precaução deverá considerar qual o contexto a que se aplica determinada medida ou ação de precaução. Sendo assim, seria possível analisar as indagações como "conduta x causaria um dano?", ou "precisamos da conduta x ou y?". Na verificação dessas questões quanto ao custo de uma conduta ou medida, o autor defende que a precaução não permite ações postergadas, pois o precaver exige que o tempo seja o certo (definível), ou seja, que haja uma resposta ou uma ação imediata das medidas de precaução, pois elas não são adiáveis (o não adiamento) (Machado, 2011, p. 87). Daí porque esse segundo grupo tem na proatividade a linha que puxa os dois vértices anteriores em conexão ao último grupo.

O terceiro grupo associa-se aos princípios da boa-fé e da transparência dos agentes de tratamento previstos no artigo 6º da LGPD, pois ingressa na parte final do processo de tomada de decisão das medidas precaucionárias, na verificação direta da conduta do agente. Desse modo, o princípio da precaução não aceita o pretexto da ignorância, pois essa desvincula-se da investigação, do inconformismo frente ao incerto, da proatividade. Não cabe ao responsável alegar que desconhece algo de forma pré-ordenada para se omitir de forma voluntária sob o pretexto de que desconhecida uma medida de precaução cabível (Machado, 2011, p. 88). Por outro lado, a precaução vale-se das referências do medo na projeção de compromissos de responsabilidade (assunção), pois é o medo que desaconselha uma ação para aconselhar uma projeção criteriosa sobre os riscos (Machado, 2011, p. 90). O medo, no entanto, não pode se alongar no tempo e nem estagnar a deliberação. Por isso, o doutrinador alerta que as medidas de precaução devem ser planejadas e deliberadas, considerando sempre os prós e os contras frente a uma robusta coleta de informações (Machado, 2011, p. 91). Daí porque o último vértice indicado é o da coragem, na medida em que os avanços, as inovações, o rompimento de padrões ultrapassados exige condutas corajosas e arrojadas mesmo diante das adversidades (Machado, 2011, p. 91). São elas que trazem o efetivo desenvolvimento das atividades que envolvem riscos examinados pela precaução.

Esse enfrentamento dos três grupos de características extraídas do princípio da precaução encontra estrita conexão ao que a LGPD designa "mitigação de risco" e "probabilidade de risco", nos artigos 46, 47 e 50 (Brasil, 2018a). A precaução se comporta como uma qualificação da ação preventiva, uma vez que estabelece um grau maior de comprometimento pelos agentes de tratamento. Relembra-se, aqui, que o Capítulo 1 diferenciou a conduta responsável de responsabilidade civil (conduta reparadora), de tal sorte que a precaução se conecta, desta forma, à ideia de uma conduta responsável.

Frisa-se, nesse contexto, que o preparar-se antecipadamente a um risco, a uma probabilidade futura não desejada e prejudicial, equivale a projetar, com detalhes, os atos necessários que resultem no acautelamento dos dados pessoais em operações de tratamento. É um preenchimento legal de condições por meios de condutas que geram precaução e segurança, não apenas ao titular, mas especificamente aos agentes de tratamento que podem usufruir dos benefícios dos dados sem que isso possa representar, no futuro, um enfrentamento legal.

Desta forma, não há dúvidas de que a precaução, a prevenção e a segurança prestam auxílio mútuos por serem mecanismos destinados ao combate, desde o risco potencial até a maior mitigação possível do dano. Igualmente corrobora a extensividade do princípio da prevenção, na sua aplicação qualificada pela precaução, a obrigatoriedade de que as regras de boas práticas sejam revisadas periodicamente. A obrigação de revisão das regras de boas práticas destina-se justamente à dinamicidade do sistema, ao reconhecimento de que há pontos que o formulador desconhece no momento da formulação e que só serão confrontados futuramente. Daí o compromisso de atualização e revisão crítica dos procedimentos e ajustes sempre que necessário.

Tem-se, nesse contexto, que todo o documento que estipular regras de boas práticas deve prever em seu texto um dispositivo quanto à periodicidade e quanto aos métodos de revisão, a quem incumbirá essa revisão e por meio de quais critérios, o prazo de conclusão e a publicização dessa revisão entre os envolvidos e junto à ANPD, como determina o artigo 50, §3º da LGPD (Brasil, 2018a).

Oportuno ainda mencionar que a regra de periodicidade estipulada nas boas práticas não será absoluta, pois deverá ocorrer imediatamente após qualquer alteração legal ou regulamentar aplicável ao objeto das regras formuladas. Nesse caso, se a regra de periodicidade fixar uma revisão a cada 12 ou 24 meses (hipoteticamente), essa regra será excepcionada frente à alteração legal ou regulamentar anterior a esse prazo. As regras de boas práticas servem ao atual e ao melhor cumprimento da Lei vigente.

Por esses elementos, conclui-se que, ao artigo 50 da LGPD, aplica-se o princípio da prevenção em sua versão qualificada expressa pelo princípio da precaução, uma vez que o cumprimento e a execução das obrigações estão atrelados às ações de assegurar, de prevenir, de mitigar e de identificar as probabilidades de risco incidentes no curso do tratamento de dados pessoais.

2.2 Entre a regulação pública e a privada: o regulado como regulador

O que é capaz de influenciar uma conduta humana em um sentido predeterminado? O que conduz uma ação humana a replicar integralmente uma descrição anterior ou incutir uma ideia de perda ou prejuízo a ponto de repeli-la ou de gerar uma inação? Não seriam os sujeitos regulados os influenciadores do comportamento regulatório do Estado? A lei e a regulação pública anseiam por essas respostas como parte inerente de suas funções, sem que haja, contudo, uma única resposta a essas questões.

Para Miguel Reale (1987, p. 59) "todas as regras sociais ordenam a conduta, tanto as morais quanto as jurídicas e as convencionais ou de trato social", sendo o que as difere a maneira pela qual elas se impõem. O Direito ordena as ações e as condutas humanas de forma atributiva, bilateral, com relações de exigibilidade, com obrigações e comandos sujeitos a sanções sob um argumento de busca pelo "bem comum"[172] (Reale, 1987, p. 59). A ordem normativa é capaz de impor algo a

---

[172] O autor usa a expressão entre aspas e explica que bem comum "é a ordenação daquilo que o homem pode realizar sem prejuízo do bem alheio", é quando há uma harmonia entre o que é o "bem para cada um" e o que é o "bem para todos" (Reale, 1987, p. 59).

alguém e de assegurar uma expectativa de um agir em determinado sentido, conferindo segurança e ordem na sociedade (Reale, 1987, p. 63-64). Desse modo, ainda que dentro de suas particularidades, um costume, enquanto uma regra social, é capaz de gerar padrões de conduta, repetição de hábitos, comportamentos imitados e graus de reprovabilidade, pois a sua funcionalidade permite a satisfação de interesses individuais e coletivos (Moreira Neto, 2008, p. 35).

Em visão diversa, Lawrence Lessing (1999, p. 4-6) argumentou pela composição quádrupla de fatores regulatórios à conduta. As leis, passíveis de punição pelo Estado, e as normas sociais (costumes), as quais não detêm o controle exclusivo das ações e dos comportamentos no ambiente digital. Elas podem ameaçar, prever consequências e facilitar as relações jurídicas. No entanto, há um controle fortemente marcado por interferências do mercado e pelo que o autor designa ser a "arquitetura das coisas". Essa arquitetura exerceria uma influência inevitável e invisível no ciberespaço e na conduta comportamental humana, constituída de forma vertical. Ela parte da porção mais baixa até a mais alta, tal como a regulação estatal, porém sem participação do Estado.

Já por uma linha de composição de fatores, Vital Moreira (1997, p. 128) reconhece que a capacidade do Estado na formulação da lei tem limites, o que confere importância a alternativas que o desoneram para não sobrecarregar a sua capacidade regulatória. Embora a separação entre o Estado e a sociedade emerja justamente no entendimento de que é o primeiro quem fixa uma ordem às ações humanas, o autor argumenta que as formas legais devem abrir espaço a formas reflexivas pelas quais o direito deixa de regular diretamente a realidade para abrir espaço à regulação por grupos supervisionados segundo o esquema estatal. Esse teria um papel procedimental na promoção de estruturas dentro dos subsistemas sociais (Teubner, 1983, p. 274 *apud* Moreira, 1997, p. 128).

Percebe-se que a participação estatal na regulação funciona tanto como uma forma de categorizar uma regulação (regulação pública), como de estruturar e supervisionar a regulação privada, mas que há formas de influência de condutas externas à sua intervenção. Nomenclaturas como heterorregulação e autorregulação não são conceitos que se diferem segundo a presença estatal. Primeiro, porque a regulação pública e a privada contam com alguma forma de alteridade. Segundo, pois o Estado também se autorregulamenta na forma da lei (autorregulação pública), da mesma forma que a regulação privada dependerá, em alguns casos, de permissão legal ou até mesmo constitucional.

Já para Diogo de Figueiredo Moreira Neto (2003, p. 107), a desenvoltura das atividades privadas influencia mudanças na regulação Estatal, e sendo esta uma atividade jurídica voltada a resoluções de problemas deve-se, em uma dose necessária para cada hipótese, aliar as vantagens da flexibilidade negocial privada[173] com o rigor da coercitividade estatal. O doutrinador explica que, mesmo que a regulação se aproxime do conceito de regra,[174] há um espectro conceitual mais ramificado. Esse "híbrido de atribuições de variada natureza" é expresso por funções como informar, planejar, fiscalizar, negociar, normatizar, gerenciar, arbitrar e sancionar (Moreira Neto, 2003, p. 107).

Maria Sylvia Zanella Di Pietro[175] (2009, p. 19) chama atenção para o fato de que o vocábulo da regulação aplica-se a várias ciências além do Direito, o que ampliou a gama de conceitos e significados no âmbito jurídico. A autora adota, sob esse pressuposto, duas bases centrais para apurar o sentido de regulação: a regularidade e a mudança. A primeira busca assegurar o grau de estabilidade, de segurança jurídica ao objeto regulado. A segunda confere permeabilidade às alterações necessárias em benefício e permanência da primeira. Sob esse prisma, o Estado não é sujeito central do ato de regular, e sim um intermediário.

Paulo Otero (2007, p. 901) também utiliza a ideia de mudança, mas para explicar não só a regulação, mas a legalidade. Para o autor,

---

[173] A ideia de o Estado incorporar matrizes próprias do setor privado não está centrada apenas nas diversas formas de intervenção estatal, na regulação ou na descentralização de funções administrativas, mas na relação basilar do Estado com a sociedade e na construção de valor público à função estatal em sentido amplo. Segundo o *new public management* (NPM), movimento arquitetado no Reino Unido na década de 1980, era necessário modernizar toda a organização administrativa a partir de uma visão gerencial de funcionamento, com o objetivo de eliminar excessos e de reduzir as linhas estruturais, na ideia de gestão e desempenho baseados na preferência dos cidadãos (Cristóvam; Hahn, 2020, p. 5).

[174] O doutrinador distingue normas legais tradicionais (regras contidas em lei, opções políticas abstratas) e as normas reguladoras preceptivas de resultado e com função de equilíbrio entre os interesses e valores em concorrência em setores críticos das relações *inter* privadas. Para esse e outros aspectos, consultar: Moreira Neto, 2003, p. 112-116.

[175] A afirmação toma em consideração o estudo da autora em obra específica sobre Direito Regulatório com duas edições (2004 e 2009). O trecho manteve-se nas duas edições. Contudo, cabe referir que a doutrinadora, na sua obra sobre direito administrativo, apresenta o fenômeno da regulação a partir das funções das agências reguladoras e das semelhanças com a concepção norte-americana. Nesse contexto, a regulação seria a forma como o Estado exerce a função normativa para organizar determinada atividade econômica, para conceder um serviço público e para exercer o poder de polícia (Di Pietro, 2004, p. 399-400).

os termos plasticidade e flexibilidade[176] fazem parte da legalidade administrativa, o que justifica os processos de deslegalização que ampliam a pluralidade de intervenientes e de fontes reguladoras em uma determinada matéria. Da mesma forma, a relegalização ou legalização na transição de um assunto do poder administrativo (executivo) ao legislativo. Ou seja, os dois termos representam uma erosão do papel heterovinculativo da lei (Otero, 2007, p. 907).

Percebe-se que o caráter híbrido da regulação carrega características como a flexibilidade, a mutabilidade, a participação, a tecnicidade e a porosidade, todas como pontes entre os fatos e a lei. Com as alterações da sociedade e da sua relação com o Estado, a regulação recebeu formatos na transição da fase legalista (regulatória pública e avessa ao compartilhamento normativo), à fase legalista temperada, receptiva à deslegalização[177] e à autorregulação regulada:

> Na verdade, essa expansão das formas e dos limites da delegação acaba sendo um dos grandes temas do Direito Político e marca uma evolução que se confunde com a própria modernização das funções dos Estados contemporâneos. (...) Essa evolução prosseguiu, porém, rumos diferentes, embora convergentes, nos sistemas jurídicos ocidentais (...) parte-se

---

[176] O doutrinador analisa o fenômeno da flexibilidade da legalidade e a existência de uma debilitação da tradicional configuração do princípio da legalidade da competência diante de três manifestações principais. A primeira, de que há uma elasticidade das normas que definem as atribuições administrativas, segundo as quais há uma repartição vertical de funções com aplicação da subsidiariedade tanto do Estado com sociedade como do Estado com outros Estados nacionais. Em segundo lugar, a existência de uma concorrência entre as competências administrativas, fato que automaticamente exclui qualquer afirmação de competências exclusivas. E a terceira, a presunção de uma competência administrativa, no sentido de que mesmo que a lei não confira uma competência administrativa há hipóteses em que estas podem ser presumidas. Essa análise será retomada no Capítulo 3 (Otero, 2007, p. 862-893).

[177] O termo deslegalização não deve ser confundido com a desregulação e nem com a re-regulação. Márcio Iorio Aranha (2021, p. 314-315) esclarece que a há desregulação quando o Estado, de forma consciente, analisa um determinado setor de atividades relevantes para reduzir sua intervenção, isto é, a desregulação não acarreta "a extinção da regulação, mas a diminuição de apenas uma dimensão da regulação estatal, que é a que procura dirigir o mercado ou impor compensações pelos benefícios". Desta forma, a desregulação não significa que a atividade deve ter de si afastada a intervenção Estatal, como algo prejudicial, antes o contrário. Trabalha-se "uma ponderação de sobre os ganhos sociais oriundos da atitude de diminuição da regulação estatal voltada à compensação social ou à orientação do mercado" (Aranha, 2021, p. 315). Há ainda quem defenda que há desregulação administrativa quando há flexibilização de barreira dentro da própria administração, como seria o caso dos contratos de autonomia de gestão previstos no artigo 37, parágrafo oitavo da Constituição Federal (Mânica; Menegat, 2017, p. 168). Por fim, quanto à re-regulação, da mesma forma que há um movimento pela ponderação, o Estado pode entender ser necessária uma imposição interventiva maior a anteriormente dada e aplicar uma disciplina mais intensa, o que configurará a re-regulação (Mânica; Menegat, 2017, p. 107).

da classificação oferecida por Eduardo García Enterría, ao propor, espécies de delegação legislativa, as três seguintes: a delegação receptícia, a remissão e deslegalização. (...) A lei de deslegalização não necessita, assim, sequer penetrar na matéria a ser tratada, bastando que abra a possibilidade a quaisquer outras fontes normativas, estatais ou não, de regulá-la por atos próprios que, por óbvio, não serão de responsabilidade do Poder Legislativo, ainda que sobre eles possa e deva continuar a ser exercido um controle político sobre eventuais exorbitâncias. (...) A deslegalização, elemento fundamental para o travejamento do instituto da regulação, apresenta-se com maior ou menor amplitude nos ordenamentos jurídicos contemporâneos. (...) A deslegalização, recorde-se, tanto pode ocorrer pela exclusão legal de um comportamento a qualquer tipo de regra, quanto pela substituição do referencial normativo, indicando a nova fonte regradora, mas sempre com vistas à maior efetividade da norma (Moreira Neto, 2003, p. 122-125).

Não sendo a lei mais suficiente para determinar as condutas humanas, vários centros de poder social (policêntricos)[178] deram origem a fontes normativas mais autônomas do Estado, em que parte da função regulatória era exercida pelo próprio regulado, mesmo que em algum momento ele pudesse estar sujeito a algum controle estatal. A esses fenômenos de transferência entre a esfera pública e a esfera privada, a doutrina denomina regulática.[179]

Não se pode deixar de referir[180] que a deslegalização resulta em normas reguladoras próprias (regulamentações produzidas no âmbito público), normas de acordos substitutivos (edição de regra aplicável a

---

[178] Com isso surge também a ideia de a administração policêntrica no seguinte sentido: "A sociedade pluralista contemporânea, de modo espontâneo, se dispõe em rede, cada vez mais complexa, enquanto a Administração Pública, herança da Modernidade, segue ainda, em grande parte, os clássicos padrões piramidais hierarquizados, de modo que, por óbvio, isso interfere na eficiência de seus órgãos administrativos para um adequado atendimento público, passando por uma setorizada e paulatina transformação de administrações hierarquizadas em administrações em rede" (Moreira Neto, 2018, p. 206).

[179] A regulática pode ser ampla, em que o Estado confere à sociedade organizada o espaço regulatório vazio em determinada matéria. Ou pode ser uma regulática limitada ou restrita, em que há uma permissão expressa de espaço regulatório a um ente público ou privado, as quais produziram as chamadas normas de autorregulação dirigida (Moreira Neto, 2003, p. 125-126). Recorda-se, ainda, a utilização da expressão no Capítulo 1 (Canotilho, 2003, p. 702-703).

[180] Pela leitura das duas obras do autor, nota-se uma mudança de entendimento quanto ao fenômeno da deslegalização. Em 2003, o autor apresenta como justificativa do fenômeno à excessiva padronização e detalhamento do comportamento pelo Poder Legislativo (Moreira Neto, 2003, p. 124). Já em 2018, o autor argumenta existir uma carência e uma deficiência do mesmo Poder, como uma crise de Estado, decorrente da proliferação de outros ramos sociais de poderes e de um descompasso entre o produto esperado pelo legislativo e as demandas originais da sociedade (Moreira Neto, 2018, p. 152). Ou seja, há uma inversão quanto ao peso da atividade legislativa, de mais para menos, do excessivo ao insuficiente.

uma situação conflitiva por meio de órgãos administrativos voltados à concertação de interesses conflitantes), normas transadministrativas (regramentos extraestatais)[181] e por normas contramajoritárias judiciais (definição normativa pelo Poder Judiciário no caso concreto). E, como fruto da flexibilização da intervenção estatal e do seu direcionamento mais brando e interativo, estão as modalidades da autorregulação pactuada (ou dirigida) e da autorregulação regulada (Moreira Neto, 2018, p. 141-154).[182]

Doutrinadores brasileiros, como Odete Medaur,[183] Marcos Juruena Villela Souto, Alexandre Santos de Aragão, Sérgio Guerra, de igual modo se debruçam sobre a potencialidade da expressão

---

Contudo, mesmo diante dessa distinção causal quanto à eficiência do poder legiferante, o conceito de deslegalização mantém a nota central da transferência normativa do legislativo a outra sede regulamentar, razão pela qual uniu-se as tipologias apresentadas nas duas obras como fruto de uma evolução no conteúdo e não uma revisão classificatória dos fenômenos. A essa análise também se acrescenta a frase que antecede a descrição dos modelos de deslegalização na obra de 2018: "sem a pretensão de esgotar os exemplos, seguem-se importantes hipóteses de deslegalização (...)" (Moreira Neto, 2018, p. 153).

[181] O direito administrativo transnacional, extraestatal, no qual se formam as normas transadministrativas decorrentes de "relações em que algum interesse de natureza pública esteja em jogo fora da órbita jurídica dos Estados", mas o seu regramento ocorre por meio de uma normatização ultraestatal multipolar definida por um centro de poder politicamente independente, instituído consensualmente pelos próprios interessados em regrá-lo (Moreira Neto, 2018, p. 286). Segundo a Union of International Associations (UIA), atualmente existem 72 mil organizações associadas e catalogadas, das quais 42 mil estão em pleno funcionamento. A UIA foi fundada em 1907 sob o nome de Escritório Central de Associações Internacionais por dois cidadãos belgas Paul Otlet e Henri La Fontaine (vencedor do Prêmio Nobel da Paz em 1913) para melhorar a colaboração entre organizações e servir como um centro de documentação para radiar conhecimento ao mundo e construir a paz e a cooperação universal. Em 25 de outubro de 1919, a UIA foi registrada como uma associação internacional com objetivos científicos. Poucos meses depois, em 10 de janeiro de 1920 Henri La Fontaine atuou como relator na criação da Liga das Nações. As duas juntas fundaram uma Universidade no mesmo ano. Em 1950, Conselho Econômico e Social da Organização das Nações Unidas (ONU) estabeleceu a cooperação entre as Nações Unidas e a UIA, obtendo em 1952 o status consultivo junto à UNESCO. Atualmente, a UIA é a fonte de informação mais antiga, maior e mais abrangente do mundo sobre a sociedade civil global (UIA, 2022).

[182] A autorregulação regulada não é assunto abordado na obra de 2003, mas sim na de 2018. Utilizamos a explicação do autor como introdutória à construção conceitual da autorregulação e de deslegalização. No entanto, em 2018 o autor analisa a aplicação da autorregulação regulada associada à aplicação do direito administrativo transnacional e ao controle de crises financeiras, com análise de uma autorregulação extraestatal, logo com aplicações conceituais a partir dessa forma de intervenção e de vértice diverso do presente estudo. No tema, assim conclui: "Resumindo, é possível enumerar as possíveis distinções teóricas que pesam em favor da autorregulação regulada, como um excelente exemplo da prestabilidade que poderá apresentar um Direito Administrativo globalizado, em construção" (Moreira Neto, 2018, p. 267). Sendo assim, quanto à autorregulação regulada, migra-se a doutrinadores que analisam o fenômeno sob um prisma amplo e não afeto a uma área específica do mercado para que seja possível extrair suas linhas conceituais.

[183] Odete Medaur enfrenta o tema da deslegalização com base doutrinária italiana e mais direcionada ao estudo do poder regulamentar. Mesmo assim, enfatiza o estudo da

"deslegalização", bem como no entendimento de que as fontes do direito administrativo sofrem mutações diante da simbiose entre o Estado e a sociedade. Formou-se uma via de mão dupla entre a regulação pública e a regulação privada, na qual ambas têm qualidades a serem compartilhadas em prol de um melhor atendimento aos interesses envolvidos na coletividade.

A autorregulação, seguindo essa via, passou também por ajustes conceituais[184] decorrentes da importação de termos em diferentes sistemas jurídicos. Para Márcio Iorio Aranha (2021, p. 114) há um consenso na doutrina regulatória de que o termo autorregulação foi enfatizado na década de 1990 nos movimentos alemães de privatização postal, telecomunicacional e ferroviária. Foi o momento em que a literatura jurídica constitucional e administrativa também se empenhavam no estudo do termo "regulação" (*regulierung*) e da descentralização da função regulatória. O autor explana:

> O *Selbstregelung*, autorregramento ou autorregulamentação, significa a existência de regras comportamentais desenvolvidas como compromissos morais ou éticos auto-impostos em típica manifestação de auto-organização não estatal. Ocorre, todavia, que nem toda manifestação autorregulatória é auto-imposta ou prescinde de atuação estatal, o que evidencia porque uma nova terminologia foi cunhada para explicar o fenômeno regulatório. Hoje, fala-se, também na Alemanha, em autorregulação (*Selbstregulierung*) e, por autorregulação deve-se entender a existência de regras comportamentais desenvolvidas com alguma participação do próprio destinatário ou exclusivamente desenvolvidas por ele. (...) O terreno da autorregulação é movediço, mas se pode dizer, com segurança, que os tipos de autorregulação partilham de um denominador comum de crença no poder de incentivos intrínsecos ao universo regulado para reorientação do comportamento dos afetados; (...). Essa crença não significa uma aposta cega na autossuficiência da autorregulação, mas no princípio que a guia, ou seja, de que há forças internas ao sistema regulado que ou são suficientes, ou relevantes à conformidade do comportamento (Aranha, 2021, p. 114-116).

---

deslegalização realizado por Diogo de Figueiredo Moreira Neto, Marcos Juruena Villela Souto, Alexandre Santos de Aragão, Sérgio Guerra, como doutrinadores que igualmente trataram o tema. A autora conclui que na literatura do direito administrativo após 2003 há poucos trabalhos sobre a deslegalização, o que pode ter ocorrido pela ausência de maiores controvérsias sobre o tema (Medauar, 2017, p. 328-330).

[184] No mesmo sentido, Vital Moreira (1997, p. 54): "O conceito de auto-regulação está longe de ser unívoco, tanto ou menos do que o conceito de regulação. Na sua definição mais elementar, a auto-regulação é a regulação levada a cabo pelos próprios interessados".

Também em uma visão jurídica europeia, alinhada ao direito alemão, a doutrinadora espanhola Maria Mercè Darmaculleta Gardella (2018, p. 75-78) descreve a autorregulação como uma estratégia indireta de regulação, segundo a qual há uma atividade entregue ao regulado e integrante do campo regulador do Estado. É por meio do Estado que ocorre a instrumentalização das normas e dos controles privados postos a serviço de uma finalidade pública. Desta forma, a autorregulação é sempre, em maior ou menor medida, uma autorregulação fomentada, dirigida e instrumentalizada por meio de fórmulas de regulação estatal. Ou seja, as normas técnicas são de origem privada, mas as regras são do Poder Público, e será ele quem atribuirá certos efeitos públicos a esses comandos.

Já por uma composição conceitual mais restritiva de autorregulação, Vital Moreira (1997, p. 53-54) fixa três elementos à configuração do instituto. Primeiro, é que a autorregulação é sempre uma espécie de regulação. Segundo ponto: a regulação não pode ser individual, pois se trata de uma forma de regulação coletiva que não abrange normas aplicáveis e formuladas por cada agente econômico. Para o autor, o regramento não coletivo, é uma autodisciplina e não uma autorregulação. E o terceiro elemento conceitual determina que a autorregulação não guarda vinculação estrita ao interesse público. Ou seja, mesmo que a autorregulação possa ocorrer no setor público, e que possa revestir juridicamente de natureza pública ou privada, no caso da pública envolverá instâncias associativas que foram dotadas de poderes públicos.

Importante aqui esclarecer que a análise da autorregulação na doutrina de Vital Moreira funda-se no modelo constitucional tripartido da Administração Pública portuguesa.[185] Lá, a administração está dividida em administração direta, indireta e autônoma, cada qual com seus respectivos suportes institucionais e um determinado tipo de organismo administrativo. Tal modelo não é replicado no Brasil. No modelo português, a Administração Pública é subdividida[186] em

---

[185] Vital Moreira (2003, p. 13-15) narra que após a Revolução de 25 de abril de 1974, em Portugal, a extinção das organizações corporativas gerou um clima de incerteza entre as instituições públicas associativas portuguesas, o que terminou somente após a revisão constitucional de 1982 na Constituição Portuguesa de 1976. No texto original de 1976, estava expresso o conceito de administração autônoma e a configuração do modelo tripartido de Administração Pública. Contudo, foi somente com a revisão constitucional de 1982 que as associações públicas receberam previsão constitucional expressa, encerrando a incerteza vivida desde 1974.

[186] O doutrinador português esclarece que a distinção entre a administração autônoma e a administração indireta fica mais evidente quando analisada a aplicação do princípio constitucional da responsabilidade governamental pela Administração Pública perante

administração do Estado (administração direta e indireta) e administração autônoma (autarquias territoriais e corporações públicas)[187] (Moreira, 2003, p. 122-125). Diferentemente no Brasil, cujo modelo foi fixado no artigo 4º, do Decreto-Lei nº 200, de 5 de fevereiro de 1967, segundo o qual a administração estatal como um todo se divide entre direta e indireta (Brasil, 1967b).

Retomando os modelos de autorregulação, Robert Baldwin,[188] Martin Cave e Martin Lodge (2012, p. 138-139) os dividem em três formas, conforme a origem e a natureza dos autorreguladores e dos poderes reguladores (se privados ou públicos). Assim, segundo a natureza do autorregulador, a autorregulação pode ocorrer por meio de uma associação (regulação puramente privada) ou no exercício de poderes públicos delegados. O segundo modelo considera a extensão do papel do autorregulador com a subdivisão em três funções principais: i) a elaboração de regras, ii) o controle e a aplicação das regras, e iii) o sancionamento pelo descumprimento. Nesse caso, é possível que apenas uma dessas funções seja deslocada, isto é, que a elaboração das regras seja de responsabilidade do autorregulador e que o controle permaneça com a Administração Pública. Por último, o terceiro modelo sopesa o grau de vinculação das regras formuladas pelo autorregulador, no qual se distingue o autorregulador informalmente, de modo não vinculado, com base em uma *soft law*, e o autorregulador que dispõe da aplicabilidade vinculativa, exequível judicialmente, de normas sobre os regulados, disciplina esta que é supervisionada dentro do direito público.

Não se pode deixar de referir ainda um aspecto conceitual mais voltado ao elemento volitivo de regulação privada. Aqui, André Saddy (2015, p. 87-88) fixa quatro elementos à qualificação autorregulatória. Nessa linha, deve ser um estabelecimento de padrões de

---

o Parlamento. Isso porque a administração autônoma tem uma imunidade frente ao Parlamento não conferida à administração indireta, uma vez que a administração autônoma não está sujeita a qualquer orientação, tutela, controle ou disposição pela administração direta. Aliás, na administração autônoma, a designação de seus representantes ocorre pelos próprios membros da coletividade interessada, o que torna o seu representante responsável perante seus representados e não perante o Estado (Moreira, 2003, p. 121-122).

[187] Vital Moreira (2003, p. 348-349) conceitua as corporações públicas como sendo as associações públicas em sentido lato, ou seja, é "a pessoa coletiva pública de natureza corporacional" para a execução de interesses públicos e com poderes jurídicos-administrativos.

[188] O mesmo autor reescreveu com Julia Black dois estudos sobre regulação realmente responsiva, tema que será objeto de análise do Capítulo 3.

comportamento, criado por ente extraestatal ou não, necessariamente firmado em documento escrito e que represente a autolimitação à vontade de quem elabora, aprova, subscreve ou adere. Constata-se, assim, que, embora o tema da autorregulação seja tratado pela literatura administrativista regulatória, e que possamos lançar inúmeros conceitos, a assimilação é bastante recente nos países não alinhados à tradição anglo-americana e isso acarreta imprecisões conceituais e terminológicas (Aranha, 2021, p. 114). Seja como for, a compreensão sobre a regulação pública, a regulação privada, e como ambas se relacionam no direito administrativo demonstra, na verdade, que cada ordenamento jurídico poderá ditar como se dará a sua regulação sobre a autorregulação. E mais: o legislador poderá fazer uma regulação da autorregulação para cada matéria ou uniformizá-la em âmbito constitucional, tal como ocorre em Portugal, e assim por diante. Dito de outra forma: se a autorregulação estiver prevista em lei, ela não será mais puramente privada ou uma simples autodisciplina de condutas privadas, ela será um instrumento de direito administrativo regulatório, e como tal peça-chave na execução e na implementação da política pública em que estiver prevista.

Ricardo Campos e Juliano Maranhão (2022, RB-15.1), ao analisarem o tema no campo dos provedores de redes sociais e das plataformas digitais, defendem a constitucionalidade do modelo de regulação autorregulada de inspiração alemã diante da previsão do papel indutor do Estado na atividade econômica prevista no artigo 174, da liberdade de iniciativa e de associação (Brasil, 1988a). Os autores explicam que autorregulação regulada é uma forma moderna de lidar com a incerteza característica do mundo digital do ponto de vista regulatório, pois situa-se entre a regulação do Estado[189] e a regulação privada. Esta última oportuniza a eficiência pela disponibilidade de conhecimento interno e revisão dinâmica de conceitos e se associa à vantagem da implementação por coerção em nome do interesse público. Enfrentam-se as incertezas pelo uso das vantagens, na indução do setor privado na execução de tarefas públicas (Campos; Maranhão, 2022, RB-15-2).

Na verdade, a liberdade de autodisciplina e de autocontrole privados não dependem de lei, diferentemente de uma regulação privada com força normativa. Isso acontece porque a lei pode compartilhar quaisquer de suas funções à regulação privada, desde

---

[189] Os autores usam a expressão "regulação por um terceiro normalmente o Estado (*Fremdregulierung*)" (Campos; Maranhão, 2022, RB-15-2).

que haja precisões claras de como isso se desenvolverá. Por isso, é possível haver uma previsão legal autorregulatória que não se ajuste aos conceitos doutrinários ou a outros modelos de autorregulação na mesma matéria observados no direito comparado. Não há uma fórmula autorregulatória, o que existe é uma imprescindibilidade fática de segurança quanto aos seus termos.

Se o direito administrativo contemporâneo aderiu a formas do direito privado que acompanham as exigências publicistas, há nisso um lastro de legitimidade pela contribuição ao desenvolvimento humano e social (Moura, 2017, p. 78), sendo arranjos institucionais híbridos com vistas a resoluções mais colaborativas e otimizadas.

Se for prevista em lei a possibilidade de o particular desempenhar função criativa de normas sobre determinado direito sem a correspondente definição dessa autorização autorregulatória, caberá a análise quanto à existência ou não de atribuição à função regulatória acerca dessa previsão legislativa e o desempenho do papel de realização desse ajuste por meio da regulamentação. Fato é que a vinculação da autorregulação no âmbito jurídico geral, como fonte de direito, depende do reconhecimento e da supervisão pública, mesmo que em menor grau. Esse é o motivo pelo qual a compreensão da autorregulação como instituto de direito administrativo regulatório se conecta com o controle regulatório.

Ainda no campo das distinções conceituais regulatória, cabe trazer os conceitos de corregulação,[190] *sandbox* regulatório e de *soft-law*. A corregulação (autorregulação com o Estado, *co-regulation* ou *Ko-Regulierung*) pode ser vista como uma forma de autorregulação com maior participação estatal, ou até uma prima da autorregulação regulada. O Estado atua como um parceiro dos regulados, mediante o compartilhamento e cooperação em todos os níveis, mais como uma interação entrelaçada do público com o privado, a partir de uma previsão normativa detalhada quanto a como essa parceria irá funcionar (Aranha, 2021, p. 117-118). Assim, a corregulação pauta-se na divisão equânime de responsabilidade regulatória entre o regulado e regulador (Mânica; Menegat, 2017, p. 166). Por outro lado, há o entendimento de que a corregulação e a autorregulação forçada (*enforced self-regulation*) sejam espécies de autorregulação. Ian Ayres e John Braithwaite (1992,

---

[190] No Capítulo 4, serão analisadas as propostas de alteração legislativa em torno da autorregulação, bem como as projeções aos futuros projetos a partir da construção normativa identifica em projetos em matérias de direito digital.

p. 102) explicam a corregulação como uma autorregulação coletiva e tripartida, pois envolve a participação de grupos de interesse público, o Estado e o regulado; já autorregulação envolveria apenas os dois últimos atores, com aplicação em âmbito mais individualizado, a dispensar a participação de grupos de interesse.

O *sandbox* regulatório ou ambiente regulatório experimental, por sua vez, tem seu conceito geral previsto em lei no Brasil desde 1º junho de 2021, pela edição da Lei Complementar nº 182, responsável pela disciplina do empreendedorismo inovador no país (Brasil, 2021f). Segundo o artigo 2º, inciso II, o *sandbox* representa uma autorização temporária de um órgão ou entidade que seja o titular da competência regulatória setorial dada a pessoas jurídicas para desenvolverem modelos de negócios inovadores, testes técnicos, utilizarem tecnologia experimentais, desde que sejam seguidas as condições fixadas pelo regulador setorial (Brasil, 2021f). Como ferramenta regulatória expansionista à centralidade estatal, deverá receber contribuições ao avanço da inovação com as propostas do PL nº 2.338 (Brasil, 2024b). Trata-se de um incentivo, uma indução regulatória em prol do empreendedorismo, da inovação e da tecnologia, com vistas ao desenvolvimento nacional, à sustentabilidade socioeconômica sem privar os *stakeholders* da segurança jurídica indispensável ao ambiente regulatório.

Por fim, a *soft law*, situada a par da intensidade normativa, tem sua vinculação e tráfego no campo do direito internacional público, uma regulação extraestatal e fonte de um direito maleável (Otero, 2003, p. 172). São textos de aplicação facultativa, orientativas e que interagem com a ordem jurídica de regras estatais (Cretella Neto, 2016, p. 209). A flexibilidade que aqui se aplica não equivale àquela trazida pela regulação, pois decorre de um compromisso internacional mínimo perante uma comunidade internacional que "não chegaria a um instrumento formal de regulação jurídica imperativa sobre determinada matéria" (Otero, 2003, p. 173).

A aplicação desses fenômenos deve considerar primordialmente qual é o objeto da regulação, qual é o fato social objeto de intervenção, seja pública ou privada. Na regulação, o escopo da atividade reguladora é definido pelo "atingimento de um resultado prático" (Moreira Neto, 2003, p. 93). No caso da proteção de dados pessoais, há um direito fundamental e como tal incute controles regulatórios diante do dever de proteção gerado ao Estado para delinear e fixar limites ao regulador privado.

É essencial registrar que a proteção de dados pessoais tem uma peculiaridade regulatória quanto ao regulador estatal. O Estado acumula, naturalmente, a posição de regulador e regulado, de modo que os regulamentos internos de tratamento de dados serão uma modalidade de autorregulação regulada pública, na medida em que ele poderá elaborar códigos de condutas, regras de boas práticas, portarias, decretos, e mesmo assim estará sujeito aos meios de controle[191] previstos em lei. O tratamento de dados pessoais pela própria ANPD, enquanto estruturada como Autoridade de garantia[192] pelo zelo à proteção de dados pessoais listado na Constituição, sujeita-se ao controle interno (autocontrole)[193] e ao externo, com ênfase na função do princípio da transparência.

Portanto, as possibilidades de abordagens e de conceitos sobre regulação (pública e privada) são múltiplas, elásticas e flexíveis. Elas irão variar conforme a maior ou menor, direta ou indireta participação do Estado em determinada matéria. Logo, o essencial é, antes de qualquer aplicação generalista e comparativa, perquirir qual a finalidade e para qual escopo se busca na aplicação de cada modalidade autorregulatória, questionar se está prevista e autorizada em lei e, somente a partir disso, fazer com que as distinções conceituais acompanhem a mesma lógica.

2.3 Distinções conceituais autorregulatórias na LGPD

No ano de 2450 a. C.,[194] foram registrados os primeiros esforços sociais em um código de conduta na construção da previsibilidade da ação e reação humanas. O objetivo era traçar padrões de confiança, de respeito e de transparência (Laurentti; Solé, 2022, p. 23). Em 450 a.C., a Lei das XII Tábuas, na Itália, previu normas de direito público, de

---

[191] Compete à ANPD comunicar aos órgãos de controle interno o descumprimento à LGPD, por órgãos e entidades da Administração Pública Federal, nos termos do artigo 2º, inciso XXII, do Decreto nº 10.474, de 26 de agosto de 2020 (Brasil, 2020c).
[192] O conceito e as características serão analisadas no Capítulo 3.
[193] O controle interno de legalidade da ANPD está previsto no artigo 55-J, inciso XXII, da LGPD e nos artigos 21, incisos II, III, 23, inciso V, do Decreto nº 10.474, de 26 de agosto de 2020, que aprovou o regulamento interno da Autoridade (Brasil, 2018a, 2020c).
[194] Os autores demonstram, por meio de uma linha do tempo, a evolução e a presença de códigos de conduta há cinco mil anos, no período de 2450 a.C. até o ano de 2021. Segundo eles, o primeiro Código de Conduta seria a "Estela de Abutres", na Suméria (antiga civilização ao sul da região da Mesopotâmia), datado de 2450 a. C. O Código era o tratado diplomático mais antigo registrado. O Código de Hamurabi, da região da Mesopotâmia, data de quase mil anos depois, em 1780 a. C, quando então se consolidou a tradição jurídica, com costumes e leis (Laurentti; Solé, 2022, p. 26-27).

direito privado e de direito processual. Esses são apenas dois exemplos de produção normativa com expressões diferentes no Direito, mas que conferiram, ao seu tempo e ao seu modo, segurança e previsibilidade aos indivíduos em sociedade.

Na Idade Média, com a queda do Império Romano do Ocidente, a vida em sociedade encontrou nos padrões de conduta uma solução em prol da ordem coletiva. Havia um "Direito sem Estado" ou um "direito estatutário" (Souto, 2005, p. 8), segundo o qual não se concebia a centralização da produção do Direito pelo Estado (Mello, 2020, p. 42). O Direito era produzido por seus destinatários, isto é, a própria sociedade civil.

Paolo Grossi (2014, p. 23) afirma que a real essência do Direito é a sua historicidade. Para o autor, a historicidade é uma dimensão da vida associativa, uma expressão natural e inseparável da comunidade que, ao produzir o Direito, vive sua história em toda sua plenitude. Sendo assim, o Direito não é produção exclusiva estatal e sim produto de um "feixe ilimitado e ilimitável de estruturas sociais" (Grossi, 2014, p. 24). Logo, um sistema em que a lei for sua fonte de excelência, como "um ordenamento nitidamente legislativo", terá em si uma "concepção rudimentar que reduz o direito a um conjunto de comandos produzidos por uma autoridade dotada de poderes eficazes de coação" (Grossi, 2014, p. 22).

Foi só no período após as revoluções liberais que as primeiras iniciativas corporativas reaparecem. Em 1919, a Constituição alemã de Weimar previa a ideia de autorregulação da economia por meio de organismos de representação profissional. No período entre a Primeira Guerra Mundial e o término da Segunda Guerra, códigos de conduta profissionais proliferaram, diante da necessidade próxima de controle de seus próprios ofícios e da resistência à intervenção direta do Estado, dando origem a um movimento europeu conduzido por entidades interestatais e por ramos representativos profissionais (Cretella Neto, 2016, p. 205).

A força institucional dos organismos profissionais com funções administrativas, as câmeras, as associações de comércio, as organizações sociais no âmbito trabalhista, edificaram o corporativismo e um sistema de autoadministração e de autorregulação[195] em grande

---

[195] Em 1982, a Constituição Portuguesa tem sua primeira revisão e passa a referir expressamente as associações públicas como entes descentralizados da Administração Pública. Com isso, Vital Moreira (1997, p. 15) diferencia a autorregulação profissional e a autoadministração profissional.

parte da Europa (Moreira, 1997, p. 13-15). A lei foi perdendo, pouco a pouco, a centralidade como fonte do direito, e ainda mais do direito administrativo.

Aprofundando essa concepção, Paulo Otero (2003, p. 733-1.077), no estudo sobre a legalidade na Administração Pública, analisa o conteúdo vinculativo da legalidade em três partes: a) a diversificação material da legalidade administrativa; b) a flexibilidade da legalidade administrativa; e c) a legalidade como um padrão de conformidade à atuação pública. Quanto à diversificação, o autor descortina "o mito da omnipotência da lei na Administração Pública", na defesa de que outras fontes normativas, inclusive privadas, integram o contexto de atuação da Administração Pública. Entre as causas desse fenômeno, o autor português elenca: a.1) a verticalização que os textos constitucionais têm em relação à lei, inclusive a ponto de dispensá-la como fonte direta de comandos ao Poder Executivo; a.2) o espaço que os textos constitucionais conferem ao Poder Executivo independente de permissão legal, a.3) os instrumentos constitucionais participativos de controle e de influência decisória no Poder Público, e a.4) as normas de direito comunitário e de direito internacional, além de outras fontes de direito privado (Otero, 2003, p.733-762). A conjunção dessas causas gera uma amplitude material quanto aos conceitos de legalidade no direito administrativo.

Seguindo essa linha, na doutrina nacional, Diogo de Figueiredo Moreira Neto (1995, p. 50) indica a evolução do Estado e a redescoberta da legitimidade como núcleos existenciais do Estado de Direito que geram uma flexibilidade dialógica e de negociação entre interesses públicos e privados. Ao tratar das transformações sociais no direito administrativo do século XXI, ele explica a passagem do "direito criado em função de uma ordem imposta" para o "direito criado em função de uma ordem espontânea" (Moreira Neto, 2018, p. 129), com a redefinição das fontes jurídicas, em que o Estado é apenas uma entre outras organizações que existem *na* e *para a* sociedade.

É diante dessa abertura da legalidade no direito administrativo que os conceitos acerca das regras de boas práticas comportarão aplicações e finalidades diversas, sendo objetivo do presente capítulo analisar como as regras de boas práticas se enquadram à melhor consecução dos fundamentos, dos objetivos e dos princípios previstos na LGPD. Fixadas essas considerações introdutórias, prossegue-se ao estudo da regulação privada e pública com conceitos que contribuirão para os próximos pontos da estruturação das regras de boas práticas na lei.

2.3.1 Categorias de boas práticas e conceito de regras de boas práticas

No Capítulo 1, depuraram-se as discussões desde os anteprojetos até os projetos de lei da LGPD com quatro modelos à formulação das regras de boas práticas. Foram três modelos autorregulatórios, sendo um submetido ao controle pelos próprios pares a partir de um Conselho ou Associação representativa de determinado setor, outro submetido ao controle obrigatório da Autoridade Nacional e um terceiro de controle possível pela Autoridade. O quarto modelo, estritamente deontológico,[196] não fazia, por óbvio, previsão de controle pela Administração Pública.

Trabalhou-se até aqui na construção de parâmetros conceituais que permitam explicar as faces das regras de boas práticas na LGPD e o que cada uma delas implica no ordenamento jurídico, no intuito de conferir subsídios à conceituação e à natureza jurídica desse modelo autorregulatório.

Em sua expressão nuclear, as boas práticas vinculam-se ao desenvolvimento do profissionalismo[197] e do reconhecimento de determinadas capacidades técnicas específicas na sociedade (Gardella, 2002, p. 96). A medida em que um ofício se desenvolvia, tornava-se especializado, com a adoção de determinadas técnicas, era credenciado e reconhecida a capacidade e o conhecimento necessários ao desempenho de determinada função. Esses conhecimentos poderiam ser ensinados,

---

[196] Estava em curso no Senado Federal o PL nº 871, de 12 de março de 2021, que propunha alterar o *caput* do artigo 50 para incluir que os controladores e operadores poderiam formular além das regras de boas práticas e de governança, um "códebo de ética, que defina padrões de comportamento a seus empregados e diretores e às demais partes relacionadas, perante os titulares de dados pessoais, a sociedade e o governo" (Brasil, 2021i). O PL também sugeria a inclusão de um §2-A, segundo o qual o código de ética deve dispor sobre "valores, princípios e diretrizes de comportamento para orientar empregados e administradores dos agentes de tratamento e de suas partes relacionadas a padrões esperados de postura e atitude", sendo redigido e aprovado individualmente pelo próprio agente de tratamento ou por associação de que participe (Brasil, 2021e, p. 2-3). Embora não tivesse tido prosseguimento legislativo, o PL nº 871, de 2021, destoava do modelo autorregulatório sobre proteção de dados pessoais do artigo 50 e, caso aprovado, traria discussões acerca do caráter normativo dos produtos desse dispositivo. Os projetos de alteração dos instrumentos autorregulatórios serão tratados no Capítulo 4.

[197] Mercè Darnaculleta Gardella (2002, p. 97) associa a origem da autorregulação a partir da organização das profissões e da necessidade de transmissão do conhecimento profissional articulada, segundo o qual cada ofício fixava em regramentos próprios os procedimentos e as técnicas mais adequadas ao exercício de uma atividade, os modos de produção, as técnicas da profissão em uma espécie de monopólio, de autocontrole sobre a função especializada.

replicados, transmitidos por aqueles que dispunham dessas habilidades técnicas, sem prejuízo de novos aperfeiçoamentos. Da vinculação de pessoas por seus ofícios exercidos a partir de determinados princípios é que decorre a ideia de conteúdos como a *lex artis*, as especificações técnicas, os padrões deontológicos e as boas práticas de uma profissão (Gardella, 2002, p. 97).

Ocorre que a *lex artis* trata-se de conhecimento técnico com objetivo de cumprir corretamente objetivos de um ofício, o que não exclui, mas com ela também não se confunde, com as normas deontológicas relacionadas à conformidade de certos comportamentos com os objetivos e princípios da organização social de uma profissão. Embora complementares, não são dependentes, pois são duas complexidades diversas, a complexidade técnica e a complexidade ética. Desse modo, é possível um comprometimento ético despedido de qualquer técnica por seu executor. Todavia, em que pese seja possível em tese, não é mais aceitável que a técnica esteja despida de padrões mínimos éticos.

No âmbito do direito digital, Wolfgang Hoffmann-Riem (2022, p. 151) cita as melhores práticas (*best practices*) como uma das possíveis soluções à abordagem jurídica de problemas relacionados à coleta, ao uso e à transferência de dados em complemento às soluções já previstas no RGPD.[198] Deste modo, considerando que o Regulamento prevê a possibilidade de adoção de códigos de conduta no artigo 40 (União Europeia, 2016), as *best practices* se configuram, segundo o autor, como provisões ao desenvolvimento de padrões, de sistemas, de referências (*benchmark*)[199] ou de garantias de qualidade, notadamente em assuntos afetos a padrões de tecnologia. Essas práticas visam otimizar resultados, verificar falhas, comparar estratégias de mercado e de concorrência, mas não especificamente o cumprimento da norma tal como os Códigos de Conduta.

---

[198] No contexto do RGPD, além dos códigos de conduta, estão previstas as regras corporativas vinculativas (*binding corporate rules* – BCR). As BCR são políticas de proteção de dados pessoais assumidas pelos agentes de tratamento dentro do território nacional para transferências de dados a responsável em um ou mais países, mas relacionadas a um grupo empresarial que exerçam uma atividade econômica conjunta, nos termos do artigo 47 do RGPD (União Europeia, 2016).

[199] O autor também usa a expressão *benchmarking* no sentido de tornar-se referência em algo por meio de técnicas ou soluções operacionais, processos internos e externos, controles e auditoria (Hoffmann-Riem, 2022, p. 151). Já para Rodrigo Pironti e Mirela Ziliotto (2021, p. 279), o *benchmarking* é instrumento de conhecimento por meio de troca de informações de práticas empresariais com outras organizações, com o objetivo de oxigenar ideias e fazer uso de melhores práticas de mercado de acordo com a realidade de cada organização.

A nomenclatura é variada. Protocolos, padrões, boas práticas,[200] padrões de boas práticas, códigos, códigos de conduta, códigos de boas práticas, programas de governança em privacidade, regras de governança em proteção de dados pessoais e em privacidade, padrões técnicos, normas técnicas, protocolos de ação, estatutos empresariais, manuais, manuais de boas práticas, certificações, selos, políticas de boas práticas, regras de boas práticas. Essa variedade de termos instiga distorções nos operadores da norma, pois não sabem como eleger o endereçamento de suas iniciativas e nem como melhor identificar o que as suas ações e possibilidades organizacionais representariam dentro da legislação.

Desta forma, se, inicialmente, o objetivo poderia apenas circular no campo teórico, agora essas distinções são mais pragmáticas, pois é importante alinhar a comunicação entre os stakeholders, facilitar procedimentos e permitir uma relação mais simples entre com os titulares. Logo, identificar o espaço dos termos no art. 50 visa atender a própria finalidade regulatória da norma.[201]

A redação atual[202] da LGPD dedicou dois artigos na Seção II do Capítulo VII à regulação das boas práticas e da governança.[203] O artigo 50,

---

[200] No artigo 32, da LGPD, ao tratar a responsabilidade do poder público no tratamento de dados pessoais, estabelece que a ANPD poderá sugerir a adoção "de padrões e de boas práticas", ou seja, o legislador separa as duas expressões. Já no artigo 49 insere as boas práticas como padrões ao referir "padrões de boas práticas" no que tange à segurança da informação e dos dados. Como sublinhado no Capítulo 1, as regras de boas práticas, enquanto um comportamento voluntário além da Lei, diferencia a conduta responsável da responsabilidade civil, sendo o artigo 32 um exemplo que de "regras de boas práticas" (sentido estrito) não é sinônimo de "boas práticas", em sentido *lato*.

[201] Um exemplo da soma desses instrumentos. Um grupo empresarial no ramo alimentício integra uma associação que formulou regras de boas práticas com base no artigo 50 da LGPD. Esse grupo já contava com um Código de Ética interna aplicável aos diretores que foi adaptado com a vigência da LGPD. Além disso, o grupo implementou uma certificação de segurança da informação (ISO 27.001), diante de uma exigência contratual que envolvia transferências internacionais de dados. Nesse grupo empresarial, esses três documentos podem conviver harmonicamente, na hipótese de as regras de boas práticas não colidirem com as da certificação. No entanto, o primeiro pode representar uma insegurança jurídica enquanto não estiver clara a natureza jurídica daquele instrumento, a quem compete o controle, quais os efeitos jurídicos dessa formulação entre os associados e frente a outros envolvidos externos, como a ANPD avaliará essa prática.

[202] No Capítulo 4, serão analisados os projetos de lei que visam alterar a composição da Seção II da LGPD.

[203] A Resolução CD/ANPD nº 4, de 24 de fevereiro de 2023, que aprova o regulamento de dosimetria e aplicação de sanções administrativas denominou os instrumentos do artigo 50 de políticas. "Art. 2º. (...) VI – política de boas práticas e de governança: normas e processos internos que assegurem o cumprimento abrangente da legislação de proteção

em sua redação atual, prevê dois instrumentos diferentes. O primeiro são as regras de boas práticas, disciplinadas no *caput* do artigo 50 e no §1º. O segundo são regras de governança em privacidade ou programa de governança em privacidade constante no *caput* do artigo 50 e no §2º, respectivamente. Ambos ficaram submetidos à futura regulamentação prevista no §3º do mesmo artigo, ao tornar facultativo o reconhecimento e a divulgação pela Autoridade Nacional, tópico de investigação dos Capítulos 3 e 4.

Para identificar os instrumentos regulatórios do Capítulo VII da LGPD, apresenta-se a seguinte figura:

Figura 3 – Síntese dos instrumentos regulatórios na LGPD

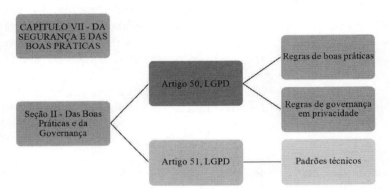

Fonte: elaborado pela autora.

Seguindo a disposição normativa do legislador, se iniciará pelos conceitos relacionados às regras de boas práticas e à sua natureza jurídica. Na sequência, os conceitos e aplicação das regras (programa) de governança em privacidade e os padrões técnicos do artigo 51, da LGPD.

Preliminarmente à distinção desses termos, é oportuno esclarecer, em especial na matéria de proteção de dados pessoais, que *compliance*[204]

---

de dados pessoais, estabelecidos e implementados pelo agente de tratamento mediante a adoção de: a) regras de boas práticas e de governança, nos termos do art. 50, *caput* e §1º, da LGPD; ou b) programa de governança em privacidade, nos termos do §2º do art. 50 da LGPD" (Brasil, 2023b).

[204] O Capítulo 4 tratará sobre o *compliance* e o estudo de cumprimento da lei impositiva no *law enforcement* no ponto da regulação responsiva.

e regras de boas práticas são termos que caminham juntos, mas com feições conceituais próprias. Embora o conceito de *compliance* seja bastante debatido, sem que caiba nesse trabalho a sua análise e verificação, é de suma importância trazer considerações conceituais que permitam essa distinção das regras de boas práticas. No âmbito internacional, a OECD (2004, p. 25) aplicou o *compliance* (*to comply*) como um elemento do princípio da responsabilidade dentro da governança[205] corporativa, como uma boa prática corporativa (pública e privada), ao lado dos controles internos e da ética (OECD, 2010, p. 2). Ele está vinculado à regulação e à fiscalização estatais como um modo de não comprometer objetivos regulatórios legítimos dos envolvidos[206] (OECD, 2012, p. 11). Traduz a ideia de que, se há descumprimento legal ou normativo, não há conformidade. Nesse sentido, têm-se por *compliance* um programa ou conjunto de técnicas de promoção ao cumprimento normativo voluntário (Lamy; Lamy, 2022, p. 7), entre as quais está a formulação de regras de boas práticas, códigos de conduta e códigos éticos. Ou seja, *compliance* é um conjunto amplo de medidas, de natureza contratual, éticas e legais, entre as quais estão as regras de boas práticas.

Tampouco se pode misturar a obrigatoriedade das políticas de privacidade, item exigido dos agentes de tratamento na forma do artigo 9º da LGPD, com a formulação facultativa dos instrumentos do artigo 50 e suas respectivas regras de aplicação.[207] Na verdade, a divulgação

---

[205] Bruna Magacho e Melissa Trento (2021, p. 71-79) analisam o compliance enquanto instrumento de governança pública na LGPD, segundo o qual o compliance é apenas vetor em prol da ética, integridade e proteção dos dados pessoais, razão pela qual é imprescindível o comprometimento dos agentes públicos nesse processo.

[206] Pela relevância desse contexto consta no original: "24. *Make sure that policies and practices for inspections and enforcement respect the legitimate rights of those subject to the enforcement, are designed to maximise the net public benefits through compliance and enforcement and avoid unnecessary burdens on those subject to inspections*" (OECD, 2012, p. 11).

[207] O Tribunal Regional da 4ª Região (TRF4), pela Resolução nº 125, de 8 de outubro de 2021, estabelece no Anexo I, ponto 2 que: "2. Este documento pode ser alterado a qualquer momento, conforme o artigo 50, §3º, da Lei 13.709/2018 – LGPD –, sem prévio aviso, para adequação à legislação, processos de trabalho e/ou soluções de tecnologia da informação. é responsabilidade do(a) usuário(a) consultá-lo com regularidade para verificar a data de modificação, que será informada no final do texto" (Brasil, 2021j). Aqui, observa-se a ausência de distinção entre política de privacidade e boas práticas e regras de boas práticas. Desse modo, observa-se que a primeira é uma obrigação imposta aos coletores de dados dos usuários pela internet, as duas subsequentes envolvem práticas facultativas pelos agentes de tratamento. Oportuna a referência de que a resolução foi editada diante das medidas estabelecidas pela resolução do Conselho Nacional De Justiça (CNJ) nº 363, de 12 de janeiro de 2021, para o processo de adequação à LGPD por todos os tribunais brasileiros, na qual consta no artigo 1º, inciso VI, que cada tribunal deveria disponibilizar informações adequadas sobre o tratamento de dados pessoais, nos termos do art. 9º da LGPD, Por meio de duas políticas: a) política de privacidade para navegação na página da

de políticas de privacidade foi assegurada aos usuários de internet com a Lei nº 11.419, de 19 de dezembro de 2006, sobre informatização do processo judicial[208] (Brasil, 2006), e, principalmente, a partir do artigo 7º, do MCI. Assim, não se trata de tema ou obrigação inaugurada pela LGPD. As políticas de privacidade têm fonte obrigacional própria, logo não é deliberação e nem podem ser consideradas uma boa prática voluntária. São informações que devem ser prestadas aos titulares de dados pessoais, e, portanto, não equivalem a uma boa prática no sentido de serem um bônus oferecido de forma facultativa pelos agentes de tratamento.

Por esses últimos parágrafos, têm-se uma primeira noção conceitual das boas práticas e das regras de boas práticas. São padrões, formatações reproduzíveis em contextos parecidos, com uma roupagem de garantia de qualidade. Esse conceito é diferente do aplicável aos códigos de condutas e às regras de boas práticas, caracterizados por uma robustez jurídica normativa e não apenas de técnica profissional ou ética. A ética, embora possa integrar o conteúdo de regras de boas práticas e os códigos de conduta, não são o conteúdo principal desses instrumentos regulatórios. Partiremos de alguns pontos quanto à ética e à moral.

Segundo Juan Carlos Cassagne (2017, p. 62), moral e ética são sinônimos, pois ambos estão ligados ao âmbito dos valores que submetem a ordem jurídica. Em sentido diverso, José Renato Nalini (2014, p. 33-36) explica o conceito de ética a partir da distinção da moral. O autor defende que a moral é mais ampla e abrangente do que a primeira e que a ética é como se fosse as normas da moral, ou seja, a ética tem conteúdo teórico e é dela que se extrai uma moralidade positivada. Daí porque fala-se em "Códigos de Ética e não Códigos de Moral". Por ética tem-se uma disciplina normativa destinada a elucidar, explicar uma norma e não a criá-la, de tal modo a elucidar às pessoas os "valores e princípios que devem nortear sua existência" (Nalini, 2014, p. 33). Também pela distinção entre moral e ética, Eros Roberto Grau (2008, p. 291) explica que a moral diz respeito às virtudes do homem na sua subjetividade,

---

instituição e b) política geral de privacidade e proteção de dados pessoais a ser aplicada internamente no âmbito de cada tribunal. Logo, o CNJ não faz menção à aplicação do artigo 50, §3º, da LGPD (Brasil, 2021e).

[208] Recomenda-se a consulta à Resolução nº 121, de 5 de outubro de 2010, do CNJ, que estabelece as políticas de privacidade sobre a divulgação de dados processuais eletrônicos na rede mundial de computadores, expedição de certidões judiciais (Brasil, 2010a).

enquanto a ética aplica-se ao homem inserido no plano social, sendo um homem ético aquele que "respeita as instituições e cumpre as leis". A distinção entre ética e moral é esclarecedora, na medida em que as regras de boas práticas e códigos de condutas recepcionam essas formulações de modo complementar às regras de cumprimento de uma lei. A ética compreende a necessidade de uma conduta estar inserida em um contexto de conformidade legal, de uma autonomia pessoal e da responsabilidade em seu contexto (Cortina, 2010, p. 18). Isto é, de executar as normas dentro da realidade, por uma solidariedade social ou como uma tradução social das normas jurídicas.

André Saddy (2015, p. 94-96), com base nas doutrinas italiana e espanhola, trabalha o termo "código de autorregulação" como um gênero dividido em três espécies. O primeiro, os códigos de conduta ética ou deônticos, de base comportamental moral geral, de consciência pessoal de agir, não demandam a participação dos envolvidos ou destinatários a sua formulação, pois informam uma ética profissional a ser desempenhada. Os códigos de conduta e boas práticas são regras, instrumentos de compromisso voluntário,[209] criados pelos seus próprios colaboradores e nos limites de suas vontades (autolimitação da vontade). E os códigos de bom governo ou governança (*corporate governance*) destinados à direção, à gestão e ao controle das sociedades anônimas para alcançar objetivos de eficiência, de transparência e de credibilidade. Nesse critério, as regras de boas práticas são tratadas como um sinônimo de código de conduta, com elementos e características próprios, tais como: (i) instrumentos de exteriorização de determinados comportamentos vinculantes à organização, praticados diante de uma convenção de adesão voluntária; (ii) dependente de maior participação para atingir maior efetividade, com possibilidade de aprovação ou reconhecido pelo Poder Público; (iii) possibilidade de identificação de aderentes por meio de selo, símbolo ou distinção de qualidade ou de confiança; (iv) gestão por organismo de controle independente e imparcial; (v) capacidade sancionadora ou repressora; e (vi) previsão de mecanismo extrajudicial de resolução de conflitos (Saddy, 2015, p. 126).

Enquanto instrumento de compromisso voluntário do formulador, as regras de boas práticas não podem negar ou reduzir qualquer conteúdo normativo, tampouco podem simplesmente reproduzi-los. Isso se deve porque correspondem a assunções de ações que agregam

---

[209] Para um conceito de voluntarismo e dos *voluntary agreements*, temas abordados com a regulação inteligente no Capítulo 3, recomenda-se a consulta à nota de rodapé nº 312.

valor ou conteúdo obrigacional àquele que desenvolve o código e a ele adere. Da mesma forma, códigos de condutas que sejam meramente didáticos, com um conteúdo explicativo de direitos já previstos em lei, incorrem em uma publicidade enganosa em conferir algo que já é por lei previsto como se virtuoso fosse. Esse igualmente é o caso dos documentos que fixam propósitos, missões e objetivos em sentido amplo e genérico (Saddy, 2015, p. 121).

O autor enfatiza que os códigos de conduta são promessas que "se configuram como uma declaração voluntária, unilateral e autovinculativa", desde que esteja clara a distinção de que "prometer o que já é devido, não é prometer". Trata-se, pois, de uma antecipação cronológica de algo que não seja devido por lei com fundamento de obrigatoriedade pelo consentimento (Saddy, 2015, p. 149-155).

Em sentido diverso na conceituação de boas práticas e de código de conduta. Há quem não faça tais distinções quanto aos elementos mínimos necessários à sua configuração e as entenda como formulações deontológicas, com base ética e não normativa. Assim, o código de conduta ou as boas práticas seria um conjunto de condutas derivadas dos princípios éticos da empresa e de gestão (Solé, 2022, p. 124). E por esse mesmo pensamento se equivaleria a conteúdos não juridicamente obrigatórios (*legally non-binding*) (Cretella Neto, 2016, p. 206).

Ocorre que mesmo a partir da lógica de que os códigos de condutas não são documentos com caráter obrigacional, isso sofre temperamentos conforme o âmbito de sua aplicação. Se for no âmbito interno, decorrente de uma descentralização administrativa vinculada à execução de uma política pública, o código de conduta terá força normativa, afinal, sua existência tem origem legal. O mesmo ocorre com códigos de condutas públicos, cuja observância é imperativa pela absorção desses instrumentos como decorrentes do princípio da legalidade como definidor de todas as ações administrativas. No entanto, se analisarmos os códigos de condutas elaborados no âmbito internacional, como os das Nações Unidas, a ideia de obrigatoriedade assume uma posição recomendatória, uma postura esperada.[210] Logo, a

---

[210] No âmbito da ONU existem códigos de condutas com aplicação de âmbito global. Um denominado *ILO Code*, o Código de Conduta da Organização Internacional do Trabalho. Há o *UNCTAD Code* ou *Restrictive Business Practice* elaborado no âmbito da Conferência das Nações Unidas para o Comércio de Desenvolvimento (UNCTAD) que absorveu a Comissão das Nações Unidas que estava voltada à aprovação do *Code of Conduct for Transnational Corporations*, de caráter geral destinado às atividades de empresas transnacionais (Cretella Neto, 2016, p. 207).

racionalidade que desvincula os códigos de conduta da normatividade não se confirma na prática em todos os casos.

Stuart Gilman (2005) realizou um estudo na distinção de códigos de conduta[211] e códigos de ética aplicados ao setor público.[212] Para o autor, um código de conduta (ou códigos de comportamento) é projetado para antecipar e prevenir determinados tipos de comportamento específicos dentro de uma organização, tais como conflito de interesses, suborno e ações inadequadas, e serve como uma camada de proteção ao empregado e de construção da reputação do formulador ou aderente do código. Ele explica ser característico dos códigos de conduta a fixação de condutas negativas, ou seja, o uso do "não" ou de uma descrição de comportamentos proibidos, nos quais não pode haver envolvimento. São documentos que costumam ser longos e detalhados (Gilman, 2005, p. 16).

Já os códigos de ética são de difícil aplicação prática, pois, embora sirvam de orientação a comportamentos tal qual os códigos de conduta, são muito mais abstratos. Neles são embutidos princípios e valores com base na integridade, em uma visão de excelência e de expectativa cívica. De qualquer forma, fato é que os códigos de conduta e os códigos de ética são naturalmente complementares e a presença de um não invade o âmbito de aplicação do outro (Gilman, 2005, p. 3-10).

Dessas linhas extrai-se que regras de boas práticas e os códigos de conduta são os termos que mais se aproximam e expressam formas

---

[211] O Código de Conduta para os funcionários responsáveis pela aplicação da lei (*Code of conduct for law enforcement officials*) foi um documento elaborado e adotado pela Assembleia Geral das Nações Unidas, no dia 17 de dezembro de 1979, por meio da Resolução nº 34/169, sem força de tratamento internacional, mas voltado à padronização de práticas dos agentes públicos envolvidos na execução da lei, em forças de segurança pública com vistas à preservação dos direitos humanos (ONU, 1980).

[212] No setor público, uma distinção importante a ser considerada é que tanto os códigos de ética quanto os códigos de conduta, independentemente do objeto, se voltados ao setor das contratações públicas, ao serviço público, à gestão de recursos, à prevenção da corrupção, ou mesmo que seja de cunho geral, não serão de adesão voluntária tais como os códigos formulados no setor privado. Por exemplo, no Brasil, no âmbito do serviço público federal prestado dentro do Poder Executivo Federal há um Código de Ética (Decreto nº 1.171, de 22 de junho de 1994), um Código de Conduta da Alta Administração Federal (sem aprovação por decreto ou outro instrumento normativo, mas publicado em 22 de agosto de 2000) e um sistema de correição dentro do poder executivo federal (Brasil, 1994, 2000, 2005). Fora do âmbito do serviço público, mas ainda com vinculação a atividades estatais, embora instrumentos legislativos anteriores já tivessem introduzido o assunto das boas práticas e dos códigos de conduta, tem destaque a Lei nº 13.303, de 30 de junho de 2016, com a obrigatoriedade de um código de condutas e integridade para a empresa pública e a sociedade de economia mista sobre as práticas de gestão de riscos e controle interno (Brasil, 2016c).

de regulação privada que tenham por finalidade fixar regras ao cumprimento de determinado regulamento. Logo, não são concebidos como preceitos morais, mesmo que possam conter preceitos éticos. Eles se destinam ao mesmo fim de execução de uma lei. São formulações de condutas por textos vinculativos, de adesão voluntária e de conteúdo obrigacional jurídico.

Na União Europeia, a Diretriz nº 1, de 4 de junho de 2019, estabelece que os códigos de conduta no RGPD são "instrumentos de responsabilização voluntários que estabelecem regras específicas em matéria de proteção de dados", aplicáveis tanto aos responsáveis pelo tratamento de dados quanto aos subcontratantes (União Europeia, 2019a, p. 7). Segundo a Diretriz, os códigos devem apresentar "uma descrição do conjunto de comportamentos mais adequados, lícitos e éticos de um setor", tendo em vista que as regras funcionam representam o sentido operacional frente aos princípios de proteção de dados estabelecidos no direito nacional e europeu (União Europeia, 2019a, p. 7).

No Brasil, a própria LGPD apenas referiu "regras de boas práticas" no artigo 50. Nos demais dispositivos utilizou apenas "boas práticas". Veja-se nos artigos 32 e 33,[213] no título do Capítulo VII e na menção ao artigo 49. Estão no título da Seção II, ao lado da governança, mas só no *caput* recebem o acréscimo da expressão "regras". No âmbito regulatório, até o presente momento produzido pela ANPD, as aplicações terminológicas não são lineares quanto ao artigo 50 e pode, a depender da forma como aplicadas, extrapolar a competência regulamentar da autarquia.

É o caso da Resolução CD/ANPD nº 1, de 28 de outubro de 2021 (Brasil, 2021d), que agrupa no artigo 29 as regras de boas práticas, as regras de governança, as boas práticas regulatórias da ANPD, os padrões técnicos e os códigos de condutas de organismos de certificação ou de outras entidades em um mesmo conceito aberto de atividade de orientação, uma das atividades do processo de fiscalização (monitoramento, orientação e prevenção) prévias à atividade repressiva, nos termos do artigo 15, da Resolução.

---

[213] As regras de boas práticas é tema que se relaciona com a transferência de dados internacionais (artigo 33 e seguintes da LGPD), uma vez que o código de condutas apresentados pelo controlador, com atendimento comprovado de garantias de cumprimento dos princípios, dos direitos do titular e do regime de proteção de dados previstos na LGPD, será analisado e poderá ser regularmente aprovado pela ANPD, na forma dos artigos 33, inciso II, letra "d", e artigo 35 (Brasil, 2018a).

Como se demonstrará nos tópicos subsequentes destinados à análise dos conceitos de programa de governança em privacidade e dos padrões técnicos, a LGPD apenas conferiu à ANPD ou outra entidade de cumprimento o poder de solicitar ao controlador a apresentação de programa de governança, nos termos do artigo 50, §2º, inciso II, da Lei. A lei não prevê a possibilidade no artigo 50 de a ANPD solicitar a elaboração de regras de boas práticas aos agentes de tratamento, antes é o inverso. Quem faz solicitação à ANPD é o agente de tratamento para que a Autoridade analise a sua demanda de verificação das regras. As regras de boas práticas são uma faculdade, é direito subjetivo do agente de tratamento decidir se irá (ou não) elaborá-las. Aliás, como se defenderá no próximo capítulo, é possível afirmar que há um segundo direito subjetivo do agente de tratamento de vê-las apreciadas pela ANPD. Então, a inclusão das regras de boas práticas e dos códigos de condutas no artigo 29 da Resolução não se alinha à LGPD.[214]

Os artigos 27 a 29 da Resolução CD/ANPD nº 1, de 2021, transformam um instrumento de autorregulação de carácter normativo, de compartilhamento de competência regulatória, de expansão legal da LGPD, que sequer foram regulamentados pela ANPD, em meros procedimentos internos do processo de fiscalização à serviço da Autoridade. E por essa utilização já pressupõe alguma forma de desconformidade ou algum indício de tratamento irregular. Ou seja, rebaixa o status normativo do artigo 50, da LGPD, mitiga a função do artigo 52, da LGPD, de estimular pela redução da sanção, e mistura instrumentos que são de titularidade do regulado (artigo 50 e artigo 33, inciso II, letra "d") com obrigações regulatórias da ANPD como agente normativo constitucional (artigo 46, §1º e artigo 51), e deturpa formas autorregulatórias em uma mera do processo regulamentar de fiscalização.

Percebe-se, assim, uma regulamentação aquém das atribuições regulatórias da ANPD quanto à definição das suas atividades de orientação, na medida em regulamenta institutos legais, de implementação da lei, como se fiscalizatórios fossem sem a correspondente regulamentação que a lei estabelece à autarquia. Por uma parte, caminha de forma ajustada, ao elencar como atividade de orientação os incisos I, II e III do artigo 29, da Resolução CD/ANPD nº 1, de 2021. Por outro,

---

[214] Antecipa-se nesse ponto que o desalinhamento dos métodos de orientação contidos no artigo 29, da Resolução CD/ANPD nº 1, de 2021, ficaram ainda mais evidentes com a edição da Resolução CD/ANPD nº 4, de 2023, que, ao regulamentar a dosimetria das sanções aplicáveis pela autarquia, fixou como critérios de agravamento da multa simples o não atendimento de qualquer medida orientativa nos termos do artigo 12 (Brasil, 2023b).

utiliza a autorregulação como medida de *compliance*, como um *cleaner* auxiliar ao não ingresso da fase repressiva da fiscalização, como se os instrumentos do artigo 50 e do artigo 33, II, estivessem à serviço prioritário da Autoridade, quando, na verdade, são instrumentos que o legislador pôs à disposição do regulado.

As regras de boas práticas não são meras recomendações de um processo fiscalizatório responsivo. Elas integram a estratégia responsiva em si de governança regulatória, de implementação da lei no território nacional, que assume uma posição no escalonamento de intervenção do Estado como agente regulador normativo e não como agente sancionador.

Apesar dessas críticas, cabe referir que, ainda que de forma indireta, o artigo 29,[215] da Resolução CD/ANPD nº 1, de 2021 (Brasil, 2021d), ratificou a diferença de "boas práticas" de "regras de boas práticas" quando determina que a ANPD irá elaborar e disponibilizar guias de "boas práticas" (artigo 29, inciso I). Além disso, aponta como medida de orientação recomendar ao fiscalizado a utilização de padrões técnicos que facilitem o controle pelos titulares, conforme prevê o artigo 51, da LGPD.

O Decreto nº 10.474,[216] de 2020, e a Resolução CD/ANPD nº 4, de 24 de fevereiro de 2023,[217] também separaram os termos "boas práticas",

---

[215] Pela relevância do dispositivo, transcreve-se: "Artigo 29. Constituem medidas de orientação: I – elaboração e disponibilização de guias de boas práticas e de modelos de documentos para serem utilizados por agentes de tratamento; II – sugestão aos agentes regulados da realização de treinamentos e cursos; III – elaboração e disponibilização de ferramentas de autoavaliação de conformidade e de avaliação de riscos a serem utilizadas pelos agentes de tratamento; IV – reconhecimento e divulgação das regras de boas práticas e de governança; e V – recomendação de: a) utilização de padrões técnicos que facilitem o controle pelos titulares de seus dados pessoais; b) implementação de Programa de Governança em Privacidade; e c) observância de códigos de conduta e de boas práticas estabelecidas por organismos de certificação ou outra entidade responsável. §1º Poderão ser adotadas outras medidas não previstas neste artigo desde que compatíveis com o disposto nos arts. 27 e 28. §2º Os agentes regulados, ou suas associações representativas, poderão sugerir a adoção das medidas de orientação listadas acima, sujeita à avalição da ANPD (Brasil, 2021d).

[216] O Decreto utilizou a expressão "boas práticas" quando definiu que compete ao Conselho Diretor da ANPD sugerir a adoção de boas práticas aos agentes públicos, no artigo 4º, inciso I, letra "c"; e no inciso XV do mesmo artigo que caberá reconhecer e divulgar regras de boas práticas estabelecidas por controladores e operadores relacionadas ao tratamento de dados pessoais (Brasil, 2020c).

[217] A Resolução CD/ANPD nº 4, de 2023, aprovou o regulamento de dosimetria e aplicação de sanções administrativas. Vejamos os conceitos trabalhados do artigo 50, da LGPD: "Artigo 2º: Para fins deste Regulamento adotam-se as seguintes definições: (...) VI – política de boas práticas e de governança: normas e processos internos que assegurem o cumprimento abrangente da legislação de proteção de dados pessoais, estabelecidos

"políticas de boas práticas" e "regras de boas práticas", o que demonstra uma evolução na matéria entre as regulamentações da Autoridade nos últimos anos (2020 a 2023).

Na Resolução CD/ANPD nº 2, de 27 de janeiro de 2022, que regulamenta a aplicação da LGPD aos agentes de tratamento de pequeno porte, o artigo 11 dispensou o dever de indicação do encarregado[218] previsto no artigo 41, §2º, inciso I, da LGPD. Determinou que, caso o encarregado seja indicado, tal medida será reconhecida pela ANPD como uma boa prática para fins do artigo 52, §1º, inciso IX, da lei (Brasil, 2022f). Isso significa que o dispositivo[219] ratifica o conceito de "boas práticas", no sentido de um compromisso voluntário pelo agente de tratamento, no qual há uma assunção de obrigação além da lei, por meio de uma conduta responsável e transparente de uma diligência maior do que a esperada.

Tais variações regulamentares da ANPD corroboram a necessária intervenção por meio do processo de reconhecimento ou validação[220] ou por alteração legislativa, temas do próximo Capítulo. A divulgação e a publicização das formulações pela ANPD representarão um sinal de conformidade das regras de boas práticas. Se assim não for, opera-se um esvaziamento do potencial regulatório do artigo 50, seja pela ausência de segurança jurídica na forma já mencionada, seja por não oferecer incentivo aos agentes de tratamento ao uso dessas medidas, seja por torná-las documentos meramente elucidativos e sem vinculação jurídica aos seus aderentes.

Se as regras de boas práticas e os códigos de conduta destinam-se ao delineamento de condutas para o melhor cumprimento das normas previstas, há um desenho das normas legais aplicáveis a uma realidade setorial específica pelo próprio setor. Sendo assim, quando a ANPD divulga guias aplicáveis a uma realidade específica (setor público,

---

e implementados pelo agente de tratamento mediante a adoção de: a) regras de boas práticas e de governança, nos termos do art. 50, caput e §1º, da LGPD; ou b) programa de governança em privacidade, nos termos do §2º do art. 50 da LGPD; (...)" (Brasil, 2023b).

[218] A definição regulamentar quanto à atuação do encarregado na LGPD está em fase de consulta pública (consulta pública nº 3, de 6 de novembro de 2023) para edição da futura Resolução do Conselho Diretor da ANPD.

[219] Artigo 11, §2º. A indicação de encarregado por parte dos agentes de tratamento de pequeno porte será considerada política de boas práticas e governança para fins do disposto no art. 52, §1º, IX, da LGPD (Brasil, 2022f).

[220] No mesmo sentido o artigo 4º, inciso XV, do Decreto nº 10.474, de 2020, estabelece que compete ao Conselho Diretor, enquanto órgão máximo de direção da ANPD, reconhecer e divulgar regras de boas práticas estabelecidas por controladores e operadores relacionadas ao tratamento de dados pessoais (Brasil, 2020c).

empresas de pequeno porte) e utiliza a expressão "boas práticas" desacompanhada do termo prévio "regras", está a indicar as primeiras como subelementos da atribuição fixada no artigo 55-J, inciso I da LGPD, e do processo fiscalizatório, sem correspondência ao instrumento de regulatório constante no artigo 50 da LGPD (Brasil, 2018a).

Há outros exemplos, todavia, em que a lei trata institutos próximos sem essa referência. Assim, embora o legislador não tenha reunido suas aplicações, não há como distanciar o código de conduta previsto no artigo 33, inciso II, alínea "d" e no *caput* do artigo 35, do código de conduta de regras de boas práticas do artigo 50. Na verdade, a expressão "regras de boas práticas" engloba o conceito de "código de conduta", seja enquanto gênero do qual este último é uma espécie, seja porque as regras de boas práticas podem receber a denominação por seus formuladores de "código de condutas", ou "código de regras de boas práticas", ou "código de boas práticas". A nomenclatura não limita o ponto principal, que é o conteúdo e o procedimento pelo qual ele for submetido, o qual será determinante aos efeitos legais.

Fato é que um Código formulado e reconhecido na forma do artigo 50 da LGPD, pode conter em seu corpo disposições destinadas à transferência internacional de dados, enquanto um documento único a ser analisado e supervisionado pela autarquia. Tal medida, em que pese dependa de uma regulamentação sobre ambos os temas (transferência internacional e regras de boas práticas), mostra-se extremamente oportuna à implementação da LGPD, à realidade empresarial globalizada, à promoção dos objetivos do artigo 2º, à economicidade e à otimização regulatórias, à segurança jurídica, além de servir de incentivo e de apoio às práticas autorregulatórias supervisionadas. Logo, é indispensável que se construam regulamentações que harmonizem esses dispositivos e possibilitem que os formuladores possam, por um mesmo Código, apresentar regras de melhor cumprimento à LGPD às suas operações domésticas e transnacionais.

2.3.2 Natureza jurídica das regras de boas práticas e regras de governança em privacidade

Diante dessa diversidade de entendimento quanto ao conteúdo obrigacional ou meramente deontológico das regras de boas práticas, bem como diante da possibilidade de elaboração, tanto pelo setor público, como pelo setor privado, não há um denominador comum para fins de fixação da natureza jurídica. Será possível, no entanto, determinar a natureza jurídica de um código de conduta a partir do seu conteúdo, a partir da lei a que se destinar seu cumprimento, de qual o método de controle e fiscalização for aplicado ao seu cumprimento, de quem é o formulador. Vale dizer: a compreensão sobre cada um desses pontos (conceito, elementos, fundamentos, características, natureza jurídica, regime jurídico aplicável), é casuística. Tendo isso em mente, é possível descrever algumas situações e suas respectivas naturezas jurídicas que considerem essa gama de possibilidades. Vejamos.

Caso o código de conduta seja parte de um estatuto social empresarial, terá natureza plurilateral, tal como os contratos e os estatutos socais. Se forem pactuados por meio de uma negociação coletiva, como as de natureza trabalhista, ou se fizerem parte de um contrato, terão natureza jurídica contratual (Saddy, 2015, p. 151). Ainda que pouco usual, embora possível, na hipótese de um código de conduta individual ser publicizado, ele será um ato unilateral de vontade,[221] decorrente da autonomia da vontade. Assim, considerando que esse ato obriga seu emitente desde o momento em que a declaração se tornar pública, independentemente de qualquer aceitação por terceiros, já estará formada a obrigação (Gonçalves, 2022, p. 1.299), logo terá natureza obrigacional. Há, contudo, quem defenda que códigos de conduta ou regras de boas práticas fruto de uma declaração unilateral de vontade assumem natureza jurídica contratual (Saddy, 2015, p. 153).

Paulo Otero, como já mencionado neste capítulo, analisa a diversificação material da legalidade administrativa por dois fenômenos que apresentam partes que importam à análise da natureza jurídica das regras de boas práticas. A "juridificação administrativa pela aplicação de normas extrajurídicas"[222] (Otero, 2003, p. 763) e a "administrativização

---

[221] O ordenamento jurídico brasileiro acolhe a possibilidade jurídica de declarações unilaterais de vontade serem fonte de obrigações, tanto pela redação do artigo 107 como pelas disposições do Título VII, todos do Código Civil Brasileiro (Brasil, 2002). Observa-se nesse ponto que, no direito brasileiro, o Código Civil de 1916 vigente até 2002 utilizava a expressão declarações unilaterais da vontade e as consideravam como fontes autônomas das obrigações no Título VI "das obrigações por declaração unilateral da vontade". Com a vigência do Código Civil de 2002, foi alterada essa denominação e o Título VII passou a ser "Dos Atos Unilaterais" (Gonçalves, 2022, p. 1.294).

[222] O autor explica a juridificação administrativa em quatro situações: a aplicação de normas extrajurídicas, a aplicação de normas desportivas de organizações internacionais não governamentais, a juridificação de fatos emergentes da atuação administrativa e as tentativas de juridicização da política. O mesmo ocorre com a administrativização do direito privado separada em duas possibilidades de ocorrência: pela aplicação administrativa do direito privado e a intervenção administrativa sobre as fontes normativas de relações

do direito privado pela intervenção administrativa de controle sobre as fontes normativas das relações jurídicas privadas"[223] (Otero, 2003, p. 805).

No primeiro fenômeno, tem-se uma atuação ou uma atividade desenvolvida pela Administração Pública por meio de procedimentos técnicos-científicos, códigos morais ou de ética, padrões de pura lógica e que são denominados pelo autor como normas extrajurídicas, pois passam por um processo de juridicização administrativa. Consequentemente, quando essas formulações ocorrerem no âmbito da Administração, há uma perda da identificação jurídica original (ou natural de padrões morais) diante da força que a legalidade vinculante da atuação administrativa exerce sobre elas. Desta forma, por ocorrerem no âmbito administrativo público e a este serem destinadas, estejam descritas em um código de conduta ou em um código de ética, terão natureza jurídica de norma jurídica e serão obrigatórias. Compromissos internacionais internalizados, ainda que recebam a denominação de boas práticas ou código de conduta, também terão natureza normativa, como o Decreto nº 11.092, de 8 de junho de 2022[224] (Brasil, 2022g).

Já na "intervenção administrativa de controle sobre as fontes normativas das relações jurídicas privadas", a Administração Pública, no exercício de seus poderes de fiscalização e de controle, apura a validade ou a regularidade de atos jurídicos privados, tanto como um requisito de validade formal deste ato privado, quanto (ou cumulativamente) de eficácia de fonte normativa privada. Se a lei determinar que a Administração Pública certifique ou fiscalize a validade e a conformidade de uma autorregulação à lei específica, a natureza jurídica dessas normas será privada ou de atos normativos privados (Otero, 2003, p. 805), mesmo que tenha contado com a aprovação administrativa. Aqui, a atuação de controle não transforma o conteúdo privado sujeito à análise administrativa em normas administrativas, apenas resguarda o cumprimento da lei e a centralidade fiscalizatória do Poder Público.

---

privadas, sendo apenas esta última vinculada ao estudo da natureza jurídica das regras de boas práticas (Otero, 2003, p. 733).

[223] Da mesma forma, a "intervenção administrativa sobre as fontes normativas das relações jurídicas privadas" pode ocorrer de três formas: a) intervenção habilitante; b) a intervenção de controle; c) intervenção substitutiva (Otero, 2003, p. 803).

[224] O Decreto promulgou o Protocolo ao Acordo de Comércio e Cooperação Econômica entre o Brasil e os Estados Unidos para regras comerciais e de transparência. O texto foi firmado em Brasília e em Washington, em 19 de outubro de 2020, e tem anexo específico destinado às boas práticas regulatórias que deverão ser seguidas por ambos os países (Brasil, 2022a).

Ou seja, trata-se de uma autorregulação que gera corresponsabilidade do Estado, como um avalizador, diante do dever estatal em zelar pela legalidade dos atos normativos privados (Otero, 2003, p. 806).

Da leitura doutrinária sobre a autorregulação, entregue por meio de regras de boas práticas ou de um código de conduta, conclui-se que elas poderão ser submetidas ou não ao controle e à fiscalização da Administração Pública, a depender de dois fatores: a) de lei específica que assim estabeleça essa possibilidade e competência autorregulatória, e b) do interesse privado, voluntário, de que essas formulações tenham efeito normativo (validade e eficácia) dentro da matéria que visam autorregulamentar.

Caso uma lei autorize que um conjunto de assuntos seja objeto de um código de conduta, isso não implica, automaticamente, que essa faculdade será exercida pelos destinatários. Contudo, caso essa competência seja exercida e seus formuladores pretendam vê-la com ampla aplicabilidade (normativa) em suas relações privadas e frente ao Poder Público, o código de conduta escrito deverá ser submetido ao processo de controle e à supervisão administrativa, como se analisará no Capítulo 3.

Aplicando essas construções, identificam-se algumas hipóteses ao intérprete quanto ao parágrafo terceiro do artigo 50 da LGPD. Inicialmente, o parágrafo não deixa margem quanto à obrigatoriedade de publicação das regras. Levar ao conhecimento público as regras de boas práticas e de governança é um compromisso de transparência e como tal pode tanto ser aplicada à ideia de boas práticas, ao vínculo obrigacional ou a um compromisso moral.

No entanto, o dever de atualização do conteúdo da autorregulação representa a atenção ao conteúdo técnico, suscetível à ação do tempo e ao risco de desatualização, preocupações que não se aplicam à moral e à ética singularmente consideradas. Valores sobrevivem à ação do tempo e à tecnologia, diferentemente dos padrões técnicos, dos procedimentos e dos compromissos obrigacionais que dão cumprimento à lei. Logo, a obrigação de atualizar fortalece o argumento regulatório das regras de boas práticas, e, consequentemente, a imperiosa avaliação de todos os documentos que visem aplicar o *caput* do artigo 50 da LGPD, pela autarquia que zela pelo direito fundamental à proteção de dados pessoais.

Ocorre que a locução verbal "poderão ser reconhecidas e divulgadas pela autoridade nacional", em seu sentido literal e desvinculada do futuro regulamento, não assegura que os agentes de tratamento possam apresentar um código de boas práticas[225] e que esse documento irá, de fato, ser analisado e convalidado pela ANPD. Na verdade, pela redação literal, tampouco é possível afirmar que as regras de boas práticas, mesmo que reconhecidas pela ANPD, serão vinculantes, quais seriam os efeitos jurídicos, os critérios e as fases desse ato administrativo da autoridade. Por isso, os Capítulos 3 e 4 examinarão alternativas: a) a interpretação da parte final do dispositivo no que tange à supervisão das regras de boas práticas com as medidas regulatórias possíveis pela ANPD e b) os projetos de leis que visam alterar o artigo 50 e suas repercussões nesse ponto.

2.3.3 Programa de governança em privacidade e a governança de dados pessoais

A matéria da autorregulação passou por mudanças no curso do processo legislativo da LGPD até chegar na primeira redação do que seria o artigo 50, como discutido no Capítulo 1.

Na redação inicial do PL nº 5.276, de 2016 (Quadro 1), o dispositivo referia regras de boas práticas sem a referência às "de governança" no *caput* e nem, mais especificamente, do "programa de governança em privacidade", tal como a redação vigente. No *caput* não havia a expressão "(...) e de governança",[226] tampouco o parágrafo segundo e o terceiro.

Com a reunião do PL nº 5.276, de 2016 e do PL nº 6.291, de 2016, ao PL nº 4.060, de 2012, houve intenso processo de participação por meio de audiências públicas, contribuições da sociedade civil e de especialistas. Em 29 de maio de 2018, foi publicado o relatório final da Comissão, o qual opinou pela alteração dos artigos 49, 50 e 52, momento

---

[225] Recentemente foi divulgada uma reunião da Conexis, associação que representa o setor de telecomunicação, com a ANPD para apresentação de um Código de boas práticas para o setor de telecomunicações (Conexis, 2022).
[226] A redação original do artigo 50 do PL nº 5.276, de 2016, assim previa: "Art. 50. Os responsáveis pelo tratamento de dados pessoais, individualmente ou por meio de associações, poderão formular regras de boas práticas que estabeleçam as condições de organização, o regime de funcionamento, procedimentos, as normas de segurança, os padrões técnicos, as obrigações específicas para os diversos envolvidos no tratamento, as ações educativas, os mecanismos internos de supervisão e outros aspectos relacionados ao tratamento de dados pessoais. §1º Ao estabelecer regras de boas práticas, o responsável pelo tratamento e o operador levarão em consideração a natureza. o escopo e a finalidade do tratamento e dos dados e a probabilidade e a gravidade dos riscos de danos aos indivíduos. §2º As regras de boas práticas serão disponibilizadas publicamente e atualizadas e poderão ser reconhecidas e divulgadas pelo órgão competente" (Brasil, 2016a, p. 16).

em que as regras de governança foram trazidas ao *caput* do artigo 50 como forma autorregulatória ao lado das regras de boas práticas na forma como consta na LGPD vigente.[227]

Justificou-se a inclusão pela necessidade de um rol de procedimentos de segurança postos à disposição do responsável pelo tratamento e para que este tivesse um conjunto de ações voltadas à minimização do risco e de eventuais danos (Brasil, 2012a). O intuito legislativo com os artigos 50 e 51, da LGPD, era induzir o planejamento das atividades de tratamento de dados e incentivar os responsáveis com a mitigação das sanções previstas na LGPD conforme dispõe o artigo 52, §1º, inciso IX. A medida teria suporte inclusive no artigo 174, da Constituição Federal, que determina ao regulador enquanto agente normativo exercer a função de incentivo e planejamento ao regulado.

Em maio de 2017, a autorregulação e a governança destacaram-se como temas do Seminário Internacional promovido em meio à realização das audiências públicas e de coleta de contribuições da sociedade. As participações da *US Chamber´s Center for Global Regulatory Cooperation* (GRC)[228] dos Estados Unidos e do departamento jurídico da Comissão Europeia ressaltaram a importância da autorregulação, da autonomia e responsabilidade dos regulados e usuários, bem como do aperfeiçoamento à governança como modelo (Brasil, 2018d, p. 22). Aliás, a própria nomenclatura "programa de governança em privacidade" e a escolha legislativa pelo termo "privacidade" são reflexos desse momento de construção legislativa do artigo 50, como explica o relatório final da Comissão, ao modificar a redação originária deste artigo (Brasil, 2012a).

O conceito de governança, por essência amplo, independentemente do campo de aplicação, do modelo e das respectivas subdivisões e variações de ferramentas, deve guardar coerência com seus princípios e missões: promover a participação, integrar visões, gerir insuficiências, administrar interesses, atender necessidades e destravar conflitos.

---

[227] No último capítulo, serão analisados os projetos de leis para alterações da Seção II.

[228] A *US Chamber of Commerce* (Câmara de Comércio dos Estados Unidos) é a maior organização empresarial do mundo, que reúne membros desde pequenas empresas até as câmaras de comércio em todo o território dos EUA. A *US Chamber* apoia comunidades, associações industriais, corporações globais e indústrias emergentes. Entre os programas que são desenvolvidos pela *US Chamber* está o GRC que promove o uso de iniciativas de cooperação regulatória intergovernamentais e a implementação de boas práticas regulatórias (*good regulatory practices*, as GRPs) entre governos estrangeiros (US Chamber Of Commerce, 2023).

O termo ganhou espaço na década de 1980 e por seu potencial e versatilidade permitiu o desenvolvimento de quase tantos conceitos quanto pesquisadores no campo. (Belli, 2019, p. 45). Desse modo, cada termo associado à governança interfere em conceitos, características, envolvidos e na definição de funções no ordenamento jurídico.

Na LGPD, o legislador vinculou o termo "governança" às boas práticas. Não há qualquer dispositivo na lei que aplique a governança autonomamente. A lei nacional com isso definiu que o campo de aplicação da governança, enquanto uma prática dentro da LGPD, seria um instrumento regulatório, uma forma de autorregulação.

Como toda lei federal ordinária, além de ser passível de alteração pelo mesmo legislador constitucionalmente designado, deve, quando necessário, dialogar com outras previsões legais que prevejam a governança em sentidos diversos, tais como a governança pública de dados, a governança de dados abertos, a governança da internet, a governança regulatória e a governança pública. Contudo, a lei é o principal fator de atenção ao conceito de governança na proteção de dados pessoais, pois o direito tutelado na LGPD é um direito e garantia fundamental.

O artigo 5º, inciso LXXIX, da CF, assegurou o direito à proteção dos dados pessoais enquanto direito e garantia fundamental nos termos da lei, o que equivale a um direito fundamental de eficácia limitada. Logo, no plano infraconstitucional, apenas conceitos tratados em lei poderão se conectar à proteção de dados pessoais além do que esteja já previsto na LGPD, o que inclusive é previsto no artigo 65.

Todavia, no plano constitucional, a governança aplicável à proteção de dados pode receber novas funções e contornos, tendo em vista que o artigo 5º determina que princípios adotados em tratados internacionais em que a República Federativa do Brasil seja parte (artigo 5º, §1º), ou tratados e convenções internacionais sobre direitos humanos que forem aprovados, em cada Casa do Congresso Nacional, em dois turnos, por três quintos dos votos dos respectivos membros, serão equivalentes às emendas constitucionais (artigo 5º, §2º).

Nesse contexto, a governança pode receber conceituação para além da LGPD diante da proteção de dados pessoais como direito constitucional humano e integrar conceitos e objetivos de uma futura agenda intergovernamental, de participações do Brasil em organizações internacionais ou mesmo de padrões internacionais que visem harmonizar normas às transferências internacionais.

Fixadas tais premissas no sentido de enaltecer o potencial que o conceito de governança pode assumir no fluxo regulatório de dados pessoais e de alertar à adoção indiscriminada da expressão "governança" dentro da LGPD, cabe analisar o seu teor no artigo 50, da LGPD. Os agentes de tratamento que formalizam regras de governança (artigo 50 *caput*) por meio de um programa de governança em privacidade (artigo 50, §2º, incisos I e II), deverão publicar o programa, o qual poderá ser reconhecido pela ANPD (artigo 50, §3º).

A ANPD, detentora de competência interpretativa privativa, na Nota Técnica nº 16, de 17 de outubro de 2023, aplicou a governança como (i) "governança de dados", ao afirmar que se trata de conceito inaugurado no Brasil pela LGPD e; (iii) como um mecanismo, previsto no artigo 50, para "as organizações implementarem políticas, práticas e procedimentos robustos" à proteção de dados (Brasil, 2023a, p. 2-4). A governança, segundo a manifestação técnica da autarquia, corrobora, entre outros fatores, à grande interseção temática entre a proteção de dados pessoais e a inteligência artificial no entendimento de que as duas disciplinas devem ter o mesmo agente regulador federal como responsável. Além disso, sublinhou que o artigo 50, da LGPD, está diretamente alinhado ao modelo em estudo no Brasil de Código de Conduta na inteligência artificial a reforçar a centralidade da competência fiscalizatória na ANPD. Vale dizer: a autorregulação, por meio de regras de governança, não apenas reforçou as funções regulatórias em proteção de dados pessoais como também atraiu novas matérias que se relacionam diretamente à tutela dos dados pessoais.

É interesse ainda identificar as nomenclaturas adotadas no artigo 50 e no seu §2º, da LGPD. Primeiro o *caput* vincula o termo regras tanto às "de boas práticas" quanto às "de governança", o que evita margem à interpretação quanto à natureza jurídica das regras de governança em privacidade aprovadas na forma do §3º, ainda que o §2º adote a expressão "programa de governança" ao invés de "regras de governança".

Segundo, pois há uma justificativa legislativa à expressão utilizada pelo §2º. A escolha pelo termo "programa de governança em privacidade" ao invés de "programa de governança em proteção de dados" ou mesmo "programa de governança em proteção de dados e em privacidade", tal como ocorre no caso da designação do CNPD,[229] é pela compreensão que prevaleceu sobre o que seria essa forma de governança para a LGPD.

---

[229] Locução utilizada, por exemplo, para designar o Conselho Nacional de Proteção de Dados Pessoais e da Privacidade.

Desse modo, embora ausente a expressão "proteção de dados" na designação do instituto, não se pretendeu reportar às distinções teóricas entre privacidade e proteção de dados, notadamente porque a privacidade permeia toda a LGPD. Nesse caso, o raciocínio legislativo foi no sentido de que o termo privacidade guardaria mais consonância à força do instituto autorregulatório nos EUA, bem como às influências e referências recebidas pelo legislador. No entanto, no caso seja trazida a discussão quanto às distinções entre a abrangência da tutela jurídica na proteção da privacidade e na proteção de dados pessoais,[230] a melhor compreensão será no sentido de que não houve intenção do legislador em excluir a concepção proteção de dados, mas apenas utilizar a expressão que mais se conectaria com o instituto jurídico de referência do direito comparado (Brasil, 2012a), conforme relatado no Capítulo 1.

A presença do termo "de governança" já no *caput* do artigo 50 também demonstra que o legislador previu na norma duas opções de autorregulação aos agentes de tratamento: regras de boas práticas e regras de governança em privacidade, ambas sujeitas ao filtro analítico do regulador nacional pelo parágrafo terceiro. Podem ser conjugadas ou não de acordo com a opção do agente de tratamento. Cada forma recebeu um parágrafo específico. O primeiro, às regras de boas práticas e o segundo, às regras de governança. Neste, as regras de governança foram denominadas de programa de governança em privacidade e foram direcionadas, mais especificamente, à demonstração de cumprimento dos princípios da segurança e da prevenção previstos no artigo 6º da Lei.

No Capítulo 1, foram descritas as condutas autorregulatórias necessárias aos agentes de tratamento. Demonstrou-se a importância que a conduta responsável e a conduta transparente multifocal assumiram na racionalidade regulatória em matéria de proteção de dados pessoais no mundo a partir da migração de atribuições regulatórias do Estado ao regulado. Progrediu-se no entendimento de que há uma impossibilidade fática de o Estado controlar e supervisionar todos os nichos regulatórios, razão pela qual a atividade estatal precisa centralizar esforços em reprimir atividades que representem riscos aos preceitos legais da matéria, aos próprios regulados no ambiente concorrencial, à paz social, ao consumo, à segurança das informações e suas repercussões.

---

[230] Esse ponto foi analisado no Capítulo 1.

Independentemente da priorização da atividade fiscalizatória aos usos mais nocivos dos dados pessoais, todos os agentes de tratamento, por mais que persigam a maior adequação possível à lei, estarão, por óbvio, submetidos à constante supervisão de suas atividades de tratamento. No caso do artigo 50, há uma forma de controle estatal sobre as operações de tratamento pela lente dos atos normativos editados na organização, de modo a analisar a suficiência dos atos editados e a supervisionar as ações em si de tratamento. E o programa está destinado especificamente ao núcleo de segurança e prevenção aplicado a essas ações. Aqui, fica ainda mais clara a extensividade do princípio da prevenção associada ao princípio da precaução, dando ao artigo 6º, inciso VIII, da LGPD, um acervo jurídico mais sistemático e robusto ao contexto de gestão de riscos que todo o Capítulo VII da Lei exige dos agentes de tratamento.

Ainda que o programa de governança em privacidade seja um instrumento indicativo ao controlador,[231] desenvolvê-lo acarretará pôr em prática um conjunto de ações prévias ao tratamento de dados pessoais, tal como ocorre com as regras de boas práticas. Nesse ponto, embora sejam fáticos o quadro brasileiro de operações de tratamento de dados pessoais em curso quando da vigência da lei e o processo de adequação que os agentes já operantes enfrentam, a norma considera também os novos agentes de tratamento. Logo, a regra é que primeiro os agentes de tratamento elaborem um plano sobre quais dados

---

[231] Pelos detalhes do dispositivo, relembra-se aqui a redação: "Artigo 50. (...) §2º Na aplicação dos princípios indicados nos incisos VII e VIII do caput do art. 6º desta Lei, o controlador, observados a estrutura, a escala e o volume de suas operações, bem como a sensibilidade dos dados tratados e a probabilidade e a gravidade dos danos para os titulares dos dados, poderá: I – implementar programa de governança em privacidade que, no mínimo: a) demonstre o comprometimento do controlador em adotar processos e políticas internas que assegurem o cumprimento, de forma abrangente, de normas e boas práticas relativas à proteção de dados pessoais; b) seja aplicável a todo o conjunto de dados pessoais que estejam sob seu controle, independentemente do modo como se realizou sua coleta; c) seja adaptado à estrutura, à escala e ao volume de suas operações, bem como à sensibilidade dos dados tratados; d) estabeleça políticas e salvaguardas adequadas com base em processo de avaliação sistemática de impactos e riscos à privacidade; e) tenha o objetivo de estabelecer relação de confiança com o titular, por meio de atuação transparente e que assegure mecanismos de participação do titular; f) esteja integrado a sua estrutura geral de governança e estabeleça e aplique mecanismos de supervisão internos e externos; g) conte com planos de resposta a incidentes e remediação; e h) seja atualizado constantemente com base em informações obtidas a partir de monitoramento contínuo e avaliações periódicas; II – demonstrar a efetividade de seu programa de governança em privacidade quando apropriado e, em especial, a pedido da autoridade nacional ou de outra entidade responsável por promover o cumprimento de boas práticas ou códigos de conduta, os quais, de forma independente, promovam o cumprimento desta Lei" (Brasil, 2018a).

estarão (poderão vir a estar) envolvidos em suas atividades. Com essa informação, eles deverão eleger qual instrumento de adequação irão adotar, a exemplo da criação de regras de governança, com o que terão em um programa de governança em privacidade. Portanto, o programa não se resume a documentos organizados de comprovação de licitude ou de prestação de contas à autarquia e à entidade de fiscalização dos Códigos de Conduta.

O termo governança, se individualmente considerado, parte do reconhecimento da existência de um poder que é interno e externo à autoridade formal e às instituições do governo (Calame; Talmant, 2001, p. 19-26). Trabalha-se a ideia de que a função regulatória deve assumir como indispensável à sua efetividade a participação concreta do maior número possível de atingidos pelas decisões regulatórias. Isto é, como palavras-chave à governança em privacidade pode-se indicar os termos participação e cooperação. A primeira, pois o controlador deverá contar com o máximo envolvimento dos participantes de sua organização. A segunda, no sentido de que a governança de privacidade depende do quão comprometidos estão e se mantêm os integrantes no programa, em direção ao máximo controle de falhas humanas nos processos de tratamento de dados.

Hugo Consciência Silvestre (2019, p. 46) explica que a governança foi expressão utilizada pela literatura especializada na análise da postura governativa inglesa na década de 1990. Em maio de 1997, o governo britânico constatou que os modelos de mercado e de justiça social até então adotados não resolviam as questões no campo do serviço público, momento em que se permitiu a participação ativa de cidadãos na gestão, ao que se denominou o uso de uma terceira via.[232] Assim, a

---

[232] O Decreto nº 9.203, de 22 de novembro de 2017, dispôs sobre a política de governança da administração pública federal direta, autárquica e fundacional brasileira. O documento conceitua de governança pública no artigo 2º, inciso II, como um "conjunto de mecanismos de liderança, estratégia e controle postos em prática para avaliar, direcionar e monitorar a gestão, com vistas à condução de políticas públicas e à prestação de serviços de interesse da sociedade". O Decreto também fixa: i) seis princípios da governança pública, entre os quais está a melhoria regulatória e ii) estabelece 11 diretrizes, sendo duas dirigidas à aplicação da qualidade regulatória e de aplicação de boas práticas regulatórias, respectivamente nos artigos 3º, inciso IV e 4º, incisos VIII e IX (Brasil, 2017a). Destaca-se, ainda, a utilização do conceito de governança pública adotada pelo índice de governança dos países (*Worldwide Governance Indicators* – WGI), aplicado pelo Banco Mundial desde 1999. O índice avalia as instituições e analisa como a autoridade de um país é exercida, como o poder é controlado e alternado, a capacidade do governo em formular e aplicar políticas públicas e as interações socioeconômicas. O WGI é aplicado para mais de 200 países e territórios desde o período de 1996 e considera seis dimensões de governança para aplicação de cálculo do índice, quais sejam: comunicação e responsabilidade, estabilidade política e ausência de

governança seria uma alternativa de gestão, em que a responsabilidade na tomada de decisão (não apenas a tomada de decisão) deveria ocorrer por parte de vários atores sociais. Transportada essa ideia à governança em privacidade, tem-se que o programa só funcionará na medida em que cada pessoa da equipe envolvida no uso e tratamento de dados for conscientizada que seguir os protocolos, os procedimentos, as regras internas para si e para os demais é requisito fundamental, ou seja, cada pessoa dentro da organização é responsável pela gestão da segurança. Se uma falhar, o programa inteiro falhará.

Já Vital Moreira (1997, p. 13-15) observa que no âmbito privado há uma força institucional dos organismos profissionais com funções administrativas (câmeras, associações de comércio, organizações sociais trabalhistas) que foram responsáveis por edificar os ideais corporativistas e um sistema de autoadministração em grande parte da Europa.

Conquanto haja uma extensa e ramificada aplicação do termo governança, esse conceito geral é introdutório ao conceito de "programa de governança em privacidade" trazidos pela LGPD, tendo em vista ser o programa de governança um instrumento autorregulatório, com potencial normativo se reconhecido pela ANPD. Assim, o intérprete deve ater-se às múltiplas aplicações do conceito de "governança" como fontes de diálogo ao programa previsto no parágrafo segundo do artigo 50.

Por exemplo, a governança de dados trabalha um conceito pragmático e é mais abrangente do que o programa de governança em privacidade. O primeiro representa um método de gestão das informações e das tecnologias de informação nas organizações que pode gerir outros dados que não, exclusivamente, dados pessoais. Tampouco se dedica à demonstração dos incisos VII e VIII do artigo 6º ou apenas à LGPD, na medida em que uma controladoria conjunta pode aplicar uma governança de dados que envolva outros diplomas e certificações internacionais. Além disso, a governança em privacidade como programa tem como diferencial ser um mecanismo de prestação de contas legal híbrido,[233] eis que, uma vez adotado como fonte de

---

violência (terrorismo), eficácia governamental, qualidade regulatória, Estado de Direito e controle da corrupção (World Bank, 2023).

[233] As entidades independentes de cumprimento de códigos de conduta, embora discretamente referidas no parágrafo segundo inciso II do artigo 50 da LGPD, é figura central à compreensão do *enforcement* e da prestação de contas dos métodos autorregulatórios e serão tema de análise do último capítulo.

trabalho pelo controlador, será exigível tanto pela autoridade pública (ANPD) quanto por uma entidade privada, segundo prevê o artigo 50, §2º, inciso II, da LGPD. Ou seja, a obrigação de apresentar o programa não decorre de contratos ou da gestão de *compliance* para o início e o término de sua aplicação.

Cabe referir que a presença do princípio da segurança (inciso VII do artigo 6º) no parágrafo segundo do artigo 50 decorre, além de uma ênfase do título do Capítulo VII da Lei no próprio dispositivo, da preocupação do legislador em vincular o conceito de efetividade da competência regulatória necessariamente a atividades de tratamento que primem pela segurança e pela prevenção. Isto é, se o legislador por um lado apenas faculta ao controlador a forma (o método) pela qual ele irá demonstrar que sua autorregulação é efetiva, por outro ele deixa claro que o conceito de efetividade deve necessariamente englobar as premissas da segurança e da prevenção.

A presença constante do verbo "poderá" no artigo 50 apresenta questões práticas relevantes, cujas interpretações acerca da extensão do seu conteúdo traz implicações entre os sujeitos regulatórios na LGPD.

Primeiro: o programa de governança é opcional. A LGPD oferece ao controlador, responsável central à luz da LGPD pelas atividades de tratamento, um modelo operacional mínimo de segurança e prevenção. Mesmo que a opção do controlador não seja executá-lo na forma do parágrafo terceiro do artigo 50, este poderá utilizá-lo como um mapa prévio de operação ou guia organizacional de aplicação desses princípios no tratamento de dados pessoais em suas ações de tratamento. Da mesma forma, o controlador também tem como possibilidade não elaborar um programa de governança e adotar outras formas de gestão dos dados, desde que elas sirvam de demonstração das condutas legais, responsáveis e transparentes no uso dos dados pessoais.

No ponto 2.4.2 serão analisados os sujeitos envolvidos nas práticas autorregulatórias na LGPD, entretanto, uma ponderação se faz oportuna desde já no que tange aos programas de governança em privacidade. A norma do *caput* e do §1º indicam como destinatário os agentes de tratamento, isto é, o controlador e o operador. No entanto, §2º, ao disciplinar a aplicação dos incisos VII e VIII do art. 6º, voltou o protagonismo das regras de governança ao controlador. Isso se deve justamente diante da liderança do controlador sobre a sistemática decisória no tratamento de dados pessoais. Será o controlador que, uma vez implementado o programa de governança em privacidade, centralizará os elementos envolvidos à tomada de decisão.

Como abordado no tópico anterior, os artigos 27 e 29 da Resolução CD/ANPD nº 1, de 2021, notadamente após a publicação da Resolução CD/ANPD nº 4, de 24 de fevereiro de 2023, a qual prevê, como circunstância agravante, o descumprimento dessas medidas com acréscimo de 20% (vinte por cento) para cada orientação descumprida até o limite de 80% sobre o valor da multa simples, trazem questionamentos.

Isso porque apenas o programa de governança tem previsão legal para ser exigido pela ANPD, conforme previsão do artigo 50, §2º, inciso II, da LGPD, e na hipótese de o controlador ter realizado essa opção pelo programa, como referido. O mesmo raciocínio não se aplica às regras de boas práticas. Logo, não sendo opção do controlador desenvolver um programa de governança, tampouco poderia a ANPD agravar a pena pelo não desenvolvimento indicado como medida de orientação na forma do artigo 29, da Resolução CD/ANPD nº 1, de 2021.

Essas questões específicas resultantes da ausência de um regulamento da ANPD ou mesmo de uma previsão legal que explicite aos agentes de tratamento as funcionalidades autorregulatórias, tornam instável a escolha pelos controladores, na medida em que não há clareza quanto aos elementos normativos, aos benefícios e reflexos de conformidade no cotidiano dos responsáveis pelo tratamento.

Fator que igualmente afeta a segurança jurídica dos programas de governança é a referência solta e singular do art. 50, §2º, inciso II, da LGPD, à figura da entidade responsável. Pelo dispositivo o controlador poderá demonstrar a efetividade do seu programa de governança tanto a pedido da ANPD, hipótese inclusive tautológica, quanto a pedido de outra entidade responsável pelo cumprimento que, de forma independente, promove a LGPD pelo controle de regras de boas práticas ou códigos de conduta.

Diz-se singular porque a lei fez esta única menção à entidade responsável independente, sem discipliná-la. Sendo um caso omisso dentro da lei, diante da regra do art. 55-J, inciso XX, compete à ANPD essa função. O estudo construtivo do artigo 50 no primeiro Capítulo demonstrou a forte influência do RGPD, o qual prevê que os Códigos de Condutas aprovados serão monitorados por uma entidade privada independente, que pode ter fins lucrativos, credenciada, autorizada e supervisionada pelas Autoridades europeias. Essa figura do RGPD não se confunde com os organismos de certificação previstos no art. 35, §§3º e 4º, da LGPD, entidades igualmente privadas, que podem não ter fins lucrativos, como é o caso da ABNT (membro fundador da *International Organization for Standardization* – ISO) e integra outras organizações no âmbito internacional.

Ocorre que, ausente regulamento do art. 50, não há definição concreta sobre quem seriam essas entidades responsáveis do art. 50, §2º, inciso II, da LGPD. Logo, poderia ser uma entidade pública externa à ANPD para manter independência prevista, poderia ser uma entidade privada com ou sem fins lucrativos, poderia ser um conjunto de órgãos públicos tal como a autoridade setorial proposta pelo PL nº 2.338/2023.[234] E mesmo presente essa definição ainda subsistirá a legitimação de outros órgãos de controle que pelo caráter fundamental da proteção de dados pessoais em solicitar acesso ao programa de governança em privacidade de um controlador, notadamente aqueles públicos.

É considerável o desafio da ANPD definir quem serão estas entidades, qual o escopo das atribuições e como essas funções seriam desempenhadas dentro da governança regulatória de zelo ao direito fundamental, tendo em vista ser um eixo importante ao *enforcement* dos instrumentos autorregulatórios do art. 50, da LGPD.

Logo, não há como excluir por uma interpretação articulada da LGPD que identifique essas entidades como sendo as mesmas referidas no artigo 35, §3º, da LGPD. O artigo trata sobre as designações de organismos de certificação para a realização do previsto no *caput* d artigo 35, cuja aplicação aguarda regulamentação pela ANPD. Sendo assim, a segunda parte do art. 50, §2º, inciso II, mesmo que já referida inclusive na Resolução CD/ANPD nº 1, de 2021, não oferece segurança jurídica em sua aplicação até que haja a efetiva regulamentação dos dispositivos.

Sublinha-se que a Resolução CD/ANPD nº 1 dispôs o programa como medida orientativa no curso do processo de fiscalização, sem que haja um grau de obrigatoriedade, mas tão somente uma indicação do regulador como organização das atividades de tratamento, justamente porque o parágrafo segundo evidencia a faculdade dessa providência pelo controlador. Logo, enquanto não houver o regulamento do artigo 50, é bastante questionável a previsão do artigo 12, inciso III, da Resolução CD/ANPD nº 4, cuja aplicação extrapola o poder regulamentar da ANPD e contraria a aplicação teológica do artigo 50.

---

[234] Sobre esse tema, consultar o Capítulo 4 no ponto sobre projeções às regras de boas práticas e governança à privacidade.

A situação será diversa quando a ANPD, já seguindo o rito regulamentar ou legal futuro na matéria, reconhecer e publicar um programa de governança. Nesse caso, caso haja descumprimento pelo controlador, deverá ser verificado qual método sancionador primeiro se aplicará, na medida em que as próprias sanções no âmbito autorregulatório devem ser diversas da regulação estatal.

Apesar dessas lacunas e dos questionamentos próprios da ausência de um regramento do artigo 50, cabe o alerta quanto ao risco de ausência de diálogo entre as opções autorregulatórias e de governança do artigo 50 e do artigo 51, da LGPD.

O verbo "poderá" causa a ideia de ausência de conexão entre os instrumentos previstos nos parágrafos primeiro e segundo, principalmente porque o parágrafo terceiro submete ambos à análise da ANPD. Pode-se argumentar que as regras de boas práticas e o programa de governança em privacidade seriam mecanismos autorregulatórios totalmente independentes. Assim, o controlador poderia optar por uma forma individual e associativa (por exemplo, integrar um código de conduta associativo), ou submeter apenas um deles à ANPD. Entretanto, na hipótese de o controlador utilizar os dois instrumentos, incumbe a uniformização entre as regras.

Os responsáveis pelo tratamento devem priorizar um padrão autorregulatório entre essas opções. Logo, caso o controlador desenvolva ou adira a um Código que tenha um programa de governança, eventual programa anterior deverá se alinhar às novas regras ou revogá-las (ou derrogá-las no que incompatível) na organização, como medida de transparência, de *compliance* e de lógica organizacional à segurança da informação.

Igualmente não se afasta a interpretação de que a cada Código de Conduta apresentado à aprovação e à análise pela ANPD, deverá ser elaborado e apresentado um programa de governança em privacidade enquanto um descritivo interno (*internal governance*), que corresponda a um memorial de como o Código será gerenciado, aplicado e revisado, incluindo os papéis e as obrigações de cada um dos seus gestores e envolvidos internos. Essa hipótese é a literalidade do *caput* do artigo 50, em que o agente de tratamento formula regras de boas práticas e de governança com as condições do tratamento de dados na organização.

Constata-se que a função do programa de governança em privacidade está ditada pelo legislador a partir do momento em que ele o insere estruturalmente ramificado no *caput do* artigo 50. A regra de redação legislativa determina uma "unidade básica de articulação".[235] Por isso, o programa de governança em privacidade deve guardar conexão com o código de conduta. Assim, caso o controlador optar em redigir regras de boas práticas e um programa de governança em privacidade, deverá haver simetria e coordenação entre eles.

Por outro lado, o verbo "poderá" do parágrafo segundo transmite a faculdade que o controlador tem em demonstrar o cumprimento dos princípios da segurança e da prevenção por outros modelos, independentemente de um programa de governança ou de um código de conduta. Isto é, o objetivo é informar ao controlador um caminho de como poderá demonstrar a efetividade dos princípios, sendo o artigo 50 um incentivo e um indicativo às organizações.

Como requisitos mínimos, o legislador estabelece oito pontos necessários ao programa de governança em privacidade, quais sejam: a) demonstrar o comprometimento do controlador em adotar processos e políticas internas que assegurem o cumprimento, de forma abrangente, de normas e boas práticas relativas à proteção de dados pessoais; b) ser aplicável a todo o conjunto de dados pessoais que estejam sob seu controle, independentemente do modo como se realizou sua coleta; c) estar adaptado à estrutura, à escala, ao volume de suas operações e à espécie de dados tratados; d) estabelecer políticas e salvaguardas adequadas com base em processo de avaliação sistemática de impactos e riscos à privacidade; e) atuar de forma transparente, com mecanismo de participação do titular em prol da construção de confiança com o titular; f) integrar a estrutura geral de governança e aplicar mecanismos de supervisão internos e externos; g) contar com planos de resposta a incidentes e remediação; e h) ser atualizado constantemente com base no monitoramento contínuo e das avaliações periódicas.

---

[235] A LC nº 95, de 26 de fevereiro de 1998, dispõe sobre a elaboração, a redação, a alteração e a consolidação das leis, disciplina a consolidação dos atos normativos e a forma de composição de um artigo de texto legal. A lógica de formação da unidade básica de um artigo é a divisão temática de regra, em *caput*, parágrafos e incisos. Vejamos o dispositivo: "Art. 10. Os textos legais serão articulados com observância dos seguintes princípios: I – a unidade básica de articulação será o artigo, indicado pela abreviatura 'Art.', seguida de numeração ordinal até o nono e cardinal a partir deste; II – os artigos desdobrar-se-ão em parágrafos ou em incisos; os parágrafos em incisos, os incisos em alíneas e as alíneas em itens; III – os parágrafos serão representados pelo sinal gráfico '§', seguido de numeração ordinal até o nono e cardinal a partir deste, utilizando-se, quando existente apenas um, a expressão 'parágrafo único' por extenso; IV – os incisos serão representados por algarismos romanos, as alíneas por letras minúsculas e os itens por algarismos arábicos; V – o agrupamento de artigos poderá constituir Subseções; o de Subseções, a Seção; o de Seções, o Capítulo; o de Capítulos, o Título; o de Títulos, o Livro e o de Livros, a Parte; (...)"(Brasil, 1998).

Em suma, ao contrário das regras de boas práticas com maior abertura material e subjetiva, o programa de governança em privacidade tem direcionamento subjetivo (ao controlador, à ANPD, às entidades independentes e outros legitimados ao controle da lei), finalístico (aos princípios da segurança e da prevenção) e material (requisitos do inciso I).

2.3.4 Padrões técnicos

A Seção II do Capítulo VII encerra-se com a previsão de promoção dos padrões técnicos no artigo 51, da LGPD. O dispositivo determina que cabe à ANPD estimular a aplicação de padrões técnicos que facilitem o controle pelos titulares dos seus dados pessoais. Apesar da redação genérica, a regra enfatiza a função da ANPD como agente normativo de incentivo no ambiente regulatório de proteção de dados pessoais.

O objetivo é atrair a atenção dos titulares aos seus dados pessoais, promover uma cultura de zelo e pulverizar a adoção de modelos mais acessíveis em termos de proteção de dados por serviços e produtos, o que igualmente atende as previsões do artigo 55-J, incisos VI e VIII, da lei (Brasil, 2018a). Ocorre que a generalidade da redação do artigo 51 não o torna categórico. A lei não foi incisiva quanto ao que seria suficiente ao estímulo, deixando aberta a questão. Primeiro, pois o próprio Capítulo VII conferiu a competência discricionária à ANPD de criar padrões técnicos de medidas de segurança, técnicas e administrativas no artigo 46, parágrafo primeiro, as quais poderão já incluir formas de controle pelo titular. Segundo, pois o próprio artigo 50 *caput* já inclui os padrões técnicos entre os temas que poderão integrar Códigos de Conduta inclusive no que tange aos titulares. Terceiro, frente à posição topográfica no Capítulo VII e pela ausência de critérios mais precisos.

Consequentemente, a competência regulamentar dos padrões técnicos está pulverizada em três dispositivos no Capítulo VII, não sendo tema fixo do artigo 51. Em matéria de segurança e boas práticas, o conceito e aplicação dos padrões técnicos devem combinar três dispositivos: o artigo 46, §1º, o artigo 50, *caput* e, por fim, o artigo 51, todos da LGPD. O primeiro dispositivo confere à ANPD uma competência discricionária regulamentar ("a autoridade nacional poderá dispor") de criar padrões técnicos mínimos. O segundo, faculta aos agentes de tratamento, a partir da regulamentação do artigo 50 pela ANPD e independentemente da regulamentação do artigo 46, §1º, fixarem padrões técnicos por meio de regras de boas práticas ou de programa de governança em privacidade e submetê-los à análise pela Autoridade, na forma do parágrafo terceiro do artigo 50. Já o artigo 51 prevê uma competência regulatória vinculada de incentivo à ANPD, expresso na redação "a autoridade nacional estimulará".

No âmbito da ordem econômica constitucional, o artigo 51 pode ser classificado como uma norma-objetivo. Segundo Eros Roberto Grau, as normas-objetivo surgem quando os "textos normativos passam a ser dinamizados como instrumento de governo", quando o Direito se operacionaliza para implementação de fins específicos que conferem a "positividade" ao sistema (Grau, 2003, p. 145-146). A norma-objetivo é a tradução na lei, de forma positivada, do fim para o qual determinado diploma, sistema, instituto jurídico se destina. É o que o doutrinador explica ser a "metodologia teleológica" que o texto constitucional impõe ao legislador e ao regulador.

Aliás, os padrões técnicos como metodologia teleológica regulatória estão presentes na LGPD quando o legislador determina no artigo 55-J que compete à ANPD: i) promover na população o conhecimento das normas e das políticas públicas as medidas de segurança (inciso VI); ii) promover e elaborar estudos sobre as práticas nacionais e internacionais de proteção de dados pessoais e privacidade (inciso VII); iii) estimular a adoção de padrões para serviços e produtos que facilitem o exercício de controle dos titulares sobre seus dados pessoais (inciso VIII); iv) garantir que o tratamento de dados de idosos seja efetuado de maneira simples, clara, acessível e adequada ao seu entendimento (inciso XIX) e v) implementar mecanismos simplificados ao registro de reclamações (inciso XXIV) (Brasil, 2018a).

Há um dever impreterível de ação pelo regulador enquanto agente regulador. Desta forma, se, por um lado, há uma competência discricionária ao agente normativo, seja no artigo 46, §1º, seja no artigo 50, §3º, por outro, há uma competência vinculada ao agente regulador de estimular a adoção de padrões técnicos no artigo 51, da LGPD. O legislador torna alternativa até certo ponto a atuação regulatória, pois sugere que a autarquia atue em um sentido ou, no mínimo, em outro (estímulo). Dito de outra forma, ou regulamenta de forma mínima (o que lhe foi facultado para dispor de padrões mínimos), ou permite que os agentes de tratamento o façam por meio dos instrumentos de autorregulação (regras de boas práticas ou regras de governança), ou adota iniciativas para que os agentes de tratamento adotem padrões técnicos ao menos no que tange à facilitação de controle pelos próprios titulares.

Nesse sentido, o artigo 51 é uma última tentativa que o legislador lança para que sejam colocados em pauta os padrões técnicos de segurança no tratamento de dados pessoais. Primeiro, ele faculta ao agente regulador, depois ele possibilita que os responsáveis pelo tratamento o façam sob supervisão do regulador, e por fim ele convida os próprios titulares para que assumam o controle de seus dados pessoais, desde que isso seja facilitado pelos agentes de tratamento. Só que essa facilitação de acessibilidade e de autocontrole pelo titular de dados pessoais depende de uma ação de estímulo da Autoridade Nacional. Sem que haja esse incentivo, todo o processo anterior não se perfectibiliza.

A existência de conteúdo regulatório a ser entregue à coletividade por meio da atuação de estímulo, tal como ocorre com os padrões técnicos do artigo 51, indica a ênfase do legislador na aplicação do princípio da segurança no tratamento de dados pessoais. Por isso, o legislador fixa uma forma de competência ao agente normativo[236] (discricionária regulamentar) e determina outra forma de competência ao agente regulador (vinculada de estímulo), como uma espécie de contramedida regulatória.

A redação do artigo 51 ainda traz reflexões importantes no que tange à relação entre o controle de dados pelos titulares *versus* à centralidade da regulação nos direitos individuais de proteção de dados, diante das limitações da autogestão da privacidade (*privacy self-management*). Daniel Solove traz a discussão no sentido de que a autogestão pelo titular dos dados pessoais enfrenta problemas que, somados, evidenciam a impossibilidade de se utilizar a proteção desse direito apenas como um elemento central de um regime regulatório

---

[236] Pouco tem sido debatido diretamente sobre as competências regulatórias normativas, na análise e reflexos daquelas que são vinculadas e das que são postas como discricionárias pelo texto legal à ANPD. Não há como negar que o volume regulatório necessário é superior às atuais estruturas da autarquia, recém consolidada juridicamente como autarquia especial no artigo 55-A, da LGPD, por meio da redação conferida pela Lei nº 14.460, de 25 de outubro de 2022 (Brasil, 2022i). Contudo, considerando que a camada regulatória discricionária foi avaliada realizada pelo legislador em 2018, é imprescindível uma reavaliação dessas indicações de discricionariedade após a inclusão da proteção de dados pessoais como direito e garantia fundamental pela EC nº 115, de 2022 (Brasil, 2022x). No próximo capítulo, será defendida essa circunstância ao parágrafo terceiro do artigo 50. Além desse dispositivo, a LGPD prevê como competências regulatórias normativas discricionárias os artigos 10, §3º, 11, §3º, 12, §3º, 19, §4º, 20, §2º, 23, §1º, 30, 35, §3º, 40, 41, §3º e o artigo 46, §1º (Brasil, 2018a).

de privacidade viável. Ou seja, as leis de proteção de dados pessoais não poderiam estar focadas em apenas permitir o controle dos dados pelos titulares, seres humanos e com múltiplas causas cognitivas que interferem na maneira como tomam decisões e há desafios estruturais relacionados à impossibilidade de o indivíduo por si só conseguir brindar suas as decisões de privacidade (Solove, 2012, p. 1883-1886).

Por desafios estruturais nas matérias de segurança, de proteção de dados e de privacidade, Daniel Solove (2023, p. 985-988) defende que os direitos de privacidade não resolvem o problema da falta de capacitação sobre os dados e suas potencialidades, notadamente porque as escolhas pessoais não geram efeitos apenas para si próprios. Segundo o autor, a capacidade dos indivíduos em exercer o controle sobre seus dados sofre com um limitador máximo frente a uma arquitetura muito maior contra a qual os titulares sequer possuíram armas para enfrentar de forma individual (*atomistic individual*). Desse modo, mesmo que o titular exerça o controle dos seus dados, esse poder em matéria de privacidade e proteção de dados pessoais será extremamente fragmentado e aleatório, sem oferecer uma contrapartida significativa na proteção da privacidade. O autor argumenta que o titular é figura coadjuvante, na maioria das vezes levado a decidir pelos benefícios imediatos e concretos sem o cálculo dos custos e riscos que parecem mais abstratos e especulativos.

Fato é que sequer os especialistas detêm o conhecimento específico sobre como os dados serão usados no futuro e como os algoritmos chegarão a decisões sobre os dados (Solove, 2023, p. 978).

Atualmente, identifica-se a aplicação do artigo 51 na Resolução CD/ANPD nº 1. Segundo o artigo 29, da Resolução, a Autoridade pode estabelecer como medida de orientação aos agentes de tratamento a adoção de padrões técnicos que facilitem o controle pelos titulares de seus dados pessoais (Brasil, 2021d). As medidas de orientação integram o processo de fiscalização e sancionatório, o que torna questionável a utilização dos termos da redação do artigo 51 como uma forma de estímulo, principalmente após a edição da Resolução CD/ANPD nº 4, de 2023, que prevê o agravamento da pena de multa no artigo 12, inciso III, em caso de descumprimento de qualquer medida de orientação sem que haja a contrapartida expressa no artigo 13 de aplicação de atenuante pelo cumprimento.

Na verdade, o artigo 13 da Resolução CD/ANPD nº 4, de 2023, ao não replicar o artigo 29, da Resolução nº 1, de 2021, trouxe uma situação paradoxal à interpretação de qual é o enquadramento da medida de orientação dos padrões técnicos como estímulo ao regulado pelo regulador. A Autoridade pode aplicar como uma atenuante com redução de 20% diante do inciso II do artigo 13. Poderá interpretar que os padrões técnicos são mera cooperação do regulado e aplicar a redução de 5%. Nesse caso, na gestão dos riscos operacionais de dados, há considerável margem à interpretação de que seria maior o ônus aos agentes de tratamento que aplicarem os padrões técnicos do regulador. Só futuro relatório da Resolução CD/ANPD nº 5, ou talvez somente os próximos, poderá, de forma mais concreta, apurar a efetividade ou não nesse caso.

É oportuno observar que quando (e se) o artigo 46, §1º e o artigo 50 estiverem regulamentados, as regras de boas práticas e de governança deverão primeiro atender aos padrões mínimos já fixados pela Autoridade e a partir desses poderão ser desenvolvidos outros padrões complementares pelos agentes de tratamento com base na permissão do *caput* do artigo 50.

Cabe mencionar, ainda, que o artigo 49, da LGPD, resume a construção dual entre segurança e boas práticas. A estrutura demonstra como o legislador construiu a segurança do tratamento aos agentes de tratamento. Há uma soma de institutos que integram um sistema colaborativo ao tratamento lícito dos dados pessoais. Fixa-se ao responsável o dever de adoção de ações de segurança (técnicas e administrativas), com a seguinte estrutura: (a) segurança dos sistemas utilizados ao tratamento; (b) regras de boas práticas (padrões); (c) programa de governança (padrões); (d) princípios gerais da LGPD (artigo 6º); e (f) normas regulamentares a serem expedidas pela ANPD, conforme a seguinte figura:

Figura 4 – Estruturação da segurança no Capítulo VII da LGPD

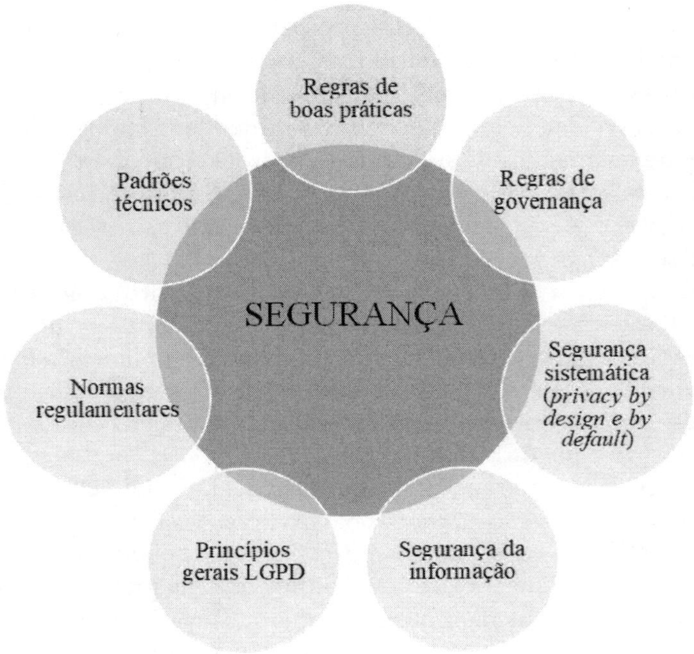

- Regras de boas práticas
- Regras de governança
- Segurança sistemática (*privacy by design e by default*)
- Segurança da informação
- Princípios gerais LGPD
- Normas regulamentares
- Padrões técnicos

SEGURANÇA

Fonte: elaborado pela autora com base no Capítulo VII, da LGPD.

Por fim, no intuito de melhor sintetizar os pontos debatidos no ponto 2.3 sobre as distinções conceituais das boas práticas na LGPD, elaborou-se o quadro abaixo com as principais características e um comparativo entre os institutos previstos no Capítulo VII da lei:

Quadro 4 – Síntese dos institutos previstos no Capítulo VII, da LGPD

(continua)

	REGRAS DE BOAS PRÁTICAS	REGRAS (PROGRAMA) DE GOVERNANÇA EM PRIVACIDADE	PADRÕES TÉCNICOS
Previsão	Art. 50, *caput* e §1°, da LGPD	Art. 50, *caput* e §2°, da LGPD	Art. 46, §1°, da LGPD Art. 50, *caput*, da LGPD Art. 51, da LGPD
Núcleo principio-lógico	Princípios previstos no artigo 6°, da LGPD	Princípios da segurança e da prevenção (artigo 6°, incisos VII e VIII, da LGPD)	Princípio do livre acesso, artigo 6°, inciso IV, da LGPD
Redator	. Controlador, operador, ambos e as respectivas associações	. Controlador e as respectivas associações	. ANPD . Controlador e operador
Definições Preliminares mínimas	Natureza dos dados Escopo do tratamento Finalidade do tratamento Probabilidade riscos Gravidade dos riscos Benefícios do tratamento ao titular	Estrutura operacional Escala de operação Volume das operações de tratamento Envolvimento de dados sensíveis Probabilidade do dano Gravidade do dano	Identificação do perfil dos titulares Acessibilidade digital de dados Acessibilidade analógica e documental dos dados
Destinatário	ANPD	ANPD e entidades responsáveis pelo cumprimento da LGPD	ANPD, controlador e operador e titulares de dados pessoais
Finalidade nuclear da regra	. Implementação da LGPD e expansão horizontal da lei . Otimização operacional das ações regulatórias de controle às ilicitudes . Redução assimétrica regulatória . Exercício regulatório específico e legitimatório . Promoção da cultura de dados nas organizações públicas e privadas . Meta constitucional econômica de estímulo ao associativismo . Gestão regulatória compartilhada	. Autoadministração . Gestão de dados pessoais . Controle externo (*accountability*) . Controle interno (*internal governance*)	. Norma-objetivo . Segurança do tratamento . Controle social dos agentes de tratamento . Promoção da cultura de dados entre os agentes de tratamento e titulares

(conclusão)

	REGRAS DE BOAS PRÁTICAS	**REGRAS (PROGRAMA) DE GOVERNANÇA EM PRIVACIDADE**	**PADRÕES TÉCNICOS**
Espécie de competência regulatória	. Exercício facultativo pelo regulado. . Competência discricionária da ANPD, artigo 50, §3°, da LGPD	. Exercício facultativo pelo regulado. . Competência discricionária da ANPD, artigo 50, §3°, da LGPD	. Obrigação do regulado . Competência vinculada da ANPD, artigo 51, da LGPD.
Espécie regulatória	Autorregulação a ser regulada	. Estrutura de procedimentos internos e/ou conjunto de medidas, aptos à aplicação do artigo 6°, sem força normativa. . Autorregulação a ser regulada	Regulamentar da ANPD e autorregulação a ser regulada
Natureza jurídica	Norma jurídica, se submetido e aprovado pelo rito do §3° do artigo 50	Norma jurídica, se submetido e aprovado pelo rito do §3° do artigo 50	Definidos pela ANPD: norma jurídica Demais: ato interno

Fonte: elaborado pela autora.

2.4 Requisitos legais às formulações do artigo 50, da LGPD

2.4.1 Formais e materiais

A elaboração e a implementação de regras de boas práticas, ou de um código de conduta, não é uma tarefa simples e demandará um plano de trabalho detalhado, conjugação de esforços, um amplo conhecimento dos procedimentos internos da organização e dos sujeitos envolvidos nesse processo. Desde a decisão de redigir um código até à sua consecução, é imprescindível que haja fixação dos propósitos e metas, o planejamento, uma ampla e fácil comunicação entre os envolvidos e a ordenação dos trabalhos e prazos.

A formulação deverá corresponder aos requisitos da LGPD, mas também documentar ações que confiram segurança jurídica aos responsáveis no uso dos dados, além de uma maior independência de consultas técnicas à ANPD, notadamente quando esta avaliar o código. Por isso, é importante que o texto satisfaça as necessidades e as nuances do setor, de modo que represente, de fato, um facilitador prático ao cotidiano dos agentes de tratamento.

A consulta ao artigo 50 e aos demais dispositivos da LGPD, no entanto, não oferece aos formuladores informações suficientes. O legislador deixou à cargo de um vindouro regulamento da Autoridade Nacional a especificação sobre a matéria, consoante artigo 55-J, inciso XX da LGPD (Brasil, 2018a). Daí porque, até que a matéria seja objeto de regulamentação, caberá aos operadores jurídicos e aos agentes de tratamento a tarefa de interpretar o conteúdo da lei, inclusive para poder confrontar e questionar a futura regulamentação posta em consulta.

Apresenta-se, nesse sentido, um estudo inicial quanto aos pressupostos do artigo 50 lido de forma global com a LGPD. Separou-se os requisitos quanto: a) ao conteúdo disciplinável nas regras de boas práticas *no caput*; b) aos critérios quantitativos e qualitativos do parágrafo primeiro; e c) à publicização no parágrafo terceiro.

Considerando que as regras de boas práticas objetivam dar cumprimento à lei,[237] o *caput* não poderia ser exaustivo. O intuito é haver flexibilidade e permitir a melhor adequação prática dos setores. As condições de organização, o regime de funcionamento, os procedimentos, as normas de segurança, os padrões técnicos, as obrigações específicas de tratamento, as ações educativas, os mecanismos internos de supervisão e de mitigação de riscos são, deste modo, tópicos possíveis de estruturação por meio das boas práticas, sem que outras sejam aplicáveis.

Aliás, a não exaustividade identificada no *caput* reflete ponto oportuno a ser frisado. O artigo 50 não objetiva determinar quais são os padrões de boas práticas e de governança que cada setor irá adotar. O objetivo é institucionalizar essa possibilidade na LGPD, dar respaldo jurídico aos seus legitimados, regulamentar a procedimentalização dessas práticas para que possam ter vinculatividade jurídica e calculabilidade, temas do próximo Capítulo.

Como o direito tutelado pela LGPD é um direito fundamental, não há como a lei conferir uma autorregulação livre na matéria. Logo, a leitura conjunta do parágrafo primeiro do artigo 50 com os dispositivos da LGPD indicam tópicos de referência obrigatória pelos agentes de tratamento na redação das regras de boas práticas. Primeiro, é indispensável que os agentes de tratamento refiram qual é a natureza dos dados pessoais envolvidos nas boas práticas (categorização), qual

---

[237] A LGPD amplia seu texto legal no artigo 64, ao prever que os direitos e princípios expressos não excluem outros relacionados à matéria no ordenamento jurídico, inclusive em tratados internacionais em que o Brasil seja parte (Brasil, 2018a).

a base legal e a finalidade do tratamento, o grau de risco, a escala de tratamento, com o detalhamento descritivo quanto à fonte, à frequência, ao período de armazenamento nos termos do artigo 16 da lei, à forma e ao procedimento de coleta dos dados. A indicação de quais são as finalidades e qual a base legal atende aos importantes artigos 7º a 11, bem como ao artigo 23 no caso do Poder Público.

É essencial a indicação dos envolvidos identificáveis, ainda que não seja possível identificar todos desde o princípio, mas os critérios dos possíveis agentes futuros, para fins do artigo 3º, do diploma legal. Da mesma forma, deve indicar-se a quem elas se destinam na organização, bem como a publicização e a comunicação dos agentes de tratamento que aderirem ao seu conteúdo atenção diante do dever de transparência na forma do inciso VI do artigo 6º. É prudente também explicitar as repercussões dos pedidos do titular a um formulador frente aos demais. Na hipótese de o titular retirar o consentimento apenas de um dos formuladores, é possível que mantenha quanto aos demais. Ou seja, a reunião de agentes de tratamento em um Código não unifica os direitos que um titular exerce sobre cada um dos formuladores, mesmo que os procedimentos aplicados sejam os mesmos para todos. Por fim, registra-se que devem ser discriminadas as funções dos responsáveis pela elaboração, publicação e atualização, com os respectivos contatos, na forma do artigo 9º da lei (Brasil, 2018a).

Pode-se dizer que parte desses itens equivaleria à elaboração de um relatório de impacto. Nos termos do inciso XVII do artigo 5º, o relatório trata-se da documentação do controlador com a descrição dos processos de tratamento de dados pessoais com risco, com a respectiva indicação de salvaguardas e mecanismos de mitigação (Brasil, 2018a). Essas informações devem integrar a primeira parte das boas práticas.

Os requisitos ou critérios qualitativos verificam características do tratamento e as regras de incidência específicas na elaboração das regras de boas práticas. Já os critérios quantitativos vinculam-se à escala de abrangência e aos riscos enfrentados, os quais devem, preferencialmente, ser precedidos de um estudo técnico de apuração que indique a metodologia utilizada para fins de conferência quanto a esses itens. De qualquer sorte, para verificação exigida pelo parágrafo primeiro no que concerne à probabilidade e à gravidade dos riscos das operações de tratamentos realizados pela organização, tais pontos devem ser lidos de forma conjugada.

Cabe referir, por oportuno, que o legislador não fixou a obrigatoriedade de combinação de todos os elementos sugeridos no *caput* do artigo 50 nas regras de boas práticas formuladas pelos agentes de tratamento. Ou seja, é possível a elaboração de um código apenas sobre os procedimentos internos de recebimento e processamento de reclamações e petições de titulares, desde que sejam observados os elementos previstos nos parágrafos primeiro, segundo em seu inciso II e o parágrafo terceiro.

Ainda no que tange à abrangência material e aos conteúdos aptos à formulação das regras de boas práticas, cabem algumas reflexões. Como referido, o *caput* do artigo 50 encerra sua redação, indicando que "outros aspectos relacionados ao tratamento de dados pessoais" poderão ser objeto de boas práticas, o que representa uma lista exemplificativa de matérias autorregulatórias em proteção de dados pessoais. Essa abertura regulatória ao particular considera a necessidade de acolhimentos dos diversos setores que realizam tratamento de dados pessoais e a impossibilidade de o legislador conhecer as especificidades de cada um deles. Por outro lado, algumas práticas autorregulatórias poderão coincidir com outras de competência da ANPD. Exemplifica-se.

As ações educativas previstas no *caput* do artigo 50 integram igualmente o processo de fiscalização da ANPD, conforme o art. 15, §2º,[238] da Resolução CD/ANPD, nº 1, de 28 de outubro de 2021[239] (Brasil, 2021c). Em caso de um processo de fiscalização instaurado, as medidas educativas previstas em um código de conduta seriam substitutivas àquelas aplicáveis pela ANPD ou subsistiria essa etapa do processo de fiscalização? Seriam as ações educativas autorregulatórias uma prova suficiente de que ações internas de promoção e orientação dos controladores e operadores foram adotadas? A resposta mais acertada parece ser pela independência das instâncias. Ou seja, as ações educativas previstas em um código não interferem e nem substituem as etapas de fiscalização regulatória, pois são instâncias independentes de controle. Uma integra o controle interno, a outra é fase da supervisão externa. Da mesma forma, a demonstração de que ações educativas foram realizadas não supre automaticamente a avaliação da ANPD

---

[238] Por necessária à compreensão do contexto, transcreve-se o dispositivo: "Artigo 15. A ANPD adotará atividades de monitoramento, de orientação e de prevenção no processo de fiscalização e poderá iniciar a atividade repressiva. (...) §2º A atividade de orientação caracteriza-se pela atuação baseada na economicidade e na utilização de métodos e ferramentas que almejam a promover a orientação, a conscientização e a educação dos agentes de tratamento e dos titulares de dados pessoais" (BRASIL, 2021c).

[239] A resolução aprovou o regulamento do processo de fiscalização e do processo administrativo sancionador no âmbito da ANPD (BRASIL, 2021d).

quanto à efetividade dessas medidas com base no que estabelece o inciso II do parágrafo segundo do artigo 50, da LGPD. Vale dizer: as instâncias de controle e fiscalização dos agentes de tratamento no cumprimento das regras de boas práticas não interferem nas funções regulatórias de controle, de supervisão e fiscalização da ANPD.

Outro aspecto pertinente é a verificação quanto a quem tem a competência para decidir pela elaboração de um código de conduta em proteção de dados. A decisão de formulação das regras de boas práticas deve incluir quem tenha poderes decisórios, de fato, sobre as bases legais e sobre as finalidades do tratamento, ainda que esta posição não seja coincidente com a posição administrativa, econômica ou financeira na organização. Aliás, quando as decisões sobre tratamento competirem a vários controladores (controladoria conjunta), eles deverão chegar a um consenso diante da responsabilidade que eles compartilham.

E a definição de quem representa o titular de dados em sua ausência poderia ser expandida com base na competência prevista aos agentes de tratamento do artigo 50? A discussão ganha importância pelas situações fáticas que os herdeiros enfrentam quando buscam acesso aos dados pessoais do titular falecido em plataformas digitais, redes sociais, contas de e-mail, ou seja, buscam acesso ao corpo eletrônico do titular. Entende-se pela possibilidade de os agentes de tratamento disporem, por meio de regras de boas práticas, por exemplo, sobre a indicação de opções ao titular já quando da coleta dos seus dados, bem como a possibilidade de o titular retificar essa escolha em momento posterior.

Os formuladores terão de decidir a quem incumbirá a redação do documento, se serão os próprios agentes de tratamento, ou se serão contratados profissionais externos à organização para essa elaboração e desenvolvimento, se será uma ação conjunta (Solé, Laurenti, 2020, p. 138). Lembre-se aqui que essa decisão tem reflexos na fase inicial e na revisão das regras, tendo em vista que a LGPD estabelece a obrigação de revisão periódica das regras de boas práticas no parágrafo terceiro do artigo 50.

Quanto às etapas de elaboração, Adriana de Andrade Solé e Lélio Laurenti (2022, p. 139) sugerem fases à construção de um código de conduta a se iniciar pela formação de um grupo de trabalho. Em seguida, a elaboração de um projeto ou roteiro básico de desenvolvimento do projeto desde a primeira reunião do grupo de trabalho; a escolha de um modelo de código que seja apropriado à natureza das atividades disciplinadas e à amplitude dos envolvidos e do conteúdo a partir de pesquisa organizacionais internas e externas; a estruturação interna para acompanhamento crítico de acompanhamento, recebimento e processamento de denúncias por descumprimento, fiscalização interna, programas de treinamento, comitês, ouvidorias ou conselhos internos.

Por elaboração de um roteiro e de um projeto, observa-se fundamental a realização de um relatório de diagnóstico, ou mapeamento de dados (*data mapping*),[240] ou fluxo de dados (*data flow*), ou inventário de dados, os quais têm caráter analítico e informativo. Tal medida permite caracterizar os dados tratados, mapear o fluxo das informações no âmbito interno, a organização desse fluxo desde a coleta até eventual descarte, o período em que isso ocorre, os envolvidos, os setores de maior fluxo, pessoas externas envolvidas em compartilhamento de dados, além de eventual revisão em atendimento ao princípio da minimização. Trata-se, em suma, de uma espécie de visão unificada do uso dos dados na organização.

Embora não seja designado especificamente como uma atividade prévia à formulação das regras de boas práticas no setor público, no âmbito público federal, foi disponibilizado um questionário de diagnóstico de maturidade de privacidade para adequação à LGPD (Brasil, 2021h), no qual se objetiva apurar o quanto uma organização incorpora ou não ações de conformidade com a LGPD, sendo uma ferramenta de referência importante para compreensão do que precisa ser feito. Por este questionário é possível apurar um nível de adequação desde o grau inicial até o aprimorado, o que viabiliza um autoconhecimento e avaliações periódicas de desempenho em termos de proteção de dados e privacidade.

O parágrafo terceiro, por sua vez, como já referido, deve ser dividido em dois blocos. O primeiro, quanto à obrigatoriedade de publicação e atualização das regras de boas práticas. E o segundo, quanto ao procedimento de submissão das regras pela ANPD para reconhecimento e divulgação, ponto que será objeto de análise específica do Capítulo 3.

---

[240] Tiago Neves Furtado (2020, p. 85-87) conceitua o mapeamento de dados, *data* mapping, como o registro de operações inicial para uma organização. É medida essencial não apenas na aplicação do artigo 50 da LGPD, mas para qualquer panorama de adequação à lei. O autor esclarece que, conquanto o termo possa passar a ideia de que deverá ser realizado apenas na fase inicial, trata-se de processo contínuo na organização e que pode inclusive levar à descoberta de dados que sequer se tinha conhecimento quanto à posse pelo agente de tratamento (*data discovery*). Furtado ainda observa que ocorre tanto na complicação organizada dos dados como na sua categorização, etapa esta fundamental aos agentes de tratamento (Furtado, 2020, p. 87).

No que concerne ao primeiro aspecto, é possível adotar duas referências de como executar a obrigação de publicação (enquanto ausente o regulamento específico do artigo 50). O primeiro é o inciso I do artigo 23, no sentido de que as informações claras sejam disponibilizadas em veículos de fácil acesso, preferencialmente em seus sítios eletrônicos (Brasil, 2018a). O segundo é o artigo 7º, da Resolução CD/ANPD nº 2, de 2022, no sentido de que as informações relacionadas à conformidade dos artigos 9º e 18, da LGPD, deverão ser disponibilizadas por meio eletrônico, impresso ou qualquer outro que assegure os direitos (libras, braile) previstos na LGPD e o acesso facilitado às informações pelos titulares (Brasil, 2022f). Deste modo, é possível, neste momento, inferir que a aplicação desses critérios atende à determinação da primeira parte do parágrafo terceiro do artigo 50.

Outro requisito formal regulamentar é quanto à consulta prévia do encarregado quanto às ações pelos agentes de tratamento decorrentes o art. 50, da LGPD. A ANPD, ao regulamentar a atuação do encarregado, determina no art. 10, inciso II, da Resolução CD/ANPD nº 18, de 2024 (Brasil, 2024a), que os agentes de tratamento deverão solicitar assistência e orientação do encarregado previamente à tomada de decisões estratégicas referentes ao tratamento de dados pessoais. Neste dispositivo, entende-se como estratégica a decisão do agente de tratamento relacionada à elaboração das regras do art. 50, da LGPD, bem como àquelas que avaliação o grau de maturidade do Código ao crivo da análise de suficiência regulatória (ASR) do art. 50, §3º ou abertura do Código às adesões posteriores à conclusão favorável da ASR.

A mesma Resolução fixa no art. 16, incisos VIII e IX, obrigações ao encarregado nos instrumentos autorregulatórios e que serão objeto do próximo ponto, enquanto requisito subjetivo (Brasil, 2024a).

Acrescenta-se, por oportuno, que, diante do dever de demonstração da efetividade constante no inciso II do artigo 50 e de prestação de contas do inciso X do artigo 6º, as regras de boas práticas deverão constar de um documento escrito (publicável), o que permite uma análise comparativa entre as ações reais e o previsto no código ou regramento de boas práticas. Cursos ministrados, treinamentos, advertências, recomendações, ou seja, atividades realizadas apenas por meio verbal, sem qualquer registro documental, não servem como demonstração de boas práticas. Cabe observar que as regras de boas práticas devem priorizar o vernáculo sem prejuízo de ser acessível em língua estrangeira, caso estejam envolvidas partes não fluentes na língua nacional. Por fim, como medida de transparência à disponibilização, é de interesse que as regras também sejam circuláveis em meio impresso, para tornar fácil e rápida a consulta local por toda a equipe.

2.4.2 Subjetivos

Verificadas as distinções conceituais, a abrangência material das regras de boas práticas, a natureza jurídica, chega-se ao requisito subjetivo: a identificação dos destinatários da norma do artigo 50 no contexto de aplicação da LGPD.

Objetiva-se, assim, descrever a função de cada um dos envolvidos na formulação, aplicação, controle, fiscalização e revisão das regras de boas práticas, discutindo as interseções entre esses círculos de atribuições, sem, contudo, ingressar nas discussões específicas quanto às definições conceituais de cada agente de tratamento. Visualiza-se, assim, o seguinte ciclo multiparticipativo e relacional em torno em torno do art. 50.

Figura 5 – Ciclo relacional e multiparticipativo do art. 50, da LGPD

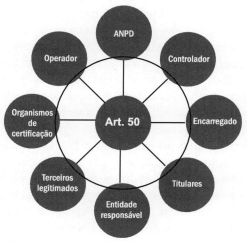

Fonte: elaborado pela autora.

A leitura do artigo 50 envolve figuras regulatórias como titulares de ações facultativas distintas no dispositivo: os agentes de tratamento, a ANPD e a entidade responsável. Aos agentes pelo tratamento (controlador e operador), há a faculdade de utilização dos instrumentos autorregulatórios na LGPD, em razão do verbo "poderá" no artigo 50, sendo o *caput* e o §1º destinados ao controlador ao operador (agentes); e o §2º somente ao controlador.

A ANPD, com análise em específico no Capítulo 3, recebeu atribuições no artigo 50, §2º, inciso II, e do §3º. E as entidades responsáveis por promover o cumprimento de boas práticas ou códigos de conduta, ou seja, das regras de boas práticas e de governança em privacidade, dependerão do exercício regulamentar pela ANPD. Há, pois, um ciclo que interrelaciona os destinatários subjetivos da norma, os quais receberam graus de participação indisponíveis pela Autoridade Nacional diante da ambiência multiparticipativa a ser alocada em cada fase de adoção e implementação[241] dos instrumentos autorregulatórios.

Como mencionado, o controlador e operador têm responsabilidades diferentes nos ciclos de tratamento de dados pessoais, mesmo que isso possa vir a se equivaler a depender do desempenho fático dessas funções. Na maior parte das vezes, a LGPD direciona suas atenções ao tomador das decisões quanto à finalidade, à base legal, à sensibilidade dos dados, ao descarte, à forma do tratamento de dados. Logo, o principal destinatário de obrigações é aquele que detém o poder de decisão sobre as definições no tratamento de dados pessoais (Parentoni, 2021, p. 510). Daí a se justificar a orientação no sentido de que não são considerados, pela ANPD, controladores (autônomos ou conjuntos) ou operadores com vínculo de subordinação (empregados, estagiários, colaboradores, servidores públicos ou as equipes de trabalho de uma organização), tendo em vista que atuam de acordo e sob o comando do poder diretivo do agente de tratamento (Brasil, 2022d, p. 7).

Considerando que o artigo 50, da LGPD, estabelece no *caput* que os controladores e operadores, no âmbito de suas competências, individualmente ou por meio de associações, poderão formular regras de boas práticas e de governança em privacidade, a redação inclui tanto pessoas jurídicas de direito privado quanto de direito público,[242] o que altera a abrangência dos conceitos de controlador e operador. Consequentemente, a forma de exercício das competências na formulação das regras de boas práticas também recebe peculiaridades.

---

[241] Na Figura 5, indicou-se o titular, porém a este deve ser acrescida a leitura quanto ao tópico, o que não exclui as demais formas de participação indicadas no ponto 4.3.

[242] Há entendimento de que o artigo 50, da LGPD, não é aplicável ao setor público, com exceção das estatais, diante do teor do artigo 32 da LGPD (Santos, 2022, p. 158).

A LGPD preocupa-se com a função desempenhada na prática, mesmo que esta não corresponda à designação contratual ou organizacional do agente. Trata-se de um critério funcional de identificação, de modo que caso um código de boas práticas preveja uma função que esteja deslocada de seu titular, prevalece a natureza da função desempenhada. Ademais, na elaboração e no cumprimento de regras de boas práticas, o controlador, por deter o poder de decisão, poderá delimitar condutas ao operador e ao encarregado. No entanto, a afirmação inversa não se verifica. Na verdade, nos termos do artigo 41, §2º, inciso IV da LGPD, o controlador poderá estabelecer atribuições ao encarregado por meio de normas complementares, regra que deve ser combinada ao artigo 50.

O controlador é a "pessoa natural ou jurídica,[243] de direito público ou privado, a quem compete as decisões referentes ao tratamento de dados pessoais" (Brasil, 2018a). Esse conceito replica-se parcialmente ao operador. A diferença é que este último realiza o tratamento a partir das decisões do primeiro. É em nome do controlador que o tratamento se promove, nos termos dos incisos VI e VII do artigo 5º da LGPD.

O controlador pessoa natural são os profissionais liberais, empresários individuais, microempresários, os responsáveis pelas serventias extrajudiciais (incluídas no âmbito do tratamento de dados do Poder Público). Eles acumulam funções na organização, atuam sem subordinação interna e assumem a centralidade nas decisões no tratamento de dados pessoais. Esses controladores poderão tanto elaborar suas próprias regras de boas práticas, quanto integrar um código elaborado por uma associação representativa de sua classe. Sendo as figuras do controlador e do operador resumidas a uma pessoa natural, isso deve constar na formulação.

Nesse contexto, o controlador pessoa natural pode também desempenhar o papel de operador e execute as operações de tratamento dos dados pessoais a partir de suas próprias decisões quanto aos elementos legais vinculados do tratamento de dados (finalidade, base legal, tempo de armazenamento, compartilhamento, medidas de segurança, dados a serem anonimizados). Porém, caso haja um controlador pessoa natural e um operador pessoa natural e este último alterar os comandos do primeiro, será este quem assumirá a função de controlador, sem que isso decorra de culpa exclusiva de terceiro,

---

[243] Aplica-se, nesse contexto, as definições do Título II, sobre as pessoas jurídicas, do Código Civil brasileiro (Brasil, 2002).

será o operador responsável civil e administrativamente em caso de eventual dano, nos termos do artigo 42 e 43 da LGPD. Essas breves referências, sem que se vise ingressar no campo da responsabilidade civil, exemplificam a importância da descrição clara e objetiva dos compromissos assumidos nas regras de boas práticas, de modo a não suscitarem dúvidas aos envolvidos no caso eventual fiscalização.

Na hipótese de haver subcontratação, ou seja, por exemplo, de o operador contratar outro operador para prestar auxílio no desempenho das funções de tratamento delimitadas pelo controlador, haverá a figura do suboperador. Este igualmente poderá contratar outro suboperador, diante do caráter mais operacional e dinâmico dessa função. Em que pese o termo suboperador (subcontratante) não tenha previsão expressa na LGPD, é situação viável na lei e que decorre da formação de um vínculo contratual de operador com operador(es). Novamente, aplica-se o critério funcional na leitura e confecção das regras de boas práticas. Viabiliza-se, em tese, a hipótese de o suboperador já integrar um documento de regras de boas práticas venha a formular ou a aderir a outras regras de boas práticas de outro nicho do mercado, desde que se mantenham as obrigações de transparência por parte desse com o operador contratante no que tange aos seus procedimentos técnicos e de segredo comercial e industrial.

Na formulação de regras de boas práticas, as atribuições de cada envolvido são previamente definidas, o que por um lado oferece segurança nas etapas de tratamento. Por outro, pode engessar os agentes de tratamento, especialmente os operadores, o que corrobora a permissividade de tanto o controlador quanto o operador poderem elaborar suas próprias regras. Desse modo, caso o operador adira a regras de boas práticas relacionadas a técnicas de segurança da informação, isso não impede que o controlador tenha em suas ações uma abordagem diversa em algum quesito, desde que preservado o fim de segurança e o dever de informação e de transparência entre eles.

Aliás, sendo a adaptabilidade uma das características favoráveis à formulação das regras de boas práticas com a permissão descritiva de como o responsável irá executar o comando legal, a descrição de condutas em casos em que há vários operadores envolvidos na execução do tratamento de dados permite a descrição por diferentes fases e graus. São essas particularidades submetidas ao crivo da Autoridade que respaldam o conjunto de práticas de tratamento e as circunstâncias do uso dos dados, o que confere uma maior segurança jurídica aos envolvidos.

Interessante notar que o artigo 42, §1º, inciso II da LGPD, ao disciplinar a responsabilidade dos agentes de tratamento, já adota o termo "controlador" no plural. Quando uma operação de tratamento envolver mais de um controlador e todos estiverem envolvidos na tomada de decisões, ocorre a chamada "controladoria conjunta" ou a "controladoria singular" (controlador conjunto ou *joint controller*). Embora a LGPD não liste no artigo 5º essa definição, a ANPD acolhe a esses conceitos (Brasil, 2022d, p. 12) com base na descrição regulamentar do artigo 26, do RGPD, sobre responsáveis conjuntos pelo tratamento.[244]

Nas organizações, além do controlador e do operador, poderia ainda se questionar qual a posição assumida pelos funcionários que com eles atuam ou que os representam quando os agentes de tratamento são pessoas jurídicas. Os empregados, profissionais subordinados à pessoa jurídica, administradores, sócios, servidores públicos, equipe de privacidade, membros de órgãos, terceirizados, subcontratantes, terceiros (*third parties*), que atuam sob o poder diretivo da pessoa jurídica, não se caracterizam como agentes de tratamento, tendo em vista que o conceito de controlador não pode ser aplicado como uma "norma de distribuição interna de responsabilidades" (Brasil, 2022d, p. 6-8). Assim, ter um acesso fático a dados pessoais não é elemento funcional, antes oriundo do trabalho, sobre o qual esses envolvidos não adotam qualquer decisão sobre o que se fará com os dados a partir disso.

No caso do programa de governança em privacidade, o artigo 50, §2º, inciso II, da lei, traz a figura regulatória da "entidade responsável por promover o cumprimento de boas práticas ou códigos de conduta, os quais, de forma independente, promova o cumprimento" da LGPD. Trata-se do único trecho da lei com essa descrição, tendo em vista que os códigos de conduta somente são trazidos no artigo 33, inciso II,

---

[244] Artigo 26. Quando dois ou mais responsáveis pelo tratamento determinem conjuntamente as finalidades e os meios desse tratamento, ambos são responsáveis conjuntos pelo tratamento. Estes determinam, por acordo entre si e de modo transparente as respectivas responsabilidades pelo cumprimento do presente regulamento, nomeadamente no que diz respeito ao exercício dos direitos do titular dos dados e aos respetivos deveres de fornecer as informações referidas nos artigos 13º e 14º, a menos e na medida em que as suas responsabilidades respectivas sejam determinadas pelo direito da União ou do Estado-Membro a que se estejam sujeitos. O acordo pode designar um ponto de contacto para os titulares dos dados. 2. O acordo a que se refere o nº 1 reflete devidamente as funções e relações respetivas dos responsáveis conjuntos pelo tratamento em relação aos titulares dos dados. A essência do acordo é disponibilizada ao titular dos dados. 3. Independentemente dos termos do acordo a que se refere o nº 1, o titular dos dados pode exercer os direitos que lhe confere o presente regulamento em relação e cada um dos responsáveis pelo tratamento (União Europeia, 2016).

letra "d", ao tratar sobre a permissão de transferência internacional de dados. Isso significa afirmar que quando o artigo 50 refere entidade independente para cumprimento de código de conduta quis se referir justamente aos organismos de certificação previstos no artigo 35 e que são responsáveis, entre outras atribuições, por definir o conteúdo de cláusulas-padrão contratuais, normas corporativas globais, selos, certificados ou que são especificamente designadas ao cumprimento de um determinado código de conduta.

No entanto, registra-se que esses organismos de certificação deverão ser designados pela ANPD por meio de critérios a serem definidos por regulamento ainda não expedido pela Autoridade e que permanecerão sob sua fiscalização.

No âmbito público, essa racionalidade é diversa, pois não há como não aplicar a divisão interna de atribuições. O Poder Público é composto por diferentes poderes, em diferentes camadas federativas, com órgãos, entidades e pessoas jurídicas. Juntos, formam um conjunto amplo de sujeitos envolvidos no tratamento de dados pessoais. Desta forma, quando o legislador usou os termos "órgãos públicos", "entidades públicas", "pessoas jurídicas de direito público referidas no parágrafo único do artigo 1º da LAI, "órgãos notariais", ratificando que, mesmo que um ente do Poder Público não tenha personalidade jurídica própria, quis indicar que prevalece a descrição funcional do conceito de controlador.

Frente a essa complexidade de camadas e subdivisões administrativas, a ANPD diferencia os agentes de tratamento da administração direta dos da administração indireta. No caso dos entes federados, administração direta – União, Estados, Municípios, Distrito Federal, estes são os controladores. Logo, possuem legitimidade para formulações autorregulatórias. Da mesma forma, a ANPD identifica os órgãos que desempenham funções em nome da pessoa jurídica de direito público interno da qual fazem parte.

Já no caso das pessoas jurídicas integrantes da administração indireta, das empresas públicas, das sociedades de economia mista que não atuem em regime de concorrência e que operacionalizem políticas públicas[245] (Brasil, 2022d, p. 5), de cada ente federado, aplica-se

---

[245] Ressalva em atenção ao artigo 24: "Artigo. 24. As empresas públicas e as sociedades de economia mista que atuam em regime de concorrência, sujeitas ao disposto no art. 173 da Constituição Federal, terão o mesmo tratamento dispensado às pessoas jurídicas de direito privado particulares, nos termos desta Lei. Parágrafo único. As empresas públicas e as sociedades de economia mista, quando estiverem operacionalizando políticas

a mesma racionalidade do setor privado quanto à identificação do controlador. Ou seja, a razão de impossibilidade de distribuição interna de competências das pessoas jurídicas de direito privado (Brasil, 2022d, p. 9), com a consequente centralidade da decisão autorregulatória.

Feitas essas considerações quanto a quem são os agentes de tratamento que podem formular as regras de boas práticas no âmbito de suas competências sob o ponto de vista individual, resta analisar a competência desses agentes de tratamento na segunda opção apresentada no *caput*, qual seja, por meio de associações.

A criação de regras por associações e categorias de classe tende a ser uma das principais opções de aplicação do artigo 50 da LGPD. As regras de boas práticas formuladas por meio da reunião de controladores ou operadores permite que os setores, em seus ramos específicos, unifiquem esforços e criem um ambiente jurídico mais seguro. Com isso, ainda poderão favorecer um ambiente com troca de *know-how* e fortalecer a conformidade do setor no mercado interno e externo.

A LGPD não se preocupa em conceituar associações, sendo aplicável à base legal já vigente. Assim, as associações são pessoas jurídicas de direito privado que constituem pela união de pessoas organizadas para fins não econômicos, sem que haja entre os associados, direitos ou obrigações, na forma do artigo 53, do Código Civil. Já as associações públicas são pessoas jurídicas de direito público ou privado, formadas a partir da contratação de um consórcio público[246] e integram a administração indireta quando forem constituídas na forma do artigo 6º, §1º, da Lei nº 11.107, de 6 de abril de 2005 (Brasil, 2002, 2005).

No âmbito privado não parece haver dissenso quanto ao interesse de reunião de agentes de tratamento para elaboração de regras de boas práticas e de governança em privacidade, inclusive já foram publicizadas algumas iniciativas[247] de formulação de códigos de boas práticas, guias

---

públicas e no âmbito da execução delas, terão o mesmo tratamento dispensado aos órgãos e às entidades do Poder Público, nos termos deste Capítulo" (Brasil, 2018a).

[246] Cabe frisar que a associação pública decorre da formação de um consórcio público, mas nem todo consórcio público será uma associação pública, tendo em vista que o artigo 1º, §1º, da Lei nº 11.107, de 2005, permite que os consórcios se formem a partir de uma pessoa jurídica de direito privado, com a respectiva personalidade de direito privado nos termos do artigo 6º do mesmo diploma (Brasil, 2005).

[247] Citam-se algumas iniciativas: Guia de boas práticas de proteção de dados no setor de transportes; Código de Boas Práticas de Proteção de Dados para o Setor de Telecomunicações; Código de Boas Práticas: Proteção de Dados para Prestadores Privados de Serviços em Saúde; o Guia Referencial da Lei Geral de Proteção de Dados para entidades fechadas de Previdência Complementar.

de condutas, os quais, embora não tenham sido examinados na forma do parágrafo terceiro do artigo 50, já demonstram o interesse dos setores econômicos e financeiros brasileiros no instrumento.

Por outro lado, no setor público, poderia ser questionada a viabilidade de aplicação do artigo 50 por consórcios públicos ou mesmo a criação de um consórcio público para estabelecer relações de cooperação federativa especificamente relacionado à proteção de dados pessoais.

O Decreto nº 6.017, de 17 de janeiro de 2007, regulamenta da Lei nº 11.107, de 2005, estabelece possíveis objetivos à constituição de consórcios públicos, tais como o compartilhamento ou o uso em comum de instrumentos e equipamentos de informática, o intercâmbio de informações[248] entre os entes consorciados, a instituição e o funcionamento de escolas de governo ou de estabelecimentos congêneres e a produção de estudos técnicos. Esses e outros fins poderão ser pactuados entre os entes federados (controladores), desde que observados os limites constitucionais e legais, conforme dispõe o artigo 3º do decreto (Brasil, 2007).

Ademais, a criação de uma associação pública pode ser conjugada aos objetivos da Lei nº 14.129, de 29 de março de 2021, a Lei do Governo Digital (LGD). Esta lei oferece finalidades que justificariam não só a associação de entes públicos como também a criação de uma autorregulação quanto ao tratamento dos dados envolvidos. Segundo a LGD, os órgãos e as entidades envolvidos na prestação e no controle dos serviços públicos poderão compartilhar e promover o uso de dados pessoais de diferentes setores da sociedade, seja para a formulação de políticas públicas, de pesquisas científicas, de geração de negócios, seja para controle social, nos termos do artigo 3º incisos IX, XIV, XXIII (Brasil, 2021g).

---

[248] Quanto ao compartilhamento de dados pessoais na Administração Pública é oportuno trazer duas observações. A primeira que o Decreto nº 10.046, de 9 de outubro de 2019, dispõe sobre a governança no compartilhamento de dados no âmbito da Administração Pública Federal, o que não exclui a possibilidade de aplicação dos dispositivos mencionados no texto para eventual aplicação de compartilhamento de dados pessoais entre entes da federação ou os sujeitos habilitados nos respectivos normativos. Consequentemente, o Comitê Central de Governança de Dados, criado nesse Decreto, somente exerce as competências fixadas no artigo 21, do referido texto, no âmbito federal (BRASIL, 2019c). A segunda diz respeito à decisão do STF que julgou parcialmente procedentes duas ações (ação direta de inconstitucionalidade (ADI) nº 6.649 e a ação por descumprimento de preceito fundamental (ADPF) nº 695) para dar interpretação conforme a dispositivos do Decreto nº 10.046 de forma alinhada ao direito fundamental à proteção de dados pessoais e à LGPD, mantendo a constitucionalidade do compartilhamento de dados pessoais no âmbito federal desde que atendidos, além dos requisitos legais, o teor da decisão do STF (BRASIL, 2022a, 2022b).

Ora, a crescente digitalização dos serviços públicos sem mediação humana (autosserviço), centrada na participação do usuário (*user experience design*), uma base nacional de dados de serviços públicos, a visão do governo como uma plataforma digital, a interoperabilidade, são só alguns fomentadores à intensa movimentação de dados pessoais no setor público, os quais demandarão critérios técnicos e de segurança específicos ao compartilhamento em atenção tanto à própria LGD, quanto à LAI e à LGPD (Hahn, 2022, p. 427-431). Percebe-se, nessa linha, uma oportunidade aos controladores públicos para que racionalizem essas viabilidades jurídicas de modo integrado à LGPD.

Seguindo no exame dos sujeitos envolvidos na formulação de regras de boas práticas, além do controlador e do operador, o artigo 50 prevê duas figuras de controle no inciso II e no parágrafo terceiro: a "entidade responsável por promover o cumprimento de boas práticas ou códigos de conduta" e a ANPD (Brasil, 2018a). Quanto à autarquia, destina-se um tópico do Capítulo 3. No que tange à entidade responsável, será crucial a leitura que o regulamento da ANPD dará a essa parte do dispositivo. Pode-se cogitar como entidade responsável uma pessoa jurídica reconhecida para esse fim pela ANPD, nos termos do futuro regulamento a ser editado. O regulamento poderá prever que o organismo de certificação (art. 35, §3º, da LGPD) desempenhe alguma função nesse contexto.

Ponto igualmente interessante seria refletir quanto ao papel dos titulares de dados e outros sujeitos do fórum público.[249] Como eles estão ou podem ser envolvidos na formulação de regras de boas práticas e de governa em privacidade? Quais são as obrigações dos reguladores privados em relação a eles?[250] Poderiam os titulares, uma organização civil defensora de dados pessoais ou sindicato (associação) de trabalhadores de uma controladora, participar do processo de formulação dessas regras? Enfrentar todas as vertentes demandaria delimitações regulamentares e legais mais consolidadas, conquanto já são oportunas as seguintes considerações.

---

[249] Por fórum público ou macro fórum público adota-se o conceito de Bruno Bioni (2022, p. 242), no sentido de serem todos envolvidos no âmbito do direito fundamental à proteção de dados pessoais. Ou seja, é a teia social de atores com diferentes recursos legais de poder.

[250] O PL nº 6.212, de 2019, reapresentado pelo PL nº 3.034, de 2022, propõe a inclusão dos artigos 51-A a 51-D à LGPD. Nessa sistemática, a participação se daria por meio de consulta e audiências públicas (Brasil, 2019b). Sobre o PL nº 3.034, de 2022, dedicou-se o ponto 4.4.3.

Inicialmente, o parágrafo terceiro do artigo 50 estabelece a obrigação de publicação e de atualização periódica, determinações que não se destinam especificamente à participação ativa dos titulares dos dados. Porém, elas permitem, assim como aos demais envolvidos com o documento regulatório, questionamentos, controle da aplicação dos dispositivos, enquanto ferramentas de transparência e de prestação de contas.

Quanto aos direitos dos titulares previstos em regras de boas práticas, é imprescindível ratificar os argumentos do Capítulo 1 quanto às condutas responsáveis e transparentes aplicadas ao artigo 50. Ou seja, considerando que o *caput* indica, como um dos tópicos autorreguláveis, o procedimento que os agentes de tratamento aplicarão às reclamações e às petições de titulares, as formulações não poderão apenas transcrever o conteúdo do artigo 9º da LGPD, ou de outros dispositivos da LGPD nos códigos de boas práticas. Será preciso especificar prazos de resposta aos titulares e interessados, os canais de atendimento, esclarecer o que pode ser solicitado, sem com isso reduzir conteúdos de direitos de outros documentos, por exemplo, o CDC e, no setor público, a LAI e a Lei nº 13.460, de 26 de junho de 2017, o Código dos usuários de serviço público brasileiro (Brasil, 1990, 2011e, 2017a).

Observa-se que caso os titulares, ou associações que os representem, entendam que algum dispositivo fruto de regras de boas práticas ou de governança em privacidade reduziu o âmbito de aplicação da LGPD ou o conteúdo do artigo 5º, inciso LXXIX, da Constituição Federal, subsistem os mesmos instrumentos e canais de denúncia e reclamação tanto frente ao controlador, quando à ANPD, quanto a um canal indicado pela própria formulação (Brasil, 1988).

No que concerne à participação dos titulares, não há qualquer previsão ainda que imponha aos agentes de tratamento que a elaboração do regramento seja aberta à discussão pública. Contudo, é possível que, uma vez regulamentado o artigo 50 da LGPD, seja prevista a aplicação dos dispositivos quanto à necessidade de consulta e de audiência públicas do que texto submetido à ANPD, em atenção ao artigo 55-J, §2º da LGPD (Brasil, 2018a). Além disso, ainda mesmo na fase de elaboração das regras de boas práticas, é possível que a associação de controladores convide sindicatos ou entidades representativas dos trabalhadores, profissionais da área, no intuito de compartilhar aspectos práticos, dirimir dúvidas, alinhar missões e projetos de aplicação das regras de boas práticas antes do envio à ANPD para aprovação.

Por outro lado, suponha-se que uma associação pública seja constituída entre controladores de dados de municípios de uma região metropolitana para uma ação conjunta no âmbito da assistência social com o compartilhamento de dados dos usuários. Nos termos do artigo 5º, §3º, do Decreto nº 6.017, de 2007, a participação nos consórcios públicos deve ser permitida a qualquer pessoa por meio do acesso a reuniões e aos documentos que forem produzidos, salvo considerados sigilosos por decisão prévia e motivada (Brasil, 2007). Logo, a aplicação do artigo 50 da LGPD, pelo Poder Público, exige uma análise pragmática como a LAI, a LDG, a Lei dos consórcios públicos e seus respectivos regulamentos, sem prejuízo da posterior avaliação pela ANPD.

Outra figura a ser analisada na formulação de conteúdo autorregulatório na LGPD, ainda que não expressamente referida no artigo 50, são organismos de certificação. As certificadoras serão designadas pela ANPD e ficarão responsáveis pela definição do conteúdo, dentre outros instrumentos, de códigos de conduta do controlador que ofereça garantias adequadas de cumprimento da LGPD para transferência internacional de dados,[251] segundo preveem os artigos 33 e 35, §3º da LGPD,[252] artigo 4º, inciso XIII, do Decreto nº 10.474, de 2020 (Brasil, 2018a, 2020f). Da mesma forma que o artigo 50, o tema da transferência internacional de dados pessoais pende de regulamentação, de modo que as prospecções aqui lançadas caminham na ausência de posicionamento construído no amplo processo regulatório e de qual modelo de certificação a ser escolhido pela ANPD.

Mesmo assim, cabe defender que esses dispositivos merecem um exame conjunto, de modo a permitir que os formuladores façam apenas um processo de validação das regras de cumprimento, o que evita, além

---

[251] A LGPD, ao utilizar a expressão "adequada" no inciso I do artigo 33 da LGPD, adotou como modelo regulatório na transferência internacional de dados pessoais o modelo geográfico, segundo o qual há a concentração de critérios de equivalência e de adequação para além de uma comparação somente legalista. Assim, por esse método, faz-se necessária compreensão mais ampla do ordenamento jurídico destinatário, por exemplo, formas de aplicação da lei, métodos de *enforcement*, coexistência de formas de autorregulação do país terceiro, regras em outros ramos jurídicos como civil, administrativo e penal e direitos humanos. Assim, caberá à ANPD proferir "decisões de adequação sobre o grau de proteção oferecido por países terceiros" (Aquino; Marques, 2020, p. 307-309).

[252] Além dos códigos de conduta, o artigo lista outros instrumentos autorregulatórios, vejamos o *caput*: "Artigo. 35. A definição do conteúdo de cláusulas-padrão contratuais, bem como a verificação de cláusulas contratuais específicas para uma determinada transferência, normas corporativas globais ou selos, certificados e códigos de conduta, a que se refere o inciso II do *caput* do art. 33 desta Lei, será realizada pela autoridade nacional" (Brasil, 2018a).

da duplicidade de procedimentos, que o agente de tratamento seja onerado de tal forma que tenha que eleger qual projeto autorregulatório irá desenvolver em sua atividade.

De qualquer sorte, a par da longa e complexa discussão que envolve esses temas, alguns pontos sobre os organismos de certificação devem receber atenção. Primeiro, a participação está sujeita ao crivo da ANPD desde a sua designação, no curso de suas atividades até a conclusão de seus trabalhos. Isto é, os organismos não substituem a ANPD e se submetem à supervisão da autarquia. Mesmo após a designação da certificadora, a ANPD poderá revisar ou anular os atos de definição de conteúdo dos instrumentos autorregulatórios do artigo 33. Isso significa que os controladores que tiverem seus códigos de conduta formulados por organismos de certificação (acreditados pela ANPD) para transferência internacional não têm a garantia de que esses documentos subsistirão até o final do processo de análise do código pela autarquia.

Segundo, considerando a defesa de aplicação combinada dos artigos 33, 35 e 50 da LGPD, no que tange aos códigos de conduta, deve ser considerada a hipótese desses organismos, uma vez credenciados, poderem elaborar um código de conduta não apenas com as matérias relacionadas à transferência internacional, mas também sobre os temas do artigo 50, situação em que os agentes de tratamento contratam essa certificadora para elaboração do documento a ser submetido à análise de suficiência ou não à LGPD, com o subsequente reconhecimento e publicação em caso afirmativo.

Sublinhados os envolvidos centrais na formulação das regras de boas práticas, urge analisar outros dois sujeitos envolvidos nesse processo, quais sejam: o encarregado[253] e o *compliance officer* ou *chief compliance officer*. Este último, embora também não seja mencionado na Lei, recebe atenção nas organizações. Trata-se de pessoa (jurídica ou física) contratada pelo controlador para realizar funções de análise de

---

[253] As funções do encarregado são descritas no artigo 41, o qual se transcreve: "Artigo 41. O controlador deverá indicar encarregado pelo tratamento de dados pessoais. §1º A identidade e as informações de contato do encarregado deverão ser divulgadas publicamente, de forma clara e objetiva, preferencialmente no sítio eletrônico do controlador. §2º As atividades do encarregado consistem em: I – aceitar reclamações e comunicações dos titulares, prestar esclarecimentos e adotar providências; II – receber comunicações da autoridade nacional e adotar providências; III – orientar os funcionários e os contratados da entidade a respeito das práticas a serem tomadas em relação à proteção de dados pessoais; e IV – executar as demais atribuições determinadas pelo controlador ou estabelecidas em normas complementares. (...)" (Brasil, 2018a).

conformidade ou integridade com determinado regulamento, como é a LGPD, o RGPD, ou certificações a que esteja devidamente habilitado para auditar. Desta forma, o trabalho do *compliance officer* pode vigorar por um período determinado, estar delimitado ao desempenho de uma atividade específica, como a realização de relatórios e mapeamentos, ajustes operacionais, implementação de códigos de ética, análise e apurações de riscos, como também abranger contratos por períodos longos e que englobe uma série de funções na organização destinadas ao controle interno. Ou seja, há uma flexibilidade contratual entre o *compliance officer* e o controlador, sendo a relação entre eles contratual e não regulada pela LGPD, exceto no caso de demonstração de algum exercício funcional como agente de tratamento.

O trabalho do *compliance officer* pode ser somado ao do encarregado, mas a contratação do primeiro não exclui as obrigações previstas nos artigos 23, inciso II e 41 da LGPD. Na verdade, o encarregado desempenha as funções de *compliance* acrescidas da função de ser o elo de comunicação e interlocução direta com a ANPD, ponto indispensável na aplicação do artigo 50.

Nos termos do artigo 5º, inciso VII[254] da LGPD, o encarregado[255] é pessoa (física ou jurídica) "indicada[256] pelo controlador e pelo operador

---

[254] O dispositivo passou por duas alterações desde a publicação da lei em 14 de agosto de 2018. Na versão original, previa que o encarregado seria uma pessoa natural indicada apenas pelo controlador. Com a edição da Medida Provisória nº 869, de 2018, o conceito excluiu a expressão "natural". A terceira redação, hoje vigente, deu-se pela lei que converteu a referida MP, a Lei nº 13.853, de 2019, que manteve a exclusão do termo "pessoal", mas acrescentou que a figura do operador ao lado do controlador na indicação do encarregado (Brasil, 2018a, 2018b, 2019b). Além dessas alterações, observa-se que houve veto presidencial ao parágrafo quarto do artigo 41, o qual previa que o "encarregado deveria ser detentor de conhecimento jurídico-regulatório e ser apto a prestar serviços especializados em proteção de dados" (Brasil, 2018c), o que não seria compatível com o livre exercício profissional, previsto no artigo 5º, inciso XIII, da Constituição Federal. No entanto, mesmo que o dispositivo tenha sido vetado, é uma expectativa razoável que o encarregado busque essa qualificação, sob pena de uma atuação incompatível aos preceitos e regras da LGPD.

[255] O termo encarregado pode ser identificado na doutrina nacional como o *data protection officer* (DPO), expressão utilizada pelo RGPD e que por isso se popularizou no estudo da matéria também no Brasil (Vainzof, 2021, p. 27).

[256] O artigo 11, da Resolução CD/ANPD nº 2, de 2022, que regulamenta a aplicação da LGPD aos agentes de tratamento de pequeno porte, estabelece que "os agentes de tratamento de pequeno porte não são obrigados a indicar o encarregado", porém deverão manter canais de comunicação com os titulares de dados pessoais. Como se trata de um ato voluntário por esses agentes de tratamento, caso eles assim o façam, a ANPD aplicará o artigo 52, §1º, inciso VIII, da LGPD. Ou seja, o artigo 11, §2º, dessa Resolução, ratifica o conceito de "boas práticas", no sentido de um compromisso voluntário pelo agente de tratamento, no qual atua-se com maior responsabilidade e diligência do que esperado (Brasil, 2022f).

para atuar como canal de comunicação entre o controlador, os titulares dos dados e a ANPD", a quem incumbe as funções descritas no artigo 41, fixadas pelo controlador, além da importante função de orientação aos funcionários e os contratados do controlador. A ANPD poderá estabelecer outras obrigações que podem ser estabelecidas por meio de regulamento ou mesmo dispensar a indicação pelo controlador.

As funções do encarregado demonstram a importância da sua participação em todas as fases das regras de boas práticas (estudos prévios, fase de redação, aprovação, implantação, execução, monitoramento, revisão e atualização), pois será quem realizará o processo de interlocução com a ANPD (art. 15, inciso II e parágrafo único, da Resolução CD/ANPD nº 18, de 2024) ou com eventual entidade de cumprimento na fase de elaboração. Ao encarregado incumbe promover e supervisionar internamente as práticas previstas na formulação autorregulatória, além de desempenhar uma função semelhante às ouvidorias, devendo ser preservado o encarregado do desempenho de outra função que não lhe permita ampla dedicação às suas atribuições ou com potencial conflito de interesse (Cristóvam; Hahn, 2021, p. 186).

Portanto, o encarregado é figura central na obtenção de *feedbacks*, identificação de falhas, recomendações de aprimoramento, razão pela qual é preciso assegurar tanto liberdade de atuação, quanto assegurar que outras atribuições não retirem o foco central dessa atribuição (Cristóvam; Hahn, 2021, p. 184-185). Aliás, diante dessas funções e em cumprimento ao regramento interno dos agentes de tratamento ou das regras de boas práticas, o encarregado poderá ter a atribuição de aplicar medidas disciplinares dentro da organização decorrente do controle interno exercido (Kremer; Palmeira, 2022, RB26-2).

Ademais, ANPD fixou ao encarregado, no art. 16, inciso IX, da Resolução CD/ANPD nº 18, de 2024, a obrigação de prestar assistência e orientar os agentes de tratamento na elaboração, definição e implementação das regras do art. 50, o que vincula e impõe dever de transparência do controlador ao buscar a presença do encarregado desde a primeira tomada de decisão relacionada à adoção de instrumentos autorregulatórios.

O acompanhamento pelo encarregado prossegue até as etapas de submissão à ANPD, implementação, revisão, análises associativas com os demais encarregados envolvidos, por exemplo, em Código de Condutas de associações. Nesse ponto, é fundamental que cada controlador tenha um encarregado, inclusive na eliminação de conflitos de interesses na forma conceituada no art. 2º, inciso II e disciplinada nos art. 18 a 21 da citada Resolução (Brasil, 2024a).

A orientação e assistência prestadas pelo encarregado nas diversas etapas relacionadas aos instrumentos autorregulatórios, todavia, não transfere ao encarregado a responsabilidade, perante a ANPD, pela conformidade do tratamento dos dados pessoais realizado pelo controlador, conforme regramento no âmbito da Autoridade pelo art. 17, da mesma Resolução (Brasil, 2024a) e que confirma a centralidade do controlador quanto à tomada de decisões.

Verifica-se, pois, que o controlador tem discricionariedade quanto à contratação do *compliance officer*, mas a designação de um encarregado decorre da LGPD. Por fim, o encarregado poderá desempenhar trabalho conjunto com o *compliance officer* ou ser ele responsável por implementar e manter um programa de conformidade (*compliance*) de dados e privacidade.

Por fim, e não menos importante, são ora denominados de terceiros legitimados. A Figura 1 e a Figura 5 indicam a presença dos terceiros legitimados como sujeitos destinatários do artigo 50 sob o viés do controle (agentes de controle). Isto é, o controle ao atendimento e à conformidade à lei nacional pelos agentes de tratamento, ainda que esteja centralizada na ANPD a aplicação do artigo 52, tais como Tribunais de Contas, o Ministério Público. Ou por meio de recomendação ministerial, como é o caso da Portaria SGD/MGI nº 852, de 28 de março de 2023 (Brasil, 2023e) que estabeleceu um Programa de Privacidade e Segurança da Informação (PPSI) para atendimento no âmbito dos órgãos e entidades da administração pública federal direta, autárquica e fundacional[257] e que legitima a SGD/MGI a solicitar a demonstração[258] na esfera administrativa federal com fundamento também no art. 50, §2º, inciso II, da LGPD.

---

[257] Aplicável às unidades que compõem o Sistema de Administração dos Recursos de Tecnologia da Informação – SISP, conforme art. 3º do Decreto nº 7.579, de 11 de outubro de 2011, que dispõe sobre o Sistema de Administração dos Recursos de Tecnologia da Informação – SISP, do Poder Executivo Federal (Brasil, 2023e).

[258] A Universidade Federal do Rio Grande do Sul, ao elaborar seu Programa de Governança em Privacidade para o período de 2024-2027, indica expressamente a redação das suas regras de governança em atendimento ao art. 50, da LGPD e execução dos planos de ação resultantes da autoavaliação para atendimento à Portaria SGD/MGI nº 852/2023 (UFRGS, 2023f, p. 9 e 16).

2.5 Aplicação autorregulatória na LGPD: vantagens e desvantagens [259]

O desenvolvimento de regras de boas práticas e de governança em privacidade em um Código de condutas (ou Código de regras de boas práticas, ou programa de governança em privacidade), envolve, como visto, múltiplos elementos organizacionais. São fatores internos e externos à organização. Entre os internos, menciona-se os recursos financeiros, os recursos humanos, a cooperação entre os envolvidos, a criação ou o aprimoramento de canais de comunicação, as análises de base de dados, a avaliação de fluxos a serem considerados, a capacitação, o engajamento da equipe, as verificações e revisões periódicas, o controle de condutas e os relatórios. Entre os externos estão o alinhamento técnico de colaboradores e prestadores de serviços, as revisões contratuais, os procedimentos de submissão e os de controle externo, as contratações novas, as interlocuções com o Poder Público. Vale dizer: o investimento não é apenas financeiro, há uma demanda de tempo, de constância e de pessoas envolvidas.

Adriana Solé e Lélio Lauretti (2022, p. 19) apresentam a pergunta "por quê elaborar um código de conduta em nossos dias". Segundo os autores, a resposta dependerá de pontos valorativos e do objetivo da conversão espontânea dos participantes, tendo em vista que a prática: a) valorizar a parceria de trabalho; b) confere uma visão conjunta das atividades empresariais voltadas ao aprimoramento de resultados; c) fixa formas internas de gestão e solução de conflitos; d) dá ênfase ao aprimoramento cultural e profissional constante dos colaboradores internos e externos; e) incentiva o relacionamento construtivo externo, inclusive com concorrentes; f) amplia as confianças interna e externa;

---

[259] Cabe esclarecer que a análise das vantagens e desvantagens nesse tópico não se desenvolveu a partir das considerações e dos conceitos da teoria dos jogos (*The game theory*) e a forma de *yardstick competition* mencionadas por Ian Ayres e John Braithwaite no estudo sobre a regulação responsiva (objeto do próximo capítulo). Em apertada síntese, alguns conceitos da teoria dos jogos mostram que a motivação empresarial é para minimizar os custos regulatórios e a motivação do regulador é maximizar os resultados de conformidade (Ayres; Braithwaite, 1992, p. 21). O mercado faz com que os atores regulados passem por momentos de percepção quanto às vantagens e desvantagens nas tomadas de decisões. Já a competição yardstick cria um torneio no qual os lucros de uma empresa são determinados por sua capacidade de gerar custos menores do que seus concorrentes. A competição *yardstick* coloca os utilitários em um tipo de dilema (*prisoner's dilemma*) no qual, embora coletivamente se prefira não empreender o esforço de reduzir custos, individualmente eles são levados a se manter à frente de seus concorrentes (Ayres; Braithwaite, 1992, p. 142).

g) subsidia a avaliação, correções e até exclusão de membros por ações contrárias ao código; h) resguarda a sustentabilidade, as funções social e econômica dos agentes envolvidos nos planos externo no interno; i) influencia e conduz comportamentos éticos na cultura empresarial; j) oferece sentimento de pertencimento e engajamento sistêmico a um grupo ou equipe (Solé; Lauretti, 2022, p. 19-20).

Tais objetivos são razões importantes a qualquer organização, principalmente porque têm enfoque nas pessoas enquanto elemento central à boa condução do direito à proteção de dados pessoais. Os autores oferecem uma visão ideal em que o plano, desde a elaboração, a ação, a manutenção, até as revisões dos códigos ou programas, correrão pela sua máxima produtividade. Essa abordagem pode incutir nos agentes de tratamento, todavia, uma ideia incompleta quanto às projeções reais das regras de boas práticas e de governança em privacidade.

Por outro lado, a apresentação de fatores positivos e negativos contribuiu para uma construção mais racional da mesma pergunta. Assim, em que pese não seja pretensão desse estudo listar de forma taxativa os prós e contras dos instrumentos autorregulatórios para implementação e conformidade com a LGPD, busca-se contribuir de alguma forma com os agentes de tratamento com reflexões iniciais que incitem futuros questionamentos de acordo com as suas realidades.

Não é improvável que um primeiro contato dos agentes de tratamento com o artigo 50 resulte pelo declínio da ideia de formulação de um código de conduta nesse momento de aplicação da LGPD. Não se poderia esperar diferente. Até o fechamento dessa obra, pontos relevantes estão abertos, como a estruturação regulatória em curso, tempo investido, recursos financeiros e humanos necessários. Também estão em curso discussões legislativas específicas ao artigo 50, da LGPD, agendas regulatórias da ANPD, ou mesmo os debates sobre a regulação da inteligência artificial no país, a impactar em volume de demandas caso a ANPD seja indicada como autoridade regulatória. Trabalha-se na linha da escassez tanto no setor público quanto no setor privado, sendo minoria (ou até inexistentes) as organizações que não tenham em conta esses elementos, além de outros em sua matriz de riscos.

Mesmo na hipótese de os recursos financeiros não serem um fator preponderante, por vezes o volume e a expertise de recursos humanos ainda são insuficientes no mercado. Talvez esses dois primeiros fatores sejam superados, mas não contem com opções de médio e longo prazo, afinal, a lei está vigente. Seja como for, as prospecções estão acompanhadas de uma perplexidade e de uma curiosidade diante da expansão dos códigos de condutas no setor de tecnologia, principalmente fora do Brasil.

Apresentam-se os pontos negativos e positivos das regras de boas práticas e de governança em privacidade, sem pretensão de polarizá-las. Busca-se desenvolver um raciocínio crítico e gerar ferramentas de verificação e até compensação a outros fatores que não sejam indicados neste tópico.

Para a categorização, adotam-se fatores objetivos opostos: prós e contras, bônus e ônus, vantagens e desvantagens (perigos).[260] Se determinado fator for considerado vantajoso à adoção de um código de condutas, é porque ele representa um acréscimo à atividade da organização em termos gerais.

Por outro lado, é preciso ponderar nessa avaliação que pontos identificados como desvantajosos por esse critério objetivo, assim o foram também por uma razão consequencialista.[261] Ou seja, o cumprimento de uma norma necessariamente implica concessões por parte do seu destinatário, do contrário, não haveria razão em uma regra ser imposta pelo Estado, sem subtrair parte da liberdade dos indivíduos. O Direito corresponde a um ônus e a um bônus, fato que não faz das leis algo somente positivo ao destinatário, pois o endereçamento é à sociedade. A proteção de dados pessoais bem demonstra isso. Mesmo medidas domésticas, gratuitas, realizadas individualmente pelo titular de dados, no intuito de se autorresguardar (enquanto um exercício do direito) implicará em alguma forma de ônus ou concessão, seja na fruição de um serviço ou produto on-line que obrigava a coleta de dados com os quais o titular não consentiu, seja na negativa de contratação de um serviço em que não informe qualquer ponto sobre proteção de dados pessoais, seja no mero esquecimento de uma senha não anotada.

---

[260] Mercè Darnaculleta Gardella (2002, p. 124) adota o termo perigo ou risco como fatores de alerta aos autorreguladores.

[261] Alexandre Santos de Aragão (2009, p. 32) defende que os resultados práticos da aplicação das normas jurídicas não constituem uma preocupação apenas sociológica, mas serve como uma fonte importante de interpretação. O autor, assim, explica a ênfase consequencialista defendida por Richard Posner, no sentido de que uma concepção interessada nos fatos é também bem-informada sobre a operação, as propriedades e os prováveis efeitos de cursos alternativos de uma ação (Posner, 1996, p. 5 apud Aragão, 2009, p. 33). É essa noção que se buscou aplicar no parágrafo. Contudo, não se desconhece o conceito com significado oposto do consequencialismo, no sentido trabalho por Humberto Ávila (2019, p. 52), segundo o qual se trata de uma estratégia argumentativa moldada pelo intérprete conforme as consequências práticas que pretende evitar ou promover, ainda que em detrimento de uma estrutura normativa.

Tais ponderações mostram-se pertinentes frente à faculdade de adoção de regras de boas práticas e de governança na proteção de dados pessoais, tal como proposto pela redação do artigo 50 da LGPD. O artigo é expresso, ao eleger a expressão "poderão formular", o que demonstra a existência de um instrumento regulatório colocado à disposição dos agentes de tratamento públicos e privados, como uma ferramenta de auxílio ao cumprimento legal. É justamente por ser uma decisão cabível aos agentes de tratamento, sujeitos próximos à realidade da organização, que se torna indispensável apurar todos (ou o maior número possível) os elementos, além do estudo quanto aos conceitos e obrigações legais decorrentes do instituto.

Paralelamente ao universo de compreensão dessas vantagens e desvantagens de aplicação do artigo 50 voltada à tomada de decisão consciente por parte dos destinatários da regra, esse tópico também envolve a formação de opiniões informadas aos titulares de dados e aos olhares de desconfiança nos institutos, os quais estão orientados, na maior parte das vezes, no entendimento superficial de que não há desvantagens a quem cria regras para si próprio, ou de quem ninguém optaria por algo que não fosse apenas vantajoso para si mesmo. Entretanto, a existência de vantagens aos agentes de tratamento não significa que eles não tenham de passar por consideráveis níveis de esforços até que isso seja, enfim, mais vantajoso. Vale dizer: não se pode ler o vantajoso como equivale a uma zona de conforto.

Sigamos, assim, aos pontos.

Como mencionado, a elaboração de regras de boas práticas demanda uma varredura prévia na organização, e se o intuito for o desenvolvimento de código por meio de associação, será indispensável a realização de várias reuniões até que sejam alinhados os pontos abordados no documento regulatório. Tanto por um lado quanto por outro, a demanda por tempo é inescapável. Não será possível desenvolver essa fase preliminar em poucos dias ou poucas semanas, sendo medida temporal mais factível o estabelecimento de metas de análises em meses, a depender do número de sujeitos e o grau de congruência entre os envolvidos. A impossibilidade de instantaneidade trabalha como um ônus aos agentes de tratamento, tendo em vista que a LGPD e suas sanções estão em pleno vigor, e que a adequação à lei é urgente nesse cenário. Desse modo, os agentes de tratamento deverão considerar que a decisão por elaborar um código de boas práticas não exclui a obrigação dos envolvidos de, desde já, providenciar adequações a LGPD, independentemente do desenvolvimento do documento.

O tempo é um fator de investimento e de concentração de esforços, logo é imprescindível acrescer a presença da conduta transparente, tal como defende-se no Capítulo 1, de modo a prolongar esse processo de eventual ausência de informação voluntariamente ocultada.

Em contrapartida, após o processo de elaboração do código, o documento terá uma estrutura sólida, segura, de longo prazo, tal como pilares de fundação de uma edificação, no qual há uma estrutura formada, apta a abrigar seus condôminos. Logo, tal como toda estrutura arquitetônica, demandará manutenções periódicas, mas não a reconstrução de toda a estrutura regulamentar (artigo 50, §3º da LGPD). Isso significa dizer que ter regras de boas práticas e/ou de governança em privacidade ao cumprimento da lei oferece estabilidade, confiabilidade e segurança jurídica. Permite desenvolver atividades de tratamento de dados de forma constante, organizada e sem instabilidades jurídicas. Além disso, quando formuladas por meio de uma associação, oferece uma estrutura setorial de conformidade, de mútua colaboração e divisão de ferramentas de controle, o que torna mais tranquilo o enfrentamento de eventual fiscalização pela autoridade reguladora.

Outra vantagem sob a perspectiva temporal será observada quando as regras de boas práticas já estiverem em execução pelos agentes de tratamento e passado o período de controle regulatório pelo regulador público.[262] Percebe-se aqui que, à medida que cada setor elaborar sua regulamentação, haverá uma desoneração da carga estatal de suas funções regulatórias. Consequentemente, possibilitará o redirecionamento das verbas públicas (Pérez, 2009, p. 592) a redução do corpo funcional, a concentração em atividades de controle e de fiscalização em setores com déficit de conformidade ou mais vulneráveis. Trata-se, na verdade, de um processo progressivo de independência dos agentes de tratamento. A regulação privada passará por um amadurecimento, assim como a confiança do regulador público nos agentes de tratamento. Ajusta-se os mecanismos e facilita-se as formas de comunicação, o processo de controle torna-se mais célere, na verificação de atualizações e revisões necessárias. Constrói-se uma

---

[262] Nesse ponto se considera que a atividade de controle da Autoridade Nacional seja obrigatória e não facultativa tal como descrito no comando do parágrafo terceiro do artigo 50, da LGPD (Brasil, 2018a). Isso se justifica tanto pela apuração máxima do tempo que pode demandar entre os estudos, a elaboração e a execução das regras de boas práticas, aumentado pela participação da ANPD, quanto pelas razões que levam essa pesquisa à defesa da necessária participação da ANPD em todos os códigos de condutas que pretendam assim ser categorizados na Lei.

governança regulatória interna e externa, de valor inestimável no mercado. E otimiza-se a estrutura regulatória pública, valor quantificável aos cofres públicos e reversível à coletividade.

Ônus igualmente relacionado ao tempo diz respeito à periodicidade. O artigo 50, §3º da LGPD, exige atualização periódica, logo impede o ingresso em uma zona de conforto, o que é ponto positivo sob o ponto de vista da promoção de cultura de dados, frente à constante revisão e atualização. Da mesma forma, exige-se uma apuração constante de procedimentos, por meio de revisões internas de processos, fiscalizações internas quanto aos procedimentos previstos no código de condutas. Ou seja, não se pode esquecer que a autorregulação implica responsabilidades de autocontrole e de autofiscalização pelos agentes de tratamento. Trata-se de consideração importantíssima, tendo em vista que a maior causa de incidentes de segurança decorrem por falhas humanas que repetem ciclos de equívocos no chamado *data vu*[263] (Hartzog; Solove, 2022).

Além do fator tempo, será preciso destinar recursos financeiros. Não há como formular regras de boas práticas sem que antes se conheçam quais são efetivamente as práticas relacionadas a dados em cada organização (relatórios de impacto, *data mapping*). Mesmo que se considere que uma organização irá aderir a um código de condutas que já esteja em funcionamento, o que poderia, em tese, desonerar dos custos gerados na elaboração do documento, haverá condições prévia de adequação aos novos aderentes, sem prejuízo de custos de adesão. Haverá custos com relatórios, diagnósticos (caso a elaboração das regras seja terceirizada igualmente demandará investimento com esses serviços), desenvolvimento de ações de capacitação interna e até a contratação *compliance officer* em auxílio ao encarregado. Ademais, caso a verificação interna dos fluxos de dados preparatórios à adesão ou à elaboração de um código aponte falhas nos sistemas de segurança da

---

[263] Daniel Solove e Woodrow Hartzog (2022) defendem que mesmo após um significativo período de vigência de leis e amadurecimento da matéria de proteção de dados no mundo, as violações a dados envolvem os mesmos erros identificados no passado. Argumentam que as organizações públicas e privadas investem vultuosas somas de dinheiro em tecnologias de segurança da informação, treinamentos longos e desmotivadores. Isto é, desconsideram que o investimento precisa estar direcionado aos seres humanos e que são eles os mais suscetíveis a falhas, notadamente quando mantidos em ciclos internos ineficazes. Além disso, as organizações não reanalisam seus operacionais e seguem com coletas de dados desnecessários, com armazenamento excessivo. Os especialistas concluem que é melhor investir em uma cartilha de qualidade e em uma equipe coesa, do que em ferramentas caras e diversos profissionais sem vinculação como equipe.

informação, será necessário reavaliar operadores (por exemplo, quando há critérios para a contratação de serviços de nuvem), rever ou criar de políticas de privacidade interna e externas. Não há atividade em matéria de proteção de dados pessoais em uma organização que não envolva investimento, pois mesmo as atividades desenvolvidas pelo controlador no treinamento da sua equipe representam um tempo "retirado" de ambos em produtividade.

A doutrina, contudo, exalta a economicidade como um dos principais fatores positivos da regulação privada, pois, na linha do que já foi abordada, ao se compartilhar a função regulatória, rompem-se ciclos de gastos públicos. Reduz-se o trabalho, evita-se a expansão e criação de órgãos públicos, otimiza-se a estrutura regulatória com menos recursos humanos (Saddy, 2015, p. 104). Embora o critério de economicidade atenda inclusive um critério constitucional de eficiência administrativa, é preciso observar os dois lados da relação jurídica. O argumento de economicidade traz a falsa sensação de que o custo regulatório desaparece, quando, na verdade, ele apenas migra seus ônus aos destinatários da norma.

Por óbvio, não se desconsidera que o regulado irá buscar a sua máxima eficiência diante dos custos e estes poderão ser inclusive menores em comparação ao que seria investido pelo setor público. De qualquer sorte, os agentes de tratamento precisam ter clara a necessidade de alguma reserva de fundos para a adoção de medidas de adequação à LGPD, sendo nesse caso a adoção de regras de boas práticas opção interessante por utilizar mais recursos internos do que externos em comparação a outros métodos de adequação como selos, certificações ISO, auditorias externas. E mais que isso, a médio e longo prazo as regras de boas práticas reverterão vantagens competitivas pela confiança lançada em suas atividades, segurança jurídica no uso dos dados, redução de gastos com estrutura jurídica diante de soluções extrajudiciais e da conformidade, redução ou eliminação do risco de multas administrativas.

O conceito e a finalidade dos códigos de conduta deixam claro que o legislador conhece a ubiquidade das informações sobre o tratamento na proteção de dados pessoais. Não há como o Estado estar em simetria informacional com todos os agentes de tratamento, que acumulam todo o *know-how* de suas atividades. Logo, é medida regulatória necessária, mais do que uma voluntariedade estatal, que se ofereça aos responsáveis pelo uso e fruição dos dados instrumentos de demonstração do cumprimento à lei. Ou seja, retira-se do regulador público o ônus regulamentador e de estudo em cada área de dados e entrega-se aos agentes a obrigação de levar essas informações ao Estado. Trata-se de uma medida que desafoga o aparato estatal, otimiza a logística informacional, promove a aproximação dos envolvidos regulatórios, evita duplicidades ou redundâncias normativas e visa eliminar as assimetrias entre esses atores (Saddy, 2015, p. 168). A participação do regulado promove uma relação mais lateral entre o Estado e o regulado, em que ambos são responsáveis pela promoção do direito envolvido. Visto por esse lado, as regras de boas práticas seriam uma vantagem ao controle à assimetria informacional regulatória.

É oportuno frisar, nesse contexto, o perigo da ausência de uma conduta transparente dos agentes de tratamento. Isso refletirá diretamente na qualidade do instrumento autorregulatório, com regras abstratas e destinadas apenas à propagação de uma imagem de adequação no mercado, o que inclusive contraria a boa-fé prevista no artigo 6º da LGPD. A condução das regras de boas práticas precisa ser levada com comprometimento, sob pena de uma perda coletiva, em que subsiste a assimetria informacional, sobrecarrega-se a atividade regulatória, torna mais vulneráveis os agentes de tratamento ao controle regulatório e a incidentes de segurança. Pior: promove o descrédito da proteção de dados na coletividade.

A publicação de documentos sobre uma pretensa roupagem de códigos de boas práticas e de condutas pode inclusive permitir que associações gerem falhas no mercado diante do poder informacional que exercem, situação em que se utiliza uma racionalidade política ou econômica em detrimento da necessária racionalidade técnica, responsável e transparente essenciais ao instituto. Consequentemente, a intervenção estatal se tornará mais inflexível, demorada e severa com a retomada de funções regulatórias (Saddy, 2015, p. 107).

O objetivo da regulação privada é ampliar o acesso informacional e comunicacional entre os sujeitos regulatórios, trazendo ao Estado as especificidades de cada setor para assegurar condições possíveis de cumprimento da lei, sem que se criem excessos regulatórios ou imposições desproporcionais. Quanto maior a assertividade, maior o alinhamento das funções de tratamento, menor o risco de eventos ou ameaças agressoras à proteção de dados pessoais.

Acrescenta-se que a adoção de códigos de condutas, sujeitos à ampla divulgação pelos agentes de tratamento e pela ANPD (se assim reconhecido), permite equalizar informações entre os atores envolvidos na política regulatória de dados pessoais, com o aumento da transparência e atendimento ao princípio da responsabilidade e prestação de contas previsto no inciso X, do artigo 6º da LGPD (Brasil, 2018a). Nesse contexto, outros setores da economia, como o consumerista, o concorrencial e o da inovação serão beneficiados nesse ecossistema regulatório de dados pessoais.

Seguindo no estudo entre os contrapontos à adoção das regras de boas práticas, têm-se como desvantagem a ausência de fixação de critérios atuais quanto ao monitoramento estatal ou se haverá eventual criação de um órgão independente.[264] Lembre-se que o modelo previsto no artigo 50 da LGPD, não adotou a exigência de um órgão de controle aos códigos formulados por meio de uma terceira parte (tal como era o primeiro modelo regulatório apresentando no anteprojeto de 2010), uma vez que o legislador incumbiu à ANPD a avaliação ou não desses instrumentos[265] (Brasil, 2018a).

No entanto, a adoção de regras de boas práticas ou de governança está imune ao cumprimento legal ou ao dever de controle. Não houve a transferência integral da atividade sancionatória ao agente de tratamento (autocontrole). A LGPD impõe aos agentes de tratamento a demonstração de cumprimento e dos resultados frente à lei como regra geral, independentemente da previsão do artigo 50. Além disso, em que pese ainda não haja um alinhamento na matéria pela Autoridade, os documentos futuros devem preservar o suporte legal e ações por uma maior segurança jurídica aos modelos autorregulatórios.

---

[264] A previsão contida no inciso II parágrafo segundo do artigo 50 da LGPD no sentido de que caberá aos agentes de tratamento demonstrar a efetividade do programa de governança em privacidade, em especial, a pedido da Autoridade nacional ou de outra entidade responsável por promover o cumprimento de boas práticas ou códigos de conduta, os quais, de forma independente, promovam o cumprimento desta Lei (Brasil, 2018a).

[265] A título de exemplo, o RGPD estabelece no artigo 41 que os códigos de conduta deverão ser formalmente apresentados à Autoridade estatal reguladora de cada Estado-Membro, para operações de tratamento que não ultrapassem os territórios nacionais. Para aqueles códigos que envolvam extensão territorial em mais de um Estado-Membro, a análise caberá à Autoridade local e ao Comitê Europeu de Proteção de Dados, na forma dos artigos 63 e 70 do Regulamento. O Comitê irá analisar e emitir um parecer quanto à conformidade do ou não do texto e, somente na hipótese afirmativa, enviará à análise pela Comissão da União Europeia (órgão executivo da União Europeia e politicamente independente), nos termos do artigo 40, nº 8 (União Europeia, 2016). Ainda, segundo o artigo 41, a Autoridade de controle emitirá um parecer sobre a conformidade do projeto de código de conduta, o que deverá ocorrer também em caso de alteração ou aditamentos, sendo necessária sempre a demonstração de que o código preveja garantias apropriadas e suficientes no tratamento dos dados pessoais (União Europeia, 2016).

Nesse mesmo liame de atual insegurança jurídica correm questões relacionadas às consequências e forma de aplicação do autocontrole. No caso de associações, poder-se-ia cogitar punições aos associados com penalidades como suspensão de adoção do código, advertências, notas públicas de desconformidade, ou até exclusão do membro associado (Cretella Neto, 2016, p. 205), enquanto práticas já identificadas em outros modelos de regulação privada brasileiros.[266] Entretanto, essas questões pertencem ao âmbito decisório corporativo e à sua posição repressora sobre a qual a ANPD não poderá ir além das atribuições fixadas em lei e das sanções contidas no artigo 52 da LGPD, cumprido o devido processo fiscalizatório e sancionador (Brasil, 2018a, 2021c).

Ora, a partir do momento em que a racionalidade regulatória fornece poderes aos agentes de tratamento, diante da necessidade de descentralização estatal frente à multiplicidade e à complexidade que a proteção de dados pessoais exige, cria-se uma política regulatória mais madura, com o balanceamento de papeis proativos dentro da sociedade. Projeta-se a participação dos envolvidos na realização do interesse público de zelo e de promoção do direito fundamental.

Há, portanto, correção no argumento de incerteza quanto aos termos da supervisão estatal ou da força normativa que as regras têm ou passarão a ter entre seus formuladores, diante da ausência de assertividade na redação da segunda parte do parágrafo terceiro do artigo 50, da LGPD. Contudo, o papel dos operadores do direito, da doutrina e da academia é oferecer meios que viabilizem a superação desses entraves. É função do intérprete buscar uma análise sistemática da LGPD, apresentando caminhos à ANPD antes de buscar uma alteração legislativa que possa ampliar a discussão ao invés de alinhar os dispositivos. Se o legislador incorreu em excessiva abstração, se houve uma abertura de função regulatória inexequível, significa que o legislador entendeu ser tarefa do regulador, com os amplos instrumentos de participação da sociedade e do regulado, a lapidar o artigo 50 quanto à força normativa das regras de boas práticas nas organizações,

---

[266] O CONAR, referido na nota de rodapé nº 100 do Capítulo 1, foi associação referida no PL nº 4.060, de 2012 (Brasil, 2012a), como um modelo exitoso de regulação privada. O Código Brasileiro de Autorregulação Publicitária do CONAR prevê no seu artigo 50 a aplicação de penalidades como advertência, recomendação de alteração ou correção de um anúncio, recomendação de sustação de anúncio, divulgação da posição do CONAR em desfavor a anunciante irregular (Conar, 1980).

à legitimidade das associações frente aos agentes de tratamento e à segurança jurídica.[267]

É nesse quesito de segurança jurídica sobre as lacunas constantes no artigo 50 que infla o panorama atual de desconfiança dos agentes de tratamento no dispositivo e de uma política regulatória pública atual perigosa de desincentivo à adoção autorregulatória. Do que adianta conferir um espaço regulatório aos regulados, visualizar os benefícios que esse espaço pode gerar nas organizações, no mercado, aos titulares, no setor público na implementação das políticas públicas de proteção de dados pessoais, se os Poderes (Legislativo e Executivo) não deixam claros as delimitações desse espaço?

Flávio Unes Pereira e Rafael da Silva Alvim (2020, p. 3-4) igualmente entendem que as lacunas apresentadas no artigo 50 são uma desvantagem, uma vez que os poderes e papeis que serão exercidos pela ANPD e pelos reguladores não estão definidos. Com isso, os autores defendem a compatibilização entre as atribuições da Autoridade Nacional e a segurança jurídica necessária à aplicação do instituto, com fulcro nos artigos 20 e 21, da Lei de Introdução às normas do Direito Brasileiro (LINDB), após a reforma de 2018, com a Lei nº 13.655 (Brasil, 2018f).

Ora, a vigência da LGPD é recente se comparada a outros contextos normativos como nos países europeus que trabalham com proteção de dados pessoais desde a década de 1970. É um processo natural que tópicos da lei passem por estudos, alterações, aprimoramento e de esclarecimento regulatório. Logo, não é um processo isolado à redação do artigo 50.

Entretanto, devem ser estabelecidas prioridades e cabe aos interessados e à academia demonstrar a importância e instigar a movimentação da ANPD no sentido de estruturar temas antes de outros. Há soluções legais que existem justamente para que o mercado e a

---

[267] No Capítulo 3, serão analisadas as possíveis interpretações ao parágrafo terceiro do artigo 50 da LGPD e as repercussões quanto à supervisão regulatória das regras de boas práticas pela ANPD, o que não se confunde com a obrigação constante no inciso II do parágrafo segundo do mesmo artigo. Isso porque esse dispositivo apenas confere a competência dupla de controle dos programas de governança em privacidade às entidades de cumprimento das regras de boas práticas e a ANPD, o que em nada altera a ausência de critérios quanto aos procedimentos, características que se atribuirão aos códigos de conduta quanto analisados e validados (pela publicação) pela ANPD. Assim, esse dispositivo legal não reduz a lacuna jurídica do parágrafo terceiro e as questões em torno da legitimidade, controle, procedimentos e segurança jurídica das regras de boas práticas (Brasil, 2018a).

sociedade apontem as necessidades, como se objetiva demonstrar no próximo Capítulo. Logo, a instabilidade jurídica é uma desvantagem provisória das regras de boas práticas e não inerente a elas.

O artigo 50, da LGPD, sendo um instrumento destinado aos agentes de tratamento e por eles realizado, tem como vantagem a otimização normativa em relação à regulação pública, pois as regras contarão com maior flexibilidade e precisão, esta última uma proximidade fática com o objeto regulatório (atividades de tratamento). Elimina-se, então, o risco de uma regulação ineficiente (Saddy, 2015, p. 165).

Ademais, se considerados os conceitos das regras de boas práticas e dos códigos de condutas pelo viés técnico-profissional como referendado neste Capítulo, a elaboração desses documentos em proteção de dados pessoais alavanca vantagem competitiva, pois imprime noções de qualidade, de comprometimento empresarial, de confiabilidade e de autocontrole (Gardella, 2002, p. 143). Por derradeiro, representará um potencial ingrediente de crescimento competitivo no mercado aos agentes de tratamento do setor econômico brasileiro e da economia nacional.

Destaca-se, ainda, que a LGPD prevê uma vantagem em seu texto ao uso das regras de boas práticas. Na verdade, o que o legislador fez foi atender a uma recomendação internacional no sentido de que leis de proteção de dados deveriam incentivar a adoção de instrumentos autorregulatórios, como referido no Capítulo 1 (OECD, 1980). Nesse passo, o artigo 52 determina que as seis sanções descritas em seus incisos serão aplicadas de forma gradativa[268] e que será objeto de ponderação, entre outros fatores, a "a adoção de política de boas práticas e governança".[269]

---

[268] Está em curso a proposta de Regulamento de dosimetria e aplicação de sanções administrativas da ANPD. Segundo a proposta, que recebeu mais de 2.504 contribuições durante a consulta pública encerrada no dia 15 de setembro de 2022, a aplicação de boas práticas reduziria em até 20% as sanções pecuniárias, percentual que nos parece inexpressivo e que não atende ao objeto de estímulo à produção regulatória pelos agentes de tratamento (Brasil, 2022c).

[269] Uma das leituras possíveis do inciso IX do artigo 52 seria no sentido de que a expressão política de boas práticas poderia inclusive gerar a ideia de que a literalidade não compreende o artigo 50. Afinal, como analisado acima, boas práticas é uma expressão gênero com espécies com maior ou menor grau de obrigatoriedade no ordenamento jurídico. Contudo, como à governança, igualmente não foi associado o termo programa de governança e privacidade pode-se cogitar de mais duas interpretações viáveis. Ou o legislador buscou abranger boas práticas e governança como gênero e acolher todas as iniciativas dos responsáveis que assim possam ser enquadradas. Ou se trata de mera supressão atécnica, visto que o intuito era direcionar à previsão dos instrumentos do artigo 50 da LGPD. Nesse contexto, em que pese a interpretação da LGPD caiba apenas à

Por fim, mas não menos importante, as regras de boas práticas priorizam a resolução extrajudicial de eventuais conflitos entre os envolvidos, o que evita a judicialização, tema de extrema importância ao acesso à justiça frente ao volume de demandas em curso no Poder Judiciário. Isso porque o documento pode prever métodos de resolução consensual de conflitos com a indicação de um mediador, a designação de um Conselho ou Comitê para análise de eventual divergência entre os membros aderentes do código de boas práticas (*dispute resolution board* – DRB), além de instrumentos como a negociação, ou inclusão de cláusula de eleição de terceiros externos ao regulamento privado por meio da arbitragem, nos termos da Lei nº 9.307, de 23 de setembro de 1996, a Lei de Arbitragem (Brasil, 1996).

Na soma de fatores positivos e negativos, é possível chegar ao seguinte quadro comparativo em que se apresentam as vantagens e desvantagens sobre dupla perspectiva, tanto ao ente regulador quanto aos agentes de tratamento:

ANPD nos termos do artigo 55-J, inciso XX, e que o tema será regulamentado, defendemos que o legislador no inciso IX do artigo 52 destina-se a todas as práticas de boas práticas dos agentes de tratamento no intuito de cumprimento da LGPD, como uma expressão material do princípio da boa-fé na conjugação inciso II do mesmo dispositivo. No artigo 52, a diferença entre o inciso II e o inciso IX, é que o primeiro analisa os elementos subjetivos e as condições gerais do responsável pelo tratamento, enquanto o inciso IX depende de alguma ação material, documentalmente demonstrável no curso do processo fiscalizatório ou de enquadramento em alguma das formas de boas práticas previstas na LGPD. Dito de outra forma: o inciso IX do artigo 52 engloba as práticas do artigo 50, mas não só a ele este destina (Brasil, 2018a).

Quadro 5 – Vantagens e desvantagens na adoção de regras de boas práticas e de governança em privacidade na LGPD

VANTAGENS	DESVANTAGENS E RISCOS
Participação regulatória	Assunção de responsabilidades
Desenvolvimento da capacidade de autoavaliação e apuração do grau de maturidade organizacional	Correta identificação de processos, mapeamento e análise de lacunas operacionais
Expansão da implementação da LGPD nos setores	Ausência de regulamento
Economicidade pública nos serviços de fiscalização	Investimentos para implementação do regulado
Flexibilidade	Insegurança jurídica até a regulamentação pela ANPD, com a aprovação o ônus se esvazia.
Eficiência regulatória	Risco captura
Qualidade técnica	Assimetrias informacionais
Estímulo à autonomia privada e à liberdade de associação	Racionalidade política em detrimento da racionalidade técnica
Critério mitigador de multa pecuniária	Percentual de redução da multa pecuniária incompatível ao incentivo.
Métodos de resolução consensual e redução da litigiosidade	x
Promoção da cultura de proteção de dados	Inexistência de zona de conforto aos responsáveis pelo tratamento
Maior controle da matriz de risco	x
Previsibilidade e segurança jurídica	x
Transparência e governança coorporativa	Treinamentos, controle procedimental e gestão contínua de canais de comunicação
Estabelecimento e aumento de confiança com titulares. Agrega valor público[270]	x
Otimização controle e resposta aos riscos. Feedback organizacional: fluxos mais ágeis de processos e otimização dos processos de revisão e correção	Investimento em gestão de conhecimento e fluxo contínuo de comunicação interna
Demonstração de boa-fé pelos agentes de tratamento	Pelas regras atuais, não há incentivo proporcional ao ônus da demonstração da boa-fé pelos agentes de tratamento.
Possibilidade de alinhamento aos padrões internacionais	Ausência de regulamentação
Autonomia decisória ao regulado e adaptabilidade. Escolha pelo agente de tratamento de apenas um elemento dentre os listados no *caput* do art. 50	Criação de critérios de ASR quanto aos itens não eleitos para aplicação autorregulatória

Fonte: elaborado pela autora.

---

[270] Aplicável aos agentes de tratamento submetidos ao art. 23, da LGPD.

Por essa demonstração paralela, verificam-se os pontos mais desafiadores do artigo 50. No entanto, as desvantagens e riscos identificados pelos agentes de tratamento na elaboração de regras de boas práticas e governança em privacidade são, em grande parte, os mesmos ônus suportados pelos agentes de tratamento na implementação da LGPD desde 2018. Mesmo àqueles agentes que não optem por elaborarem suas próprias regras do artigo 50, isso não os desonera dos mapeamentos, da identificação de processos, da estruturação e criação de fluxos, dos treinamentos e capacitações, dos processos de revisão, os investimentos e o memorial (documentação) desses procedimentos. Então, se removidas as desvantagens comuns a todos agentes de tratamento, independente de aplicação do art. 50, concluiu-se por um elevado saldo positivo e que, racionalmente, indicam o dispositivo como a melhor alternativa legal da LGPD, seja à ANPD, seja aos agentes, seja aos titulares.

Está-se diante de um trabalho conjunto a ser engendrado entre os agentes de tratamento, a sociedade civil e a ANPD. À Autoridade cabe, por isso a entrega de regulamentos com os mecanismos de controle, com a validação da legitimidade dos documentos coletivos em prol da valorização do instituto, da expansão da Lei e da promoção da segurança jurídica.

2.6 Síntese conclusiva: a supervisão regulatória estatal ao *enforcement* autorregulatório

Neste Capítulo 2, apresentou-se uma estruturação teórica, conceitual, material e subjetiva da aplicação das regras de boas práticas e das regras de governança em privacidade na LGPD, com base na doutrina nacional, aspectos de aplicação da doutrina estrangeira e do exame de dispositivos previstos na lei nacional, em regulamentos e nos guias da ANPD.

Exemplificou-se o quanto o ambiente digital oferece condições severas ao cumprimento e zelo dos dados pessoais, a ponto de exigir dos reguladores públicos e privados uma compreensão mais ampla do que seja a obrigação de prevenir riscos trazida pela LGPD, com a aplicação do princípio da precaução frente à abertura normativa do artigo 64, da LGPD.

Frisou-se a relevância de estudos preliminares sobre os dados tratados ou seu uso nas organizações para subsidiar as medidas relacionadas à formulação de boas práticas e a discussão dos fatores positivos e negativos pelos agentes de tratamento.

Aprofundou-se as distinções conceituais em torno das boas práticas e das espécies autorregulatórias previstas na LGPD, com vistas à mitigação de uma aplicação desarmônica do artigo 50 e dos instrumentos autorregulatórios na transferência internacional de dados até que sejam editados os respectivos regulamentos.

Defendeu-se a essencialidade da compreensão quanto à natureza jurídica normativa das regras de boas práticas e de governança em privacidade, bem como as razões de afastamento de uma natureza contratual (obrigacional) e deontológica entre os formuladores do artigo 50. Consequentemente, abriram-se discussões importantes quanto à aplicação do parágrafo terceiro desse dispositivo e a necessidade de abertura aos agentes de tratamento para estes desenvolvam, dentro das suas operações de tratamento, soluções compatíveis com normas previstas na Lei nº 13.709/2018.

Identificou-se os elementos materiais de atenção na formulação das regras de boas práticas e a estrutura subjetiva relacional e multiparticipativa fundamental à aplicação do art. 50, com o endereçamento das funções, responsabilidades frente à ANPD e deveres dos sujeitos envolvidos na formulação dos futuros Códigos de Conduta e Programas de Governança em Privacidade brasileiros.

Ao final, com vistas a conectar a primeira parte dirigida aos conceitos às duas outras partes subsequentes da obra (controles e às projeções), trabalhou-se com reflexões que possam contribuir à análise da matriz de risco de cada agente de tratamento, bem como demonstrar a prevalência de fatores favoráveis à aplicação do art. 50 no Brasil.

PARTE II

CONTROLES

CAPÍTULO 3

REGULAMENTAÇÃO DAS REGRAS DE BOAS PRÁTICAS E DE GOVERNANÇA EM PRIVACIDADE NA LGPD

A implementação nacional de leis de proteção de dados pessoais é um desafio inescapável que todas as nações enfrentam ou irão enfrentar. Mesmo nos países ou blocos regionais onde o tema tem maior tempo de maturação, a presença estatal e de órgãos de controle se mantêm vigilantes e rígidos na supervisão dos responsáveis pelo tratamento dos dados. Isso ilustra que as leis e os regulamentos na matéria, independentemente do tempo de vigência ou da estrutura das autoridades de controle, dependem de um sistema coordenado entre mecanismos de resguardo ao direito à proteção de dados pessoais e de controle dos poderes e responsabilidades que viabilizam o uso legal dos dados pessoais.

No Capítulo 1, analisamos como as décadas de 1970 e 1980 foram determinantes à formação dos sistemas normativos de proteção de dados pessoais no mundo e o quanto, mesmo após revisões de diretrizes e evoluções nas gerações de leis na matéria, persistem as preocupações em torno da formação de uma cultura de dados responsável e transparente e de quais métodos alcançam resultados melhores de cumprimento.

Como mencionado, a discussão em torno da proteção à privacidade nos Estados Unidos e a expansão da proteção de dados em países europeus emergida nesse período deu-se em grande medida em resposta à repercussão negativa da formação dos bancos públicos de dados no período. Entretanto, a proliferação de processamentos de dados se deu em maior escala no setor privado, espaço em que *self-regulation* e a autorregulação profissional se desenvolvia de forma externa ao Estado (Poder Legislativo e Executivo). Mesmo diante de um cenário de profusão tecnológica e de processamentos eletrônicos de dados muito menos agressivo se comparado ao que presenciamos no século XXI, a iniciativa de líderes e especialistas europeus, australianos, estadunidenses e canadenses detectou a urgência em consolidar leis de privacidade e de proteção de dados e em alinhar diretrizes com as futuras legislações, visando mitigar as dissonâncias jurídicas que pudessem impactar os fluxos comerciais e financeiros internacionais e os desenvolvimentos industrial e tecnológico.

O guia da OECD publicado em 1980 e revisado em 2013 somou experiências na formação do que seria uma arquitetura geral à criação e à implementação de leis nacionais em proteção de dados pessoais. O texto, além dos princípios básicos,[271] fixou eixos mínimos à regulação e à prestação de contas sobre o uso dos dados para alinhar os poderes informacionais às respectivas responsabilidades frente aos titulares e à coletividade. Defendeu-se uma horizontalidade participativa do ponto de vista regulatório. Incumbiu ao Estado criar e promover uma legislação interna apropriada, ou seja, com hipóteses de tratamento delineadas, com direitos dos titulares, com mecanismos de incentivo e de apoio à autorregulação, com o dever de prestação de contas pelos responsáveis pelo tratamento (detentores do poder decisório e informacional) e com a criação de um controle independente (OECD, 2013, p. 16-17).

A horizontalidade não significa reunir atribuições regulatórias em um bloco único de competências. Deve haver a divisão de papeis entre o Poder Público, o setor privado, a sociedade civil e as organizações. Enfatiza-se, pois a linearidade de planos de trabalho na aplicação da lei de modo a perscrutar a responsabilidade de entrega de cada parte. É da conexão entre a lei e as múltiplas e complexas linhas temáticas abarcadas pelo beneficiamento de dados pessoais que se poderá visualizar no cotidiano a existência de uma Lei nacional de proteção de dados pessoais.

Iniciamos o estudo do foco legislativo do artigo 50 no Capítulo 1 por meio das razões e do contexto global considerado no processo de

---

[271] Relembrando os oito princípios à uniformização da aplicação de leis nacionais são: princípio de limitação da coleta, princípio de qualidade dos dados, princípio da definição da finalidade ou de especificação de propósito, princípio da limitação de utilização, princípio de salvaguardas e de segurança, princípio da abertura, princípio da participação individual e o princípio da responsabilidade ou da responsabilização (OECD, 1980, 2013).

criação da LGPD. Identificou-se tanto as fontes das recomendações da OECD, as experiências estrangeiras quanto à implementação de uma lei de proteção de dados pessoais, os meios de incentivos e de apoio a instrumentos regulatórios privados, quanto à necessidade estatal em contar com os agentes de tratamento para a leitura fática das regras da LGPD. Isto é, em fornecer mecanismos que traduzissem as regras de tratamento de dados em condutas específicas de cada setor em medidas de cumprimento da lei.

Não se pode desconsiderar que o setor privado, movido pelo interesse e pela necessidade econômica de manutenção ativa no mercado, concentra viabilidades financeiras substancialmente superiores à capacidade do Poder Público no que tange ao acesso e ao desenvolvimento de novas tecnologias aplicáveis a cada um dos ramos de atividades que utilizam dados. Esse protagonismo do setor privado no aperfeiçoamento e na busca de excelência em suas atividades implica, além do primordial desenvolvimento da sociedade como um todo, na natural concentração informacional, sem paralelo no setor público, tanto em proporção quanto à velocidade.

Aliás, isso sequer poderia ser diferente, tendo em vista que, enquanto o setor privado pode se especializar em uma área, o Estado não pode abdicar da amplitude de atuação e de envolvimento na sociedade. A presença estatal, por isso, concentra-se no diálogo e na captação dos anseios de todos os sujeitos sociais, econômicos e não econômicos, individual e coletivamente considerados, e não na dedicação à expertise sobre cada um deles.

O descompasso cronológico de capacitação, de domínio técnico e teórico distancia o regulado do regulador em termos de conhecimento tecnológico e dos fluxos de dados, trazendo o risco da captura informacional do regulador em prejuízo à implementação adequada de políticas regulatórias (Hahn, 2022, p. 218). Cita-se, nesse contexto, consequências como o crescimento de incidentes e ameaças em segurança da informação, vazamentos e uso ilegal de dados pessoais, paraísos ou *off-shores* de dados, descontrole sobre os tratamentos para fins discriminatórios dos titulares de dados, rigidez regulatória frente aos eventos observados na sociedade, imposição desproporcional de sanções administrativas que podem inviabilizar atividades privadas, aumento da estrutura regulatória com destinação de verbas públicas a essa função, entraves ao fluxo internacional de dados com a consequente estagnação comercial da economia nacional, envio crescente dos conflitos ao Poder Judiciário com delongado prazo de resolução. Enfim, um enfraquecimento da promoção de uma cultura de dados.

A lista acima poderia seguir pelas próximas páginas frente a uma cadeia progressiva e sistemática de situações que acomete a política regulatória de proteção de dados pessoais sem o devido planejamento. Cada um dos sujeitos envolvidos na matéria desempenha papel crucial e indispensável ao desenvolvimento dos demais papéis e funções na implementação de uma lei nacional, como é a brasileira. Todos estão interligados. Se os agentes de tratamento adotarem uma postura de concentração informacional, não adequarem seus produtos e serviços, se o Estado não desempenhar suas funções de legislação adequada, de controle, de incentivos e de apoio regulatórios,[272] se as organizações, a academia e a sociedade civil não se dedicarem à expansão e à difusão do conhecimento, se os cidadãos não compreenderem a necessidade de zelar por seus dados pessoais na escolha de serviços e produtos adequados à lei, se se proliferarem condutas criminosas no ciberespaço,[273] não haverá proteção de dados pessoais, haverá apenas mais um documento apenas intitulado como lei.

A intangibilidade estatal sobre os nichos de expertise na proteção de dados e seus reflexos são uma das principais causas da descentralização de parte da função regulatória[274] do regulador ao regulado

---

[272] Um exemplo de medida de apoio e de incentivo pela União no âmbito tributário, ainda que não específico às regras de boas práticas, mas que beneficiaria e estimularia os investimentos aplicados para esse fim, é um projeto de lei para alteração da base de cálculo de contribuições sociais. O PLS nº 4, de 2022, propõe permitir o desconto de créditos relativos a valores investidos em atividades de operacionalização, educativas ou que se enquadrem como de adequação à LGPD na base de cálculo da Contribuição para os Programas de Integração Social (PIS), da Contribuição para os Programas de Formação do Patrimônio do Servidor Público (PASEP), da Contribuição para o Financiamento da Seguridade Social (COFINS), da Contribuição para os Programas de Integração Social e de Formação do Patrimônio do Servidor Público incidente na Importação de Produtos Estrangeiros ou Serviços, (PIS/PASEP-Importação), e da Contribuição Social para o Financiamento da Seguridade Social devida pelo Importador de Bens Estrangeiros ou Serviços do Exterior (COFINS-Importação) (Brasil, 2022g).

[273] Acrescentam-se aos números trazidos no Capítulo 2 que pesquisas revelam que o Brasil foi o líder mundial em 2021 em golpes de *phishing* (Coclin, 2021) e é o segundo maior alvo mundial de ataques cibernéticos e líder em extorsão on-line por golpes de furtos de dados (Lima, 2022).

[274] Há divergências doutrinárias quanto à expressão em direito administrativo que denomina a competência do Presidente da República em expedir Decretos Executivos, na forma do artigo 84, inciso IV, da CF, e as que denominam os atos normativos de competência das agências reguladoras e autarquias quanto a aspectos endereços pelo legislador. Nessa pesquisa, adotam-se as seguintes denominações para esta última: função regulatória, regulação (Souto, 2005, p. 44), função de caráter técnico regulamentar, função regulamentar, poder regulamentar e regulamentos (Heinen, 2022, p. 668). Observa-se,

das matérias que estão sob o controle e o conhecimento deste último. Assim, o regulado recebe uma faculdade do legislador em regulamentar a lei dentro do seu âmbito de sua competência, diante do conhecimento específico, empírico e técnico que ele acumula. No entanto, uma vez assumido o exercício dessa faculdade por meio da tomada de decisão regulamentar, o formulador do Código de boas práticas, do Código de conduta, passa a ter uma atribuição de competência normativa decorrente de lei e como tal carecedora de limites claros e objetivos quanto ao uso e efeitos desse poder.

Daí porque no Capítulo 2 defendeu-se a natureza jurídica normativa e não contratual ou deontológica das regras de boas práticas previstas no artigo 50 da LGPD. Aplicações conceituais não normativas nesse dispositivo, principalmente frente à fundamentalidade do direito à proteção de dados pessoais e da responsabilidade que os tomadores de decisão encampam, não exerceriam, por exemplo, a mesma força de cumprimento do que de um compromisso interpartes, inclusive tornaria mais questionável e suscetível de fraude a aplicação do artigo 52, §1º da LGPD.

Estar diante desses esclarecimentos, contudo, não tornou mais simples a tarefa do regulador e do regulado em dar vida ao mecanismo regulatório compartilhado no âmbito da lei nacional de proteção de dados. No caso da LGPD, embora tenha o legislador previsto mais de um instrumento de regulação privada, não foi imposta ao órgão regulador a obrigação de estabelecer as condições de acesso ao regulado de exercício. No caso do artigo 50, isso decorre especificamente da expressão "poderão ser reconhecidas e divulgadas pela autoridade nacional", no parágrafo terceiro desse artigo.

Essa discussão já iniciada nos capítulos anteriores ilustrou as implicações que o verbo "poder" oferece ao artigo 50 e às regras de boas práticas, notadamente quando se considera que, de fato, a intenção do legislador não foi adotar o verbo "deverá" no lugar do "poderá". O legislador preferiu usar o "deverá" na obrigação do regulado e o "poderá" ao regulador. Assim, a lei conferiu uma possibilidade de a ANPD exercer ou não essa função regulamentar frente à apresentação

---

ainda, que o termo "regulamentação" é usado na doutrina como um conceito jurídico político da competência do artigo 84, inciso IV, da CF (Souto, 2005, p. 46). Contudo, a ANPD adotou esse termo para denominar a sua própria função regulatória, por exemplo, na Portaria nº 16, de 2021, que aprovou o "processo de regulamentação" no âmbito da autarquia. Assim, o uso da expressão "regulamentação" será igualmente adotado neste trabalho para acompanhar e, assim, refletir o uso já eleito pela autarquia (Brasil, 2021c).

de regras de boas práticas do regulador. Dito de outra forma, o legislador, no intuito de ser flexível, para abranger a maior parcela de regulados, fez a norma tão ampla e aberta, a ponto de retirar-lhe sua atratividade (incentivo e apoio), pelo menos até que a funcionalidade da norma seja estabelecida por um regulamento da ANPD.

Antes de prosseguir, todavia, alguns esclarecimentos precisam ser ratificados.

O presente estudo iniciou-se sem perspectivas concretas quanto a qual seria o futuro prático do artigo 50, notadamente pela redação do parágrafo terceiro. O cenário foi otimizado: houve a inclusão do artigo na próxima Agenda Regulatória[275] (2023-2024) e ratificou-se a discussão no Poder Legislativo, como se detalhará em dois pontos deste Capítulo. Na esfera pública e social o tema não está despercebido. A Nota Técnica nº 31, de 2022, da Coordenação-Geral de Normatização (CGN) da ANPD propôs o item 2.8 com o tema "regras de boas práticas e de governança", com expressa referência ao artigo 50, §3º da LGPD. Na sequência, o tema na tomada de subsídios da ANPD de nº 3, de 2022, ocorrida no período entre 05 e 31 de agosto de 2022, recebeu 127 contribuições (Brasil, 2022a, 2022b).

Em 04 de novembro de 2022, a Portaria ANPD nº 35 tornou pública a Agenda Regulatória para o biênio 2023-2024 e previu, entre 20 itens, o tema "regulamentação de critérios para reconhecimento e divulgação de regras de boas práticas e de governança". Por conseguinte, o artigo 50

---

[275] Diante da importância do tema, colaciona-se o regramento da agenda: "Artigo 7º. A Agenda Regulatória cobrirá um período de dois anos e estabelecerá as metas e os prazos a serem observados em cada Projeto de Regulamentação. §1º A elaboração da Agenda Regulatória observará as disposições e os objetivos do Planejamento Estratégico e levará em consideração a Política Nacional de Proteção de Dados Pessoais e da Privacidade, bem como, no que couber, os princípios e procedimentos estabelecidos nesta Portaria. §2º No processo de elaboração e revisão da Agenda Regulatória, o Conselho Nacional de Proteção de Dados Pessoais e da Privacidade (CNPD) poderá sugerir temas prioritários a serem considerados pelo Conselho Diretor. §3º A CGN submeterá à aprovação do Conselho Diretor a proposta de Agenda Regulatória até 30 de novembro do ano anterior ao de início de sua vigência. §4º O Conselho Diretor definirá procedimentos para realização de consulta à sociedade durante o processo de elaboração da Agenda Regulatória. §5º A Agenda Regulatória será aprovada até 1º de fevereiro do primeiro ano de vigência e publicada na página da ANPD na internet. §6º A CGN elaborará relatório semestral de acompanhamento da Agenda Regulatória. §3º A CGN submeterá à aprovação do Conselho Diretor a proposta de Agenda Regulatória até 30 de novembro do ano anterior ao de início de sua vigência. §4º O Conselho Diretor definirá procedimentos para realização de consulta à sociedade durante o processo de elaboração da Agenda Regulatória. §5º A Agenda Regulatória será aprovada até 1º de fevereiro do primeiro ano de vigência e publicada na página da ANPD na internet. §6ºA CGN elaborará relatório semestral de acompanhamento da Agenda Regulatória" (Brasil, 2021c).

recebeu a previsão ao início do seu processo regulatório. Desse modo, há intensificação e a notoriedade à autorregulação na LGPD e nos textos legais vinculados ao direito digital, tal como a inteligência artificial. A repercussão é positiva à mobilidade do cenário na matéria, razão pela qual se oferecem algumas discussões abaixo propostas.

Concretizada a presença pujante do tema tanto no espectro regulatório quanto no legislativo, o estudo visa contribuir com reflexões para a elaboração do futuro regulamento na ANPD e às novas regras do Projeto de Lei sobre as regras de boas práticas e de governança com fundamentos teóricos ao desenvolvimento do controle regulatório e supervisão dessas práticas pela ANPD como uma Autoridade de Garantia.

As discussões enfrentadas carregam também o histórico legislativo de divergências na definição do teor do artigo 50. Na verdade, elas persistem e desde 2019 com o PL nº 6.219, busca-se, por meio da lei, um formato de autorregulação com a máxima segurança jurídica possível aos regulados. Essas modificações alteram os rumos das discussões jurídicas em torno da normatividade ou não do artigo 50 e do quanto a autorregulação impacta ou não as sanções administrativas do artigo 52 da LGPD. Repercutem na vinculação e na legitimidade das formulações coletivas com fulcro no artigo 50, a depender da validação ou não da ANPD. É oportuno sublinhar que não há a pretensão de esgotar os debates e enfrentamentos na matéria, pois será na troca de experiências, no conhecimento prático e nas pesquisas que os benefícios da autorregulação ganharão desenvoltura e farão desse tema um dos tópicos mais ricos e caros à comunidade jurídica e regulatória no direito digital.

Essas questões demonstram o objetivo dos tópicos neste último capítulo. Há aspectos porosos e críticos da competência discricionária da ANPD constante no termo "poderá" no parágrafo terceiro do artigo 50, da LGPD em contraponto à aplicação do princípio da segurança jurídica na autorregulação. Para tanto, propõem-se os seguintes enfrentamentos: a) a segurança jurídica como eixo de compatibilização da competência regulatória da ANPD sobre a autorregulação; b) a adoção da teoria responsiva pela ANPD na regulamentação do processo fiscalizatório dos agentes de tratamento e a repercussão dessa teoria ao *enforcement* das regras de boas práticas e de governança na LGPD; c) a leitura das influências dos dispositivos do RGPD ao artigo 50 da LGPD e a experiência do EUCloud; d) o controle pelo monitoramento e pela supervisão aplicados ao artigo 50; e) projeções ao futuro regulamento do artigo 50 pela ANPD e a análise do Projeto de Lei nº 3.034, de 2022, como viabilidades à concretização do artigo 50 e de análise de suficiência regulatória da autorregulação regulada; e por fim f) a autorregulação em proteção de dados pessoais no setor público e a governança regulatória na verificação de um Código de Conduta aos agentes de tratamento públicos, inclusive em escala plurifederativa, bem como os aspectos a serem considerados nesse tema acerca da competência legislativa da União.

3.1 O autocontrole e a autogovernança

A expressão "controle" deriva do francês *controller* e do italiano *controllo*. São ações: registrar, inspecionar, examinar, verificar, revisar, realizar uma fiscalização organizada (Silva, 2005, p. 380). Envolve atuação prévia, concomitante ou reativa para quantificar (a extensão) e qualificar (o grau) se uma obrigação (por lei) ou uma expectativa de ação (por estratégia) se concretiza no plano fático.

André Saddy (2015, p. 101) identifica o autocontrole como uma vantagem ao agente econômico, diante da oportunidade de autoanalisar a atividade por si desenvolvida e em um novo ciclo voluntário de compromissos e de promoção da sua melhoria contínua. Ainda, poderia funcionar como um fator de qualidade, de aprimoramento da imagem e da marca, enquanto uma distinção frente a outros concorrentes do mesmo setor (Gardella, 2002, p. 223).

Ocorre que o exercício de controle por si próprio agrega à tríade dos planos obrigacionais (nascimento, desenvolvimento, adimplemento) de Clóvis do Couto e Silva (2017, p. 167) um quarto plano obrigacional: o controle. Esses planos obrigacionais intensificam-se no âmbito regulatório, na medida em que é a partir do quarto plano que se verifica o modo pelo qual o regulado se comporta, como isso repercute no desempenho das políticas públicas, quais são as necessidades dos envolvidos e qual a extensão e o grau de efetivação do direito protegido por essa política.

Na análise do conceito e da natureza jurídica das regras de boas práticas e de governança em privacidade, enquanto resultado de uma abertura legislativa que compartilha funções regulatórias, respaldou-se a necessidade de uma leitura normativa desse conceito, em que os compromissos voluntários formulados pelos agentes de tratamento no cumprimento da LGPD não poderiam ter natureza contratual ou obrigacional, oponível apenas entre as partes diretamente envolvidas, entre outras razões, diante da indefinição de quem são os titulares. A autorregulação na proteção de dados pessoais atinge a coletividade, mesmo que ela se concentre em um setor privado ou público específico. E mais. Pelo exame anterior quanto à diversificação material da legalidade administrativa apresentada por Paulo Otero (2003, p. 805), ocorrida por meio de dois fenômenos (juridificação administrativa e a administrativização do direito privado pela intervenção administrativa de controle sobre as fontes normativas das relações jurídicas privadas), constatou-se que a regulação privada depende do controle estatal para fins de validação, legitimidade ou eficácia. Isto é, é a alteridade no controle que a reveste com força normativa. O controle precisa ser externo, ainda que não necessariamente estatal.[276]

No ambiente regulatório de proteção de dados pessoais, o termo autogovernança (*self-governance*) pode ser analisado a partir do mesmo processo de articulação de princípios básicos e iniciais[277] sobre os quais um regime de governança da Internet se baseia (Mueller, Mathiason, Mcknight, 2004, p. 10). Nessa linha, o princípio do mercado privado (*private market principle*), preconiza que a internet, enquanto uma rede de redes descentralizada, são de propriedade e administradas por organizações autônomas. Consequentemente, há a descentralização das

---

[276] Um exemplo de controle não estatal na regulação privada em proteção de dados pessoais são as organizações privadas de monitoramento (*monitoring bodys*). Estes organismos são reconhecidos pelo Estado para realizarem o controle de instrumentos autorregulatórios. Essa sistemática está prevista, por exemplo, no artigo 43, do RGPD, tema sobre o qual se retornará no Capítulo 3 (União Europeia, 2016).

[277] Os autores referem que os princípios analisados no estudo são provisórios e que o escopo é iniciar as discussões em torno de alinhamentos de governança às redes. São eles: a) princípio dos padrões comuns ou globais: os protocolos de rede nos quais ele se baseia podem ser livremente adotados, são públicos e o seu uso independe, por qualquer pessoa, independente de taxa. Os principais padrões e práticas são desenvolvidos por uma comunidade epistêmica relativamente aberta com o objetivo de assegurar conglomerado de especialista técnicos; b) o princípio de ponta-a-ponta: a rede deve servir como uma plataforma com maior neutralidade e transparência possíveis, de modo a variar aplicativos e serviços, promover a inovação, o crescimento da rede e a concorrência no mercado, além de uma alocação mais racional e direta dos custos; c) princípio limitação dos recursos: ainda que os padrões da internet sejam abertos, ela existe em um espaço de recursos que não podem ser governados como um bem comum; quanto maior a escala, maior a dependência, maiores as tentativas e os impulsos ao controle e às intervenções políticas e estatais; d) princípio da neutralidade moral: visa resguardar as tentativas de desinformação e de comportamentos criminosos e nocivos à sociedade; e) princípio da governança multissetorial (*multistakeholderes*): as organizações com controle dos principais recursos da Internet devem ser distribuídas e multifacetadas, sem regulações impostas pelo estado ou de acordos promovidos sem a participação dos envolvidos. O princípio visa preservar espaço aos tecnólogos, às instituições de ensino e pesquisa, corporações privadas e organizações da sociedade civil, em um espaço comunitário informal e diversificado (Mueller, Mathiason, Mcknight, 2004, p. 9-12).

operações, dos conteúdos, dos aplicativos e políticas de rede, ou seja, há uma grande capacidade de autogovernança de suas capacidades.

No caso do autogovernança de dados aplicada aos agentes de tratamento, por outro lado, haveria uma impossibilidade lógica atuar de forma complemente autônoma em todo o processo de tratamento de dados pessoais. Primeiro, pois as regras de governança visam estabelecer relação de confiança com o titular, com os consumidores do serviço, com as autoridades públicas. Segundo, pois a atuação exigência de condutas transparente possibilita mecanismos de participação pelo titular. Terceiro, pois a redação do inciso II do §2º do artigo 50 amplia não só o acesso ao programa de governança em privacidade, mas principalmente o controle de quem tem a possibilidade de solicitar uma demonstração de efetividade.

Isso corrobora fortemente uma interpretação extensiva da expressão entidade responsável por promover o cumprimento da lei, do artigo 50, §2, inciso II, da LGPD, englobe além da ANPD, além dos organismos de certificação designados (artigo 34, §3º), do Poder Judiciário e do Ministério Público, outros legitimados. Assim, desde que devidamente respaldadas a partir das competências legais e da finalidade da solicitação, entes como Tribunais de Contas, Agências reguladoras que atuem em áreas conexas à ANPD, Comissões de Inquérito das casas legislativas dos entes federados, Defensoria Pública, legitimados ativos à propositura da ação direta de descumprimento de preceito fundamental, sindicatos, organismos internacionais ou Estados estrangeiros por obrigações assumidas com força no artigo 33, inciso VI, da LGPD. Sob o ponto de vista do interesse jurídico, entes despersonalizados, mas com personalidade judiciária, se incluem no intuito de verificar o cumprimento da Lei por um agente de tratamento, tal como a massa falida.

A autogovernança perde força fática frente à gama de interpretações possíveis dos legitimados, ainda que somente em tese. Por outro lado, enaltece a governança de dados, enquanto parte de uma política pública de zelo aos dados pessoais.

Dentro do sistema nacional previsto pela LGPD, as ideias de autocontrole regulatório ou de autogovernança plena não suprimem nem substituem o plano obrigacional do regulado. Não há ausência de controle estatal ou dos terceiros interessados, o que não permite o exercício pleno de autonomia ou liberdade na gestão dos dados. Ainda que se possa considerar as que a lei permite e legitima iniciativas voluntárias, ou que se pudesse cogitar o cenário prévio à vigência da lei, o ordenamento nacional, principalmente constitucional, não oferece autonomia ilimitada ao regulado.

O caráter onipresente da proteção de dados nas relações humanas e não humanas impõe ao Direito a criação de uma estrutura organizacional e normativa regulatória (Sarlet, 2020, p. 21) a qual não se verifica senão pelo controle. A esse mesmo caráter associa-se a complexidade de uma natureza plástica e imprevisível dos dados (Zuboff, 2015, p. 81) a tornar ainda mais difícil a execução de um automonitoramento frente aos riscos de violação a dados provenientes dos múltiplos sujeitos e tecnologias envolvidas. Exige-se, portanto, muito mais dos beneficiários do que do Estado em termos de vigilância, sendo inescapável o controle múltiplo.

O desafio da multiplicidade é um impeditivo ao autocontrole, pois subsiste o dever de o regulado, por meio de seus recursos, garantir a conformidade, por meio de *compliance* e auditorias das ações do encarregado. Sendo assim, é sobre o controlador que recai o controle preventivo e capaz de impedir a ocorrência do dano, pois é ele quem detém o centro decisório sobre o tratamento de dados pessoais, quem comanda os operadores (Brasil, 2018a). Entretanto, é também a mesma multiplicidade que convoca a Autoridade Nacional à supervisão. A ela incumbe, dentre as suas 24 atribuições listadas no artigo 55-J da LGPD, zelar pela proteção dos dados pessoais, fiscalizar e aplicar sanções, exigir relatórios de impacto, realizar e determinar a realização de auditorias, receber e registrar reclamações, ou seja, o controle integra parte da função regulatória, mesmo que tenha sido compartilhada parte da função regulatória normativa.

Pontua-se, nesse cenário regulatório, que o autocontrole não é um modelo de controle da regulação *ex ante*. Isso porque, conquanto que haja um ônus maior aos agentes de tratamento nessa lógica regulatória presente na LGPD e decorrente do papel central da *accountability* (Bioni; Mendes, 2019, p. 805), não se pode olvidar que o ônus de vigilância reflete a realidade de acesso que o beneficiário dos dados tem nas operações de tratamento. É a proximidade aos elementos de tratamento que permite o maior controle quanto ao grau de discricionariedade dos agentes de tratamento e que amplia seu poder informacional em comparação aos demais sujeitos da lei de proteção de dados (Bioni, 2022, p. 81-82).

Aliás, se a regulação privada contar com essa visão centralizada de autocontrole do agente de tratamento, não será possível localizar a demonstração de efetividade das medidas de proteção ao direito tutelado pela LGPD. O controle, seja ele desempenhado pelo próprio regulador ou por terceiro (órgão independente ou regulador), deve ter como eixo principal a análise de cumprimento enquanto um dever externo à ação autorregulatória, isto é, como um compromisso público frente à política nacional de proteção de dados e de demonstração de seus resultados com as normas com as quais se comprometeu.

Verifica-se, nesse contexto, que o autocontrole na proteção de dados pessoais deve estar atrelado à consecução dos fundamentos, objetivos e princípios da LGPD previstos nos artigos 1º, 2º e 6º, sem que se perca de vista que os agentes de tratamento também são sujeitos de direitos e devem ter assegurados meios de monitoramento, fiscalização e controle pautados na segurança jurídica, na transparência e na previsibilidade das ações dos supervisores, sejam eles reguladores públicos, legitimados ativos de defesa de direitos coletivos difusos ou terceiros independentes.

3.2 Discricionariedade e segurança jurídica:[278] a função regulatória na proteção de dados

Harmonizar o resguardo à proteção dos dados pessoais com o desenvolvimento econômico, científico e tecnológico dependente da criação de um ambiente regulatório dirigido e supervisionado, no qual os agentes envolvidos tenham o pleno conhecimento sobre a assunção de suas responsabilidades no uso desses dados e as suas consequências.

A LGPD atribuiu à ANPD a escolha quanto ao reconhecimento ou não das regras de boas práticas e de governança formuladas pelos agentes de tratamento diante do emprego do termo "poderá" no parágrafo terceiro do artigo 50. O trecho suscita dúvidas aos intérpretes e causa insegurança jurídica aos legitimados ao exercício da autorregulação prevista neste dispositivo.

Segundo o artigo 50, *caput* e seu parágrafo terceiro, poderão ser reconhecidas e divulgadas pela ANPD as regras formuladas

---

[278] Adota-se a concepção de segurança jurídica como uma norma-princípio no direito administrativo em suas duas formas de eficácia interna a partir da descrição da teoria dos princípios de Humberto Ávila (2005, p. 78-81). A primeira, segundo a sua eficácia interna direita, em que a segurança jurídica se traduz na função integrativa de promover a proteção da expectativa de um direito (Ávila, 2005, p. 78). E a segunda, segundo a eficácia interna indireta, em que a segurança jurídica exerce a função interpretativa construída a partir de textos normativos e expressa com uma função rearticuladora (Ávila, 2005, p. 80). A essa visão de norma-princípio de eficácia interna direta e indireta, somam-se os conceitos do mesmo autor na sua teoria da segurança jurídica (Ávila, 2021).

pelos controladores e operadores, no âmbito de suas competências, individualmente ou por meio de associações, sobre as condições de organização, o regime de funcionamento, os procedimentos, incluindo as reclamações e as petições dos titulares, as normas de segurança, os padrões técnicos, as obrigações específicas dos envolvidos no tratamento, as ações educativas, os mecanismos internos de supervisão e de mitigação de riscos, sem prejuízo de outros aspectos relacionados ao tratamento desses dados (Brasil, 2018a).

A hipótese legal apresenta enfrentamentos significativos aos agentes de tratamento frente à insegurança jurídica causada pelo trecho "poderão ser reconhecidas e divulgadas pela autoridade nacional", tendo em vista a ausência de parâmetros quanto às condições e aos efeitos dessa modalidade de autorregulação aplicada ao tratamento de dados pessoais. Além de ampla, a redação do parágrafo terceiro é ambígua, o que retrai a confiança dos agentes de tratamento no instituto e retira a finalidade da norma, qual seja de incentivar e apoiar a regulação pelos regulados, de incluir mecanismos que minimizem as assimetrias informais entre o Estado e os diversos setores de tratamento de dados, além dos riscos de captura do regulador. A ausência de clareza quanto às consequências de aplicação do artigo 50 também acaba por esvaziar os efeitos reflexos da autorregulação como a uma promoção da cultura de dados no mercado, a implementação voluntária da LGPD e a redução de custos regulatórios.

Como questões principais vinculadas a essa ausência de parâmetros concretos, propõem quatro questionamentos: a) o que os agentes de tratamento, individualmente ou por meio de suas associações, podem esperar de uma análise de garantias suficientes pela ANPD sobre as regras por eles desenvolvidas com base no artigo 50? b) qual é o aspecto normativo de discricionariedade conferido pelo legislador nesse dispositivo à ANPD? Seria quanto ao momento de regular ou quanto ao conteúdo do regulamento da autarquia ou ambos? c) a ANPD, diante da expressão "poderá reconhecer", pode regulamentar que a sua apreciação não será para todas as formulações apresentadas à sua consideração e estipular uma verificação prévia, caso a caso, ou teria a Autoridade de Garantia ausência de discricionariedade[279] quanto a esse ponto associado ao dever de regulamentar quais os requisitos, as condições e os procedimentos ao encaminhamento para validação pela

---

[279] Quanto à discricionariedade e a governança regulatória sugere-se: Cristóvam; Hahn, 2024.

ANPD? d) se regulamentada a obrigatoriedade de análise de suficiência pela ANPD do artigo 50, quais seriam os efeitos desse reconhecimento aos agentes de tratamento quanto à vinculação, natureza jurídica e quanto aos aspectos sancionatórios?

Como um primeiro crivo às possíveis respostas, observa-se que a ANPD conta com uma gama de instrumentos procedimentais que visam recolher o maior acervo informacional possível no ambiente regulatório. Logo, haverá oportunidades concretas de participação por parte dos agentes de tratamento e de suas associações na regulamentação do artigo 50 ao melhor atendimento dos interessados e da LGPD. Por conseguinte, uma vez iniciado o processo regulatório do dispositivo, será possível estabelecer os critérios e os procedimentos ao reconhecimento das regras de boas práticas e de governança, o que superaria a maior parte dos fatores atuais de insegurança jurídica. Também, seria possível impedir, por exemplo, que os dispositivos criassem uma ordem de preferência de análise, conforme a escala ou o volume de operações dos agentes de tratamento em detrimento da ordem cronológica de apresentação do pedido de análise de suficiência regulatória[280] pela Autoridade.

Se partirmos do procedimento regulatório vigente aplicado pela ANPD, elaborado com contribuições dos regulados ao longo de oito etapas subsequentes descritas no artigo 4º, da Portaria ANPD nº 16, de 2021 (agenda regulatória, projeto de regulamentação, análise de impacto regulatório, consulta interna, consulta à sociedade, análise jurídica, deliberação pelo Conselho Diretor e avaliação do resultado regulatório), tem-se um mecanismo hábil ao exame da regulação dos agentes de tratamento, com a participação da sociedade e com a supervisão da Autoridade, sem ruptura de previsibilidade no que tange ao arcabouço regulatório já aplicado. Outras contribuições permeiam o processo, como a tomada de subsídios e as consultas e audiências públicas, fases integrantes das etapas do processo regulatório. Além disso, medidas não obrigatórias já previstas podem ser aplicadas, a exemplo da realização de estudos técnicos preliminares – colocando em teste as formulações ou trechos mais específicos de risco (Brasil, 2021c).

Ocorre que mesmo que esse primeiro crivo permita a construção do regramento de forma conjunta com ANPD, isso não exime o intérprete do exame crítico e preliminar sobre essas questões no intuito

---

[280] A análise de suficiência regulatória (ASR) será objeto de um subcapítulo específico no quarto capítulo.

de otimizar e melhor direcionar as discussões quanto ao modelo que o Brasil irá formatar segundo a sua realidade. Isso previne importações jurídicas burocráticas de modelos que não se aplicam ou não atendem aos aspectos relevantes da norma no país. Aliás, o *caput* do artigo 50 assim já inovou, ao permitir que as regras de boas práticas e de governança possam ser elaboradas individualmente, o que não é previsto,[281] por exemplo, no RGPD.

Ainda que o RGPD seja considerado pela doutrina nacional a principal fonte regulatória estrangeira[282] de inspiração da LGPD, isso não significa que os padrões europeus se ajustarão ao sistema de supervisão e controle brasileiro. Por exemplo, a sistemática de supervisão europeia decorrente do contexto comunitário, envolve, com frequência, mais de uma Autoridade, com posicionamentos regulatórios escaláveis de acordo com a projeção geográfica das operações de tratamento de dados. Também não se adotaria o controle de coerência entre as autoridades dos Estados-Membros (*consistency mechanism for cooperation between the supervisory authorities*).[283]

O dimensionamento horizontal e vertical quanto aos mecanismos de supervisão e controle são cruciais ao futuro regulamento do artigo 50 e dos dispositivos que com ele dialogam, notadamente o artigo 34, da LGPD, sob o risco de uma excessiva burocratização ou desuso, caso a regulamentação ou a inexistência tornem sem atrativos à adoção dos institutos voluntários de normatização da lei.

No Capítulo 2, defendeu-se a regulação estatal como uma ação administrativa que pressupõe a aceitação da mudança e da flexibilidade. Maria Sylvia Zanella Di Pietro (2009, p. 19) argumenta ser a mudança uma das bases centrais ao sentido de regulação, no sentido de conferir-se uma permeabilidade às alterações necessárias em benefício da permanência da regularidade, como uma busca de estabilidade e de segurança jurídica ao objeto regulado. No mesmo sentido, Paulo Otero

---

[281] Aliás, não apenas nisso o *caput* do artigo 50 da LGPD foi inaugural, mas também na previsão da formulação de regras de governança por meio do programa de governança em privacidade descrito no parágrafo segundo hipótese igualmente não contemplada no RGPD (Brasil, 2018a).

[282] No tópico sobre monitoramento, supervisão e controle, iremos abordar o modelo de autorregulação privada pela formulação de Códigos de Conduta no tratamento de dados pessoais no âmbito do RGPD na União Europeia, previsto a partir do artigo 40 (União Europeia, 2016).

[283] Trata-se do procedimento previsto no artigo 63, do RGPD, diante da possibilidade de um Código de Conduta apresentado na forma do artigo 40 que possa produzir efeitos transfronteiriços (União Europeia, 2016).

(2007, p. 901) utiliza a ideia de mudança para explicar a regulação pelo eixo da legalidade que vincula a Administração Pública, devendo ser afastada a ideia de que, por haver uma estrita vinculação legal, não haveria na ação regulatória espaço à plasticidade e à flexibilidade.

Humberto Ávila (2021, p. 142-144), ao desenvolver a teoria da segurança jurídica, identifica que a mudança está para o Direito assim como o equilíbrio está para uma bicicleta em movimento, na medida em que o encontro da estabilidade e da segurança dependem essencialmente de que a norma esteja em movimento e aberta às vicissitudes sociais. Na regulação, isso é ainda mais intenso, pois se a mutabilidade da lei é não apenas esperada como também recomendada, os atos que dão cumprimento a essa mesma lei nutrem-se da perspectiva dinâmica e intemporal que compreende a segurança jurídica como uma estabilidade promovida pelo seu próprio fluxo.

Do ponto de vista constitucional, base das ações públicas e privadas no nosso ordenamento, a segurança jurídica é encartada como um princípio do artigo 5º, inciso XXXVI. Em que pese não haja a previsão nominal expressa entre os direitos e garantias fundamentais, a força do princípio da segurança jurídica é tamanha, é tão onipresente, que, mesmo diante de sua quase presença nominal no texto,[284] não opera margem de dúvida aos operadores jurídicos quanto à sua aplicação e à sua fundamentalidade a partir desse dispositivo.

No âmbito do direito administrativo, Juan Carlos Cassagne (2017, p. 131-132) afirma que os princípios integram o bloco de legitimidade e exercem a função de impor limites ao exercício da função regulamentar pelo Estado. Dentre os diversos princípios aplicáveis, a segurança jurídica exerce uma função de norma-princípio responsável por demandar uma concretização jurídica, que corporifica a preocupação, do início ao fim, com os ideais cognoscibilidade, confiabilidade e calculabilidade[285] (Ávila, 2021, p. 721).

---

[284] O seu antimônio, insegurança jurídica, tem presença constitucional no artigo 103-A, §1º, e visa justamente impedir a sua ocorrência e resguardar o cidadão de controvérsias atuais entre órgãos judiciários ou entre esses e a Administração Pública (Brasil, 2018a). Por outro lado, há a defesa de que no preâmbulo constitucional a segurança esteja prevista como um valor e como um direito (Ávila, 2021, p. 723) a sinalizar a segurança jurídica como um dos principais vetores constitucionais.

[285] O autor assim explica: "A análise da *superestrutura* constitucional revela que a CF/88 não é apenas uma Constituição que protege a segurança jurídica, mas também uma Constituição que consubstancia a própria segurança jurídica: por ser mais uma Constituição regulatória do que principiológica (...) favorecendo, com essas prescrições, os ideais de cognoscibilidade, de confiabilidade e de calculabilidade normativas" (Ávila, 2021, p. 723).

Diogo de Figueiredo Moreira Neto (2008, p. 39) defende a existência de dois tipos de legitimidade que se formam a partir do consenso na vida em sociedade e, consequentemente, no ordenamento jurídico. A legitimidade primária como uma aceitação passiva, espontânea e convencional; e a legitimidade derivada que se funda na aceitação formal, ativa e pactuada. A primeira foi a forma como se formaram as sociedades, uma sujeição consensualmente aceita. A segunda representa uma segunda etapa das relações sociais, em que há um ajuste, um propósito comum em prol da segurança jurídica aos envolvidos. Desse modo, a "segurança se promove como uma expectativa de regularidade na sucessão de causa-efeito das relações sociais".

Irene Kamara (2017, p. 4), ao analisar a autorregulação e a corregulação na proteção de dados pessoais no RGPD, indica três critérios ao exame dos efeitos legais das regras autorregulatórias. O primeiro critério seria o efeito vinculante das regras. Se uma regra tem um efeito vinculante, poderá ser avaliada pela intenção dos desenvolvedores dessa regra e pela existência de mecanismos de sanção em caso de desconformidade. O segundo, seria a transparência, tanto das regras em si quanto do processo de criação dessas regras. Ou seja, só é possível cogitar-se de um efeito legal da autorregulação quando forem conhecidos a regra e o respectivo processo de desenvolvimento por parte de seu público-alvo. E, como último critério, a garantia de segurança jurídica responsável pela clareza, estabilidade e natureza pública dessas regras (Bonnici, 2007 apud Kamara, 2017, p. 4-6).

Observa-se que, segundo esse raciocínio, na regulação privada há um espaço coabitado pela transparência e pela segurança jurídica, e são elas que fornecem a vinculatividade e a geração dos efeitos legais dessas formulações. Então, é indispensável que essa possibilidade seja pública (haja uma autorização legal) e que esteja claro ao seu público-alvo (destinatário da competência) o escopo da regulação e o procedimento de seu desenvolvimento (regulamento). Dito de outra forma: uma norma que autoriza a autorregulação, sem que haja previsão (clara e pública) de como se dará o seu desenvolvimento, não está apta a fazer com que a autorregulação produza seus efeitos legais no ordenamento jurídico. A autorregulação não deixa de existir, porém não produzirá os efeitos vinculantes e legais que dela se poderia extrair. Sem essa extração, o objetivo da norma não se implementa.

Para Humberto Ávila (2021, p. 307-315), a segurança jurídica funciona como uma norma-princípio com seu conceito, conteúdo e eficácia projetados no tempo sob uma tripla projeção (passado, presente e futuro) e nas suas dimensões (dinâmica e estática). A dimensão estática examina qual o conteúdo do Direito diz respeito ao problema em torno do seu conhecimento e da sua comunicação, de modo que possa servir de instrumento de orientação. Ou seja, o Direito deve ser compreensível e efetivo para ser seguro. Já a dimensão dinâmica investiga a força da norma, o que deve ser assegurado, diz respeito ao problema em torno da ação e serve de instrumento de proteção. Isto é, o Direito deve ser confiável e calculável.

Na tripla projeção quanto ao tempo, o passado destina-se à noção da imutabilidade do que foi (intangibilidade) como fator de confiança (o estado de segurança). O hoje é a cognoscibilidade material da norma, a segurança jurídica investiga se o cidadão exerce a capacidade de entendimento do que deve obedecer (Ávila, 2021, p. 181-182). Já o futuro, como a última e principal entre as projeções, é a calculabilidade (*Berechenbarkeit*) que valida a relação entre a mudança e a segurança jurídica, ao exigir a elevada capacidade de previsão das consequências jurídicas e de antecipação de alternativas interpretativas dos dispositivos para permitir que o destinatário faça a avaliação dos efeitos de aplicação dessa norma. A calculabilidade difere da mera previsibilidade, pois nesta última há o "direito de o particular conhecer hoje, o Direito de amanhã" e antecipar sua decisão que irá "qualificar juridicamente o ato hoje praticado". Daí porque o doutrinador explica que o termo mais preciso de segurança jurídica e da sua "previsibilidade" (*Voraussehbarkeit*) é pela palavra "calculabilidade" (*Berechenbarkeit*), pois é esta que traduz "a capacidade de o cidadão prever, em grande medida, os limites da intervenção do Poder Público sobre os atos que pratica" e de conhecer, previamente o alcance de discricionariedade dos atos estatais (Ávila, 2021, p. 144).

Sérgio Guerra (2023) dedicou uma obra à investigação da discricionariedade, no aprofundamento dos elementos da teoria da escolha administrativa do ponto de vista histórico, teórico e conceito no qual identifica na escolha regulatória uma nova função e categoria da atuação administrativa no Direito Administrativo pós-moderno que busca o equilíbrio dos subsistemas regulados, a supressão de falhas, da segurança jurídica e a ponderação dos interesses. O autor descreve essa escolha como uma etapa posterior à escolha discricionária, ou seja, a escolha regulatória seria aquela, e somente ela, presente e consciente de sua inserção em uma sociedade de riscos, privilegia a segurança jurídica plural a partir de sua compatibilidade com a Constituição Federal (Guerra, 2023, p. 333, 469-470).

A consequência de uma escolha regulatória como categoria administrativa em que o regulador funciona como um pré-intérprete dos princípios, direitos e pautas constitucionais é torná-la diversa da escolha discricionária e operá-la de forma mais atenta aos efeitos prospectivos por meio de uma proposta de sustentação da escolha a que o autor denomina reflexividade administrativa (Guerra, 2023, p. 192) em que o regulador deve ter a capacidade de olhar, pensar a situação concreta quando se depara com uma competência discricionária e decidir à luz da objeto da lei em que está inserida, dos direitos que visa resguardar e da Constituição.

Observa-se, pois, uma incompletude da prevenção como único respaldo na projeção temporal do futuro na segurança jurídica. Ou seja, é crucial aplicar a prevenção por uma versão extensiva e qualificada aos regulados, do mesmo modo como defendido no capítulo anterior quanto ao princípio da precaução. A insuficiência de apenas poder qualificar um ato hoje sem conhecer o âmbito de discricionariedade administrativa no futuro evidencia a legítima expectativa de segurança jurídica sobre os atos estatais, notadamente daqueles atos cuja manifestação dependa do exercício de um direito pelo regulado.

Nesse diapasão, a formação da segurança jurídica está intrinsecamente vinculada à realidade normativa e ao poder de alcance em que for aplicada. Só há calculabilidade se houver elevada capacidade de alcance das consequências jurídicas pela maioria das pessoas atingidas pela norma, ou seja, daqueles a quem incumbirá exercer, cumprir, entender e confiar para, com base nisso, calcular apropriadamente suas decisões (Ávila, 2021, p. 176). Recorda-se, desse modo, que a formulação de regras de boas práticas (assim como de um programa de governança em privacidade) é regida pela expressão "poderão", logo não integra o campo de obrigações legais dos agentes de tratamento usar esse instrumento regulatório. Porém há o direito ao pleno conhecimento de como exercer essa faculdade regulatória voluntária de cumprimento da LGPD, porque dele podem surtir benefícios legais já previstos na lei.

Daí porque a segurança jurídica, embora possa materialmente ser representada pela formulação normativa clara, objetiva, com atenção aos sistemas legais e constitucionais, é, antes desses elementos uma perspectiva de validação regulatória. Isso significa que o princípio perquire a quem interessa beneficiar e a quem se visa conferir a segurança jurídica, notadamente porque objetiva incluir o regulado como destinatário da regra e, no caso do artigo 50, da LGPD, por ser quem auxiliará o Estado na missão de expandir a implementação da lei.[286]

A discricionariedade administrativa ocorre, segundo Eros Roberto Grau (2008, p. 192-198), quando a lei deixa a autoridade administrativa livre para apreciar o motivo e o objeto do ato que irá praticar, seja de forma conjunta, seja individualmente. A discricionariedade resulta de uma atribuição legal para que a autoridade formule juízos de oportunidade quanto à ocasião, quanto à utilidade e quanto ao conteúdo. Logo, para o autor, não há discricionariedade quanto à finalidade da norma jurídica (Grau, 2008, p. 193), e nem quanto aos conceitos jurídicos indeterminados. Neste último não existiria discricionariedade na medida em que os textos legais com indeterminações de ideias sequer expressariam um conceito propriamente dito (Grau, 2008, p. 196).

Já Celso Antônio Bandeira de Mello (2017, p. 15) ensina que os institutos no âmbito do direito público, mais precisamente no direito administrativo, estão comumente expressos em torno da ideia de poder. Entretanto, a articulação correta está em torno da ideia do dever por ser esta a lógica que, ao lado da finalidade, exerce uma força atrativa na ação e na função administrativas. Daí porque quando se fala em discricionariedade, em poder, em ato ou em competências[287]

---

[286] Nesse contexto, cabe a referência que a ANPD, ao aprovar seu regulamento sobre os processos de fiscalização e de aplicação sancionatório na Resolução CD/ANPD nº 1, de 2021, previu a aplicação expressa da segurança jurídica e como dos seguintes princípios na redação aqui mesmo descrita. "Artigo. 39. Na condução dos processos administrativos de que trata este Regulamento, a ANPD obedecerá, dentre outros, aos princípios da legalidade, finalidade, motivação, razoabilidade, proporcionalidade, moralidade, ampla defesa, contraditório, segurança jurídica, interesse público e eficiência e observará os seguintes critérios: I – atendimento a fins de interesse geral; II – adequação entre meios e fins, vedada a imposição de obrigações, restrições e sanções em medida superior àquelas estritamente necessárias ao atendimento do interesse público; III – observância das formalidades essenciais à garantia dos direitos dos interessados; IV – adoção de formas simples, suficientes para propiciar adequado grau de certeza, segurança e respeito aos direitos dos interessados; V – impulsão, de ofício, do processo administrativo, sem prejuízo da atuação dos interessados; e VI – interpretação da norma administrativa da forma que melhor garanta o atendimento do fim público a que se dirige, vedada aplicação retroativa de nova interpretação" (Brasil, 2021d). Nota-se no dispositivo que a segurança jurídica se faz presente não apenas no *caput*, mas em todos os incisos do artigo 59 a partir do contexto conceitual apresentado nesta pesquisa, o que denota a customização e a atenção que a ANPD a essa norma-princípio.

[287] O doutrinador alerta que a adoção de ato discricionário para discricionariedade ocorre, na verdade, na competência do agente. Desta forma, a maneira correta de dizer seria "ato praticado no exercício de apreciação discricionária em relação a algum dos aspectos que condicionam ou que o compõem" (Mello, 2017, p. 18). Portanto, discricionária é a competência recebida por lei e o ato é o seu produto. Sobre esse tema, o autor oferece aos

discricionárias, fala-se primeiro em um cumprimento do dever de alcançar a finalidade legal (dever discricionário), de modo que antes que haja um espaço à escolha administrativa, há a ordem de verificação prévia quanto a qual é a ação ou a função que, de fato, irá propiciar o atendimento teleológico da previsão legal que lhe atribuiu tal análise desde o princípio (Mello, 2017, p. 16).

Se a ação administrativa fosse hipoteticamente aplicada em uma linha horizontal de marcos cronológicos progressivos, em que a lei fosse o ponto de partida, mesmo em atos que o legislador entende ser discricionária a sua atuação administrativa, persiste a ideia de adequação finalística, de dever público prévio à aplicação sobre qual aspecto da norma, de fato, incide a avaliação da discricionariedade propriamente dita.

Mesmo diante desse contexto característico da discricionariedade, o doutrinador administrativista defende ser possível que o legislador defira no comando da norma uma margem de liberdade ao administrador no exercício da competência ou quanto ao "momento adequado" em que esta será exercida:[288] é justamente isso que ocorre quando "a lei diz *pode*, ao invés de *deve*" (Mello, 2017, p. 17), tal como o dispositivo objeto desta pesquisa. Logo, para que se defina se a discricionariedade do artigo 50, §3º da LGPD, é quanto ao exercício propriamente dito do dever de controle regulatório ou quanto ao momento adequado para fazê-lo, é preciso somar alguns elementos até aqui investigados.

Quando o legislador intencionalmente dispõe que a Administração poderá praticar ou não praticar determinado ato, a liberdade do administrador não pode ser outra que não uma liberdade apenas relativa. Deverá ser apreciada a aplicação no caso concreto, após mensurada a finalidade legislativa dessa discricionariedade. Essa ponderação é o que torna clara a resposta quanto a ser um "poderá" quanto ao exercício da competência discricionária ou se, na verdade, se trata de um "poderá" que atrai a discricionariedade para o momento, para a questão temporal, mas não quanto ao exercício em si dessa competência.

---

operadores jurídicos um ensaio publicado em 1998 sobre a relatividade da competência discricionária, o qual se recomenda a consulta (Mello, 1998).

[288] No mesmo sentido: "A discricionariedade se configura quando a norma atribuiu um poder ou uma faculdade ao órgão administrativo sem estatuir o critério que deve orientar e seguir de base à respectiva decisão podendo se referir tanto a emissão do ato administrativo quanto a seus elementos" (Cassagne, 2017, p. 141).

Como referido por nota no Capítulo 2, a flexibilidade, enquanto uma característica decorrente das mudanças da legalidade aplicável na Administração Pública, divide-se em três elementos: a elasticidade das normas que definem as atribuições administrativas, a existência de uma concorrência entre as competências administrativas e a possibilidade de presunção de uma competência administrativa (Otero, 2007, p. 863). Deste modo, é possível que se presuma uma competência administrativa quando se tratar do exercício de um poder de direção, de um vínculo hierárquico, de um poder de auto-organização interna ou para o exercício de poderes implícitos. Esta última seria a expressão derradeira da debilidade do princípio da legalidade, pois a leitura da regra deve ser fundada na ideia de inerência e da necessidade extraídas pela interpretação teleológica ou sistemática de qual seria a função daquele ente administrativo frente à competência recebida pela lei (Otero, 2007, p. 891).

Esses termos (abertura, mutabilidade, flexibilidade) e seus contrapontos (segurança, estabilidade, supervisão) são como engrenagens em movimento contínuo e harmônico da função regulatória na proteção de dados pessoais. Enfatizam a ideia de complementariedade entre os fenômenos necessários nessa regulação (deve ser aberta, deve acolher a mudança, deve ser flexível) e de aplicação de limites na produção e no controle estatais (promover a segurança nas aberturas normativas, garantir uma estabilidade na mutação, supervisionar para assegurar as garantias sem prejuízo à flexibilidade quanto ao modelo de cumprimento legal).

Figura 6 – Eixos da engrenagem da função regulatória
na proteção de dados pessoais

[Figura: engrenagens com os eixos "Abertura x segurança", "Flexibilidade x supervisão" e "Mutabilidade x estabilidade"]

Fonte: elaborado pela autora.

Ora, quando os comandos legais não servirem ao fim e ao atendimento da competência administrativa imposta ao regulador, incumbe a este verificar como restabelecer essa finalidade e exercer sua competência de tal modo que não surtam prejuízos, nem aos objetivos de resguardo do direito fundamental, nem ao exercício de direitos dos destinatários da norma, principalmente quando esta for um veículo que, entre outras funções, permite que eles demonstrem o cumprimento de seus deveres legais. Daí porque se fala em desenvolvimento da normatividade enquanto uma tarefa de ultrapassar indeterminações normativas (Otero, 2007, p. 894).

Por essas razões e fundamentos, à primeira pergunta conclui-se que se trata de uma competência discricionária quanto ao momento de exercício da competência pela ANPD, sendo a liberdade de atuação da autarquia relativizada, diante dos mecanismos de participação dos atores sociais quanto à inclusão de matérias na agenda regulatória, instrumento que é de planejamento das ações regulatórias prioritárias nos termos dos artigos 55-J, §2º da LGPD, 5º, inciso XI, da Portaria nº 1, de 2021 e artigo 7º, da Portaria nº 16, de 2021 (Brasil, 2018a, 2021a, 2021c).

É oportuno apontar que, se considerada apenas a procedimentalização do processo regulatório da ANPD, com temas prioritários fixados em agenda regulatória definida com a participação da coletividade, poderia argumentar-se pela trivialidade ou desimportância das avaliações quanto aos aspectos discricionários contidos na expressão "poderão ser reconhecidas". Afinal, uma vez editado o regulamento, estariam os agentes de tratamento municiados dos elementos faltantes à segurança jurídica.

Ocorre que, se a ANPD analisar estritamente o dispositivo frente à competência exclusiva desta Autoridade na interpretação da LGPD e de suas próprias competências, a ideia de discricionariedade quanto ao reconhecimento pode persistir mesmo com a edição de um regulamento.

Outrossim, quando o legislador incumbe ao regulador decidir se exercerá ou não uma competência de supervisão sobre o exercício de função regulatória pelo regulado, não é trivial investigar-se até que ponto a competência é de fato facultativa, uma vez que se trata de uma competência regulatória exercida por uma Autoridade de Garantia, cuja característica primeira é, antes de ser sujeito regulador, ser responsável por zelar e promover um direito fundamental, tal como é a proteção de dados pessoais no Brasil. Logo, também se insere no contexto valorativo do exercício dessa competência (considerada discricionária de forma questionável pelo legislador) submetê-la à leitura constitucional do dispositivo. Vale dizer: será que a escolha legislativa de uma competência discricionária, quanto à análise da ANPD das regras de boas práticas, é compatível com as funções de garantia da autarquia?

A questão que pende é se é possível uma leitura constitucional do dispositivo a partir das previsões relacionadas à proteção de dados pessoais. Essa possibilidade parte da previsão contida no artigo 28, parágrafo único, da Lei nº 9.868,[289] de 10 de novembro de 1999 (Brasil, 1999), no sentido de que uma lei pode ter seu texto interpretado conforme a Constituição sem que haja a declaração de inconstitucionalidade e sem a redução de seu texto, quando o texto legal permitir duas ou mais interpretações, tal como é o caso em comento.

Em que pese isso seja aplicável pelo STF no âmbito do processo constitucional, não há impedimento quanto à avaliação de compatibilidade da norma nesse mesmo método. O processo que se realiza nesse sentido é de ponderação dos limites da interpretação, conforme a Lei Maior, na busca de um sentido constitucional da norma que não

---

[289] Pela importância do dispositivo, colaciona-se: "Art. 28. (...) Parágrafo único. A declaração de constitucionalidade ou de inconstitucionalidade, inclusive a interpretação conforme a Constituição e a declaração parcial de inconstitucionalidade sem redução de texto, têm eficácia contra todos e efeito vinculante em relação aos órgãos do Poder Judiciário e à Administração Pública federal, estadual e municipal" (Brasil, 1999).

afronte a manifestação legislativa legítima e que, ao mesmo tempo, indique qual a melhor conduta interpretativa ao regulador.

Posta, então, a verificação independentemente do processo constitucional, se o regulador público deparar-se com um espaço de liberdade na edição ou não de regulamento e verificar que isso não se valida diante de uma interpretação conforme a Constituição, o regulador perde a discricionariedade ampla, razão pela qual a edição da norma jurídica não será uma mera autolimitação (voluntária e possível) administrativa, mas sim uma autolimitação constitucionalmente esperada, sob a discricionariedade conferida pelo legislador (Carvalho, 2015, p. 115-117).

Dessa forma, a matriz constitucional impõe esse exercício analítico ao regulador federal, integrante da Administração pública indireta, em respeito à fixação da proteção de dados pessoais como um direito e uma garantia fundamentais, passando pela centralização do ente federado que integra na competência material administrativa de organizar e fiscalizar a proteção e o tratamento de dados pessoais, nos termos dos artigos 21, inciso XXVI, até a competência privativa sobre a matéria nos termos do artigo 22, inciso XX, da Constituição Federal (Brasil, 1988).

A interpretação quanto às ações da ANPD deverá partir do pressuposto que o direito fundamental por ela tutelado e as normas procedimentais à garantia deste caminham lado a lado. É e será por meio das ações regulatórias que o direito à proteção de dados pessoais reconhece(rá) a sua dimensão objetiva (projeção normativa) para nortear e direcionar a interpretação das normas previstas na LGPD, ainda mais porque é também a Autoridade quem detém a competência interpretativa nos termos do artigo 55- J, inciso XX.

Nota-se que por mais que a lei tenha entregado à ANPD a competência deliberativa, em caráter terminativo, sobre a interpretação da LGPD quanto ao desempenho de suas próprias competências, inclusive como uma forma salutar de reforço à sua independência técnica e decisória, isso não lhe retira a obrigação constitucional, enquanto parte da estrutura da União, de organizar e fiscalizar a proteção e o tratamento de dados pessoais. Ou seja, do ponto de vista constitucional, não há atribuição de competência regulatória facultativa quando esta envolva funções de controle, de supervisão e de monitoramento. É dever da Autoridade garantir a aplicação da lei e de analisar se os instrumentos autorregulatórios asseguram ou não garantias suficientes pelos agentes de tratamento.

No capítulo anterior, defendemos a aplicação do princípio da prevenção de forma extensiva ao princípio da precaução, com base na abertura normativa contida no artigo 64 da LGPD, e na análise de que a função regulatória na proteção de dados pessoais deve atentar não apenas aos riscos conhecidos, mas aos riscos desconhecidos, seja pela impossibilidade de controle temporal da tecnologia, seja pela imprevisão de quais serão os meios futuros pelos quais se buscará utilizar ilicitamente os dados pessoais.

O direito constitucional ainda prescreve mais fundamentos neste tópico.

A inclusão do inciso LXXIX ao artigo 5º da Constituição Federal (Brasil, 1988), assegurando o direito à proteção de dados pessoais como um direito fundamental, atrai a aplicação da teoria geral dos direitos fundamentais sob as dimensões objetiva e subjetiva, como também quanto à eficácia dos deveres anexos desse direito. Embora, como anteriormente observado, não seja objeto do presente estudo ingressar no tema da fundamentalidade do direito à proteção de dados pessoais e o desenvolvimento teórico desse conteúdo, cabe ainda destacar alguns pontos que também alteram a visão sobre a função regulatória aqui analisada.

José Joaquim Gomes Canotilho (2003, p. 378-393) afirma que a categoria de fundamentalidade aponta à proteção dos direitos em um sentido formal, ou seja, na constitucionalização de um direito, vigente em uma ordem jurídica concreta e no sentido material, por seu conteúdo constitutivo de estruturas básicas do Estado e da sociedade. Os direitos fundamentais, assim, vinculam as ações estatais desde a formulação das leis até às atividades de execução. Segundo o autor, pelo princípio da constitucionalidade imediata da administração, o Estado, ao exercer a competência de execução da lei, deverá fazê-lo conforme os "preceitos constitucionais consagradores de direitos, liberdades e garantias", e ao praticar essas competências deverá interpretá-las igualmente conforme (Canotilho, 2003, p. 443). Essa vinculação fundamental também alcança atos que permitam margem de discricionariedade administrativa, ou seja, a execução de uma competência normativa em um direito fundamental deve contar com medidas de valoração decisivas na densificação do comando constitucional (Canotilho, 2003, p. 446).

Também sob o ponto de vista da natureza dos direitos fundamentais, a atuação da função regulatória estatal sofre limites. Esses direitos possuem natureza subjetiva e objetiva, de modo que pelo primeiro são fontes de direitos subjetivos aos seus titulares. Já pelo segundo implicam um comando principiológico objetivo no ordenamento jurídico constitucional. É na natureza ou na dimensão objetiva dos direitos fundamentais que há o poder-dever de adoção de mecanismos de positivação do sistema (deveres autônomos de proteção), não apenas na função legiferante (Poder Legislativo), mas principalmente na função regulatória (Poder Executivo). Consoante explana Daniel Wunder Hachem (2016, p. 319-320), a dimensão objetiva obriga a Administração a agir preventivamente por meio da instituição de disposições normativas fixadas com critérios, com definições acerca dos aparatos organizacionais fáticos e de regras procedimentais que facilitem a exigibilidade dos direitos fundamentais perante o Poder Público.

Aliás, esse também é o norte das chamadas Autoridades de Garantia, as quais exercem a função regulatória voltada à missão de assegurar e garantir um direito fundamental, identidade regulatória que não se aplica a todas as agências reguladoras. Percebe-se que seja por uma base constitucional quanto à dimensão objetiva dos direitos fundamentais, seja pela análise da competência discricionária, seja pela teoria jurídica da segurança jurídica, seja a partir da função finalística da regulação, há uma convergência à prevenção e à segurança jurídica como linhas norteadoras da função regulamentar. Portanto, se o legislador atribuiu uma competência discricionária regulatória de controle à ANPD quanto à formulação de regras de boas práticas no tratamento de dados pessoais, o que não oferece segurança jurídica e nem zela pelos objetivos da LGPD, a ANPD, enquanto Autoridade de garantia e responsável pela interpretação da LGPD, tem o dever de ler o "poderá" do parágrafo terceiro como "deverá". Não há opção quanto à edição do regulamento, ele deverá ser concretizado, notadamente frente à inclusão do tema na agenda regulatória.

Não se pode olvidar que a Lei nº 13.655, de 25 de abril de 2018,[290] incluiu na LINDB regras para fixação de segurança jurídica e eficiência na criação e na aplicação do direito público, pois no seu artigo 30 foi estabelecido que as autoridades públicas devem atuar no aumento da segurança jurídica na aplicação das normas, e poderão editar, entre outros instrumentos, regulamentos nesse sentido. A redação fixa um dever público de incrementar a segurança jurídica, em que se tutela

---

[290] Inclui no Decreto-Lei nº 4.657, de 4 de setembro de 1942, a LINDB, disposições sobre segurança jurídica e eficiência na criação e na aplicação do direito público (Brasil, 1942).

a continuidade da ordem jurídica a ponto de desconsiderar o marco legal precedente em prol da segurança jurídica (Bockmann Moreira; Pereira, 2018, p. 243-246). Isso significa que se o regulador conjugar o artigo 30, da LINDB, ao artigo 50, §3º da LGPD, e concluir que há prejuízo à segurança jurídica, o artigo 30 tem o condão de determinar que a ANPD fixe normas que possam suprir esse déficit normativo.

Em sentido oposto, Maria Helena Diniz (2018, p.12) não identifica nas alterações promovidas pela Lei nº 13.665 na LINDB uma segurança jurídica tão impositiva como acima descrito, antes o contrário. A doutrinadora afirma que as regras acrescidas são abstratas e que por sua importância deveria apresentar critérios valorativos objetivos para uma real política de Estado. Consequentemente, por essa autora, esse exercício analítico de aplicação do artigo 30 não arrefeceria a discricionariedade, o que não parece ser a leitura mais adequada diante dos demais argumentos já apresentados neste tópico.

A LGPD oferece, nesse contexto, um exemplo prático de como uma função regulatória é capaz de aliar, em um só dispositivo, a mudança, a flexibilidade, a competência discricionária em sede regulatória de direito fundamental e o dever público de aumento da segurança jurídica. Essa soma informa aos operadores jurídicos que os agentes de tratamento têm um direito subjetivo ao exame das regras de boas práticas apresentadas à ANPD, bem como que é dever da ANPD regulamentar a matéria com a fixação dos critérios, procedimentos e condições à análise de suficiência regulatória, situação em que se alcançará a legitimidade e a segurança jurídica necessárias ao amplo exercício das competências compartilhadas no artigo 50 da LGPD.

3.3 A teoria responsiva na LGPD

A Resolução CD/ANPD nº 1, de 28 de outubro de 2021, regulamento aplicável ao processo administrativo de fiscalização e ao processo administrativo sancionador no âmbito da ANPD, afirmou que o objeto de sua atuação responsiva seriam as "atividades de monitoramento, de orientação e de prevenção no processo de fiscalização" prévios ao início de uma possível atividade repressiva, nos termos do artigo 15. A Resolução destaca como premissa do processo de fiscalização uma atuação responsiva por meio da "adoção de medidas proporcionais ao risco identificado e à postura dos agentes regulados", consoante previsão do seu artigo 17, inciso IV (Brasil, 2021c).

Diante desses dispositivos, fica clara a linha teórica adotada pela ANPD em sua função regulatória de controle, o que permite examinar as implicações pragmáticas dessa teoria nestas funções e direcioná-las à uma projeção de análise do futuro regulamento do artigo 50 da LGPD.

Considerando que a ANPD, por seu regulamento fiscalizatório, adotou a regulação responsiva, como se demonstrará a seguir, o presente subtítulo irá contextualizar a obra publicada em 1992 e explicar a teoria responsiva segundo defendem o americano Ian Ayres e o australiano John Braithwaite, bem como a revisitação da obra pelo último autor publicada em 2011. Na sequência, se contraporá essa com as teorias: a) da regulação realmente responsiva dos ingleses Julia Black e Robert Baldwin publicada em 2008 e recentemente republicada com revisões em 2022; e b) da regulação inteligente (*smart regulation*) dos ingleses Neil Gunningham e Darren Sinclair, na edição de 2017. Em seguida, serão analisadas as aplicações da primeira teoria por autores brasileiros na proteção de dados pessoais, para então analisar o impacto dessa teoria no objeto da pesquisa.

Pontua-se, desde já, que a forma de analisar essas considerações dependerá da teoria jurídica da regulação que o intérprete adotar, o que segundo Marcio Iorio Aranha (2021, p. 230-231) pode ocorrer por duas vertentes. Uma vertente entende que as técnicas de regulação voltadas ao alcance do interesse público ocorrem por um desenho regulatório de direito público processual-administrativo chamadas teorias processuais de regulação. Já a segunda vertente, denominada teoria substantiva ou material da regulação, defende que conteúdo substantivo da regulação a submete às diretrizes materiais dos direitos como uma teoria da regulação de direito abraçado pelo constitucionalismo e serve ao fim maior de garantia institucional dos direitos fundamentais.[291]

---

[291] O autor esclarece que essa compreensão considera tanto a vertente americanizada de proteção de direitos sociais quanto à tradição constitucionalista de objetivação dos direitos fundamentais, visando justamente se distanciar das fases regulatórias próprias da história dos Estados Unidos. Nesse contexto, por vertente americanizada, Marcio Iorio Aranha (2021, p. 139-140) explica que a chamada "teoria social da regulação", oposta em oposição à teoria econômica da regulação, teve ambiente fecundo durante a crise do Estado Regulador dos Estados Unidos na década de 1960, período em que "as pretensões regulatórias deixaram de se circunscrever ao bom funcionamento de um setor específico da economia para atingir atividades que se alastram por diversos setores, tais como defesa do consumidor, meio ambiente e saúde do trabalhador". Assim, foi por meio da teoria da regulação social que foram acrescidas as preocupações em torno da defesa dos direitos sociais às decisões regulatórias do chamado, na literatura estadunidense, Estado Social Regulador.

Essas vertentes da teoria da regulação não se confundem com os sistemas *ex ante* e *ex post*, em que se avalia a incidência da regulação em relação ao fato e não à base teórica da regulação em si. Como tratado no Capítulo 1, a implementação das regulações pode se dar por meio de diretrizes específicas no sistema *ex ante* ou por meio de atribuições de responsabilidades, com permissões de condutas livres que arcam com seus efeitos e consequências no sistema *ex post* (Souto, 2005, p. 42).

É atemporal a lição de Marcus Juruena Villela Souto (2005, p. 41) no sentido de que a regulação é função executiva e não legislativa. Logo, legislar não é regular e nem a regulação representa uma mera delegação da função legislativa. Ou seja, a evolução exponencial da matéria no ordenamento jurídico brasileiro repercute na leitura das estratégias regulatórias e na forma como o Estado irá perseguir a implementação e o cumprimento do texto legal por meios que não eram tão perceptíveis ao tempo da publicação da LGPD. Isso reforça a ideia de mudança e da segurança jurídica nas engrenagens do direito regulatório.

Nesse sentido, a proposta dessa pesquisa é examinar como o legislador tratou as regras de boas práticas, e a partir disso analisar como os reguladores (ANPD e agentes de tratamento) irão dar cumprimento a esse instituto. Essa compreensão de fundo observa como ocorre esse compartilhamento de funções regulatórias do Estado para o ambiente regulado, tal como ocorre no caso do artigo 50 da LGPD.

Mesmo que não haja um regulamento vigente, é possível examinar esse instrumento de partilha a partir da teoria regulatória responsiva já adotada na Resolução[292] CD/ANPD nº 1, de 2021. O regulamento do processo de fiscalização e do processo administrativo sancionador no âmbito da ANPD expressamente aplica como premissa

---

[292] Segundo o artigo 51 da Portaria ANPD nº 1, de 2021, com o regimento interno da ANPD, a Autoridade poderá se manifestar por meio dos seguintes instrumentos, dentre outros: a) resolução, quando há expressa decisão quanto ao provimento normativo de competência da ANPD; b) enunciado, quando há expressa decisão quanto à interpretação da legislação de proteção de dados pessoais e fixação do entendimento sobre matérias de competência da ANPD, com efeito vinculativo à Autoridade; c) despacho decisório, quando há expressa decisão sobre matérias não abrangidas pelos demais instrumentos deliberativos; d) ata de deliberação para registro das deliberações tomadas pelo CD, a partir dos votos de seus Diretores, em reuniões e circuitos deliberativos; e) consulta pública de minuta, quando há expressa decisão que submete proposta de ato normativo, documento ou assunto a críticas e sugestões do público em geral; e f) portaria, que consiste em ato administrativo que dispõe sobre matéria relativa à gestão administrativa e ao funcionamento das unidades da ANPD. Dentre esses instrumentos, observa-se que a Resolução (como essa que informa a teoria regulatória para cumprimento da LGPD), o enunciado, a ata de deliberação e a consulta pública de minuta de ato normativo são instrumentos deliberativos de competência exclusiva do CD (Brasil, 2021d).

uma atuação responsiva, mediante a adoção de medidas proporcionais ao risco identificado e às posturas dos agentes regulados, nos termos do artigo 17, inciso IV[293] (Brasil, 2021c).

A teoria da regulação responsiva ganhou visibilidade a partir da obra "Regulação responsiva" (*Responsive regulation*) publicada em 1992 por Ian Ayres e John Braithwaite,[294] nos Estados Unidos. O livro amplia os estudos da década de 1980 dos dois autores sobre temas como o conceito de lei responsiva centrado na cidadania participativa (*responsive law concept* ou *flexibility*), o controle da autorregulação e crimes corporativos, a taxonomia de execução das agências reguladoras na Austrália, a capacidade de resposta e as abordagens regulatórias estatais (Nonet; Selznick, 1978 *apud* Ayres; Braithwaite, 1992, p. 5).

Segundo os autores, uma teoria sobre a regulação deveria ir além da discussão entre o que é regulação e o que é desregulação, pois essa se pautava na dicotomia da presença ou ausência do Estado de forma pura. A regulação responsiva considera tanto a sua aplicação por reguladores públicos quanto por reguladores privados. Previamente ao livro publicado em 1992, John Braithwaite já havia se dedicado ao estudo de como impor e dar cumprimento à autorregulação privada como um mecanismo de controle à corrupção e a crimes corporativos (Braithwaite, 1982), bem como a métodos persuasivos de cumprimento regulatório e de quando e como punir (Braithwaite, 1985). Essas abordagens prévias revelam a análise participativa em torno de métodos regulatórios e a visão dos autores dissociada da centralidade do Estado-Regulador e da discussão da regulação e desregulação estatal.[295] Ou seja, para eles,

---

[293] Embora tenha se mencionado no texto o inciso IV, os demais incisos do artigo 17 também indicam um alinhamento à aplicação da postura responsiva regulatória no processo de fiscalização da ANPD. Além desse dispositivo, em que pese se evidencie toda a construção do processo repressivo com base na teoria que se abordará neste título, destaca-se a aplicação nos artigos 2º, 16, parágrafo único, 13, 15 e nos artigos 27 a 36, todos da Resolução CD/ANPD nº 1, de 2021 (Brasil, 2021d).

[294] No ensaio publicado em 2011, John Braithwaite explica que seu interesse na regulação responsiva iniciou no final da década de 70 e início da década de 80 na regulação de práticas de segurança em minas de carvão e na indústria farmacêutica e contou com uma soma de profissionais de áreas diversas na colaboração de experiências e conhecimentos. Além disso, cita os autores e textos que trabalharam em críticas, modificações e contribuições à teoria desde a publicação da obra escrita em conjunto com Ian Ayres em 1992 (Braithwaite, 2011, p. 479-480). Assim, o autor descreve a construção da regulação responsiva e da aplicação piramidal de sanções e regulações: *"There are many further influences beyond these. So it becomes clear what a collective creation responsive regulation has been"* (Braithwaite, 2011, p. 479).

[295] O trecho com a crítica à essa discussão: *"In this book we have attempted to make the case that a requirement for breaking out of the sterile contest between deregulation and stronger regulation is innovation in regulatory design"* (Ayres; Braithwaite, 1992, p. 101).

uma boa política regulatória aceita a inevitabilidade de alguma simbiose entre a regulação estatal e a autorregulação. Aceita que o ponto de partida não é a ausência do Estado, mas sim a presença do setor privado em assumir a direção das regras (Ayres; Braithwaite, 1992, p. 4).

É oportuno, no entanto, antes do ingresso na obra de 1992, retomar um pouco até o período das décadas de 1960 e 1970 nos Estados Unidos, quando ponderações doutrinárias para uma aplicação da responsividade estatal já se mostrava presente em temas que vinculavam a regulação estatal com o oportunismo privado, com o risco de captura pública e com prejuízos na efetivação de ações de controle regulatório no âmbito do direito administrativo e do direito concorrencial.

Entre 1961 e 1965, a Suprema Corte dos EUA analisou casos em que se demonstrou a preocupação em evitar abusos no processo regulatório, suscitando questões quanto à forma e ao escopo pelos quais grupos empresariais buscavam usar as funções administrativas do governo para promover objetivos anticoncorrenciais (*Noerr-Pennington immunity* e *Noerr's rationale*).[296] A Corte entendeu, no entanto, que as ações regulatórias estatais são imunes à lei antitruste (imunidade anticoncorrencial), e que o *Sherman Act* proibiria apenas as restrições

---

[296] Sobre o julgado *Eastern Railroad Presidents Conference versus Noerr Motor Freight*, é importante trazer o contexto do caso. Até a década de 1920 nos Estados Unidos, o transporte de cargas pesadas em longas distâncias se fazia por meio das ferrovias. À medida em que a indústria de caminhões progrediu no país, esse transporte recebeu a concorrência de serviços prestados por caminhões, nicho de mercado até então ocupado somente pelos ferroviários. A associação de presidentes dessas ferrovias (*Eastern Railroad Presidents Conference*) contratou uma campanha publicitária contra os caminhoneiros, porém veiculada como se autônoma fosse e sem qualquer referência à associação. A repercussão da campanha publicitária na sociedade e em setores do governo teria induzido o então governador da Pensilvânia a vetar o *Fair Truck Bill*, lei que permitiria que os caminhões aumentassem o peso de suas cargas nas estradas e que consequentemente assumissem uma posição de concorrência ainda maior ao transporte ferroviário. Foi então que a Associação dos caminhoneiros, a *Pennsylvania Motor Truck Association*, apresentou uma queixa por violação à Lei antitruste (*The Sherman Act*). Na Corte, o argumento dos ferroviários, ao assumirem a autoria da campanha em Juízo, foi no sentido de que o intuito não era anticoncorrencial, mas sim em colaborar com a coletividade na medida em que leis estaduais precisavam limitar o peso de caminhões, majorar as alíquotas de impostos sobre caminhões pesados como medida de segurança pública. Eles argumentavam que as leis estaduais deveriam ser mais rígidas para penalizar caminhões com excesso de peso, sem prejuízo de outras sanções e aumentos tributários de compensação às estradas e riscos por acidentes rodoviários. Os ferroviários defendiam o direito de informar o público e as legislaturas dos vários estados norte-americanos quanto aos enormes danos causados às estradas pelos operadores de caminhões pesados e especialmente de caminhões com excesso de peso, os quais não arcariam com uma justa parte nos custos de construção, manutenção e reparação das estradas e os riscos das altas velocidades empregadas pelos caminhoneiros (Cooney, 1971, p. 1133-1150).

comerciais e as monopolizações criadas por atos privados, sem aplicação correspondente no âmbito público (lei e regulamento estaduais). Em 1965, a Suprema Corte reanalisa essa questão no caso *United Mine Workers of America* versus *Pennington*,[297] no setor de mineração de carvão envolvendo direitos trabalhistas, quando então entendeu que as leis antitruste podem ser aplicadas em casos em que as empresas com maior posição no mercado tentam afastar concorrentes do mercado, ao instigarem ou instruírem ações em procedimentos estaduais e federais. Essas ações atuam de tal forma que desencorajam as ações públicas regulatórias ou até mesmo inibiam o acesso de regulados às agências governamentais regulatórias. Ou seja, em que pese a Corte tenha fixado o entendimento à época da impossibilidade de tentativas de uso de processos administrativos regulatórios para promoção de propósitos anticoncorrenciais, posteriormente alertou o quanto os reguladores públicos precisariam ter uma visão mais ampla sobre as reações regulatórias frente aos desafios da realidade múltipla de interesses em disputa no mercado (Cooney, 1971, p. 1.133-1.150).[298]

---

[297] No caso *United Mine Workers of America versus Pennington* julgado em 1965, em uma apertada síntese, questionou-se o acordo trabalhista entre o sindicato e os grandes operadores para garantir padrões trabalhistas uniformes em toda a indústria, independentemente de ponderações quanto às escalas de produção. Esse acordo teria pressionado, entre outros pontos e fatos, ato do Secretário do Trabalho na majoração do salário-mínimo dos carvoeiros em montante que somente grandes operadores do mercado poderiam suportar. A finalidade na promoção do acordo das empresas com o sindicato era inviabilizar os custos com despesas e tributos trabalhistas e previdenciários de empresas menores, as quais não resistiriam aos custos. Consequentemente, essas parcelas de mercado integrariam, até por preços injustos, um monopólio no comércio e na produção de carvão (Williamson, 1968, p.85). Entendeu-se que um acordo entre o sindicato e os grandes operadores para garantir padrões trabalhistas uniformes em toda a indústria não estaria isento de aplicação das leis antitruste e que esforços destinados a persuadir funcionários públicos a tomar medidas prejudiciais à concorrência inspirados por motivos anticompetitivos (no caso o Secretário do Trabalho) também estariam no âmbito da doutrina *Noerr-Pennington immunity* (Cooney, 1971, p. 1133). Como referenciado no texto de Bernard Cooney (1971), esse entendimento recebe amadurecimentos posteriormente. Contudo, aqui se apresentam apenas esses dois casos citados no texto acima como casos que abriram portas a uma visão mais ampla do regulador e das suas influências e responsabilidades no mercado, bem como a imprescindibilidade de uma atuação que apure o resultado responsável de suas ações as quais só poderão ser tomadas a partir de um contexto informacional transparente e sem substratos anticoncorrenciais.

[298] No texto, o autor cita ainda outros casos analisados na temática de influência regulatória, ao qual se sugere o acesso ao artigo para prosseguimento nessa temática e que inclusive reduziram a aplicação da imunidade antitruste no Poder Público nos casos e *Ninth and Fifth Circuits, Trucking Unlimited versus California Motor* de 1970 e *Transport Company e Woods Exploration & Producing versus Aluminum of America* de 1971 (Cooney, 1971, p. 1.133).

O caso demonstra um eixo estrutural importante das regulações responsivas, no sentido de que as ações e decisões regulatórias, além de serem de responsabilidade do Estado por meio dos Poderes Legislativo e Executivo, devem ser extensivas a todos os sujeitos envolvidos em determinado setor regulatório antes que se adote qualquer ação ou decisão nesse campo. Não se deve permitir um protagonismo informacional da sociedade e do governo a partir de uma parcela do setor privado, tal como pretendeu o setor ferroviário, ao veicular campanhas publicitárias sob o pretexto exclusivo de auxílio ao interesse público, sem que se permitisse a participação pública do setor concorrente. O objetivo é proteger a atividade em si, preservar um ambiente regulatório acessível aos regulados por igual, bem como assegurar um acesso simétrico de informações imparciais pelo governo sobre o que está acontecendo no setor regulado. A responsividade regulatória inserir-se-ia nesse ponto, na formação de opiniões transparentes e colaborativas, na construção de uma regulação informada e que bem respondesse aos múltiplos interesses envolvidos.

Nesse mesmo sentido, nos Estados Unidos, a análise responsiva repercutiu em discussões em torno da gestão do transporte aéreo, em questões relacionadas à indústria aeronáutica e ao ritmo de produção diante das aeronaves em manutenção, acidentes e empresas de seguro, custos no desenvolvimento de pesquisa na área e repasse às tarifas dos passageiros (Browne, 1972, p. 36). Também, nas discussões em torno da competência regulatória no setor de gás e de petróleo, no que tange às tarifas no setor gás e ao ritmo da produção desses produtos no Texas. Ou seja, matérias com pontos de verificação regulatória pública que demandaram uma visão mais dialógica e integrativa pelo regulador público (Nelson, 1976, p. 1.059-1.060).

No entanto, foi diante dos números de acidentes em minas de carvão nos Estados Unidos e na Austrália que John Braithwaite se deparou com como o Estado poderia responder para evitar prejuízos em bens jurídicos realmente relevantes. John Braithwaite (1985, p. 1-10) descreveu essa problemática nesses países e em outras partes do globo (Inglaterra, Japão, França, Polônia, Romênia, Alemanha), o que culminou com um grave acidente ocorrido em 1972 (*The Box Flat disaster*[299] *of 1972*) no estado australiano em que autor cresceu

---

[299] O autor apresenta uma lista de incidentes e explica: *"The U.S Mine Safety and Healtf Administration defines a disaster as an incident in wich five or more persons lose their lives. This definition has been adopted here"* (Braithwaite, 1985, p. 15-18). O incidente australiano ocorreu em 31 de julho de 1972 e resultou na morte de 18 pessoas.

(Queensland). Esse evento foi determinante ao lançamento do seu livro em 1985 com a descrição da pirâmide de constrangimento (*enforcement pyramid*) ratificada depois na obra de 1992. O autor australiano analisou a punição e a dissuasão (*sanctioning/deterrence*) aos agentes econômicos segundo o entendimento de que a conformidade à norma[300] seria mais provável se o regulador aplicasse uma pirâmide escalonada de regimes intervencionistas que representassem as espécies e a proporção relativa de cada atividade de constrangimento pelo regulador (Braithwaite, 1985, p. 142-148).

Entre as décadas de 1980 e 1990, a teoria da regulação responsiva recebeu influência das novas tecnologias, considerou as mutações do Estado e as mudanças nas relações com a sociedade. Os desafios regulatórios no estabelecimento de respostas claras, suficientes e mais seguras não eram mais apenas uma questão de governo, eram uma preocupação dos regulados e dos titulares dos direitos envolvidos nesses ambientes regulatórios. Percebe-se que não se regulavam apenas os mercados, a concorrência, mas principalmente atividades que envolviam direitos fundamentais. A receptividade no ambiente regulatório também decorreu de um desgaste do método regulatório de comando e controle, considerado um método clássico de resposta estatal pela descrição de uma conduta em norma que, uma vez não atendida, acarretava uma resposta sancionatória.

Esse método apresenta limitações por não alinhar os múltiplos interesses no ambiente regulatório e por não priorizar a proteção de direitos cujos danos não são de fácil ou possível reparação. No comando e controle, o objeto é dirigir o comportamento do regulado por meio de orientações estatais impositivas após o descumprimento, com base

---

[300] Em 1987, John Braithwaite publicou uma pesquisa realizada em conjunto com John Walker e Peter Grabosky em agências reguladoras australianas em que os autores analisam a taxonomia de cumprimento desses entes. Os pesquisadores analisam as dimensões de sanção e dissuasão, regulação formal, em contrapartida com o *compliance*, método informal (*"compliance" strategies represent an informal style of regulation*) (Braithwaite; Walker; Grabosky, 1985, p. 324). Na verificação da taxonomia, são verificadas várias técnicas identificadas em 95 agências participantes da pesquisa e que foram sumarizadas em sete tipos de agências. Entre esses sete tipos, receberam destaque as agências que combinaram os formatos conciliador, de aplicação de armas benignas (*benign big guns*, reconhecidas por serem as agências com a abordagem do estilo *"regulation by raised eyebrowns"*) e as de inspetoria de diagnóstico (*diagnostic inspectorates*). Segundo os autores, há substancial diferença no *enforcement* que não aplica sanções porque não tem recursos ou poderes suficientes para tanto, daquele que não precisa das sanções, porque estas não se fazem necessárias diante da força de autoridade, de respeitabilidade, que permite obter a cooperação dos regulados às normas por outros meios (Braithwaite; Walker; Grabosky, 1985, p. 336-338).

na autoridade e na sanção. Ao não visar incentivar comportamentos de cumprimento normativo, sobrecarregam-se e desorganizam-se as funções de controle que não conseguem realizar o controle de todos os regulados. Isso acarreta um desgaste progressivo e a desvalorização da norma, que perde eficácia frente à insuficiência do aparato de controle. Diante da ausência de incentivos, não se trabalham mecanismos à solução dos conflitos de interesse entre a sociedade e o regulado, pois a racionalidade desse método está focada no decisório estatal (Aranha, 2021, p. 123-124). Ademais, o comando e controle demonstram-se incompatíveis com a proteção de direitos e garantias fundamentais, pois permitem que o regulado busque brechas nas normas regulatórias, dando uma falsa impressão de cumprimento aos comandos estanques, que não consideram os objetivos desenhados pelo regulador, e nem a política regulatória envolvida (Aranha, 2021, p. 123-124).

Já na dissuasão ou persuasão, o regulador destina sua atenção à observação, ao monitoramento e à supervisão (*oversight*), o que torna os governos mais propensos aos seus objetivos regulatórios, notadamente pela inclusão do regulado na sua criação desses objetivos e de regras, atribuindo a eles a responsabilidade de alcançá-los (Ayres; Braithwaite, 1992, p. 38). Daí porque a autorregulação é uma preferência à base responsiva de implementação das leis. No momento em que a regulação privada funciona bem, notadamente após a fase inicial de implementação e ajustes, com abordagens menos onerosas tanto ao setor público quanto ao setor privado, há uma conjugação de objetivos e de esforços entre o interesse regulatório do Estado e o crescimento econômico perseguido pelo setor privado.

Ian Ayres e John Braithwaite (1992, p. 17-18) explicam que a participação e a delegação nos processos de tomada de decisões regulatórias não implicam uma visão política liberal ou corporativista, antes se baseiam em uma ideia de pluralismo, de qualidade deliberativa e do empoderamento coletivo ou comunitário (*communitarian empowerment*), de construção de um método negociado e flexível. Ou seja, as regras participativas transmitem informação, agregam preferência e permitem a escolha ideal de compartilhamento e delegação de poderes (Ayres; Braithwaite, 1992, p. 161-162).

A flexibilidade regulatória decorre da mobilidade de baixo para cima, e vice-versa, aplicada à figura de uma pirâmide.[301] Na parte mais

---

[301] Os autores demonstram a aplicação piramidal escalonada na regulação responsiva em três momentos do livro: a) quando da análise da relação da persuasão para a conformidade,

larga fica a maior parte das ações regulatórias, e na mais fina e alta, em que há um elevadíssimo grau de reprovabilidade da conduta a merecer uma resposta severa estatal, ficam ações regulatórias estritas. Aqui, reside o paradoxo do desenvolvimento da capacidade regulatória em que se, ao mesmo tempo, possibilita-se um fluxo escalonado de sanções e regulações, de leves a mais rigorosas, isso não retire, mesmo na porção mais severa, a matriz colaborativa da responsividade.

A movimentação piramidal proposta pelos autores, além da quantificação de sanções, avalia as múltiplas motivações e os objetivos regulatórios, verifica procedimentos para respostas eficazes ao setor regulado e integra a participação de grupos de interesses públicos (*public interest* group – PIGs). Há uma busca pelo fortalecimento da autorregulação como um projeto regulatório complementar à corregulação e aplica esquemas regulatórios parciais dos setores (*partial-industry intervention*).[302] Além disso, não desconsidera a existência de setores e mercados desprovidos de qualquer experiência autorregulatória que exigirão uma alocação de recursos escassos de controle.

A partir de uma representação piramidal,[303] os autores destinam a primeira base (Ayres; Braithwaite, 1992, p. 39) à autorregulação

---

em que a primeira base (mais larga) é ocupada pela persuasão e a última pela revogação de uma licença antes concedida, ou seja, é figura que considera o cumprimento regulatório individual, por uma única empresa (Ayres; Braithwaite, 1992, p. 35); b) considera a aplicação de cumprimento em larga escala, para uma cadeia ou segmento de mercado, na verificação dos espaços às diferentes formas regulatórias na aplicação de uma estratégia de constrangimento ou de cumprimento regulatório, pirâmide inserida no texto e; c) na demonstração da intervenção parcial no mercado, em que a primeira parte considera a liberdade de mercado e o ápice a ampla intervenção estatal no mercado (Ayres; Braithwaite, 1992, p. 154).

[302] Os autores explicam que a teoria responsiva precisa considerar uma política regulatória que reconheça tanto setores com capacidade autorregulatória quanto setores do mercado que não terão qualquer regulação profissional ou técnica. Assim, a regulação parcial da indústria significa que o Estado regulará apenas uma parte da indústria, deixando outra parte não regulamentada (Ayres; Braithwaite, 1992, p. 133-135).

[303] A publicação da obra da teoria responsiva em 1992 teve grande repercussão acadêmica e recebeu contribuições e críticas de vários autores, sendo duas delas abordadas no corpo deste tópico e mais duas em notas de rodapé. A primeira entre estas duas últimas, parte da alteração da figura da pirâmide em um losango na chamada *regulatory diamond* pelo autor Jonathan Kolieb, com o título *"When to punish, when to persuade and when to reward: strengthening responsive regulation with the regulatory diamond"* ou "Quando punir, quando persuadir e quando recompensar: fortalecimento regulação responsiva com o diamante regulatório" (tradução nossa). Jonathan Kolieb (2015) argumenta pelo avanço da visão piramidal e a utilidade da regulação responsiva com respostas às desvantagens principais do design original. O autor defende um "diamante regulatório" como um fortalecimento e um modelo renovado para regulação responsiva. Para ele o cumprimento das regras

privada e, na sequência, em proporção menor, a autorregulação, com constrangimento normativo estatal (*enforced self-regulation*). Para os autores, isso identifica que a persuasão no cumprimento deve partir primeiro do próprio agente regulado, com a valorização da auto-organização ao cumprimento de objetivos empresariais e da subcontratação de um *compliance* para fins de cumprimento, monitoramento e correção (Ayres; Braithwaite, 1992, p. 103).[304] Também na base, em outra pirâmide explicativa da teoria, os doutrinadores alocaram as virtudes do regulado e de uma justiça restaurativa (*restorative justice*),[305] no sentido de que é na base da pirâmide, na autorregulação, que efetivamente se desenvolvem as ações educativas, o diálogo e a dissuasão quanto ao problema e às consequências do descumprimento diante da força da regulação ou das sanções dela decorrentes (Braithwaite, 2011, p. 485).

Já no segundo degrau, a autorregulação forçada representaria uma extensão e a individualização da teoria da corregulação. A corregulação, segundo os dois autores, opera-se na formulação de códigos de conduta elaborados por associações de um determinado setor produtivo, a qual será supervisionada de forma constante pelo Estado e por grupos de interesse público (PIGs). Ou seja, na obra, a corregulação representa um processo regulatório tripartido. Diferentemente, a autorregulação na regulação responsiva envolveria apenas o Estado e o regulado em situações mais individualizadas (Ayres; Braithwaite, 1992, p. 102).

(*rule compliance*) seria uma visão empobrecida da regulação, na medida em que se deveria trabalhar pelo cumprimento e pela persuasão de metas regulatórias. Assim, o cumprimento não seria necessariamente o ponto de chegada, mas sim uma ponte, um caminho, o chamado *waypoint* regulatório. Ou seja, o cumprimento seria a metade da solução regulatória, em que tanto o Estado como o regulado podem buscar melhores condutas. Em suma, o losango (com uma pirâmide acima e outra refletida abaixo) teria uma linha divisória ao meio ocupada por padrões mínimos regulatórios. A parte superior abrangeria a regulação aspiracional, com o ponto mais alto ocupado pela virtude (virtuosidade regulatória). Enquanto a parte inferior apresenta uma pirâmide ao inverso, em que a parte mais larga é a mais alta seguida por um decréscimo progressivo do *compliance* na regulação por níveis de descumprimento de regras até o ponto mais mínimo que é chamado pelo autor como a incompetência ou irracionalidade regulatórias (Kolieb, 2015, p. 150).

[304] Em outro estudo, explica-se ainda: "*Compliance with regulatory standards is sought not by threat or coercion, but by negotiation or conciliation. Compliance strategies seek to minimise opportunities for breaches of law through consultation, diagnosis and persuasion, or through the provision of technical assistance*" (Braithwaite; Walker; Grabosky, 1985, p. 324).

[305] No original: "*Restorative justice is an approach where at the base of a pyramid of sanctions, all the stakeholders affected by an injustice have an opportunity to discuss how they have been hurt by it, their needs, and what might be done to repair the harm and prevent recurrence*".[...] "*The design of Figure 3 responds to the fact that restorative justice, deterrence, and incapacitation arc all limited and flawed theories. The pyramid seeks to cover the weaknesses of one theory with the strengths of another*" (Braithwaite, 2011, p. 485).

Assim, a distinção entre a autorregulação e a corregulação não parte da presença do Estado, mas da distinção entre regulação privada individual ou regulação privada coletiva. Marcio Iorio Aranha (2021, p. 119) alerta, por isso, que os conceitos e as aplicações da autorregulação localizam-se em um terreno movediço, principalmente no caso em que a teoria responsiva é aplicada em ordenamentos jurídicos diferentes e por múltiplos setores regulatórios. Então, é crucial que sejam feitas anotações quanto ao sentido dos termos presentes na pirâmide.

O sentido dado à *enforced self-regulation* de Ian Ayres e John Braithwaite (1992), dentro da regulação responsiva, não se confunde com a aplicação de autorregulação regulada da literatura alemã (*regulated self-regulated* ou *regulierte Selbstregulierung*). No Capítulo 2, ao traçarmos as distinções conceituais para a formação de um conceito de regras de boas práticas, observou-se a diferenciação que Ian Ayres e John Braithwaite (1992, p. 102) aplicam entre a autorregulação com constrangimento normativo estatal (*enforced self-regulation*) e a corregulação (*coregulation*). A autorregulação forçada representa uma extensão e a individualização da teoria da corregulação, como já afirmamos. No direito alemão, a *regulated self-regulated* ou autorregulação regulada origina-se das regulações privadas fruto da liberdade de associação iniciada na Alemanha em 1848 (Colin; Rudischhauser, 2016, p. 5).

Por outro lado, há posicionamentos que unem essas distinções e afirmam que a distinção entre regulação, autorregulação e corregulação parte da definição de quem define e quem impõe as metas e os padrões regulatórios. Na primeira, o Estado desenvolve, aplica e impõe as normas por enquadramento de conduta *in put* e sanção *out put*, tal como ocorre no comando-controle. Já na autorregulação, a indústria ou os agentes econômicos definem os objetivos, desenvolvem e impõem as regras. Enquanto pela via intermediária, que seria a corregulação, o Estado e as partes privadas compartilham a responsabilidade por meio da divisão de tarefas formalizadas tanto de forma contratual, como por lei. Desse modo, não há uma subdivisão na autorregulação, apenas três formas de regulação: pública, privada e híbrida (Hirsch, 2011, p. 465).

Nota-se que as origens conceituais e os procedimentos de formulação dessas regras privadas são diferentes e não causam distinções triviais, na medida em que há um distanciamento prático projetado sobre esses aspectos. No direito alemão, a autorregulação regulada, com matrizes identificadas desde o século XIX, não parte da teoria da regulação responsiva tal como a *enforced self-regulation*, mas sim da supervisão estatal na autorregulação privada, em trazer uma versão privada que partilhe manifestações do direito público, enquanto a primeira nasce no âmbito da regulação responsiva (Aranha, 2021, p. 119-120). Consequentemente, a corregulação (*Ko-Regulierung*) no direito alemão também teria outra concepção, sendo uma forma mista de tomada de decisões, em que representantes estatais e não estatais atuam com direitos iguais em todas as fases (Colin; Rudischhauser, 2016, p. 11).

Retomando a abordagem da regulação responsiva defendida por Ian Ayres e John Braithwaite, em que pese a obra de 1992, de fato, ter uma análise mais abstrata, as críticas a essa teoria também defendem que os autores adotam uma concepção pouco realista em comparação aos cenários que os reguladores enfrentam na prática. Não estariam consideradas as restrições financeiras, a escassez de recursos humanos, as pressões institucionais conflitantes, as mudanças disruptivas no ambiente ou no próprio objeto regulado, a ausência de um impacto efetivo das normas de controle ou de métodos mais especificamente descritos de supervisão estatal. Essas são algumas das críticas apresentadas pelos ingleses Julia Black e Robert Baldwin (2008, 2022) na defesa da teoria da regulação realmente responsiva (*really responsive regulation*) publicada em 2008, recentemente republicada em 2022 com revisões.

A teoria da regulação realmente responsiva parte de um estudo de caso inglês[306] da pesca marítima e dos desafios regulatórios das leis pesqueiras na proteção desse setor e dos múltiplos bens jurídicos tutelados. Os autores relatam que o setor pesqueiro envolve desafios fáticos ao regulador, como a extensa amplitude das áreas geográficas de fiscalização, a contínua mobilidade dos regulados, o grau de intensividade da atividade de inspeção marítima, a mutabilidade das regulações, as dificuldades de inspeção das embarcações, os múltiplos locais de desembarque, por vezes até desconhecidos, os erros em declarações de produtos desembarcados e levados a consumo, o controle das espécies e das práticas de pesca, a ausência de controle sobre os produtos usados e o que é despejado no mar pelas embarcações.[307]

---

[306] Trata-se do relatório do Escritório Nacional de Auditoria da Inglaterra sobre a aplicação da pesca concluído em 2003 (Baldwin; Black, 2022, p. 47).
[307] Segundo notícia publicada na CNN Brasil, apenas para ilustrar a potencialidade de eventos marítimos no cenário nacional, o Brasil sofreu um incidente de derramamento

Esses seriam alguns fatores de ordem prática que tornam impossível quantificar as infrações não detectadas por essa indústria marítima. A realidade regulatória desse setor demonstra o quanto os problemas de monitoramento e de conformidade podem ser extremamente exacerbados a depender do contexto organizacional, o que exige o envolvimento de organizações, jurisdições e de responsabilidades que se sobrepõem de tal forma a ofuscar a clareza quanto a quais são prioridades regulatórias (Baldwin; Black, 2022, p. 47).

Além das críticas quanto à ausência de respostas dos reguladores aos problemas organizacionais tal como o do setor pesqueiro, Robert Baldwin e Julia Black afirmam que o modelo de "pirâmide regulatória" e de resposta "TFT" de Ian Ayres e John Braithwaite não oferecem estratégias de inspeção, de fiscalização ou de detecção do descumprimento. Os bens jurídicos tornam-se um alvo constante de riscos, cuja reparação do dano tem grande probabilidade de sequer ser viável na prática. Sendo a regulação incapaz de identificar os pontos de descumprimento ou de desconformidade legal, não se opera qualquer responsividade, pois a resposta estatal resulta inoperante e inócua. Os autores contra-argumentam à regulação responsiva:

> Em termos políticos, a primeira crítica à abordagem da pirâmide é que, em algumas circunstâncias, a escalada passo a passo da pirâmide pode não ser apropriada. Por exemplo, quando riscos potencialmente catastróficos estão sendo controlados, pode não ser viável impor camadas da pirâmide e a reação apropriada do regulador pode ser imediatamente recorrer aos níveis mais altos. Em segundo lugar, o regulador deve mover-se para cima e para baixo da pirâmide, dependendo se a regulação coopera ou não. A escalada e a declínio são, portanto, possíveis ao longo do relacionamento com uma empresa e, de fato, possivelmente dentro do mesmo encontro regulatório. Mas descer a pirâmide pode nem sempre ser fácil, como Ayres e Braithwaite reconhecem, porque o uso de sanções mais punitivas pode prejudicar as relações entre reguladores e regulados, um dos fundamentos para as estratégias menos punitivas. Além disso, a constante ameaça de sanções mais punitivos no topo pode ficar no caminho da conformidade

---

de óleo na costa do nordeste brasileiro, considerada a maior tragédia ambiental por derramamento de petróleo da história nacional. Em 30 de agosto de 2019, uma mancha de petróleo atingiu 877 locais em mais de 127 municípios em 11 estados no país. Mais de cinco mil toneladas já foram retiradas das praias sem que tenha até a presente data sido concluído o processo de remoção e quantificação de danos causados pelo acidente, com o investimento de mais de 188 milhões de reais em processos de extração desses resíduos (Carneiro; Tortela, 2022).

"voluntária" na parte inferior da pirâmide. Em terceiro lugar, pode ser um desperdício operar uma estratégia de *titing-for-tat* em toda a linha. A regulação responsiva pressupõe que as regulações respondam de fato às pressões impostas pelos reguladores através da pirâmide sancionador. O comportamento corporativo, no entanto, muitas vezes é impulsionado não pela pressão regulatória, mas pela cultura predominante no setor ou pelas forças muito mais prementes da concorrência. As abordagens *"targetanalytic"*, além disso, sugerem que, em algumas situações, analisar tipos de empresas regulamentadas e adaptar tipos de resposta regulatória nesse ponto pode ser mais eficiente do que uma estratégia responsiva. Em quarto lugar, as abordagens de regulação responsiva parecem mais convincentes quando uma relação reguladora binária é assumida.[308] Tal cenário prevê a transmissão de mensagens claras do regulador para regular. Os regimes regulatórios podem, no entanto, ser complexos e as atividades de inspeção e fiscalização podem ser espalhadas por diferentes reguladores em relação a atividades ou regulamentos semelhantes. Como resultado, a regulação responsiva pode ser fraca porque as mensagens que fluem entre reguladores e reguladores estão confusas ou sujeitas a dispersão ou interferência (Baldwin; Black, 2022, p. 51-52).[309]

A partir desses contrapontos à teoria responsiva, Julia Black e Robert Baldwin (2022, p. 49-50) argumentam que, para que os reguladores sejam realmente responsivos, é necessário que a responsividade alcance do início até a execução do processo regulatório, que haja o investimento em interações e em trocas com atenção à sensibilidade de quem elabora a regulação. Também defendem a aplicação de avaliações de desempenho de conformidade da regulação a partir da mudança efetiva quanto aos seguintes elementos: a) uma configuração das atitudes em estruturas cognitivas (*attitudinal settings*); b) um ambiente institucional mais amplo do que o do regime regulatório; e c) diferentes lógicas, ferramentas e estratégias regulatórias.

---

[308] Trata-se de uma crítica direta à linha tripartida aplicada, por exemplo, nas relações de consumo e na autorregulação por associações, sem que a tríade seja comportada pelo regulado (associações), regulador e organizações representativas dos cidadãos ou os próprios consumidores.

[309] Após esses quatro pontos mais enfatizados pelos autores, eles também listam mais três críticas à regulação responsiva: i) uma ligação excessiva a abordagens de conformidade que impossibilita uma progressão de punições por ausência de apoio judicial, por exemplo; ii) a utilização de estratégias de dissuasão, de modo que imobilizem o regulador e seus órgãos de execução; e iii) preocupação quanto à adoção de princípios em excesso a ponto de perder-se a forma em prejuízo ao Estado de Direito (Baldwin; Black, 2022, p. 52-53).

Outra crítica à teoria responsiva da obra de 1992 é defendida pela teoria da regulação inteligente (*smart regulation*)[310] proposta pelos também australianos por Neil Gunningham em 1998, e deste com Darren Sinclair, no ano seguinte (1999a, 1999b, 2017). Os autores adotam uma visão regulatória plúrima e mais utilitarista quanto aos agentes regulados e à sociedade civil. Para a teoria inteligente, os formuladores de política regulatória devem atuar pela pluralidade de formas e de instrumentos regulatórios, com o objetivo de engajar uma gama de terceiros como reguladores substitutos.

Outrossim, a *smart regulation* engloba os conceitos de autorregulação, de corregulação e do voluntarismo[311] para aproveitar os interesses privados e de organizações não governamentais como substitutos regulatórios, em prol da otimização da regulação direta (pelo Estado).

---

[310] Cabe também a breve referência à teoria da meta-regulação de Peter Grabosky. Assim, como John Braithwaite e Neil Gunningham e Darren Sinclair destinaram capítulos no livro publicado, que reuniu teorias regulatórias, publicado em 2017, Peter Grabosky (2017, p. 149-161) defende a teoria da meta-regulação a partir da falta de capacidade do Estado e o enfraquecimento das instituições reguladoras não estatais que desafiaram a regulamentação privada ou a regulação civil (*civil regulation*) tanto em sistemas quanto no mercado sistemas e mercados. Contudo, não se trata de substituir a regulação estatal pela regulação civil, mas da ocupação desta última notadamente diante do potencial da tecnologia da informação e da tecnologia digital que aprimorou a capacidade regulatória dos cidadãos na gestão de seus próprios interesses com maior propriedade e expertise que o Estado. Além disso, tanto os cidadãos atingidos pela regulação, quanto os formuladores privados, exercem funções auxiliares de investigação do não cumprimento regulatório (*investigation of noncompliance*).

[311] No texto, são referidas como as principais categorias regulatórias: comando e controle, instrumentos econômicos, autorregulação, voluntarismo e as estratégias de informação. Cita-se no trecho acima o voluntarismo (*voluntarism*), por ter semelhanças com o conceito de regras de boas práticas formuladas de forma individual pelos agentes de tratamento prevista no *caput* do artigo 50, da LGPD. O voluntarismo, segundo os autores, embora conte com uma variedade que não permite uma classificação precisa, é a forma pela qual uma empresa individualmente opta pelo cumprimento ou pela conformidade regulatória. Em regra, inicia-se e pode envolver agentes estatais como facilitadores ou no papel de coordenadores dessa prática individual. Essa categoria regulatória pode ser adotada por meio de acordos voluntários com melhorias de comportamento que vão além dos requisitos regulamentados (Gunningham; Sinclair, 1999, p. 54, 2017, p. 140). Segundo a OECD, o voluntarismo ou as chamadas abordagens voluntárias e cooperativas (*voluntary approaches*) podem ampliar ou até exceder os resultados regulatórios, porque são soluções mais bem equipadas pelas realidades práticas, com uma velocidade de resposta e de pronta atualização mais instantâneas. É por isso entendido como um arranjo informal que fixa e que negocia metas, podendo inclusive vir a ser um contrato (OECD, 1997b, p. 18-28). Portanto, a diferença entre o voluntarismo e as regras de boas práticas previstas na LGPD seria, na linha defendida neste trabalho, que o primeiro admite uma natureza contratual, enquanto as regras de boas práticas ou serão apenas boas práticas (quando não submetidas à ANPD e de aplicação apenas interna) ou serão regras por decorrentes do compartilhamento de competência regulatória após serem reconhecidas e publicadas pela ANPD.

Para Neil Gunningham e Darren Sinclair (2017, p. 131), a lógica subjacente é que, na maioria das circunstâncias, o uso de múltiplas políticas, ao invés de uma única, produzirá um regulamento melhor, principalmente em atenção a fatores ambientais regulatórios específicos.

Julia Black e Robert Baldwin (2022, p. 49-50) também não acolhem a teoria da regulação inteligente, a partir de críticas muito próximas às já direcionadas à teoria responsiva. Ou seja, que a regulação inteligente não adentra em problemas e em questões institucionais e nem são sensíveis quanto ao desempenho e à adaptabilidade regulatórios. Isso porque, ao aplicarem o pluralismo na forma acima descrita, tornariam ainda mais difíceis as avaliações políticas regulatórias do Estado frente à mistura (confusa) de complexas estratégias e de diferentes instituições envolvidas.

Embora as críticas tenham aplicações robustas, demonstrações empíricas e tenham inclusive oportunizado aos autores uma revisitação à teoria responsiva de 1992 em um artigo de 2011, apresentado por John Braithwaite, percebe-se que nenhuma das teorias contrapostas ofuscou as contribuições da obra publicada em 1992, tampouco foi capaz de superar a transversalidade e a permeabilidade em tantos campos regulatórios influenciados pela teoria responsiva.

A repercussão da teoria responsiva seguiria no direito regulatório por mais décadas. Em 2011, John Braithwaite apresentou um ensaio para esclarecer e voltar a defender a teoria em meio às críticas, bem como para ratificar a não sumarização do livro de 1992 ao desenho da pirâmide.[312] Para tanto, o autor fixou os nove[313] princípios da regulação responsiva:

---

[312] O autor responde à parte das críticas doutrinárias à obra de 1992 e esclarece que a teoria não se resume à aplicação escalonada nas pirâmides apresentadas no livro, como se identifica no seguinte trecho: *"The purpose of this paper is to simplify all the principles underpinning the theory-not just those of the pyramid. Nevertheless, we start with explaining the pyramid idea, which does provide a context for the pluralist, dynamic, deliberative quality of the other features of responsiveness"* (Braithwaite, 2011, p. 480).

[313] Marcio Iorio Aranha (2021, p. 217-218), ao analisar a regulação responsiva e as evoluções da teoria, propõe, ao invés de nove princípios, um decálogo responsivo, no qual o regulador público pode pôr-se em exame, em teste, para uma verificação se a teoria responsiva de Ian Ayres e John Braithwaite é uma opção viável a sua realidade regulatória. Nesse sentido, o autor utiliza dez itens, apresentados como mandamentos, em um teste sumarizado quanto à postura responsiva: "1) Não idolatrarás o incentivo: o incentivo é um meio; não um fim em si mesmo. 2) Honra o comportamento racional sempre que possível. 3) Honra ainda mais o comportamento virtuoso, mesmo que impossível. 4) Não cobiçarás o incentivo extrínseco. 5) Aplica a punição de forma comedida e pensada. 6) Não perseguirás o prazer de punir. 7) Aplica a punição sem remorso, mas como pais que as aplicam aos filhos na exata medida do absolutamente necessário para o bem deles. 8) Lembra-te do princípio maior da eficiência. 9) Estuda. 10) Cria o seu próprio mandamento adequado à conjuntura regulatória".

1. Pense no contexto; não imponha uma teoria preconcebida. 2. Ouça de forma ativa; estruture um diálogo que: • dê voz aos *stakeholders*; • acerte os resultados acordados e como monitorá-los; • construa compromissos ajudando os atores a encontrarem a sua própria motivação ao aprimoramento; • comunique uma resolução firme até que o problema seja corrigido. 3. Engajar aqueles que resistem com justiça; mostrar-lhes respeito, interpretando sua resistência como uma oportunidade de aprender a melhorar o *design* regulatório. 4. Exaltar aqueles que demonstram comprometimento: • apoiar sua inovação; • nutrir motivação para melhorar continuamente; • ajudar os líderes a puxarem os retardatários através de novas metas de excelência. 5. Sinalizar a preferência de alcançar resultados por apoio e educação na construção de uma capacidade. 6. Sinalizar, mas não ameaçar, com uma série de sanções que sejam escaláveis; sinalizar que as sanções finais são terríveis e que serão usadas quando necessário, embora apenas como último recurso. 7. Governança piramidal de rede: engajando redes mais amplas de parceiros conforme o avanço da pirâmide. 8. Provocar uma resposta automática de responsabilidade ativa (responsabilidade de melhorar os resultados no futuro), recorrendo à responsabilidade passiva (responsabilizando atores responsáveis por ações passadas) quando a responsabilidade ativa falhar. 9. Aprenda; avaliar o quão bem e a que custos os resultados foram alcançados; comunicar lições aprendidas (Braithwaite, 2011, p. 476).[314]

Os nove indicadores da teoria responsiva propõem uma voz mais ativa ao regulador e aos problemas por ele enfrentados na prática, justamente em atenção às críticas direcionadas à obra de 1992. Abrange ainda a execução de procedimentos de comunicação resolutiva até o reparo efetivo em caso de descumprimento, comunicações de lições aprendidas nos ciclos de aplicação regulatória. Ratifica a mensagem de

---

[314] Tradução nossa. No original: *"1. Think in context; don't impose a preconceived theory. 2. Listen actively; structure dialogue that: • gives voice to stakeholders; • settles agreed outcomes and how to monitor them; • builds commitment by helping actors find their own motivation to improve; • communicates firm resolve to stick with a problem until it is fixed. 3. Engage those who resist with fairness; show them respect by construing their resistance as an opportunity to learn how to improve regulatory design. 4. Praise those who show commitment: • support their innovation; • nurture motivation to continuously improve; • help leaders pull laggards up through new ceilings of excellence. 5. Signal that you prefer to achieve outcomes by support and education to build capacity. 6. Signal, but do not threaten, a range of sanctions to which you can escalate; signal that the ultimate sanctions are formidable and are used when necessary, though only as a last resort. 7. Network pyramidal governance by engaging wider networks of partners as you move up a pyramid. 8. Elicit active responsibility (responsibility for making outcomes better in the future), resorting to passive responsibility (holding actors responsible for past actions) when active responsibility fails. 9. Learn; evaluate how well and at what cost outcomes have been achieved; communicate lessons learned"* (Braithwaite, 2011, p. 476).

que as pirâmides não representam a totalidade da teoria e disponibiliza uma espécie de gabarito por meio do qual o regulador público pode organizar e gerenciar suas estratégias regulatórias com base na teoria responsiva.

As diferentes aplicações teóricas de como o Estado deve reagir ou atuar em resposta (responsividade estatal) são soluções possíveis a situações regulatórias múltiplas, mas, que, ao cabo, têm como objetivo comum o equilíbrio das relações de poder e como que esses poderes se manifestarão e produzirão efeitos aos cidadãos e na sociedade. Daí porque não haver um rigor formal que vincule um regulador a uma teoria apenas, o que existe é uma aproximação com as articulações e com as estruturas centrais por uma ou outra determinada teoria.

Aplicando isso ao tema da autorregulação, verifica-se que a lógica da teoria responsiva é incorporada não apenas na Resolução editada pela ANPD, mas à LGPD como um todo, pois combina instrumentos estatais e não estatais de regulação para implementação da Lei. Prevê uma escala de ponderações às sanções, privilegia a persuasão, a educação e a restauração das ações de cumprimento. A lei exige a participação pública para a coleta mais ampla possível dos interesses múltiplos, inclui um órgão consultivo nacional composto pelos mais diversos segmentos da sociedade, o que agrega elementos não jurídicos em seu arcabouço regulatório (Wimmer, 2020, p. 376-378).

Fixada a premissa de aplicação da teoria responsiva, não apenas ao processo de fiscalização e à função regulatória na proteção de dados pessoais brasileira, mas à LGPD como um todo, e, analisados os contrapontos teóricos quanto a essa lógica teórica, remanescem as questões levantadas no início deste tópico quanto a quais são as implicações pragmáticas dessa teoria nas funções de controle da ANPD e como isso repercute na análise da competência regulatória da ANPD do parágrafo terceiro do artigo 50 da lei.

O avanço nesses questionamentos inicia-se pela investigação de como a regulação responsiva se aplica e como posiciona o regulador público quanto ao ato de resposta, ou seja, quanto ao agir responsivo do regulador aos comandos legais que lhe conferem competência. No caso da LGPD, qual a leitura responsiva do artigo 55-J[315] e qual a influência da teoria na elaboração dos regulamentos.

---

[315] Dentre as competências regulatórias, insere-se o processo de fiscalização e de aplicação de sanção, os quais serão tratados em tópico subsequente, bem como a repercussão da competência regulatória da ANPD do parágrafo terceiro do artigo 50, da LGPD sob essa lógica teórica.

Conquanto John Braithwaite (2011, p. 480) já tenha deixado claro que a teoria responsiva publicada em 1992 é mais abrangente do que a representação piramidal, esta segue presente em parte da doutrina e mostra-se quase autoexplicativa na compreensão sobre estratégias, métodos e instrumentos responsivos, especialmente nos ordenamentos jurídicos em que há a previsão legal do compartilhamento de competência regulatória ou da autorregulação, tal como é o caso do artigo 50, da LGPD. Cita-se, nesse sentido, três estudos,[316] dois do ano de 2020. Um comparativo dos instrumentos regulatórios e das sanções previstas no RGPD e na LGPD (Iramina, 2020) com base na obra de 1992. Um segundo de análise dos desafios do *enforcement* na LGPD. E um estudo de 2022, aplicando a versão mais recente da teoria responsiva de John Braithwaite (2011).

No estudo publicado em 2020, Aline Iramina analisa a pirâmide responsiva do *enforcement* no RGPD com sete camadas e classifica a autorregulação em "boas práticas voluntárias" e "boas práticas mandatórias". Na maior base da pirâmide, sujeita a menor intervenção estatal, foram dispostas em ambas as pirâmides as boas práticas. Na primeira pirâmide, a autora incluiu as boas práticas voluntárias previstas no RGPD, as quais, segundo defende, seriam a autorregulação regulada concretizada por meio dos códigos de conduta e da certificação previstos, respectivamente, nos artigos 40 e 42, do RGPD. Na pirâmide aplicada à teoria responsiva à LGPD, indicou-se que na primeira base foram incluídas as boas práticas e a governança (Iramina, 2020, p. 110).

Nas pirâmides de constrangimento regulatório no RGPD e na LGPD, no segundo degrau, estariam as boas práticas mandatórias entendidas como os processos de avaliação de risco e de seus registros, segundo preveem os artigos 30 e 35, do RGPD, o que corresponderia, por esse quadro, na LGPD, às avaliações de risco, às medidas de segurança e aos registros desses processos. Já na parte mais interventiva, com a maior punição e maior presença estatal, a autora entende que a punição mais severa no RGPD seria a suspensão do fluxo de dados, ocupando a terceira camada (a partir do ápice) da pirâmide na LGPD. Já a maior intervenção da ANPD seria a aplicação das multas até 50 milhões de reais (artigo 52, inciso II da LGPD) (Iramina, 2020, p. 112), mesmo diante do fato de que as multas no RGPD sejam mais pesadas financeiramente.

---

[316] Trata-se de citação não exemplificativa. Assim, no mesmo sentido de que a LGPD aplica a teoria responsiva e da presença de uma base autorregulatória na lei, consultou-se os estudos: Garcia, 2020; Rosal Santos, 2022; Faleiros Júnior; Martins, 2020.

Bruno Bioni (2022, p. 146-148) apresenta duas pirâmides, aplicando a teoria responsiva. Uma, na distribuição das competências da ANPD, com foco no artigo 55-J da lei, e, outra, para as sanções do artigo 52. Na primeira, o autor divide a pirâmide em dez camadas e em cinco tipos de normas (normas premiais de auto-organização ou "de fala", normas de negociação sobre interpretação normativa ou "de consenso", normas programáticas de intervenção mínima, normas de oitiva ou de contraditório "de escuta", e normas de conscientização).

Nas duas bases mais largas,[317] Bioni inclui a função regulatória de elaboração da política nacional de proteção de dados (artigo 55-J, inciso III) e a promoção do conhecimento de normas (artigo 55, inciso VI) como sendo as primeiras fases em que a ANPD trabalha o diálogo em normas de conscientização. Nas três porções mais altas, em que há um menor grau de diálogo, estão no topo da pirâmide a sanção (com o menor grau de diálogo), seguida dos programas de governança e da previsão de código de boas condutas com os outros instrumentos para transferência internacional. O autor explica que, sob sua ótica, a aplicação da teoria responsiva de suporte ao diálogo regulatório na LGPD conta com três tipos de normas. A primeira, programática, reforçaria a "diretriz mínima de intervenção" estatal. A segunda entende que o consenso pode ser alcançado ou desde a partida ou, ao menos, na chegada, no sentido de que, se a fala e a escuta não foram capazes de pacificar eventuais conflitos, devem os acordos se firmarem na eliminação das incertezas fiscalizatórias. E a terceira premiria a proatividade dos agentes privados em auto-organizarem-se, tal como são os "códigos de boas condutas, que, além de serem reconhecidos pela ANPD, podem ser validados como instrumentos de transferência internacional" (Bioni, 2022, p. 147).

---

[317] A sequência ilustrada na figura com o título "Pirâmide de suporte ao diálogo da LGPD inspirada em Braithwaite (2011)", com os respectivos artigos da LGPD, a partir da base mais larga até a última parte da pirâmide (parte alta), é a seguinte: a) elaboração de uma política nacional de proteção de dados, no artigo 55-J, inciso III; b) promoção do conhecimento das normas, artigo 55-J, inciso VI; c) fórum permanente com outros reguladores, artigo 55-J, §4º; d) previsão de conselho (multisetorial) nacional de proteção de dados, artigo 58-A; e) ouvir os agentes de tratamento e a sociedade e prestar contas das suas atividades, artigo 55-J, inciso XIV; f) regulamentos e normas que devem ser precedidos de consultas públicas e análise de análise de impacto regulatório, artigo 55-J, §2º; g) norma programática de intervenção mínima, ao impor condicionantes administrativas, artigo 55-J, §1º; h) celebrar compromissos com os agentes de tratamento de dados para eliminar incertezas jurídicas, artigo 55-J, inciso XVII; i) previsão de Código de Boas Condutas e outros instrumentos para transferência internacional, artigo 35; j) programas de governança que podem ser reconhecidos/validados pela ANPD (sem referência a artigo pelo autor); e l) sanções (Bioni, 2022, p. 146).

Em um primeiro momento, pode parecer paradoxal que a aplicação da teoria responsiva às atribuições da ANPD, sob o enfoque da intervenção e do diálogo, desloque a posição de base da autorregulação para o topo. Contudo, a mobilidade piramidal depende de qual será o ponto de análise para a elaboração. Sendo assim, sob o ponto de vista do quão intensa deve ser o volume "de fala" da ANPD na teoria responsiva ao artigo 50 da LGPD, a posição a ser adotada é a de protagonismo dos atores privados e da sociedade, de modo que há uma pequena porção de participação e "fala" pela autarquia.

Isso significa afirmar que, segundo a teoria responsiva, a maior parte do diálogo que integra o processo de formação do artigo 50 deve ocorrer no âmbito privado e não em conjunto com o Estado, como ocorre na corregulação, em que o Estado acompanha os processos de elaboração das formulações privadas ao longo do processo. Na verdade, se a LGPD é firme ao fixar como seus fundamentos regulatórios a promoção da liberdade econômica, da livre iniciativa, da livre concorrência, vincular a presença estatal no processo das formulações privadas de cumprimento e de implementação da lei seria uma postura oposta ao teor do artigo 2º e ideologia da teoria responsiva.

Frisa-se, nesse ponto, ser fundamental a distinção que traçamos quanto ao entendimento do que seja a corregulação na teoria responsiva e o quanto ela não se equipara à corregulação no direito alemão, por exemplo. Na primeira, a corregulação não estabelece a presença e a participação do Estado no processo autorregulatório, antes o que agrega o prefixo "co" é a coletividade privada, representada por associações que assumem a postura de autorreguladores de um determinado setor em um assunto predeterminado. A corregulação não equivale à coparticipação do Estado na elaboração. Consequentemente, o artigo 50 *caput*, da LGPD, à luz da teoria responsiva, prevê tanto a autorregulação (formulada pelos agentes de tratamento de forma individual), como a corregulação (formulada pelos agentes de tratamento de forma coletiva), ambas submetidas ao filtro estatal do parágrafo terceiro. Essa conclusão, no entanto, pode não ser visível se o intérprete não considerar as divergências conceituais desse termo, como já analisado. Já sob o enfoque do direito alemão, a corregulação envolve a construção conjunta do Estado e do regulado, como abordado no capítulo anterior.

A teoria responsiva, sob esse prisma corregulatório do artigo 50, ratifica inclusive um dos objetivos do artigo 1º da LGPD, que é o de proteção dos direitos fundamentais de liberdade, entre os quais está o princípio da plena liberdade de associação para fins lícitos, prevista no artigo 5º, inciso XVII, da Constituição Federal. Logo, o estímulo e o incentivo à corregulação servem para dar voz e para estimular a proatividade dos agentes de tratamento. Não se submete à avaliação discricionária da Autoridade de garantia, antes se trata de objetivo regulatório responsivo.

Aliás, a leitura responsiva do artigo 55-J, da LGPD, é diretamente vinculada à influência teórica quanto ao modo de exercício das funções exclusivamente regulamentares da ANPD, tal como é a previsão quanto ao procedimento e às condições ao reconhecimento e à publicação das regras de boas práticas e de governança. Se, por um lado, o legislador fixou uma competência discricionária no artigo 50, §3º, por outro entregou ao regulador público o vértice responsivo da leitura sistemática da lei por meio de seus objetivos e fundamentos que informam a prioridade de desenvolvimento desse dispositivo no ambiente regulatório.

A lei sinaliza o necessário apoio e incentivo à participação dos regulados, pois eles são um canal difusor da cultura de dados e os protagonistas da implementação da LGPD. Logo, embora o *caput* do artigo 50 confira aos responsáveis pelo tratamento uma faculdade em partilhar a produção normativa com a ANPD, esta, por outro lado, tem a função responsiva de persuadi-los a ler essa faculdade como a principal opção diante de sua (ainda não observada) atratividade.

Fato é que a discussão quanto a qual tática regulatória teria mais impacto na implementação de leis de proteção de dados passa pela análise de quais são os incentivos legais e regulatórios que poderiam, de fato, persuadir comportamentos lícitos e estimular autorregulações corporativas. Podem-se cogitar três frentes. Ou o Estado oferece benefícios à organização, para que esta estruture a forma como irá cumprir a lei por meio de regulações privadas, situação em que para essa escolha o Estado oferece um incentivo suficientemente atrativo àquela postura privada proativa voluntária (PPPV). Ou o Estado fiscaliza os comportamentos e pune os que forem contrários à lei, situação em que o regulador demonstra à essa mesma organização que caso esta atue de forma disforme, sua falha será (i) prontamente, ou em tempo, notada e (ii) reprimida. Logo, a punição servirá tanto de vitrine a outros regulados quanto para as consequências, quanto para os titulares de dados, pela repressão ao ato ilícito a ponto de evitar persuadir que isso ocorra novamente. Ou o Estado exerce as duas frentes, de forma escalonada, a depender da realidade a que estiver imersa a Autoridade de garantia, e conforme cada ciclo de monitoramento e de avaliação do resultado regulatório.[318]

A penúltima hipótese, entretanto, parte do pressuposto de que: (a) o Estado tem instrumental fiscalizatório suficiente ao volume de ações a serem fiscalizadas, (b) que a repressão será apta a demonstrar ao regulado que o benefício obtido pelo ilícito resultou em prejuízo, ou seja, que não houve mais qualquer vantagem após a aplicação da sanção, (c) que o dano causado pode ser superado ou que a lesão seja reversível ou reparável, e (d) que a publicização das punições alcancem o maior número de pessoas e chame a atenção dos demais regulados a ponto de incutir ações preventivas ao cometimento do ilícito.

Ora, o primeiro pressuposto é cognoscível de forma fática, não há estrutura que alcance o campo fiscalizatório na proteção de dados pessoais de forma integral e constante, o que representa ainda maior preocupação em realidades como a brasileira, em que a estruturação do órgão regulador está em processo e em que seu corpo organizacional é pequeno em comparação ao número de agentes de tratamento atuantes na sua área de competência. Só esse fator esvaziaria a verificação dos três itens subsequentes. Contudo, considerando a hipótese futura de estruturação do órgão regulador compatível com o volume de fiscalizações e reprimendas necessárias, e que a sanção, de fato, mobilize tanto o infrator quanto os demais regulados a processos de conformidade frente ao temor sancionatório, restaria o problema central nessa forma regulatória, que é a necessidade de dano. Se o incentivo à conformidade depender e fiar-se somente na lógica da punição, seria o equivalente a tornar a Autoridade de controle ciente de que seu trabalho é reprimir o dano ao invés de fazer de sua política obstinada

---

[318] O Decreto nº 10.411, de 30 de junho de 2020, que regulamenta a análise de impacto regulatório, conceitua no artigo 2º, inciso III, a avaliação do resultado regulatório (ARR) como a "verificação dos efeitos decorrentes da edição de ato normativo, considerados o alcance dos objetivos originalmente pretendidos e os demais impactos observados sobre o mercado e a sociedade, em decorrência de sua implementação" (Brasil, 2020b). O Decreto estabelece que a ARR deverá ser realizada, no prazo de três anos, dos atos normativos cuja avaliação de impacto regulatório tenha sido dispensada em razão de urgência, para proceder à verificação dos efeitos obtidos pelos atos normativos de interesse geral de agentes econômicos ou de usuários dos serviços prestados (Brasil, 2020b). Contudo, não há impedimento para que o ARR seja realizado de iniciativas regulatórias com AIR. No âmbito da ANPD, a Portaria nº 16, de 2021, estabelece que Coordenação-Geral de Normatização (CGN) submeterá ao CD a ARR prevista no §2º, art. 13 do Decreto nº 10.411, de 2020, na forma do artigo 29 e 30 da Portaria (Brasil, 2021c). Para mais detalhes sobre o tema, recomenda-se a consulta ao Guia Orientativo para Elaboração de ARR, publicado em fevereiro de 2022, pelo Ministério da Economia (Brasil, 2021).

à prevenção de sua ocorrência. Eis o núcleo diferencial da regulação responsiva de um direito fundamental tal como é a proteção de dados pessoais. Percebe-se que a abordagem estatal regulatória responsiva é capaz de incentivar comportamentos individuais e coletivos, na medida em que identifica os pontos a serem monitorados e supervisionados pelo melhor cumprimento da lei.

Na proteção de dados pessoais, assim como nos demais direitos e garantias fundamentais, o agente estatal responsável pelo zelo, implementação e fiscalização não exerce a função apenas regulamentar. A principal missão é assegurar o direito em si, é garantir que sua força normativa tenha presença na coletividade, que o direito circule entre as esferas públicas e privadas como algo tangível pelo seu destinatário (titular). Daí porque a doutrina distingue as agências reguladoras das autoridades de garantia.

No Capítulo 2, defendemos, por meio da abertura do artigo 64 da LGPD, a aplicação extensiva do princípio da prevenção com um convite à aplicação do princípio da precaução diante dos riscos incertos que envolvem a proteção de dados pessoais aos quais os envolvidos no tratamento de dados precisam estar atentos. Enfatizou-se que, no caso do artigo 50 da LGPD, o legislador, justamente por pretender a utilização de um método de prevenção de riscos e de ocorrência de incidentes pelos agentes de tratamento, ampliou os deveres de prevenção, ao exigir que se demonstre a efetividade tanto das regras de boas práticas quanto dos programas de governança, nos termos do parágrafo segundo.

O cenário futuro de *enforcement* do artigo 50, após seu regulamento, partindo das premissas da teoria responsiva, mostra-se promissor. Contudo, mesmo que as construções teóricas elevem a LGPD ao patamar cultural de promoção da proteção de dados pessoais a que tanto se almeja e se carece no Brasil, não se pode negligenciar alertas doutrinários menos otimistas quanto ao diminuto espaço da regulação privada na LGPD.

Alex Mecabô (2022, p. 219), ao analisar um sistema regulatório híbrido na LGPD, trabalha a autorregulação como aquela regulação privada pura, sem qualquer presença do Estado, e assim defende que a LGPD rechaçou o instituto, ao prever uma entidade pública de caráter regulador. Logo, embora o autor se manifeste de forma favorável à aplicação da teoria responsiva à regulação na proteção de dados pessoais, quando o autor ingressa na análise da teoria responsiva, ele afirma que a LGPD tem a presença tímida do instrumento autorregulatório e corregulatório, que é a base piramidal. Isso igualmente justifica a aposta do autor, mesmo diante do entendimento de que a LGPD foi "acanhada" quanto aos instrumentos privados de persuasão, em instrumentos de certificação privada para conformidade à LGPD em gestão da privacidade da Associação Brasileira de Normas Técnicas (ABNT), e não de aplicação do artigo 50 da LGPD (Mecabô, 2022, p. 232-234).

Ana Frazão e Mariana Pinto (2022, p. 39) referem um contexto de timidez legislativa da autorregulação na LGPD. As autoras enfatizam que a obtenção de objetivos valiosos, tal como são a proteção de dados pessoais e da privacidade e o estímulo a uma cultura de respeito de dados, não permite que a autorregulação possa ocorrer no vazio. Logo, elas reforçam o viés preventivo a elevar a importância da ANPD em regulamentar matérias e criar incentivos de cumprimento à LGPD.

Diante dessas análises da aplicação da teoria responsiva pela ANPD, à LGPD, em especial o reflexo dessa leitura teórica no artigo 50, amplia-se a expectativa de um regulamento na matéria e de condições claras no procedimento de análise de suficiência regulatória, sem prejuízo de incentivos concretos e persuasivos à adesão significativa de agentes de tratamento.

3.4 Monitoramento, supervisão e sanção

Passados mais de quatro anos da publicação da lei nacional de proteção de dados pessoais e dois anos de formação da ANPD, a aplicação do artigo 50, da LGPD, enfrenta, até o presente momento, indefinições quanto aos principais eixos de sua aplicação. Esse cenário não auxilia o desenvolvimento dos propósitos de sua inclusão na lei, dentre os quais a expansão de implementação da lei, a redução de assimetrias e dos desgastes regulatórios entre os atores no ambiente regulatório, a promoção de uma cultura de dados, a abordagem responsiva ao invés de uma repressora.

A prioridade, então, é extrair na legislação nacional a identidade normativa das regras de boas práticas, reduzindo ao máximo a importação de suportes normativos a esse instrumento regulatório, na construção de uma regulação privada em proteção de dados pessoais, a partir de uma licença metafórica, com fundação, estruturas, paredes e coberturas, instalações funcionais e esquadrias.

Chegado ao ponto em que a tripla fundação principiológica das regras de boas práticas (participação, precaução e segurança jurídica) permitiu o levantamento das estruturas (conceito e natureza jurídica), com paredes e coberturas (alcances material e subjetivo), instalações funcionais (regulação responsiva), insta aplicar os elementos que conferem a segurança externa à edificação. Ou seja, as portas pelas quais há a entrada (adesão) e saída (cumprimento, prestação de contas e sanções) através das janelas de monitoramento e supervisão das regras de boas práticas, vigiadas tanto interna quanto externamente.

Nesse contexto, as formulações de regras de boas práticas conterão dispositivos de cunho privado, contratuais e cíveis, e outras de cunho público vinculadas às normas da LGPD.

No que tange às regras privadas, principalmente no caso de regras formuladas por associações, a estas incumbirão elaborar um Código atento aos artigos 53 a 61 do Código Civil, além de monitorar e zelar pelo fiel cumprimento dos aspectos organizacionais associativos e de gestão internos. Desta forma, os formuladores deverão prever as competências das assembleias, regras de inclusão por adesão, penalidades e exclusão de associados, forma e periodicidade das convocações, os direitos e os deveres dos associados, recursos financeiros aplicáveis e eventual cobrança para manutenção e realização de auditorias internas dos códigos, modo de constituição e de funcionamento dos órgãos deliberativos, comissões de éticas, competências decisórias, órgãos de deliberação, formas de acesso e exercício de contraditório, hipóteses de aplicação de sanções por descumprimento ao referido código, as condições para a alteração das disposições estatutárias e para a dissolução, detalhes quanto à forma de gestão administrativa e de aprovação de alterações, de eleições e de prestação de contas, cláusulas de resolução consensual de conflitos.

Essa enunciação exemplificativa evidencia o quão variadas podem ser as condições e os ajustes interpartes dos agentes de tratamento além daquelas hipóteses (igualmente exemplificativas) descritas no *caput* do artigo 50 da LGPD. Logo, as disposições que não se enquadrarem no campo de compartilhamento de competência em matéria de tratamento de dados terão sua criação, aplicação, monitoramento e supervisão a cargo dos formuladores das regras de boas práticas. Isto é, são regras que estão no âmbito e sob responsabilidade do autocontrole regulatório, como tratado no Capítulo anterior. Contudo, o controle interno e a previsão de como isso ocorrerá na aplicação das regras de boas práticas é indispensável na gestão corporativa organizada, transparente e participativa. Lembra-se que a associação, embora utilize um instrumento autorregulatório, não regulará a si mesma de forma isolada de seus integrantes. Deverá ser mantida a participação de seus membros, pois é a soma dessas vontades que validam e legitimam internamente essa autoridade.

Por outro lado, mesmo na hipótese legal em que as regras de boas práticas sejam formuladas individualmente, a lógica de autocontrole não se esvazia. Todavia, acarreta obrigações de auto-organização em uma espécie de "auto *accountability*". Como o responsável pelo tratamento pode não ter interesse em aderir a códigos coletivos e entenda que uma autorregulação de suas atividades de tratamento é viável, a ausência de participações que auxiliem na verificação concreta quanto aos procedimentos internos pode tornar-se um fator de risco ao cumprimento da LGPD. Desse modo, as regras de boas práticas formuladas por agentes de tratamentos autônomos devem contar com dispositivos de auditoria interna, com o registro de como serão realizadas as atividades de controle e de supervisão internas, afinal resta impossibilitada uma autoimposição de penalidade por descumprimento de suas próprias ações. Para contrabalancear esse risco na ausência de mecanismos internos de controle, é possível auto prever a contratação de um terceiro que avalie os procedimentos de estruturação dessas regras.[319] Haverá, nesse caso, uma necessidade maior de supervisão das competências compartilhadas pelo regulador público, bem como a previsão de um procedimento mais simplificado no futuro regulamento, sem a realização de consultas públicas, por exemplo.

Seria questionável, ainda, a previsão de um código individual, após ser reconhecido pela ANPD, receber adesões de outros profissionais que compartilhem uma mesma forma de coleta e de tratamento de dados. Nessa hipótese, ou o código já deveria contar com essa previsão originalmente e assim foi acolhido pela ANPD, ou será uma alteração do código já aprovado para incluir essa previsão. Em que pese haja uma ausência de previsão regulamentar do artigo 50 até o momento, entende-se que qualquer alteração quanto aos elementos subjetivos ou materiais das regras de boas práticas, sejam elas individuais ou coletivas, deverão ser comunicadas e avalizadas pela ANPD, com a respectiva publicização.

---

[319] Cabe referir que a formulação de regras de boas práticas não impede, seja pelos formuladores individuais quanto pelos coletivos, a aplicação de métodos de certificação em áreas como segurança da informação, governança, *compliance*, procedimentos padronizados, ou mesmo auditorias internas por terceiros que não os agentes de tratamento.

Tais distinções quanto às regras de boas práticas sujeitas ao autocontrole e àquelas com conteúdo a ser supervisionado pela autarquia a partir do conteúdo do artigo 50 da LGPD não significa que as regras de boas práticas serão analisadas como um documento fracionado. Significa que, uma vez aprovado o documento no âmbito interno, as atenções do monitoramento e da supervisão pelo ente regulador estarão centralizadas àquelas formulações que tratam diretamente das regras de cumprimento da LGPD, de modo a não interferir no âmbito da liberdade associativa.

Ratifica-se, por oportuno, que as regras de boas práticas compartilham apenas a competência regulamentar. Consequentemente, os regulamentos sobre a competência de fiscalização e sancionamento, previstos no inciso IV do artigo 55-J,[320] deverão ser entrelaçados ao futuro regulamento sobre autorregulação, de modo a compatibilizar com a teoria responsiva também nos mecanismos de controle, supervisão e penalidades privadas, com vistas à obtenção de segurança jurídica dos associados, da harmonização e da proporcionalidade entre as regras em vigor no ambiente regulatório da LGPD, preservando como autoridade máxima a ANPD nesse âmbito.

3.5 Monitoramento e supervisão na autorregulação regulada: as influências do RGPD na LGPD

A discussão de uma proposta de controle regulatório sobre as regras de boas práticas e de governança em privacidade pela autarquia federal passa pela compreensão do que é monitoramento e supervisão regulatórios na proteção de dados pessoais na LGPD.

Com a publicação da Lei nº 14.460, de 26 de outubro de 2022, o artigo 55-A consolidou a criação da ANPD como autarquia de natureza especial, dotada de autonomia técnica e decisória, e sua centralidade no sistema regulatório brasileiro para o desempenho das competências previstas no artigo 55-J, dentre as quais está a atribuição de fiscalizar e de aplicar sanções em caso de tratamento de dados realizado em descumprimento à legislação (Brasil, 2022i). A autonomia reforçou o controle regulatório da autarquia e as suas funções como um todo

---

[320] Artigo 55-J. Compete à ANPD: (...). IV – fiscalizar e aplicar sanções em caso de tratamento de dados realizado em descumprimento à legislação, mediante processo administrativo que assegure o contraditório, a ampla defesa e o direito de recurso (Brasil, 2018a).

recebem maior estabilidade, credibilidade e segurança jurídica a toda coletividade (Guerra, 2021, p. 33).

Como analisado, a LGPD aplica a teoria responsiva, a qual foi ratificada no regulamento do processo de fiscalização da autarquia. A teoria prima por instrumentos que chamem o regulado à participação responsável e transparente, na qual ele pode estabelecer os meios pelos quais serão concretizados os comandos abstratos da lei, comprovar o controle interno para fins de prestação de contas. Ao regulador, por sua vez, incumbe orientar e supervisionar esse processo, de modo que a sanção não seja a resposta regulatória imediata, e, se aplicada, parta de um escalonamento piramidal, exceto quando a gravidade do ato impedir essa progressão e exigir a aplicação imediata da maior sanção prevista em lei.

Nesse sentido, a menos que sobrevenha uma regra em contrário e enquanto não publicado o futuro regulamento do art. 50, §3º, o regulamento da autarquia vigente quanto ao processo de fiscalização e aplicação de sanção pela ANPD será aplicável também ao artigo 50. E, mesmo após a edição do regulamento do artigo 50, seguirá vigente no âmbito na ANPD o seu regulamento correspondente, de modo que os elementos basilares da fiscalização deverão convergir. Logo, uma proposta de análise fiscalizatória das regras em questão deve alinhar-se aos procedimentos aplicáveis ao processo administrativo fiscalizatório e sancionatório vigente.

No Capítulo 1, demonstrou-se que a LGPD sofreu forte influência do RGPD. A publicação da lei tinha como horizonte uma inclusão do Brasil no cenário internacional de proteção de dados pessoais e, principalmente, o atendimento a padrões comerciais e regulatórios recomendados pela OECD. Além disso, a ausência de marcos regulatórios em proteção de dados pessoais trazia obstáculos aos contratos comerciais e às exigências de adequação na matéria à União Europeia. Essas circunstâncias foram determinantes para que a LGPD fosse publicada e trouxesse em seu diploma a previsão de instrumentos privados de regulação nos moldes orientados pela OECD e pela UE, cuja legislação demonstrava franca expansão e êxito regulatório em comparação a outros ordenamentos jurídicos na mesma matéria. O Brasil, então, partiu dessas referências para dispor sobre o seu modelo autorregulatório em um Capítulo sobre boas práticas e governança.

A expectativa era que a presença do setor privado no ambiente regulatório aceleraria a implementação da lei pela facilidade de leitura concreta da norma às especificidades de cada uma das áreas abrangidas pela LGPD. O setor traria a dinamicidade e a proatividade de suas ações, e o interesse na conformidade de suas operações com a nova lei engajaria esses atores privados no processo de implementação. Afinal, a adequação das condutas e dos contratos no ambiente negocial externo são imperativos. No entanto, a prática autorregulatória demonstrou-se mais reticente frente à insegurança jurídica causada pelas redações genéricas dos dispositivos dos capítulos que tratam da conformidade à transferência internacional de dados pessoais e dos instrumentos de cumprimento interno da Lei.

Frente a essas considerações e ao contexto de influência prevalente europeia na construção dos referidos capítulos, serão apresentadas considerações a respeito de como o modelo europeu se aplica e no que ele se difere do modelo nacional.

O artigo 50 na sua redação final carregou menos semelhanças aos artigos 40 e 41 do RGPD. Isso se deve, em grande medida, às mudanças ocorridas ao longo do processo legislativo de tramitação da LGPD, conforme se analisou no Capítulo 1, principalmente em relação ao modelo inicialmente sugerido pelo anteprojeto de 2010. Assim, o modelo nacional não replica o modelo europeu de autorregulação em proteção de dados pessoais, razão pela qual o uso da expressão "influência" é o mais adequado frente a linhas próximas de configuração dos institutos.

No âmbito na União Europeia, os códigos de condutas já eram previstos pela Diretiva nº 95/46/CE e foram mantidos no RGPD. No entanto, em 20 de janeiro de 2015, enquanto a reforma legislativa de proteção de dados europeia estava em curso, a Comissão Europeia buscou um referencial às medidas autorregulatórias e emitiu o primeiro pedido de padronização[321] (*mandate*) às Organizações Europeias de Padronização[322] para desenvolver normas de gestão da privacidade

---

[321] Em princípio, a padronização é qualificada como autorregulação coletiva na forma do artigo 1º da Resolução nº 1.025. Entretanto, a Comissão Europeia pode endereçar às Organizações Europeias de Padronização (*European Standardisation Organisations*, ESOs) pedidos de padronização (*mandate*) em apoio a uma legislação ou a uma política da União Europeia, na forma designada no artigo 10, da referida Resolução. Nesse caso, a Comissão Europeia elabora um pedido para que as OSOs descrevam as metas políticas, a legislação e a necessidade de padronização em um campo ou tema (União Europeia, 2012).

[322] Vejamos o objeto dessa Organização no primeiro artigo. "Artigo 1º. O presente regulamento estabelece regras no que respeita à cooperação entre as organizações europeias de normalização, os organismos nacionais de normalização, os Estados-Membros e a Comissão, à elaboração de normas europeias e de produtos de normalização europeus relativos a produtos e serviços de apoio à legislação e às políticas da União, à identificação de especificações técnicas no domínio das TIC suscetíveis de ser referenciadas, ao

com base no artigo 8º, da Carta dos Direitos Fundamentais da UE,[323] e em apoio à vindoura legislação e à política de segurança de dados do bloco[324] (União Europeia, 2015). O pedido era inaugural por ter como centro a proteção de dados e da privacidade, enquanto um direito fundamental, logo diverso de um instrumento técnico normativo em reformulação.[325] O objetivo era diagnosticar uma abordagem mais operacional e mais próxima das exigências do *privacy by design* e do *privacy by default* (por padrão) e aplicar um regulamento não só a quem coleta os dados, mas também ao fabricante, mesmo que este último não esteja envolvido no tratamento de dados (Kamara, 2017, p. 12-14).

O procedimento em questão está previsto no Regulamento nº 1.025, de 14 de novembro (União Europeia, 2012), que substituiu a Diretiva nº 98/34/EC e movimentou a autorregulação coletiva e os conceitos em torno da norma padrão. Até a Diretiva nº 98/34/EC, a norma autorregulatória era uma especificação técnica "*aprovada por um organismo de normalização reconhecido para aplicação repetida ou contínua,*

---

financiamento da normalização europeia e à participação dos interessados na normalização europeia" (União Europeia, 2012, p. 8).

[323] Com a seguinte redação: "Artigo 8º. Proteção de dados pessoais 1. Todas as pessoas têm direito à proteção dos dados de caráter pessoal que lhes digam respeito. 2. Esses dados devem ser objeto de um tratamento leal, para fins específicos e com o consentimento da pessoa interessada ou com outro fundamento legítimo previsto por lei. Todas as pessoas têm o direito de aceder aos dados coligidos que lhes digam respeito e de obter a respectiva retificação. 3. O cumprimento destas regras fica sujeito a fiscalização por parte de uma autoridade independente" (União Europeia, 2000, p. 10).

[324] Esse processo de padronização de uma regra europeia funciona como um processo de corregulação solicitado pelo legislador e pelo regulador, como no caso ocorreu pela Comissão Europeia, antes da conclusão do RGPD. Trata-se de uma corregulação, pois a Comissão participa, ainda que sem direito a voto, de todo o progresso do trabalho de padronização a ser entregue pela OSOs (União Europeia, 2012, p. 11).

[325] A padronização é um projeto em andamento no *Joint Working Group* 8 (JWG8), o qual teria sido estabelecido após o referido pedido de normalização da Comissão Europeia (Kamara, 2017, p. 12). Todavia, segue como projeto na ISO/TC 154 (ISO, 2022). Além desse projeto, outros temas se interrelacionam com a proteção de dados pessoais em termos de padronização, como os trabalhos da série ISO/IEC 27.000 sobre padrões e gerenciamento de riscos da segurança da informação, da série do ISO/IEC 29.000 sobre estrutura de privacidade e técnicas de segurança em tecnologia da informação, da série ISO 22.307 sobre avaliação de impacto de privacidade em serviços financeiros e da série ISO/IEC 17.065 acerca da obtenção de certificações para monitoramento de conformidade. Como já referido, as normas padronizadas também são um assunto recente no âmbito do RGPD, mas que tem conquistado cada vez mais a confiança no mercado internacional e europeu. Sobre o tema, recomenda-se o relatório final com o estudo da certificação de proteção de dados pessoais e seus mecanismos (*Final Report, GDPR Certification study*) a partir dos artigos 42 e 43, do RGPD, publicado pela Comissão Europeia em 2019 (Kamara *et al.*, 2019, p. 228).

cujo cumprimento não é obrigatório", conforme previa o artigo 1º (6) (União Europeia, 1998). Contudo, com a vigência em 1º de janeiro de 2013, o Regulamento nº 1.025 alterou essa definição para alinhar com o que já ocorria na prática. Isto é, a adoção de normas pelos organismos nacionais e de normalização, ao invés de um procedimento de homologação (Hert; Kamara; Papakonstantinou, 2016, p. 23). A diferença é que a avaliação do conteúdo da norma ocorre antes da homologação. Desta forma, norma padrão é a *"especificação técnica, adotada por um organismo de normalização reconhecido, para aplicação repetida ou contínua, cujo cumprimento não é obrigatório"* (União Europeia, 2012). Cumpre observar, no entanto, que a normalização reserva um lugar para especificações internacionais baseadas em consenso, razão pela qual elas não se sobrepõem e nem devem replicar o teor de leis europeias, tal como é a RGPD.

Dentre as razões expostas em 54 (cinquenta e quatro) considerandos para normalização europeia, o Regulamento nº 1.025, de 2012, afirma que esses instrumentos contribuem para o aumento da competitividade empresarial, facilitam a livre circulação de bens, de serviços, a interoperabilidade das redes e dos meios de comunicação, o desenvolvimento tecnológico e a inovação, garantem padrões de qualidade e de segurança em diversos ramos e segmentos de produtos e serviços. Além disso, o Regulamento visa reforçar a competitividade global da indústria europeia pela coordenação com os organismos internacionais de normalização,[326] os quais foram devidamente nomeados no artigo 1º, item 9: a Organização Internacional de Normalização (ISO), a Comissão Eletrotécnica Internacional (CEI) e a União Internacional das Telecomunicações (UIT).[327]

A contribuição do Regulamento nº 1.025, de 2012, à autorregulação em proteção de dados, além do procedimento e organização das estruturas no âmbito europeu, está nos conceitos para formulação das normas padrão. Nesse sentido, o artigo 1º conceitua o que é uma

---

[326] Ademais, justifica-se um regulamento das normas autorreguladas pela forte influência na sociedade, em especial no que diz respeito à segurança e ao bem-estar dos cidadãos, sua eficácia das redes, ambientes, entre outros domínios, bem como pelo papel e a contribuição dos agentes da sociedade civil no âmbito da elaboração dessas normas e de organizações representativas dos consumidores e interesses múltiplos da sociedade civil (União Europeia, 2012, p. 3).

[327] Os organismos internacionais de normalização foram estabelecidos no artigo 1º (9) (União Europeia, 2012, p. 9).

norma padrão e a divide entre internacional, europeia, harmonizada ou nacional. O mesmo dispositivo ainda fixa conceitos como produto de normalização, um projeto de norma e de especificação técnica. Esses elementos constituem a base não só à elaboração das regras de melhores práticas (autorregulatórias) de cumprimento, com natureza jurídica voluntária, mas servem ao exame de como proceder o monitoramento de conformidade dessas normas.

Como referido, essas mudanças refletiram na proteção de dados pessoais no regulamento mais recente europeu. O RGPD passou a prever essas ferramentas autorregulatórias nos dispositivos subsequentes aos códigos de conduta, o que ampliou as opções autorregulatórias na matéria. Sendo assim, após 2018, além dos códigos de conduta, previstos desde a Diretiva nº 95/46/CE, mantidos no RGPD nos artigos 40 e 41, a proteção de dados pessoais recebeu mais duas formas autorregulatórias, quais sejam as certificações e os selos, disciplinados nos artigos 42 e 43 do RGPD (União Europeia, 2016).

Feitas as considerações breves acerca dos três instrumentos autorregulatórios no RGPD, cumpre examinar qual a influência do artigo 40 do RGPD no artigo 50 da LGPD. Na verdade, não apenas o artigo 50 recebeu influências, mas também os dispositivos que tratam sobre a transferência internacional de dados, o que justificou o contexto inicialmente apresentado. Desta forma, a leitura da LGPD demonstra que os códigos de conduta do artigo 40, do RGPD, foram trazidos como opção autorregulatória na transferência internacional de dados pessoais, reservando ao artigo 50 nomenclaturas não identificadas no RGPD: regras de boas práticas e programas de governança em privacidade.

Ocorre que o legislador, na verdade, mesclou os Códigos de Conduta do artigo 40, do RGPD, com os instrumentos de Certificação do artigo 42, o que, como demonstrado, embora sejam formas autorregulatórias, não se confundem entre si e possuem formas de aplicação e supervisão diferentes. Isso se evidencia pela análise do artigo 40 (3), do RGPD, que possibilita que os responsáveis pelo tratamento não submetidos ao RGPD possam valer-se de códigos de condutas acreditados pelas autoridades de controle, como uma forma de demonstrar a conformidade no âmbito europeu. Ou seja, essa regra equivaleria, em tese, à hipótese de regras de boas práticas reconhecidas pela ANPD ou, no caso do programa de governança em privacidade, pela ANPD ou por entidade responsável no molde do futuro regulamento do art. 50, §3º. De modo que igualmente poderão receber a adesão, além de novos associados, de um responsável de tratamento não enquadrado no artigo 3º da LGPD (regra tratada no artigo 3º, do RGPD), que trata do âmbito de aplicação territorial da lei brasileira.

Dito de outra forma, o intérprete, ao aplicar os artigos 33, inciso II, alínea "d" e 35, mesmo que leia, lado a lado, os selos, os certificados e os códigos de conduta regularmente emitidos, deve levar em consideração o contexto de inserção dessa norma no RGPD, sumariamente descrito acima, para então diferenciar as formas de supervisão aplicáveis a cada uma delas. Assim, embora a intenção da LGPD tenha sido ampliar os instrumentos que possam permitir a transferência internacional de dados pelos controladores nacionais, o legislador uniu selos e certificados ao lado dos códigos de conduta de forma um tanto perigosa aos agentes de tratamento que não estiverem atentos às especificidades do tema.

Os códigos de conduta do artigo 33 foram importados do artigo 40(3); os selos e certificados, do artigo 42. Isso corrobora o argumento de que a não adoção do termo "código de conduta" no artigo 50 visa também à formação de uma identidade nacional para a autorregulação supervisionada pela ANPD. A nomenclatura "regras de boas práticas", ao invés de "código de condutas", na prática, não impede que o documento formalizado pelos agentes de tratamento, ao aplicarem esse dispositivo, empreguem, como já defendido no Capítulo 2, esse mesmo termo. Para melhor ilustrar os aspectos dos dispositivos, apresenta-se abaixo algumas características dos dois institutos:

Quadro 6 – Comparativo: autorregulação regulada na LGPD e no RGPD

PREVISÃO	ARTIGO 50 da LGPD	ARTIGOS 40 e 41, do RGPD
Nomenclatura	Das boas práticas e da governança	Códigos de Condutas
Instrumentos	Regras de boas práticas Regras (Programa) de governança em privacidade	Código de Condutas
Legitimados ativos	Indivíduos Associações públicas Associações privadas Poder Público Organismos de certificação designados pela ANPD[328]	Associações privadas[329] Organismos de representação de categorias[330]
Alcance	Nacional Transnacional	Nacional Transnacional
Supervisão	ANPD Entidade responsável	Autoridade de Controle Comitê Comissão Organismo acreditado de conformidade
Sanções	ANPD[331] Entidade responsável Associações	Autoridade de Controle Organismo acreditado de conformidade
Regulamento Autoridade	Pendente e necessário	Dispensado
Reconhecimento	Competência discricionária da ANPD quanto ao regulamento	Parecer de conformidade, aprovação de projeto, registro e publicação

Fonte: elaborado pela autora.

---

[328] Embora o artigo 50, da LGPD, não preveja certificação de um organismo independente pela ANPD, da mesma forma como previu nos termos do parágrafo 3º do artigo 35, no Capítulo 2 defendemos que o conceito de regras de boas práticas abrange o de Código de Conduta previsto no artigo 35, da LGPD. Ratifica-se, ademais, a defesa de que esses dispositivos tenham suas aplicações harmonizadas em futuros regulamentos, de modo a permitir que um mesmo Código de Conduta formulado, uma vez reconhecido pela ANPD, seja aplicado para ambas as finalidades. Ou seja, um mesmo Código de Conduta sirva tanto à conformidade no âmbito doméstico como no externo (Brasil, 2018a).
[329] "Article 41, GDPR. Monitoring of approved codes of conduct. 1. Without prejudice to the tasks and powers of the competent supervisory authority under Articles 57 and 58, the monitoring of compliance with a code of conduct pursuant to Article 40 may be carried out by a body which has an appropriate level of expertise in relation to the subject-matter of the code and is accredited for that purpose by the competent supervisory authority. [...] 6. This Article shall not apply to processing carried out by public authorities and bodies" (União Europeia, 2016).

Segundo estabelecem os artigos 40 e 41, do RGPD, os países, as autoridades de controle de cada país e os órgãos do bloco europeu (o Comité e a Comissão da União Europeia) devem promover os códigos de conduta por meio de associações e outros organismos representantes de categorias de responsáveis pelo tratamento que irão elaborar, alterar e aditar esses documentos. Em linhas gerais, será essa associação ou organismo que apresentará um projeto de código à autoridade de controle para que esta emita um parecer sobre a conformidade ou não desse documento às garantias do regulamento europeu de proteção de dados pessoais. Uma vez aprovado o código de conduta, a autoridade, a comissão ou o comité – a depender da extensão geográfica das operações abrangidas por esse código, assegura a publicidade para que eles tenham, a partir disso, aplicabilidade geral.

No que tange à autorização de associações e de organismos aptos à supervisão dos Códigos, o RGPD estabelece que cabe à Autoridade de controle acreditar essas entidades, e que estas devem apresentar um nível adequado de competência relativamente ao objeto do código, com a demonstração de independência e de ausência de conflito de interesse, estabelecimentos de procedimentos de avaliação e de estruturas transparentes aos titulares e ao público em geral, sob pena de revogação da certificação, na forma do artigo 41, do RGPD (União Europeia, 2016). [330] [331]

Nesse sentido, os códigos de conduta europeus são um compromisso voluntário assumido pelos responsáveis no tratamento de dados pessoais com força executiva e de aplicação geral para fins do RGPD. Eles são formalizados junto ao organismo acreditado de conformidade por meio de instrumentos contratuais ou de outros instrumentos

---

[330] Segundo as Diretrizes nº 1, de 2019, e nº 4, de 2021, do Conselho Europeu de Proteção de Dados (*European Data Protection Board*, EDPB), há uma lista não exaustiva de possíveis proprietários de códigos que seriam associações de comércio, organizações setoriais, organizações acadêmicas e grupos de interesse. Os códigos destinados às transferências poderiam ser elaborados por órgãos que representem um setor, ou seja, uma associação ou federação de bancos e de grupos financeiros, setor de seguros. Ou, conforme o setor e de acordo com as características e necessidades, como um código de recursos humanos elaborado por uma associação ou federação de profissionais de recursos humanos (EDBP, 2021, p. 6).

[331] O quadro considera como sanção o artigo 52, da LGPD. Desse modo, considera-se que há competência exclusiva da ANPD para aplicação dessas sanções nos termos do artigo 55-J, inciso IV, da lei (Brasil, 2018a). Isso não exclui a possibilidade de o futuro regulamento prever a possibilidade de tanto as entidades responsáveis pela promoção da Lei como as próprias associações oriundas do *caput* do art. 50, possam prever sanções relacionadas ao Código, como multas, exclusões associativas, suspensões.

juridicamente vinculativos. Ou seja, no RGPD há uma titularidade sob o código de conduta (*code owners*) que são as associações ou os organismos que representam as figuras do controlador e do processador (operador) de dados.

Considerando que os códigos de conduta são aprovados pelas Autoridades de controle responsáveis a depender do escopo geográfico, se nacional ou transnacional, eles serão monitorados, aplicados e supervisionados pelas associações e organismos (*monitor compliance*), sem prejuízo da supervisão pela autoridade de controle, seja quanto às atividades de manutenção, aceite e revisão do código, seja quanto ao rigor e conformidade da atuação da organização responsável pelo código, o que o RGPD designa "*monitoring of compliance*".[332]

Uma vez que um código de conduta esteja em funcionamento em âmbito nacional ou em âmbito europeu, ele também se torna disponível ao grande público dos responsáveis, os quais poderão seguir os padrões de conformidade estabelecidos por meio de adesão. Um exemplo de Código de Conduta aplicável em todo o RGPD é o EU *Cloud Code of Conduct*, direcionado aos serviços e produtos de computação em nuvem, com versão final aprovada pela Autoridade de Proteção de Dados belga em maio de 2021, após passar pela Comissão e pelo Comitê nos termos do artigo 40 (7 a 11) (União Europeia, 2016).

Nota-se, portanto, que a validação das Autoridades de controle é externalizada pela publicação e a adesão dos responsáveis pelo tratamento ocorre pelo aceite ao conteúdo e aos propósitos do código associativo. Isso o torna passível de aplicação dos métodos de monitoramento e de supervisão conjuntos entre a Autoridade e os detentores dos códigos. No entanto, o RGPD não prevê a aplicação de código de condutas para uma formulação individual, tal como a LGPD.[333]

---

[332] "*Article 41. Monitoring of approved codes of conduct. 1. Without prejudice to the tasks and powers of the competent supervisory authority under Articles 57 and 58, the monitoring of compliance with a code of conduct pursuant to Article 40 may be carried out by a body which has an appropriate level of expertise in relation to the subject-matter of the code and is accredited for that purpose by the competent supervisory authority*" (...) (União Europeia, 2016).

[333] Podem igualmente ser consideradas semelhantes as regras de boas práticas formuladas de modo individual na LGPD com as regras vinculativas aplicáveis às empresas (*binding corporate rules*) do artigo 47, do RGPD. Tanto isso pode ocorrer que além de receberem o termo "regras", o artigo 47 replica itens muito próximos ao contexto normativo do artigo 50, *caput*. No entanto, a leitura do considerando nº 110, do RGPD, é claro, ao direcionar essas regras às transferências internacionais de sociedades empresárias multinacionais ou que também tenham sede fora da UE. Vejamos teor do considerando: "Considerando 110. Os grupos empresariais ou os grupos de empresas envolvidas numa atividade econômica conjunta deverão poder utilizar as regras vinculativas aplicáveis às empresas aprovadas

Sendo assim, a sistemática dos Códigos de conduta do RGPD poderia ser apenas comparada às regras de boas práticas e de governança em privacidade formuladas por associações. Daí porque identifica-se no RGPD um procedimento rígido, detalhado, e até mais burocrático, notadamente em relação aos códigos de conduta que tiverem abrangência a mais de um Estado-Membro europeu.

Por outro lado, o Código de Condutas em vigor na União Europeia tem apresentado progresso em termos de resolução de conflitos na matéria de transferência internacional de dados, solução jurídica que indica caminhos à necessidade da LGPD em termos de conformidade ao RGPD. Aliás, o EU Cloud CoC apresenta inclusive soluções para transferências internacionais de dados por meio de um módulo de transferências de terceiros países no setor da tecnologia de nuvem pela forma "business to business" (B2B, provedor de serviços de nuvem atua como processador), avanço significativo diante das extensas discussões em torno da decisão Schrems II em matéria de transferência transfronteiriça à União Europeia e de aplicação do art. 46, do RGPD.

A LGPD, portanto, possui acervo normativo flexível, um modelo regulatório responsivo e abertura legal suficiente ao diálogo autorregulatório com RGPD e à expansão no âmbito internacional, a depender do regulamento a ser editado pela ANPD. A LGPD passaria de mero replicante legislativo a um potencial destinatário de dados pessoais na América Latina com conformidade às salvaguardas exigidas pelo art. 46, do RGPD.

A interpretação decorre porque o RGPD já é um regulamento, situação que pode vir ou não a ocorrer no caso da LGPD após a edição dos regulamentos de aplicação do artigo 50 e sobre transferência internacional. Contudo, considerando que o regulamento a ser estruturado pela ANPD terá viés multiparticipativo previsto em lei, ainda é possível pautar a aplicação do artigo 50 em uma supervisão responsiva, buscando soluções inovadoras em todos os pontos desafiadores à regulamentação.

---

para as suas transferências internacionais da União para entidades pertencentes ao mesmo grupo empresarial ou grupo de empresas envolvidas numa atividade económica conjunta, desde que essas regras incluam todos os princípios essenciais e direitos oponíveis que visem assegurar garantias adequadas às transferências ou categorias de transferências de dados pessoais" (tradução nossa) (União Europeia, 2016).

3.6 Estudo de caso: *European Union Data Protection Code of Conduct for Cloud Service Providers* (EUCloud)

A primeira experiência de autorregulação regulada na proteção de dados pessoais no âmbito europeu concretizou-se, oficialmente, em maio de 2021 em um dos setores tecnológicos de maior expansão tecnológica do século XXI: a computação em nuvem. A conformidade com o RGPD pela sistemática do artigo 40, do Regulamento Europeu, foi confirmada pelo Conselho Europeu de Proteção de Dados (EDPB) ao primeiro Código de Condutas em proteção de dados pessoais de provedores e de serviços em nuvem, denominado EU *Data Protection Code of Conduct for Cloud Service Providers* (*EUCloudCoc* ou EU *Cloud Code of Conduct*).

A computação em nuvem é um dos maiores ramos da tecnologia da informação sob demanda, sendo responsável por uma intensa movimentação, guarda e processamento de dados de escala mundial. Trata-se de um setor que opera em realidades mutantes, de constante evolução de suas funcionalidades, com demandas por garantias de respostas resolutivas e ágeis tanto na esfera operacional quanto jurídica.

Os serviços de nuvem funcionam na sistemática de demanda, ou seja, envolvem a contratação de serviços e de produtos em diversos países, em pequena, média ou larga escala, no âmbito público e privado, por pessoas físicas, jurídicas e transnacionais. Assim, lidam com um ambiente econômico e concorrencial dinâmico e complexo, cuja interrupção ou interferência na continuidade de seus serviços é capaz de inviabilizar uma cadeia (teia) extensa de produção, prestação e uso de serviços e de seus decorrentes. Tais características exigem autonomia e celeridade na condução desse modelo de negócio, sem comprometer padrões de segurança técnica, confiança e conformidade jurídica.

Em 2012, a Comissão Europeia, ciente dessas necessidades desse setor em expansão, adotou como estratégia promover iniciativas em torno da computação em nuvem em autoridades governamentais com auxílio da DIGIT,[334] figura de intermediação nesses serviços.

---

[334] No setor da computação em nuvem existe a figura de um facilitador. Ele é responsável pela intermediação entre os prestadores de serviços, produtos e os usuários por meio dos corretores chamados *brokers* (*Cloud Broker*). Na Europa, a DIGIT tem essa função e define soluções de aquisição que sejam adequadas aos objetivos e às necessidades do usuário. Essa aquisição pode se dar por meio de contratos ou de procurações (*framework contracts* ou *dynamic procurement system*, respectivamente) e visam assegurar a continuidade do serviço e o acesso ao mercado. No caso da Comissão Europeia, a DIGIT atua de forma

Em 2013, a Comissão convocou a indústria na figura da *Cloud Select Industry Group* com o objetivo de elaborar um Código, sendo o primeiro produto apresentado por um documento preliminar em 2014. Com o documento, o Grupo de Trabalho do artigo 29 e uma Assembleia de alguns prestadores envolvidos trabalharam por mais de quatro anos até levar à Comissão e a uma Autoridade de dados nacional a primeira versão do Código em 2019, resultando na aprovação final em maio de 2021, já sob a vigência do RGPD.

Diante da aprovação do Código de Condutas na forma do artigo 40 do Regulamento, foi conferido à SCOPE Europe ser o órgão independente de monitoramento e responsável por fazer um exame prévio dos serviços dos provedores que objetivem aderir ao EU Cloud e do seu respectivo cumprimento. Se a Scope concluir pela aprovação e adesão de um responsável de tratamento de dados, o serviço submetido à essa análise passa a ser monitorado e recebe um *Code's Compliance Marks*, como um selo de conformidade.

De adesão voluntária pelos subcontratntes, o EU Cloud é destinado para provedores de serviços em nuvem, de qualquer nacionalidade, que objetivem demonstrar, em atendimento ao artigo 28, do RGPD, que suas operações oferecem garantias apropriadas ao Regulamento. O Código, além de ser destinado à verificação legal a partir de características específicas do setor da computação em nuvem, contribui à confiança no setor e eleva os padrões de qualidade desses serviços atuantes no mercado europeu, principalmente por alcançar clientes de pequeno e médio porte e as administrações públicas.

O EU Cloud funciona de forma associativa em dois formatos: a) sendo provedor de serviço em nuvem como membro da associação (*general assembly member*); ou b) pessoas físicas e jurídicas que não sejam provedoras, mas que atuem e envidem esforços de apoio ao Código (associações, autoridades, escritórios de advocacia, ONGs). Estas ingressam como apoiadores (*general assembly supporter*). Para ambos, é necessária manifestação expressa da forma de adesão e o pagamento de taxas.

A participação tem um prazo inicial mínimo de 24 meses e exige uma avaliação preliminar à adesão para verificação do grau de conformidade pelos membros e da eleição de um entre os três níveis

---

interinstitucional como *broker* e na prestação dos demais serviços, como orientação arquitetônica (*architectural guidance*), controles de acesso, alertas e monitorização do serviço (União Europeia, 2019, p. 12-15).

de conformidade oferecidos pelo Código, de acordo com o método de verificação de conformidade adotado pelo provedor. Após a adesão, anualmente o Órgão de Fiscalização do Código verifica se persiste ou não o cumprimento dos requisitos, o que não retira a obrigação dos aderentes em notificar quaisquer ajustes e atualizações em seus serviços em nuvem. Após o período de 24 meses, é possível ao provedor de nuvem solicitar o cancelamento de sua associação, desde que o faça três meses antes do final do prazo renovado, de forma automática a cada ano (European Union Cloud Code Of Condute, 2023).

O Código prevê o cumprimento de um conjunto de requisitos por meio de um catálogo de controles (*Controls Catalogue*) que ajudam na avaliação dos requisitos do Código e à supervisão das operações pelo órgão de monitoramento (*Monitoring Body*) e pelas Autoridades de proteção de dados europeias. Aplica-se apenas a serviços de nuvem no modelo *business-to-business* (B2B) em que o provedor de serviços de nuvem (*Cloud Service Provider CSP*) atua como processador, figura que corresponde ao subcontratante no RGPD.[335] Logo, o Código não se aplica aos serviços "*business-to-consumer*" (B2C) nem a quaisquer atividades de tratamento para as quais o provedor seja o responsável pelo tratamento de dados. Os processadores passam a utilizar com seus clientes os termos e condições à adesão (*Cloud Services Agreement*).

No Brasil, o cenário não está definido, mas é promissor. A experiência europeia na autorregulação em proteção de dados é recente e progressiva, conquanto tenha percorrido um longo caminho até o desenvolvimento legislativo e prático. Isso oferece reflexões importantes aos desafios nacionais nessa aplicação, na medida em que demandará persistência até que o sistema brasileiro adquira a funcionalidade e seja aprovado o primeiro Código de Conduta com base no artigo 50, da LGPD. Para conquistar tal passo regulatório, será primordial debater, reunir esforços entre o regulador, o regulado e a sociedade civil, bem como um processo colaborativo e multiparticipativos entre os *stakeholders*.

---

[335] Para melhor descrever a figura do subcontratante no RGPD, utiliza-se a redação em inglês e a tradução: "*Article 4. Definitions. For the purposes of this Regulation: (...) (8) 'processor' means a natural or legal person, public authority, agency or other body which processes personal data on behalf of the controller;(...)*" Artigo 4. Definições. Para efeitos do presente regulamento, entende-se por: (...) (8) "subcontratante", uma pessoa singular ou coletiva, a autoridade pública, agência ou outro organismo que trate os dados pessoais por conta do responsável pelo tratamento destes (tradução nossa) (União Europeia, 2016).

3.7 Síntese conclusiva: a autorregulação na LGPD: do cenário internacional a uma realidade brasileira da proteção de dados pessoais

A previsibilidade, a confiança e a segurança não são conquistas espontâneas nas relações humanas, tampouco são na regulação. Elas dependem de um processo construtivo, horizontal e vertical, colaborativo entre as partes envolvidas e beneficiadas. Logo, em proteção de dados pessoais, opções regulatórias extremas, seja pela autorregulação baseada em autocontrole, seja pela centralidade regulatória subsidiada por sanções estatais, não beneficiam a aplicação da Lei e o zelo aos direitos fundamentais envolvidos.

A partir da compreensão de que o Estado precisa compartilhar a função regulatória na proteção de dados pessoais, fica mais nítida a razão pela qual o legislador sugere a transferência de espaços regulatórios ao regulado como instrumento essencial ao melhor cumprimento da lei.

A soma dos elementos e dos questionamentos que abalam a segurança jurídica dos institutos previstos no art. 50, da LGPD, encontrarão equilíbrio em uma supervisão regulatória estatal regulamentada. Enquanto esta for ausente, o cenário será o oposto. As regras de boas práticas e de governança em privacidade não devem seguir no texto legal como acessórios deontológicos ou como memorial descritivo de conformidade. Antes pode ocupar uma prioritária invocação sob o ponto de vista da política pública em proteção de dados pessoais, especialmente no setor público. São por isso ferramentas de auto expansão da lei, que multiplicam a cultura de respeito e zelo aos dados pessoais pela assimilação intrínseca e extrínseca e não pelo cálculo de uma futura reprimenda estatal.

Há, por isso, a indispensabilidade e não uma discricionariedade de envolvimento estatal nessas formulações, o qual deve ser prévio, regulamentado, prévio ao contexto de cálculo de sanções e do dano já estabelecido. Utilizar instrumentos autorregulatórios como meros atenuantes é esvaziá-los de seus desígnios normativos. Será na previsibilidade e na segurança jurídica dos atos da Autoridade reguladora que os destinatários dessa regra terão confiança e o estímulo necessários à consolidação da privatização da regulação (Bioni, 2022, p. 241).

Nesse contexto, para que o Brasil passe de telespectador do cenário internacional a líder de sua própria realidade na proteção de dados pessoais, tanto no setor público quanto no setor privado, não são necessárias reformas legislativas. Há soluções ao alcance do regulador, do intérprete e do operador jurídico que devem, cada qual com sua contribuição, alocar linhas concretas de projeção e construção para aplicar os institutos autorregulatórios previstos na LGPD, contribuição que se inicia no próximo capítulo.

PARTE III

PROJEÇÕES

CAPÍTULO 4

PROJEÇÕES À REGULAMENTAÇÃO DOS INSTRUMENTOS AUTORREGULATÓRIOS NA LGPD

4.1 Proposta de supervisão pela ANPD das regras de boas práticas e de governança em privacidade na LGPD

Verificadas as influências europeias e norte-americanas, suas nuances na LGPD quanto ao monitoramento e supervisão das regras de boas práticas e de governança à privacidade, passamos à análise das etapas de fiscalização e repressão em vigor na verificação de como estas poderiam ser aplicadas ao artigo 50 da lei.

O processo de fiscalização no âmbito da Autoridade Nacional prevê quatro etapas procedimentais: atividades de monitoramento, de orientação, de prevenção e de repressão, cujas finalidades são autoexplicativas: orientar, prevenir novos eventos de desconformidade e de reprimir as infrações à LGPD.[336]

---

[336] Nos termos da Portaria nº 16, de 2021: "Art. 15. A ANPD adotará atividades de monitoramento, de orientação e de prevenção no processo de fiscalização e poderá iniciar a atividade repressiva. §1º A atividade de monitoramento destina-se ao levantamento de informações e dados relevantes para subsidiar a tomada de decisões pela ANPD com o fim de assegurar o regular funcionamento do ambiente regulado. §2º A atividade de orientação caracteriza-se pela atuação baseada na economicidade e na utilização de métodos e ferramentas que almejam a promover a orientação, a conscientização e a educação dos agentes de tratamento e dos titulares de dados pessoais. §3º A atividade preventiva consiste em uma atuação baseada, preferencialmente, na construção conjunta e dialogada de soluções e medidas que visam a reconduzir o agente de tratamento à plena

O artigo 15 apresenta aos regulados o esquema base do processo de fiscalização da ANPD. Trata-se de um procedimento administrativo federal contínuo, progressivo e sistemático, com uma ordem predeterminada de trabalho: monitorar, orientar, prevenir, repreender e repetir desde o primeiro e assim por diante. Essa sequência de atos administrativos sinaliza ao regulado que o primeiro ato de fiscalização é o monitoramento, o qual independe da ocorrência específica de um incidente ou de uma denúncia para ser iniciado. Por óbvio que em caso de incidente ou denúncia a ordem se mantém, pois será necessário fazer um levantamento de informações sobre os eventos, proceder com as orientações e as medidas de prevenção até que haja uma decisão quanto ao cabimento de uma medida repressiva e seu respectivo cálculo.

Contudo, quando o monitoramento identificar um indício de infração, não suficiente à instauração imediata de um processo administrativo sancionador, deverá ser instaurado o chamado procedimento preparatório, que é o meio adequado para averiguar, de forma preliminar, os indícios da prática de infração nos termos do artigo 40 da Resolução.

O monitoramento é a função mais desafiadora e com múltiplas frentes de atuação.[337] Ela se desenvolve não apenas como um início ao processo de fiscalização, mas como um filtro de referências ao regulador de quais pontos devem ser direcionados à etapa da orientação.

---

conformidade ou a evitar ou remediar situações que possam acarretar risco ou dano aos titulares de dados pessoais e a outros agentes de tratamento. §4º A atividade repressiva caracteriza-se pela atuação coercitiva da ANPD, voltada à interrupção de situações de dano ou risco, à recondução à plena conformidade e à punição dos responsáveis mediante a aplicação das sanções previstas no artigo 52 da LGPD, por meio de processo administrativo sancionador" (Brasil, 2021c).

[337] Para o monitoramento, a Resolução prevê cinco atividades, dois instrumentos e um destes exerce também a função de relatar essas funções como forma de aprimorar as futuras ações e políticas regulatórias da ANPD a cargo da Coordenação-Geral de Fiscalização (CGF). As atividades de monitoramento são: a) planejar e subsidiar a atuação fiscalizatória com informações relevantes; b) analisar a conformidade dos agentes de tratamento no tocante à proteção de dados pessoais; c) considerar o risco regulatório em função do comportamento dos agentes de tratamento, de modo a alocar recursos e adotar ações compatíveis com o risco; d) prevenir práticas irregulares e fomentar a cultura de proteção de dados pessoais; e e) atuar na busca da correção de práticas irregulares e da reparação ou minimização de eventuais danos. Já os instrumentos de monitoramento são: o mapa de temas prioritários e o relatório de ciclo de monitoramento, sendo este último submetido ao Conselho Diretor ao final de cada ciclo com indicações às atuações regulatórias da ANPD, nos termos dos artigos 18 a 23, da Resolução CD/ANPD nº 1, de 2021. Por fim, cabe mencionar, como um produto dessas ações, o procedimento preparatório, o qual embora não seja uma atividade de monitoramento, é dele decorrente e é o procedimento pelo qual se efetuam as averiguações preliminares quando forem identificados indícios de prática de infração (Brasil, 2021d).

Monitorar indica um estado de alerta, de uma vigilância contínua, na verificação de se as atividades atendem ou não as condições e os padrões esperados na aplicação da LGPD. Monitorar não equivale a uma mera observação do ambiente regulatório ou ao rastreamento de operações de dados com possíveis ilicitudes. Antes, trata-se de uma verificação global de padrões, de movimentos regulatórios, de reações em torno da aplicação da LGPD no país, de identificação de obstáculos à implementação ou de causas indiretas de descumprimento normativo.

Já a supervisão, enquanto atividade do regulador (privado e público), tem um âmbito mais específico de exame. Enquanto o monitoramento avalia o ambiente externo de modo geral, a supervisão possui um viés de controle na adoção de ações direcionadas de correção e de prevenção ao descumprimento. Todavia, a supervisão, enquanto mecanismo interno (artigo 50, *caput* e §2º, inciso I, alínea "f") e externo (artigo 50, §2º, inciso I, alínea "f"), trabalha com a gestão de riscos, com processos de auditoria interna e externa, com o *compliance*, com o programa de governança em privacidade e na aplicação das regras de boas práticas.

Aliás, é curioso notar que a LGPD utiliza os termos monitoramento e supervisão apenas no artigo 50. Por outro lado, prevê como funções da ANPD as ações de monitorar, reconhecer e publicar, sem, porém, determinar, expressamente, uma fiscalização pela autoridade. Já na Resolução, a ação de monitorar vem regulamentada como aplicável a toda extensão da LGPD, ainda que a Lei tenha apenas sido expressa no artigo 50. Logo, os termos "monitoramento", "orientação", "controle", mesmo sem previsão literal em outros dispositivos da LGPD, devem se aplicar como etapas do processo administrativo sancionador como integrantes da atividade regulatória como um todo da ANPD.

Nota-se, nesse prisma, que o artigo 50 sugere aos agentes de tratamento exemplos desses mecanismos de monitoramento e de supervisão, tais como as ações educativas, as capacitações e o dever de manter suas regras atualizadas. O processo constante de reformulação e de readequação às nuances comportamentais do setor, do mercado, das tecnologias e dos titulares de dados pessoais igualmente demandam esse processo, sem prejuízo dos relatórios autodeclarativos dos agentes de tratamento. Esses relatórios, além de servirem como prova de supervisão interna, expressam o comportamento virtuoso do regulado a merecer uma boa resposta regulatória (Aranha, 2021, p. 143).

Desta forma, no curso das atividades de monitoramento, destinada ao levantamento de informações relevantes quanto ao ambiente regulado, verifica-se a oportunidade de eliminar os aspectos referidos anteriormente quanto à assimetria informacional entre regulado e regulador. Ademais, é uma oportunidade de demonstrar, por meio dos relatórios, à ANPD as medidas adotadas e a correção proativa antes de eventual advertência pela autarquia ou de que haja a admissibilidade de registro de uma reclamação recebida ao longo do ciclo de monitoramento.

A Resolução CD/ANPD nº 1, de 2021, não é expresso quanto fluxo informacional no processo de fiscalização. No entanto, é altamente recomendado que a equipe responsável pelo monitoramento esteja em contato constante com a Ouvidoria da ANPD, órgão seccional que detém a competência para receber informações, denúncias, reclamações, sugestões, solicitações de providências, além de ser o órgão da autarquia responsável por coordenar, orientar, executar e controlar as atividades do serviço de informação ao cidadão, nos termos do artigo 14, da Portaria ANPD nº 1, de 2021 (Brasil, 2021a). Dito de outra forma: enquanto a Ouvidoria exerce a função administrativa de monitoramento passivo, a Coordenação-Geral de Fiscalização (órgão responsável pelo monitoramento) exerce a função de monitoramento ativo na implementação da LGPD. Logo, é salutar a criação de um fluxo de trabalho entre elas para alinhar os resultados desses órgãos tão relevantes e com isso otimizar e aprimorar essas missões dentro da ANPD.

Na aplicação de uma linha responsiva fiscalizatória, as bases mais largas da pirâmide englobam atividades com participação mais intensa do regulado. São fases que envolvem o monitoramento, a prevenção e a orientação, sendo a maior delas a primeira etapa em que o regulado inicia a prestação de contas dentro do processo administrativo, isto é, quando ele deverá demonstrar a licitude dos procedimentos internos de tratamento dos dados por meio de instrumentos eletrônicos, digitais e do acervo documental (por mídias, meios físicos e digitais). Em contrapartida, na menor base está a etapa de aplicação das sanções (que são igualmente escalonáveis), fase em que a participação do regulado é voltada ao exercício de sua defesa e ao adimplemento das obrigações de fazer e de pagar.

Outro alinhamento importante reúne a supervisão e o *enforcement* na conjugação entre as funções(deveres) do regulador no processo fiscalizatório e sancionador e os deveres do regulado. Para tanto, combinam-se as etapas previstas no artigo 15 aos deveres dos agentes de tratamento previstos nos artigos 5º e 6º, abaixo esquematizados sob uma ótima responsiva, partindo da função mais interventiva à menos interventiva:

Quadro 7 – Etapas do *enforcement* responsivo na ANPD: deveres do regulador *versus* deveres do regulado

ETAPA	DEVER DO REGULADOR	DEVER DO REGULADO
Repressão	• aplicação do artigo 52 da LGPD, e de medidas repressivas por obstrução fiscalizatória.	• adimplemento e cessação do ilícito.
Orientação	• utilização de métodos e ferramentas que almejam promover a orientação, a conscientização e a educação dos agentes de tratamento.	• disponibilizar, sempre que requisitado, representante apto a oferecer suporte à atuação da ANPD.
Prevenção	• aplicação de soluções e medidas que visam reconduzir o agente de tratamento à plena conformidade ou a evitar ou remediar situações que possam acarretar risco ou dano aos titulares de dados pessoais e a outros agentes de tratamento.	• submeter-se a auditorias realizadas ou determinadas pela ANPD.
Monitoramento	• levantamento de informações e dados relevantes para subsidiar a tomada de decisões pela ANPD com o fim de assegurar o regular funcionamento do ambiente regulado.	• fornecer cópia de documentos, físicos ou digitais, dados e informações; • permitir o acesso às instalações, equipamentos, aplicativos, facilidades, sistemas, ferramentas e recursos tecnológicos. • não obstruir a fiscalização da ANPD.

Fonte: elaborado pela autora.

Como demonstrado no capítulo anterior, as teorias regulatórias, mesmo que divergentes em pontos específicos, convergem quanto à importância de uma regulação (seja de natureza pública, seja privada, seja híbrida) escalonada de sanções e que prime pela transparência quanto aos critérios de aplicação ao destinatário da norma. Devem estar claras a qual grau de sanção as ações de desconformidade estarão submetidas. Esse escalonamento é educativo quanto ao propósito da norma, pois exalta o bem jurídico relevante ao sistema regulatório, além de imprimir a referência de que, quanto maior for o distanciamento da Lei, mais severa será a resposta regulatória. Ainda, serve proporcionalmente de estímulo ao atendimento normativo por medidas de melhor cumprimento, diante do temor do regulado em arcar com a sanção mais severa prevista nesse sistema.

Verifica-se, pois, que as sanções repercutem em três frentes. No eixo base, atendem o necessário cumprimento do dever de proteção suficiente do titular dos dados pelo Estado (Sarlet, 2003, p. 88). Por outra face, induzem, de forma prévia, a observância da norma e atraem a atenção aos procedimentos de segurança envolvidos no tratamento dos dados pessoais. E, pela outra, informam à coletividade acerca das respostas estatais às ações e omissões contrárias ao zelo do direito fundamental, além de fornecerem critérios de seletividade na contratação de produtos e de serviços para recuperação da confiabilidade da Lei.

A transparência também serve de garantia ao regulado, na previsibilidade dessas ações fiscalizatórias, sem prejuízo da motivação e da explanação das consequências práticas, jurídicas e administrativas de suas decisões (Justen Filho, 2018, p. 13-15), o que permite, na hipótese de sanção, o direito ao contraditório e à oposição (acesso para reconhecer e reagir) (Ávila, 2021, p. 318) ao conteúdo decisório propriamente dito e às métricas na dosimetria aplicadas pela Autoridade no caso concreto (Hahn, 2022, p. 224).

Ian Ayres e John Braithwaite argumentam que a regulação responsiva avalia a aplicação de sanções como uma grande arma benigna (*the benign big gun*) pelo chamado "*tit-for-tat strategy*" (TFT)[338] *enforcement*. Ou seja, se houver a expectativa de que há a possibilidade de uma punição elevada ou a um modelo episódico (*super-punishments*

---

[338] Cumpre observar que a obra de 1992 é baseada em estudos empíricos, tal como ocorreu com a obra já citada de John Braithwaite publicada em 1985. Desse modo, há uma diversidade de ideias associadas à regulação responsiva, como a teoria dos jogos e o dilema do prisioneiro mencionadas no Capítulo 2. Esse dilema mostra que uma estratégia de execução TFT irá (provavelmente) estabelecer uma cooperação mutuamente benéfica, sob suposições do que cada ator regulado acredita que será cumprido nos contextos regulatórios. Nesse sentido, o TFT significa que o regulador se abstém de uma resposta dissuasiva, enquanto e se o regulado demonstra cooperação. Contudo, se o regulado demonstrar uma postura não cooperativa ao regulador, se for desleal à conformidade, haverá uma mudança da resposta dissuasiva do regulador na ordem do "olho por olho" ou da "mesma moeda". Ou seja, o TFT significa respostas estatais às ações de descumprimento em um mesmo grau de força como uma medida de equalização entre elas. Isso revela que a regulação responsiva caracterizava-se por uma abordagem de análise aos enfrentamentos regulatórios a partir da observação das ações no ambiente regulatório (Ayres; Braithwaite, 1992, p. 19-21).

e *vindictive tit-for-tat*),[339] é possível persuadir a uma conformidade racional. Em acréscimo, a TFT nutre expectativas de responsabilidade social pelo incentivo de cooperação do próprio regulado que mais positivamente responder ao cumprimento a dispensar os mecanismos de intimidação.

Bruno Bioni (2022, p. 148) demonstra como aplicar as sanções previstas no artigo 52 da LGPD, a partir da leitura desse dispositivo de Mirian Wimmer (2020, p. 383). A autora defende que há uma escala de sanções. Inicia-se pelas mais leves, seguidas das moderadas até as mais gravosas, com a proibição de utilização, tanto parcial quanto total, das atividades relacionadas ao tratamento dos dados. Miriam Wimmer (2020, p. 383) enfatiza que o cenário de aplicação do *enforcement* é complexo e fragmentado, o que demanda dos envolvidos no processo de aplicação regulatória ferramentas hermenêuticas, mecanismos de cooperação e a articulação de competências sempre a partir de cada caso concreto.

A aplicação piramidal das sanções não faz ressalvas quanto à natureza regulatória, se privada, pública ou híbrida, razão pela qual o processo de fiscalização e de sanções também deve considerar o escalonamento às práticas autorregulatórias do artigo 50 da LGPD, com um acréscimo quanto à minoração de eventual pena aplicada. Assim, embora os códigos de conduta não possam assegurar uma solução permanente aos problemas de monitoramento de conformidade e de cumprimento em cada contexto organizacional, eles asseguram um maior controle da função regulatória, do cumprimento interno e de uma aplicação sancionatória mais branda e escalonada em caso de descumprimento.

Desses procedimentos fiscalizatórios, extrai-se um modelo padrão de como o regulador público aplica e exerce o controle regulatório, o que, por simetria, oferece um parâmetro de fiscalização quando há o compartilhamento das funções regulatórias entre o formulador e a autarquia. Aplicar-se-iam as etapas (monitoramento, orientação, prevenção, repressão), os métodos de diagnóstico de problemas de cumprimento pelo monitoramento com atividades, os instrumentos de supervisão (mapas prioritários de atuação e ciclos de avaliação) e

---

[339] Os autores entendem que essa forma de resposta não se validaria dentro do setor público, pois uma resposta com feição vingativa nesse âmbito seria capaz de impulsionar conflitos e minar a legitimidade do Estado e, ao fim, desincentivaria comportamentos voluntários de cumprimento normativo (Ayres; Braithwaite, 1992, p. 43).

os relatórios para revisão autorregulatória, sem prejuízo de outros elementos no futuro regulamentado do artigo 50 da LGPD.

Ademais, as regras de boas práticas, uma vez aprovadas, implicam um processo de adequação a essas regras de cumprimento, aos procedimentos de avaliação interna e de monitoramento. Por isso, essas regras devem prever uma sistemática discriminada de quais são as atividades de monitoramento, quais os instrumentos serão utilizados, as metodologias, a periodicidade, a demonstração de cumprimento (*accountability*).

A opção por uma aplicação simétrica do processo de fiscalização significa que a Autoridade aplica um controle geral e isonômico aos agentes de tratamento, tendo em vista que o que a LGPD prevê é que sejam consideradas as ações positivas dos agentes no procedimento, e não que o procedimento em si será dispensável. Assim, os agentes de tratamento que não empreguem esse método autorregulatório, e aqueles que tenham regras de boas práticas aprovadas, sujeitam-se, da mesma forma, à Resolução nº 1, de 2021.

No entanto, considerando que o artigo 50 terá um regulamento, deverá ser ponderado e avaliado se algumas das fases do processo de fiscalização poderiam ser dispensadas. Por exemplo, deverá se verificar até que ponto se aplicam as medidas de orientação, medidas educativas aos agentes de tratamento que já tenham regras de boas práticas reconhecidas pela ANPD. Isso porque o próprio artigo 50 permite que os formuladores adotem essas ferramentas em suas regulamentações, as quais, uma vez previstas, tornam-se repetitivas e desnecessárias no curso da fiscalização.

Ilustrando esses fundamentos em um ciclo de supervisão, desde a formulação das regras de boas práticas pelos agentes de tratamento até o momento de novas revisões após o reconhecimento (supervisão externa pela análise de suficiência regulatória a ser analisada no item 4.2), apresenta-se a seguinte proposta:

Figura 7 – Ciclo de supervisão das regras de boas práticas e de governança em privacidade pela ANPD

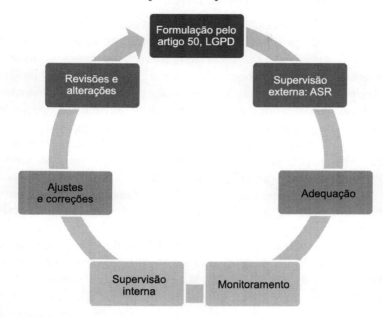

Fonte: elaborado pela autora.

Verifica-se, no esquema proposto de supervisão, que o fato de as regras de boas práticas serem um instrumento regulatório implica uma dupla supervisão. Uma externa, prevista no artigo 50, §3º da LGPD, por meio de um procedimento administrativo a ser regulamentado pela ANPD, e outra interna, enquanto consequência prática do exercício regulatório. Além disso, as revisões e alterações promovidas nas regras já reconhecidas deverão ser submetidas à nova apreciação da ANPD, frente ao dever de atualização das regras do mesmo parágrafo e em atenção à engrenagem da função regulatória ilustrada neste capítulo.

Por fim, cumpre esclarecer que as boas práticas que forem formuladas e publicadas pelos agentes de tratamento, mas que não tenham sido reconhecidas pela ANPD, seja por não terem sido submetidas ao seu crivo, seja por terem seu reconhecimento negado pela autoridade, não serão regras de boas práticas. De tal forma que o que torna o artigo 50 uma realidade aos agentes de tratamento será apenas a partir do ato administrativo da ANPD, realizado na forma do regulamento em vigor, que reconhecer e publicar essa formulação.

4.2 Análise de suficiência regulatória (ASR): um direito decorrente do art. 50, da LGPD

Os prejuízos ao ser humano decorrentes do uso indiscriminado de dados pessoais justificam a intervenção regulatória estatal a limitar o uso público e privado por meio de regras fixadas pelo legislador e regulamentadas pelo ente regulador definido em lei. Ao impor limites ao setor público, reduz-se ao mínimo a discricionariedade e, no caso do setor privado, são impostas restrições à livre iniciativa, à liberdade de exercício da atividade econômica, com vistas a salvaguardar a privacidade, a intimidade, a dignidade e a autodeterminação humanas, até que fosse expresso o direito à proteção de dados pessoais como direito fundamental e garantia fundamental.

Ao mesmo tempo em que a LGPD ingressou no ordenamento jurídico no intuito de melhor tutelar um dos direitos fundamentais mais relevantes do século XXI, também serviu para alocar e recepcionar juridicamente a utilização dos dados pessoais, atribuindo ao regulador a ponderação de limites legais para que estes não representem a inviabilidade jurídica da própria atividade dos agentes de tratamento. Além disso, a lei previu instrumentos de uso facultativo pelo regulado como uma forma de melhor atender tanto o interesse de controle como o de adequação legislativa.

No Capítulo 3, defendeu-se por isso que o art. 50, §3º, não poderia ter deixado ao crivo discricionário da ANPD reconhecer ou não essas formas de regulação pelo regulado, razão pela qual o legislador melhor teria previsto que as regras formuladas com fulcro no art. 50 seriam passíveis de reconhecidos, desde que atendidas as proteções estabelecidas pela lei nacional. Vale dizer: os agentes de tratamento têm o direito de submeter as regras de boas práticas e de governança em privacidade à ANPD a partir de um regulamento que tornem claras as regras/procedimentos dessa análise. Consequentemente, o art. 50 prevê uma faculdade ao agente de tratamento, mas uma vez assim exercida essa faculdade, é direito do agente ter sua formulação analisada pela ANPD quanto ao atendimento ou não aos preceitos da LGPD.

Nesse cenário regulatório, para harmonizar a intervenção estatal à continuidade das atividades públicas e privadas, é preciso que o regulador, ao aplicar um instituto da lei, tenha critérios que verifiquem o impacto de suas decisões sem desconfigurar a finalidade do instituto regulamentado.

Aplicadas essas considerações ao tema dos instrumentos autorregulatórios da LGPD, deparou-se com uma lacuna quanto à qual seria a denominação do procedimento responsável por avaliar a qualidade e a suficiência regulatória das regras e programas produzidos pelos agentes de tratamento a partir do art. 50. Desta forma, tendo em vista não ser atribuição discricionária do ente regulador como demonstrado no Capítulo 3, propõe-se, a partir de outros instrumentos já contidos no ordenamento jurídico quanto à atuação do Estado como agente normativo nos termos do inciso IV do *caput* do art. 1º, do parágrafo único do art. 170 e do *caput* do art. 174, da CF, o emprego da expressão análise de suficiência regulatória, ou ASR.

A terminologia baseia-se na disciplina da Lei nº 13.874/2019 e do Decreto nº 10.411/2020 e visa guardar correspondência a outros instrumentos de avaliação quantitativa e qualitativa regulatória, quais sejam, a análise de impacto regulatório (AIR) e a avaliação de resultado regulatório (ARR). E por ser forma oposta à avaliação que considera os resultados e impactos da regulação no ambiente de destino, optou-se pela análise tal como a AIR, inclusive no que tange à lógica regulatória *ex ante*. Isto é, a análise regulatória funciona como filtro prévio de introdução operacional no ambiente regulatório.

Portanto, o artigo 50, §3º, ao ser regulamentado, deverá prever o procedimento administrativo no âmbito da ANPD por meio do qual a autoridade realizará a análise de suficiência regulatória (ASR) das regras de boas práticas ou dos programas em privacidade que visem adquirir legitimidade e o *status* normativos por meio do reconhecimento e publicização pública. Sendo positiva a ASR pela Autoridade, dada a respectiva publicização da decisão administrativa, abre-se ao agente de tratamento autorização operacional, bem como a possibilidade de expansão do Código aprovado, por meio de adesões voluntárias, a outros agentes de tratamento congêneres.

No que tange à viabilidade de submissão à ANPD, defende-se, frente ao lapso temporal já decorrido entre a publicação até a (futura) aprovação do regulamento pela ANPD, em atendimento ao princípio da segurança jurídica e à justa expectativa dos agentes de tratamento que já elaboraram suas regras de leitura da LGPD ao exercício de suas atividades de tratamento de dados pessoais, a possibilidade de submissão à ANPD, independentemente de a implementação já estar concretizada ou não, ainda que isso inverta a lógica *ex ante*.

Essa possibilidade, contudo, deverá ser objeto de uma regra de transição que delimite temporalmente essa possibilidade, de modo a evitar que Códigos elaborados após a publicação do regulamento subvertam indevidamente a lógica *ex ante*.

Logo, é bastante provável que o primeiro Código (de regras) de boas práticas confeccionado a partir do art. 50 da LGPD já esteja em operação e apenas na espera de legitimação e validação pública. Consequentemente, haverá um período que o art. 50 enfrentará uma inversão lógica à autorregulação regulada em que o contato operacional da autorregulação condicionado ao crivo regulatório se dará em momento posterior e não prévio ao seu funcionamento e aplicação.

4.2.1 A concretização da normatividade autorregulatória pela ASR

Os aspectos regulatórios até aqui examinados acerca da formulação das regras pelos agentes de tratamento no tratamento de dados pessoais no Brasil evidenciam o quanto o reconhecimento ou não dessas formulações pela ANPD pode impactar a expansão, a legitimidade, a segurança jurídica e o *enforcement* da autorregulação.

A LGPD permite ao intérprete traçar características do reconhecimento pela ANPD dos instrumentos regulatórios do artigo 50 e de definir, preliminarmente, o que os agentes de tratamento podem esperar do futuro regulamento sobre o tema.

A preocupação com essas escolhas inquieta o operador jurídico, mas também o legislador. O resultado são três projetos legislativos que visam alterar o art. 50, da LGPD, diante da estagnação autorregulatória da LGPD. Seja pelo futuro regulamento ou pela alteração legislativa para procedimentalizar as regras de boas práticas e de governança, a função regulatória deverá voltar sua atenção às questões procedimentais, aos critérios e às condições de avaliação no âmbito da Autoridade.

O ponto nodal é a competência discricionária da Autoridade Nacional prevista na redação atual do parágrafo terceiro do artigo 50 e que carrega uma análise fundamental regulatória. A partir do exame da autarquia, será conferida a natureza constitutiva que distingue o que são "boas práticas" de "regras de boas práticas e de governança", ou seja, atos internos de atos normativos.

O verbo "reconhecer" impõe à Autoridade que torne público esse ato administrativo quanto ao conteúdo produzido pelos regulados, com a garantia de que as regras produzidas pelos agentes de tratamento sobre a LGPD preservam, de forma suficiente e adequada, o direito fundamental à proteção de dados pessoais, bem como que as atividades de tratamento regidas por estas regras caminharão em conformidade com os parâmetros legais. Daí designar o procedimento de reconhecimento ou não das regras de boas práticas e de governança como a análise de suficiência regulatória (ASR).

A ASR é, como adiantado, a formalização da análise da autoridade competente sobre o teor das regras de boas práticas e de governança quanto à proteção suficiente nas operações de tratamento que estão em curso ou que irão se iniciar. É a confirmação de que a leitura particular da Lei está equivalente ao que o legislador disciplinou e ao que a própria Autoridade, se regulamentasse a atividade específica, igualmente asseguraria.

O conceito é harmônico com a LGPD, que prevê, no artigo 35, §5º, a adequação das operações de tratamento com as garantias suficientes. Isto é, o uso de dados de observância dos princípios gerais de proteção e dos direitos do titular por meio de medidas técnicas e organizacionais seguras e transparentes.

A denominação do ato de reconhecimento da ANPD dos instrumentos autorregulatórios de análise de suficiência regulatória concretiza uma leitura sistemática entre os Capítulo V e o Capítulo VII, diante dos pontos em comum entre os mecanismos de adequação constantes nesses capítulos, como a adoção de regras não estatais de adequação pela centralidade dos instrumentos autorregulatórios e a existência de uma terceira figura regulatória, que são entidades de cumprimento ou organismos de certificação. Além disso, o conceito de ASR conjuga outras concepções importantes da ação regulatória que são: a) a análise de impacto regulatório (AIR), prevista no artigo 55-J, §2º, a cargo da ANPD; b) a avaliação de resultado regulatório (ARR) a partir da competência prevista no artigo 55-J, inciso XIII;[340] c) o de relatório de impacto à proteção de dados pessoais (RIPP) exigível do controlador pela Autoridade, nos termos do artigo 38, parágrafo único (Brasil, 2018a).

---

[340] A Resolução CD/ANPD nº 5, de 13 de março de 2023, aprovou a agenda de Avaliação de Resultado Regulatório (ARR) e a conceituou como instrumento de planejamento, que visa conferir maior previsibilidade e transparência para a atividade regulatória com a divulgação dos instrumentos regulatórios avaliados em um determinado período. Pela Resolução, foi fixado o período de 2023 a 2026 e indicados dois atos normativos: a Resolução CD/ANPD nº 1, de 2021 e a Resolução CD/ANPD nº 4, de 2023 (Brasil, 2023c). O ARR e o AIR estão previstos no Decreto nº 10.411, de 30 de junho de 2020, no artigo 5º da Lei nº 13.874, de 20 de setembro de 2019 (lei que institui a Declaração de Direitos de Liberdade Econômica) e no artigo 6º da Lei nº 13.848, de 25 de junho de 2019 (Lei das Agências Reguladoras).

Apresentadas as razões conceituais do ato administrativo de análise dos instrumentos autorregulatórios em proteção de dados pessoais sujeitos à validação pela Autoridade Nacional, cumpre verificar como concretizar esse procedimento. Para tanto, serão cotejadas duas propostas regulatórias. A primeira, por meio da regulamentação do artigo 50, §3º, da LGPD pela ANPD. A segunda, por iniciativas legislativas que visam acrescer dispositivos à sistemática atual do artigo 50, o que, entre outras alterações, transformaria a competência discricionária da ANPD em uma competência vinculada (ASR).

4.3 Proposta regulamentar: a regulamentação do artigo 50, §3º, da LGPD

Como exposto no Capítulo 3 e ao longo deste último capítulo, as matérias objeto de regulamento pela Autoridade submetem-se a um processo composto por oito etapas subsequentes, descritas no artigo 4º, da Portaria ANPD nº 16, de 2021. São elas: inclusão na agenda regulatória, projeto de regulamentação, AIR, consulta interna, consultas públicas à sociedade, análise jurídica, deliberação pelo Conselho Diretor e ARR.[341] Consta, ainda, no citado normativo, a tomada de subsídios (integrante das etapas acima descritas) e a possibilidade de acréscimo de outros procedimentos internos, como a realização de estudos técnicos preliminares e o levantamento de necessidades de elaboração regulamentar realizados pela ANPD a qualquer tempo (Brasil, 2021c).

Considerando que essas etapas constituem o modelo procedimental atual de criação da regulamentação estatal da LGPD e o artigo 50 oferece atos com força normativa, é medida simétrica adaptar o modelo regulamentar da ANPD ao procedimento de reconhecimento da regulação privada no seguinte esquema comparativo:

---

[341] Importante referir que a EC nº 109, de 15 de março de 2021, acrescentou ao artigo 37 o parágrafo 16º para determinar que a Administração Pública realize a avaliação e a divulgação dos resultados de suas políticas públicas. O dispositivo reforça a importância de uma atuação regulatória pautada em sua finalidade e instrumentalidade. Daí porque Marcio Iorio Aranha (2021, p. 114) defende a aplicação do princípio da instrumentalidade das técnicas regulatórias. Segundo o autor, a partir dessa inclusão constitucional, o legislador e o regulador receberam um dever constitucional em eleger "técnicas regulatórias capazes de efetivamente atrair o regulado para uma conduta regular de conformidade, como resultado maior de qualquer atuação regulatória". Desta forma, a avaliação de resultados descrita no artigo 37, §16º, entre os quais está a espécie ARR, recebeu significativa importância no cenário regulatório nacional, o que inclusive poderá resultar, no futuro, em uma revisão de sua extensividade e aplicação atualmente definida no Decreto nº 10.411, de 2020.

Quadro 8 – Comparativo procedimental do artigo 50 da LGPD

ETAPAS DA REGULAÇÃO PÚBLICA	ETAPAS SUGERIDAS À AUTORREGULAÇÃO
	FASE PRÉVIA À ASR
agenda regulatória	tomada de decisão, devidamente documentada, dos legitimados na formulação de instrumentos do artigo 50
projeto de regulamentação	projeto de Código de Condutas (regras de boas práticas) ou projeto de Programa de Governança em Privacidade
AIR	relatório de impacto à proteção de dados pessoais (RIPDP) e AIR
consultas internas	associações deverão demonstrar a aprovação na forma do Estatuto
	ETAPAS DA ASR
x	apresentação pedido administrativo de submissão
x	submissão à Coordenação-Geral de Normatização submissão à Coordenação-Geral de Fiscalização
consultas públicas à sociedade	consulta pública ou tomada de subsídio
análise jurídica pela PFE-ANPD[342]	análise jurídica pela PFE-ANPD
deliberação pelo Conselho Diretor	deliberação pelo Conselho Diretor
pedido de reconsideração	adequação ao projeto
deliberação final pelo Conselho Diretor	deliberação final pelo Conselho Diretor
Publicação no DOU	publicação no DOU e veículos de mídia solicitante
x	implementação e abertura à adesão
avaliação do resultado regulatório	avaliação do resultado regulatório

Fonte: elaborado pela autora.

---

[342] A Lei nº 14.460, de 2022, de conversão da MP nº 1.124, de 2022, que transformou a ANPD em autarquia de natureza especial, acrescentou ao artigo 55-C, no inciso V-A, a criação da Procuradoria na ANPD, órgão a ser incluído na Procuradoria-Geral Federal integrante da Advocacia-Geral da União (Brasil, 2022i).

Recebido o pedido de submissão ao trâmite do art. 50 e de ASR, o órgão realizará uma verificação prévia de admissibilidade, no qual será considerada o cabimento de submissão e qual rito administrativo seguirá, se o ordinário na forma acima sugerida ou se a proposta não causa impacto e permite uma análise sumária, se cabe dispensa de AIR, se a análise apenas interna na ANPD atende a ASR para futura publicação.

Verificada a aplicação do rito ordinário, seguir-se-á a análise de impacto regulatório (AIR) da mesma forma como ocorre com os demais regulamentos editados pela Autoridade por força do artigo 55-J, §2º, exame que serve também como uma forma de coleta de informação e de subsídios ao exame final de suficiência regulatória pelo CD.

No que se refere à exigência de AIR dos formuladores, e diante da ausência de regulamento desse tema pela ANPD, utilizam-se as conceituações e os procedimentos previstos no Decreto nº 10.411, de 2020.

O artigo 4º desse Decreto prevê as hipóteses em que o AIR pode ser dispensado por decisão fundamentada e publicada. Assim, na hipótese de as regras de boas práticas terem baixo impacto, essa análise não seria exigível. Por baixo impacto, consideram-se aquelas regras que não provoquem aumento expressivo de custos para os agentes econômicos ou para os usuários dos serviços prestados e que não repercutam de forma substancial em políticas públicas de saúde, de segurança, ambientais, econômicas ou sociais, na forma do artigo 2º, inciso II, letras "a" e "b" (Brasil, 2020b).

Bruno Bioni (2022, p. 244) defende que as regras de boas práticas do artigo 50, os Códigos de Conduta, e os selos previstos no artigo 33, inciso III, letra "d" da LGPD, devem ser submetidos ao escrutínio público para que haja a constatação de eventual conflito de interesse quanto às normas formuladas. A ideia é que, mesmo que associações representem categorias, sindicatos, organizações, ainda subsiste a necessidade de verificar eventual interesse da mesma categoria representada que não integre aquela associação, o que justifica uma maior publicidade de forma prévia à submissão da análise final pela ANPD. Essa lógica, por outro lado, não parece ser aplicável às regras de boas práticas formuladas individualmente em que não há coletividade considerada, mas apenas envolvem interesses individualizados.

O artigo 50, como referido, enfatiza as obrigações de monitoramento e supervisão dos agentes de tratamento, bem como sublinha a atuação precaucionária por esses responsáveis. Esses fatores acarretam uma dupla avaliação quanto ao impacto da formulação privada. Ou seja, os controladores deverão apresentar um relatório de impacto à proteção de dados pessoais (RIPDP), conceituado no artigo 5º, inciso XVII,[343] e exigível também nas hipóteses de tratamento de dados fundado no legítimo interesse, no uso de dados pessoais sensíveis, conforme preveem os artigos 10, §3º, e 38.

Já no âmbito decisório, segundo o Regimento Interno da autarquia, a Portaria nº 1, de 2021, compete ao Conselho Diretor, entre outras competências, reconhecer as regras de boas práticas e de governança relacionadas ao tratamento de dados pessoais, o qual poderá atribuir a seus órgãos internos atividades afins, no âmbito de suas respectivas competências, nos termos do artigo 5º, inciso VII e parágrafo único. A Portaria ainda determina que o CD irá designar por sorteio um relator, o qual irá apresentar seu voto e submeter à análise dos demais Diretores. Antes da manifestação de voto, no entanto, cada Diretor poderá requisitar informações, solicitar a produção de provas e a entrega de documentos por pessoas, órgãos, autoridades e entidades públicas ou privadas relacionados ao exercício de suas atribuições, resguardado, se necessário, do sigilo legal. Será também possível a determinação de diligências que os Diretores entendam necessárias no processo administrativo. Além disso, por meio de despacho fundamentado, o Relator poderá requerer a emissão de parecer jurídico sobre a formulação apresentada (Brasil, 2021a).

Abordados os elementos de um cenário procedimental possível à aplicação das regras de boas práticas enviadas ao reconhecimento da ANPD, resta examinar as características[344] quanto ao momento, quanto à natureza, quanto aos efeitos e a nomenclatura do ato que reconhece ou não a formulação para todos os fins da lei e obtenção de aplicabilidade geral.

Quanto ao momento, questiona-se se a análise dos órgãos da ANPD deveria ser prévia ou posterior às etapas procedimentais de consulta pública. Por um lado, caso seja prévia, a ANPD analisaria

---

[343] Artigo 5º. (...) XVII – relatório de impacto à proteção de dados pessoais: documentação do controlador que contém a descrição dos processos de tratamento de dados pessoais que podem gerar riscos às liberdades civis e aos direitos fundamentais, bem como medidas, salvaguardas e mecanismos de mitigação de risco (Brasil, 2018a).

[344] Tendo em vista que a classificação, a conceituação dos atos administrativos sofre intensa e longa variação em virtude da diversidade de critérios adotados na doutrina administrativista (Moreira Neto, 1989, p. 113), não se ingressará nessa discussão, mas tão somente se adotarão as classificações de doutrinadores já referidos nesta pesquisa e com o intuito de oferecer maior clareza e didática quanto às características da decisão da ANPD a partir dos regulamentos já expedidos pela autarquia.

um documento sem conhecimento quanto à resposta social, quanto à eventual conflito regulatório ou concorrencial, da existência de algum interesse subjacente ao texto levado à apreciação da autoridade. Isso poderia se mostrar como uma alternativa contraproducente, na medida em que novas informações seriam solicitadas e delongariam o processo administrativo. Ademais, preceder a decisão à consulta contraria a matriz responsiva, afinal, a Autoridade não levaria em consideração as manifestações e participações dos envolvidos, especialistas e interessados.

Por outro lado, se a análise for posterior, o processo administrativo contará com os subsídios, as informações coletadas pela AIR e pela consulta pública, com um arcabouço informacional maior, participativo a legitimar e corroborar as conclusões dos Diretores. Também permitiria uma decisão sumária de indeferimento, caso haja violação a regras concorrenciais, por exemplo. E mais, a avaliação posterior ao processo administrativo regulamentar permitirá inclusive aos formuladores contrapor-se à opinião ou documento contrários à aprovação do documento, priorizando a aplicação do contraditório substancial e da defesa quanto ao mérito da viabilidade do instrumento autorregulatório. Sendo assim, entende-se que a análise pelos Diretores deve ser a última fase deliberativa do processo de regulamentação das regras de boas práticas e de governança em privacidade na ANPD.

Já no que se refere ao ato de reconhecimento, é importante analisar qual a natureza jurídica da decisão colegiada no âmbito do Direito Administrativo, para que se verifique quais serão os efeitos dela decorrentes. As decisões no âmbito da autarquia são tomadas pela maioria simples dos votos do Diretores da ANPD, desde que estejam presentes a maioria absoluta de seus membros. Trata-se, pois, de uma decisão colegiada proferida em uma Reunião Deliberativa dos Diretores.[345]

A decisão em comento destina-se a um fim específico e concreto, uma vez que os documentos que subsidiarão o Código de boas práticas, inclusive em seu próprio texto, estarão descritos em seus mínimos aspectos quanto ao tratamento de dados abrangido pela autorregulação, ou seja, haverá um objeto concreto. No entanto, mesmo que seja concreto o objeto regulatório, não será possível prever, com exatidão, os titulares

---

[345] As reuniões deliberativas estão disciplinadas entre os artigos 26 a 47, da Portaria nº 1, de 2021, e serão públicas, podendo inclusive serem transmitidas em tempo real pela página da ANPD na internet (Brasil, 2021a).

de dados abrangidos por aquele texto, seja de clientes, fornecedores, envolvidos, colaboradores, empregados. Logo, trata-se de um ato com efeitos externos e gerais, elemento mais variável e dinâmico da formulação privada. A decisão da ANPD também resultará em uma situação jurídica nova, pois alterará a situação anterior para dar-lhe uma aplicação geral ou então para confirmar que aquela formulação não oferece garantias suficientes ao resguardo dos titulares de dados pessoais.

Por fim, considerando que as decisões da ANPD proferidas pelo CD funcionam como uma instância única, será cabível um pedido de reconsideração nos termos do artigo 74, do RI, o que pode resultar na revisão da decisão pelo Conselho. Essa previsão teria papel distinto no caso das formulações, na medida em que seria uma abertura procedimental para que os formuladores ajustem as regras que apresentarem conflito de interesse, que não demonstrem garantias suficientes, retirem previsões conflitantes, ajustem com redações dúbias, após a deliberação do Conselho, para então ser proferida a deliberação final.

Uma vez proferida a decisão final com o trânsito em julgado (administrativo), esta será irrevogável, sem prejuízo que o futuro regulamento preveja requisitos para a reapresentação do projeto à ANPD. Nessa situação, não haverá revogação da decisão, pois o documento será novo, logo também o será a deliberação. Isso ratifica a importância de um regulamento que preveja um procedimento claro, para que os formuladores não sejam surpreendidos com uma decisão de não reconhecimento e as repercussões em torno dela.

Ponto interessante seria a discussão quanto à publicação da deliberação do CD que não reconhecer um Código levado à ASR na ANPD. Embora a LGPD preveja que a ANPD deverá publicar somente o reconhecimento, silenciando quanto à decisão que não acolha esse reconhecimento, a publicização da decisão da autarquia é medida de transparência e de prestação de contas, notadamente nas formulações coletivas em que houve consulta pública sobre o texto.

Logo, a decisão administrativa que reconhecer ou não reconhecer será um ato administrativo[346] vinculado, constitutivo, de efeitos

---

[346] Em sentido contrário, Juliano Heinen (2022, p. 736) defende que o ato não individualizado quanto aos seus destinatários não seria classificável como um ato administrativo, mas sim como um ato intermediário ou ato regulamentar da Administração, diante da sua aplicação de efeitos concretos e gerais.

concretos, externos, gerais[347] e irrevogável (Mello, 2011, p. 422-429; Carvalho Filho, 2013, p. 130-136). Para esse procedimento encerrado por este ato administrativo é o que se sugere denominar de análise de suficiência regulatória (ASR), procedimento administrativo pelo qual a ANPD avaliará a constituição de atos normativos privados de efeitos gerais quanto à suficiência das garantias aos direitos dos titulares de dados pessoais com base na LGPD.

A ASR é uma denominação que, além de dar continuidade aos procedimentos de AIR e ARR, atende uma subdivisão do futuro regulamento para fins de aplicação do artigo 35, §§3º e 5º, como medida de sistematização da lei, de incentivo e de apoio às iniciativas autorregulatórias dos agentes de tratamento de forma harmonizada e mais sistemática.

Ratifica-se, por fim, que essas considerações buscam apresentar referências aos agentes de tratamento do que se poderia esperar de um futuro regulamento, a partir da conjugação de documentos normativos já em vigor para procedimentalização da função regulatória da ANPD. Portanto, não assume a posição de que não sejam viáveis ou necessárias outras etapas ou testes regulatórios além dos já previstos para fins de verificação de conformidade dessas regras à LGPD (Menke, 2022). Os próximos passos virão com o transcurso necessário do tempo na maturação do tema e de outras questões a serem mais profunda e detalhadamente examinadas.

4.4 Proposta legislativa de inclusão dos artigos 51-A a 51-D à LGPD

Preliminarmente ao enfoque analítico das proposições legislativas de inclusão dos artigos 51-A a 51-D à LGPD, abordar-se-á reflexões quanto à diferença entre a regulação legislativa da autorregulação e a regulamentação da autorregulação do Poder Executivo por uma autarquia em regime especial, como é a ANPD.

Ao longo dos capítulos precedentes, foram expostos os fundamentos jurídicos e políticos que circundam e regem a criação

---

[347] Observa-se que os atos administrativos gerais podem também ser denominados atos normativos, pois diante de sua ampla aplicabilidade tem atributos da natureza legislativa (generalidade, abstração, impessoalidade), o que permitiria, em tese, o controle de constitucionalidade sobre esses atos na forma do artigo 102, inciso I, alínea "a", da Constituição Federal, e da Súmula nº 266, do STF, no sentido de que não cabe mandado de segurança contra lei em tese (Carvalho Filho, 2013, p. 130).

legislativa na proteção de dados pessoais e da privacidade no mundo. Defendeu-se, desde o princípio, a importância da participação no direito administrativo contemporâneo, as limitações e perspectivas estatais frente ao tempo imposto pela tecnologia e pela multiplicidade de envolvidos, principalmente na tutela de direitos e garantias fundamentais e os desafios regulatórios frente à autotransformação evolutiva das sociedades modernas (Campos, 2022, p. 256). Tal compreensão exigiu que o Estado, por seus poderes de intervenção, adotasse formas mais flexíveis com as demandas de cooperação, resultado e de governança. Superou-se, assim, a racionalidade do Estado como o maior detentor de poder decisório e informacional na sociedade. A ele caberia, então, se aproximar daqueles que ocupam essa posição.

No âmbito da ordem econômica constitucional brasileira, o artigo 174 preceitua que o Estado deve, na forma da lei, atuar como agente normativo e regulador da atividade econômica no exercício das funções de fiscalização, incentivo e planejamento, o que será determinante para o setor público e servirá como um indicativo para o setor privado.

Aplicada a matriz do artigo 174 à matéria de autorregulação na proteção de dados pessoais, pode-se deduzir duas matrizes constitucionais. Uma, sendo o direito à proteção de dados pessoais um direito fundamental previsto no artigo 5º, inciso LXXIX, somente por meio de lei federal é possível legislar, organizar e fiscalizar matérias que digam respeito à proteção do direito propriamente dito e ao tratamento de dados pessoais, diante do disposto nos artigos 21, inciso XXVI e artigo 22, inciso XXX. Duas, sendo a opção do legislador nacional editar uma regra que permite aos regulados a utilização de instrumentos autorregulatórios, afastada por isso a sua forma pura, deverá também a lei disciplinar o instituto no que tange à definição, à organização e à fiscalização.

O artigo 50 introduziu no ordenamento nacional como seria a autorregulação na LGPD. Entretanto, o dispositivo foi pensado e construído em um momento em que a proteção de dados pessoais ainda não estava consolidada como um direito fundamental no Brasil, o que somente ocorreu em 10 de fevereiro de 2022 com a EC nº 115, de 2022. Sem a clareza jurídica quanto aos rumos da proteção de dados pessoais no país ou sobre como os fenômenos sociais e econômicos repercutiriam à nova legislação, o legislador ainda não tinha substratos tão concretos acerca da imprescindibilidade de esclarecimentos sobre o compartilhamento da missão regulatória entre o regulador e o regulado.

A autorregulação regulada, por pressupor a exclusão legislativa da sua forma pura (autorregulação pura), depende de definições legais que direcionem o regulador e o regulado, que conduzam o modo pelo qual eles devem coordenar suas posições regulatórias. O termo "regulada" da autorregulação regulada em proteção de dados pessoais, portanto, corresponde à edição de lei federal. Somente por meio da lei é que se regulará a autorregulação, seu funcionamento, seus requisitos e efeitos no ambiente regulatório, sem o risco de torná-la uma autorregulação a ser regulamentada no âmbito administrativo.

Tendo tais considerações prévias delimitadas, cabe analisar as prospecções legislativas da autorregulação e suas projeções.

Em 27 de novembro de 2019, foi apresentado o Projeto de Lei do Senado nº 6.212, para incluir a Seção III ao Capítulo VII da LGPD com o título "Da Corregulação". A proposição visava acrescentar quatro artigos, do artigo 51-A ao artigo 51-D, para permitir que os controladores ou operadores de dados pessoais elaborem regras de boas práticas e de governança sobre os dados pessoais a serem submetidos à ANPD. Sem o recebimento de emendas, a proposta foi encaminhada à Comissão de Constituição, Justiça e Cidadania, que opinou pela constitucionalidade, juridicidade e regimentalidade do PLS e aprovação em seu mérito. Entre fevereiro de 2022 e dezembro de 2022, a matéria aguardou a designação de relator até que foi arquivada diante do final da legislatura, na forma prevista pelo Regimento Interno do Senado Federal (Brasil, 2019b).

Em 20 de dezembro de 2022, o projeto foi reapresentado no Senado Federal e, atualmente, tramita como o PLS nº 3.034. A reapresentação ratifica a preocupação e a essencialidade do artigo 50 à LGPD, bem como do interesse legislativo em regular a autorregulação prevista no artigo 50, da LGPD. A proposição visa incentivar os agentes de tratamento a essa prática e assegurar legitimidade procedimental, transparência, simetria às etapas de construção regulatória com regras que confiram previsibilidade e segurança jurídica ao uso do instituto.

O PL justifica sua proposta na necessidade de assegurar os controles de legalidade e de conveniência à matéria, com a fixação das possíveis respostas da autarquia à submissão das regras de boas práticas ou de governança pelos agentes de tratamento, notadamente ao oferecer a oportunidade de os agentes adequarem suas formulações (Brasil, 2022h, p. 4). Prioriza tornar factível e dar cunho prático ao instrumento previsto no artigo 50, da LGPD, com a segurança de que os esforços organizacionais terão efeitos vinculantes e força normativa, como sugere a redação do artigo 51-A.

O PLS nº 3.034, de 2022, propõe, desta forma, incluir quatro dispositivos ao Capítulo VII por uma nova Seção destinada, especificamente, ao procedimento do reconhecimento da autorregulação formulada pelos agentes de tratamento, seja na forma individual ou coletiva, a partir dos elementos conceituais e normativos já previstos no artigo 50, da LGPD.

Assim, propõe que os agentes de tratamento obedeçam aos requisitos e etapas descritos no artigo 51-B e artigo 51-C, após o que, cumpridos esses requisitos, será possível submeter as regras de boas práticas e de governança à análise da ANPD.

Segundo o artigo 51-D do projeto, a ANPD passaria a exercer uma competência vinculada frente às propostas autorregulatórias, no sentido de que apenas poderia: i) homologar a proposta que atender os requisitos do artigo 51-B e artigo 51-C; ii) determinar alterações específicas no ato com nova submissão ao artigo 51-B; iii) negar a homologação por decisão devidamente motivada quanto à negativa.

O PL limita, nesse contexto, o teor do artigo 50, §3º, da LGPD, tanto no que tange aos requisitos de apresentação, etapas da formulação e, principalmente, no que tange à competência atualmente discricionária da ANPD tanto no que tange ao seu posicionamento frente aos pedidos eventualmente de reconhecimento, quanto à definição dos efeitos jurídicos, dos requisitos e das etapas procedimentais da autorregulação na LGPD.

Nesse sentido, o PL poderia sugerir a alteração do parágrafo terceiro para prever que as regras de boas práticas e de governança deverão ser publicadas e atualizadas periodicamente e poderão ser reconhecidas e divulgadas pela autoridade nacional, nos termos dos novos artigos. A remissão esvazia as críticas voltadas ao verbo "poderá", na medida em que altera seu conteúdo e seu sentido como introdutória de uma viabilidade jurídica aos formuladores e não mais de uma deliberalidade discricionária do regulador público. Isto é, substitui a competência discricionária atual por uma competência vinculada, com maior conformidade à missão institucional e constitucional da ANPD.

Embora a justificativa não faça referência a esse fundamento, o PL reduz os limites da competência da Autoridade prevista no artigo 55-J, inciso XX, da LGPD, sobre o artigo 50, §3º, a qual permite que a ANPD delibere administrativamente, em caráter terminativo, sobre a interpretação de todos os dispositivos da lei, sobre as suas próprias competências e os casos omissos. Logo, o PL oferece um contorno democrático sobre os rumos da autorregulação na proteção de dados pessoais no Brasil ao não deixar ao crivo exclusivo do Poder Executivo e das alternâncias políticas naturais desse poder estatal.

Isso não significa dizer que a exclusão da competência regulamentar da autarquia quanto a outros pontos sobre a autorregulação, matéria extensa e que deverá ser constantemente realizada e avaliada pelo agente regulador. Os quatro dispositivos não esgotam o escopo regulamentar do artigo 50, §3º, da LGPD. Logo, caberá à ANPD regulamentar o procedimento da autorregulação e trazer ao ambiente regulatório e à sociedade às discussões e os debates essenciais ao aperfeiçoamento e aplicação desse instrumento.

Um ponto tão relevante quanto controverso diz respeito ao artigo 52, §1º, inciso IX, da LGPD, que afirma que as sanções serão aplicadas tendo como um dos parâmetros e critérios a adoção de políticas de boas práticas e governança. Sobre esse ponto, já foram trazidos comentários no capítulo anterior, notadamente diante da imprecisão terminológica a acarretar desproporcionalidade entre agravantes e atenuantes na Resolução CD/ANPD nº 4, de 2023, que regulamentou a dosimetria no âmbito da autarquia.

O PL, em que pese não expresse nos dispositivos essa intenção, traz na sua justificativa o argumento de que o objetivo da inclusão dos artigos 51-A a 51-D à LGPD visa tanto conferir efeito vinculante a quem produziu a norma e a quem a ela aderir, como também objetiva excluir a possibilidade de aplicação de sanção administrativa na hipótese de os agentes de tratamento demonstrarem que seguiram as regras devidamente homologadas pela ANPD (Brasil, 2022h, p. 4).

Como já defendido aqui, incumbe à ANPD incentivar e estimular a autorregulação no cenário de proteção de dados pessoais, diante da aplicação da teoria responsiva pela LGPD e expressamente referendada pela Autoridade, bem como diante dos objetivos da Lei e do comando constitucional previsto no artigo 174. No entanto, nas Resoluções e documentos publicadas até dezembro de 2023 pela Autoridade não se identifica, concretamente, ações nesse sentido.

Poder-se-ia argumentar no sentido contrário, tendo em vista a inclusão do artigo 50 na Agenda Regulatória e a redação do artigo 13, incisos II e III, da Resolução CD/ANPD nº 4, de 2023.[348] No entanto,

---

[348] Para a demonstração do argumento, transcreve o artigo. "Art. 13. O valor da multa simples será reduzido, nos percentuais abaixo, caso incidam as seguintes circunstâncias atenuantes: I – nos casos de cessação da infração: a) 75% (setenta e cinco por cento), se

a primeira é medida que demonstra a ausência de priorização da autorregulação, considerando o período em que a lei está vigente sem iniciar o debate regulatório do tema, o que consequentemente indica a visão de que o instrumento não seria um dos pilares da política responsiva[349] na implementação da LGPD.

O segundo opera um desestímulo aos agentes de tratamento frente à redação do artigo 13. Primeiro, pois confere ao artigo 50, procedimento oneroso e moroso e que atualmente sem regulamentação, o mesmo percentual de redução do que a quaisquer outros procedimentos internos não previstos em lei e não submetidos à ANPD. Segundo, pois a situação gera um critério de desigualdade entre opções de conformidade à LGPD.

Ora, a autorregulação pressupõe que o agente de tratamento busca ofertar ao ambiente regulatório mais do que a lei lhe exige de forma voluntária, que opera com condutas responsáveis e transparentes, que investe em cooperação, em coordenação, em engajamento social de suas atividades, que se preocupa com sua confiabilidade no mercado, frente aos titulares e frente ao próprio regulador. Que ele prima pela precaução e conformidade e não pela assunção do risco e precificação do dano. Logo, não teria como o artigo 13, inciso II, da Resolução CD/ANPD nº 4 igualar o artigo 50 a outras medidas internas. Da mesma forma, o inciso III do artigo 13 somente seria considerado um incentivo

---

previamente à instauração de procedimento preparatório pela ANPD; b) 50% (cinquenta por cento), se após a instauração de procedimento preparatório e até a instauração de processo administrativo sancionador; ou c) 30% (trinta por cento), se após a instauração de processo administrativo sancionador e até a prolação da decisão de primeira instância no âmbito do processo administrativo sancionador; II – 20% (vinte por cento), nos casos de implementação de política de boas práticas e de governança ou de adoção reiterada e demonstrada de mecanismos e procedimentos internos capazes de minimizar os danos aos titulares, voltados ao tratamento seguro e adequado de dados, até a prolação da decisão de primeira instância no âmbito do processo administrativo sancionador; III – nos casos em que o infrator tenha comprovado a implementação de medidas capazes de reverter ou mitigar os efeitos da infração sobre os titulares de dados pessoais afetados: a) 20% (vinte por cento), previamente à instauração de procedimento preparatório ou processo administrativo sancionador pela ANPD; ou b) 10% (dez por cento), se após a instauração de procedimento preparatório e até a instauração de processo administrativo sancionador; e IV – 5% (cinco por cento), nos casos em que se verifique a cooperação ou boa-fé por parte do infrator. §1º Para efeitos dos incisos I e III deste artigo, não serão consideradas atenuantes a cessação da infração e a adoção de medidas capazes de reverter ou mitigar os efeitos da infração decorrentes do mero cumprimento de determinação administrativa ou judicial. §2º Na hipótese de incidência de mais de um dos incisos deste artigo, deverão ser somados os percentuais relativos a cada fator. §3º Cabe ao infrator o ônus de comprovar perante a ANPD o cumprimento dos requisitos previstos neste artigo" (Brasil, 2023b).

[349] Sobre essa afirmação, foram apresentados argumentos teóricos e legais no ponto 3.2.

ao artigo 50, da LGPD se tivesse centralizado o escalonamento de atenuante no agente regulador, nos instrumentos autorregulatórios, e não nas fases em que se encontram o processo de fiscalização que trabalham com a lógica de pós-dano e que prevê inclusive uma redução de até 75% se o descumprimento das regras de tratamento cessarem antes do procedimento preparatório. Vale dizer: o incentivo que o artigo 13 faz é à cessação do dano de forma prévia à instauração do procedimento preparatório pela ANPD e não de incentivo aos agentes que trabalharam, especificamente e de forma planejada, para que o dano não ocorresse.

Verifica-se, nesses fatos, que ao contrário do agente regulador, o PL reconhece a importância de apresentar estímulos aos agentes de tratamento ao uso de formas autorregulatórias ao argumentar, como referido, que a homologação pela ANPD excluiria a aplicação de sanções pela autarquia. Todavia, a menção na justificativa não será suficiente ao intuito pretendido, na medida em que não é texto vinculante às futuras regulamentações da ANPD. Por consequência, caso o legislador busque evidenciar o estímulo à prática do artigo 50, da LGPD, deveria redigir um dispositivo que previsse o impacto do reconhecimento das regras de boas práticas e de governança no processo de fiscalização e sancionamento da ANPD.

Sendo o objetivo estimular à adoção da prática e à permanência delas no ambiente regulatório de proteção de dados pessoais, uma alternativa seria prever um escalonamento progressivo de reduções sobre as penas de multas de 50% até a total isenção, a depender o período em que o autorregulador já aplica, sem incidentes, as formulações reconhecidas pela Autoridade nas suas operações de tratamento. Da mesma forma, considerando que o perfil do autorregulador é de agentes de tratamento engajados em conformidade e que por isso temem pelas instabilidades que os sistemas podem sofrer, seria igualmente interesse trabalhar em incentivos não apenas na sanção pecuniárias, mas principalmente nas sanções de bloqueio dos dados pessoais a que se refere a infração e de eliminação dos dados pessoais a que se refere a infração, pois podem se traduzir em uma inviabilidade de operação das atividades econômicas do agente de tratamento que se demonstrou engajado à conformidade com a Lei.

Por outro lado, os incentivos não poderiam atingir duas das sanções do artigo 52. A sanção administrativa de advertência com o prazo para adoção de medidas corretivas, uma vez que se trata de medida de prevenção e de controle que primam pelo princípio da precaução tal como a autorregulação e que preserva não só a responsividade como também a cooperação e a simetria principiológica da LGPD. A segunda sanção cuja aplicação não pode ser usada para fins de estímulo à autorregulação é a sanção administrativa de publicização da infração apurada e confirmada pela ANPD, tendo em vista que se trata de sanção destinada à aplicação do princípio da transparência, elemento central de prestação de contas e de fornecimento de informações à melhor escolha pelos titulares de dados, elementos nucleares do direito fundamental à proteção de dados pessoais e ao fundamento da Lei de autodeterminação informativa pelos titulares.

Importa mencionar que tais incentivos aplicam-se apenas à esfera administrativa de repercussão de ilícitos no tratamento de dados pessoais, o que não atinge as demais instâncias de responsabilização civil, previstas na LGPD e criminal.

Cabem, ainda, ponderações acerca do título sugerido para a Seção III e quanto ao uso do termo corregulação. Neste capítulo, explanou-se a divergência conceitual sobre a corregulação. Segundo a visão da teoria responsiva por autores australianos e norte-americanos, a corregulação seria aquela em que há a partilha da criação autorregulatória entre regulados associados. Deste modo, não se aplica o conceito formado a partir da ideia de compartilhamento da função regulatória entre o Estado e o regulado. Já pelo direito alemão, a corregulação sim traria esta última visão de cooperação e construção conjugada de regras regulatórias em uma determinada matéria. Logo, para que não sejam travadas ainda mais divergências doutrinárias e jurisprudenciais ou mesmo ampliar a insegurança jurídica já atrelada à ausência de regulamentação do artigo 50, seria prudente um novo título à Seção III proposta.

Alternativa mais dialógica ao texto vigente seria, ao invés de criar uma terceira Seção, dar prosseguimento ao próprio artigo 50, da LGPD, renumerando os artigos 51-A a artigo 51-D em sequência do artigo 50 com o artigo 50-A, 50-B, em diante. Essa formatação corroboraria a continuidade temática do assunto das regras de boas práticas e de governança, sem dar margem de que poderia ser uma temática diversa da Seção. Considerando que o próprio artigo 51-A volta sua aplicação aos atos normativos formados nos termos do artigo 50, dar sequência ao artigo 50 tornaria a organização da lei mais sistemática e coesa.

Além disso, como verificado, a proposição objetiva procedimentalizar a análise da ANPD sobre as formulações permitidas pelo artigo 50, razão pela qual os artigos agregariam uma sistemática à formulação dos agentes de tratamento.

Caso a opção dos artigos em um nova Seção permaneça, reformular o título comunicaria melhor o objetivo legislativo, por exemplo, pelo título "Da autorregulação regulada", opção que inclusive já foi reconhecida pela justificação do PL como sinônima à corregulação (Brasil, 2022h, p. 2). A substituição elimina as divergências teóricas quanto ao conceito de corregulação e oferece um conceito procedimental mais ajustado ao conteúdo dos dispositivos. Ademais, segue uma visão de instituto dentro do Direito Digital tal como proposto no título do Capítulo V do PL nº 2.630, de 3 de julho de 2020, que visa instituir a lei brasileira de responsabilidade e transparência na internet já referido neste trabalho (Brasil, 2020a). Conquanto o PL não preveja uma agência reguladora que certifique um organismo de controle autorregulatório e sim tenha proposto nessa versão do PL a função a cargo de um Conselho com sede no Congresso Nacional, as variações normativas não alteram as características comuns da autorregulação regulada (de criação e gestão a partir de regras e procedimentos formulados pelo regulado e supervisionado pelo Estado).

Outra possibilidade seria denominar a Seção III com a descrição literal do procedimento, como "do funcionamento da autorregulação", "da regulamentação das boas práticas", "do processo de homologação das regras de boas práticas e de governança", "da análise de suficiência regulatória pela Autoridade Nacional de Proteção de Dados". O principal é que o título torne as novas regras claras e acessíveis aos envolvidos no processo, trazendo confiabilidade e segurança jurídica aos agentes de tratamento.

Por fim, considerando que o PL visa incluir um procedimento regulatório ao artigo 50, da LGPD, e que este dispositivo oferece aos agentes de tratamento um compartilhamento da competência regulatória sobre a leitura das regras da lei, deve haver uma equivalência entre as etapas de construção normativas, diante da equivalência jurídica que elas assumem nas relações jurídicas regulatórias. Para melhor visualizar as etapas da regulamentação pública e da autorregulação apresenta-se o quadro abaixo:

Quadro 9 – Comparativo dos processos de regulamentação em proteção de dados pessoais

REGULAÇÃO DA REGULAMENTAÇÃO NA LGPD Artigo 55-J, §§1º 2º	REGULAMENTAÇÃO NO ÂMBITO DA ANPD Artigo 4º Portaria ANPD nº 16, de 2021	REGULAÇÃO DA AUTORREGULAÇÃO ETAPAS NO PL Nº 3.034, DE 2022
x	Agenda regulatória	x
x	Projeto de regulamentação	Artigo 51-B, inciso I
AIR	AIR	Artigo 51-B, inciso I
x	Consulta interna	Artigo 51-B, inciso VII e VIII Artigo 51-C
Consultas e audiências públicas	Consultas públicas	Artigo 51-B, inciso III
x	Análise jurídica	Artigo 51-B, incisos V a VIII
x	Deliberação pelo Conselho Diretor	Agentes de tratamento: artigo 51-B, inciso VIII ANPD: artigo 51-C e 51-D
x	ARR	x

Fonte: elaborado pela autora.

Sendo a autorregulação um instrumento destinado à livre escolha pelos agentes de tratamento, orientada pela contemporaneidade das regras formuladas e atrelada ao dever de contínua atualização, não há uma agenda autorregulatória a ser publicizada. A função da agenda regulatória é conferir previsibilidade aos regulados das futuras limitações, condicionantes administrativas ao tratamento de dados pessoais, encargos, segundo a matriz constitucional de intervenção mínima na forma do artigo 55-J, §1º, da LGPD, combinado com o artigo 170, da Constituição Federal. Desta forma, sendo a autorregulação uma iniciativa que parte do próprio destinatário da norma, não há previsibilidade a ser eliminada. O que se pode cogitar é uma agenda dos próprios agentes de tratamento de temas futuros a serem incluídos nos Códigos autorregulados com divulgação interna cabível no caso das associações.

No que tange à exigência de avaliação do resultado regulatório (ARR), a LGPD não traz essa exigência, sendo uma inclusão regulamentar da ANPD. Por simetria, o tema poderá ser debatido no âmbito regulamentar na ANPD, na medida em que a autarquia, embora não obrigada pelas leis que determinam a sua a realização, a autarquia optou por essa prática salutar e responsável de controle regulatório e prestação de contas. De qualquer sorte, justamente por esses fundamentos e diante do conceito de agentes de tratamento incluir o poder público como um dos legitimados à aplicação do artigo 50, é defensável a aplicação da ARR às regras de boas práticas e de governança formuladas pelo setor público em sentido amplo. Ou seja, as pessoas jurídicas contratadas pelo Poder Público ou que desempenhem funções públicas e eventualmente tenham autorregulação deverão analisar se as suas regras interferem no resultado autorregulatório público em matéria de proteção de dados pessoais, inclusive em atenção ao que preveem os artigos 23 e 24, da LGPD e o artigo 1º, da LAI.

O quadro espelha, portanto, a preocupação da LGPD em trazer à público a regulamentação em proteção de dados pessoais, com a oferta de participação pela sociedade civil, pelos especialistas, regulados, setor público, setor privado, entidades de controle e defesa de direitos e à comunidade internacional. Preservado o eixo participativo, a Lei preocupa-se com a transparência procedimental e impacto previsto e concretos das normas produzidas. Essas linhas já tinham sido preservadas inclusive com ampliação pelo regulador, o que trouxe reflexos positivos ao PL identificadas principalmente no artigo 51-B, conforme as informações das linhas acima.

4.5 Propostas legislativas com projeções no art. 50, da LGPD

A proteção de dados pessoais e a inteligência artificial (IA) compartilham espaços comuns de funcionamento, sendo a primeira fonte e substrato da segunda, razão pela qual não embora seus conceitos não se confundam, suas aplicações guardam grande conexão. Além disso, a IA atua como uma ferramenta de grande utilidade também no auxílio à proteção de dados pessoais, como também pode ser utilizada em prejuízo a estes quando forem utilizados dados de forma indiscriminada em aplicações dessa tecnologia.

A conexão temática aproximou a ANPD das discussões sobre a nova legislação que visa à regulamentação o uso da IA no Brasil, o PL nº 2.338/2023, tendo a Autoridade Nacional manifestado publicamente por estudos técnicos na defesa pela assunção das funções regulatória em acréscimo às já previstas na LGPD. A Autoridade Nacional também defendeu um modelo de governança com quatro vértices: (i) a ANPD, como autoridade central do sistema de regulação e responsável pela (ii) criação de um fórum de reguladores, composto pela própria Autoridade e demais reguladores; (iii) Poder Executivo Federal, a quem caberia formular e implementar políticas públicas; (iv) e conselho consultivo com participação da sociedade (Ortunho Junior; Barbosa, 2024, p. 10). O legislador também sinaliza nesse sentido, notadamente após a formalização da indicação da ANPD como órgão de coordenação do Sistema Nacional de Regulação e Governança de Inteligência Artificial (SIA) (Brasil, 2024b).

Dando um passo atrás, recorda-se que o incentivo à autorregulação em leis de proteção de dados pessoais e de privacidade iniciou a partir da segunda geração de leis na matéria, momento em que se verificou a impossibilidade de uma regulação estanque, inflexível e centralizada exclusivamente no regulador estatal, alcançar a velocidade, as especificações e as necessidades dos atores envolvidos.

O Brasil, seguindo justamente a tendência regulatória europeia e recomendações dos organismos internacionais, incluiu desde os anteprojetos da LGPD previsões de instrumentos regulatórios mais abertos à colaboração pelos regulados e que deixassem ao regulador o foco no controle fiscalizatório e a supervisão das condutas de aplicação legislativa. Porém, a LGPD apresentou, como demonstrado, um modelo questionável em termos de segurança jurídica e de legitimidade, delegando a sua total aplicabilidade e expansão ao regulador.

A expansão dos instrumentos autorregulatórios e a potencialidade de confluências de sistemas regulatórios para além do continente europeu sugere um novo cenário de geração de leis em proteção de dados pessoais. Um cenário transnacional, em que as organizações internacionais econômicas e em direitos humanos estão cada vez mais envolvidas em assegurar o uso sustentável de dados pessoais por meio de mecanismos de supervisão e controle multiparticipativo, inclusive como medida de repressão a paraísos de dados.

No entanto, a criação e aplicação exitosa desses instrumentos em determinado setor normativo é um caminho proativo para o qual não há percursos previamente definidos. Não apenas na proteção de dados, como também o será na IA, a cada ano demandará maior envolvimento de outros atores interessados em apurar e especializar a temática no ambiente regulatório.

Os dez projetos legislativos em torno do uso da inteligência artificial confirmam essa situação e com a reunião e centralização no PL nº 2.338/2023, novamente o legislador apresenta instrumentos autorregulatórios inclusive como uma forma de diálogo mais pacificador com o setor privado envolvido (Brasil, 2024b).

Quanto maior o envolvimento acadêmico, da sociedade civil, de associações, mais ampla será a contraposição das apreciações na construção do que dentro da autorregulação regulada tem aplicação ou não no Brasil. Além disso, a obtenção de indicadores de maior ou menor aceitação, o grau de maturidade do ambiente regulatório, a capacidade regulatória dos envolvidos, o trabalho de aprimoramento de redações anteriores, igualmente contribuirão para essa evolução necessária do sistema regulatório, notadamente em matéria de regulação de tecnologia.

As discussões acerca dos modelos autorregulatórios no PL nº 2.338/2023, o qual centraliza a discussão[350] quanto à regulamentação do uso da inteligência artificial no Brasil, exemplificam esse contexto normativo. Uma comparação da matéria entre o art. 50, da LGPD, o texto original do PL e a revisão em junho de 2024 demonstra: (i) o progresso nas dificuldades normativas do legislativo nacional; (ii) ratifica a instrumentalidade autorregulatória existente na LGPD; (iii) a importação do termo "códigos de conduta" do sistema europeu; (iv) a ausência de discricionariedade regulatória pelo regulador frente à assunção (v) a natureza normativa dos instrumentos autorregulatórios.

A partir da redação constante na LGPD, o legislador replicou no PL original os termos centrais do art. 50 acrescido do termo "código" às regras de boas práticas e de governança a indicar vinculação terminológica e a necessidade de melhor explicitar seu funcionamento aos destinatários da norma. Já na proposta de redação posterior à reunião

---

[350] A partir da criação da Comissão Temporária Interna sobre Inteligência Artificial no Brasil (CTIA) em 15 de agosto de 2023, com o objetivo de examinar os projetos concernentes ao relatório final aprovado pela Comissão de Juristas, responsável por subsidiar a elaboração do texto substitutivo sobre Inteligência Artificial no Brasil, foram centralizados os projetos vindouros e os em curso desde 2020 no PL nº 2.338, de 2023. Até o relatório de junho 2024, o PL integrou dez projetos de lei, o que torna a análise comparativa entre a redação original do PL e o sugerido em junho de 2024 uma fonte importante de análise à projeção da autorregulação não apenas na inteligência artificial, mas principalmente na proteção de dados pessoais, seja pela conexão material e operacional entre as duas temáticas, seja pela possível indicação da ANPD como autoridade responsável.

dos projetos anteriores e dos relatórios dos juristas centralizados no PL nº 2.338, verifica-se uma expansão normativa da autorregulação, reduzindo o espaço regulatório da futura Autoridade.

Para melhor visualização dos pontos, serão apresentados dois quadros. O primeiro destaca os pontos comuns entre a redação vigente do art. 50 e a proposta de redação do projeto original. O segundo com a versão do último relatório de 07 junho de 2024 (Brasil, 2024b).

Na revisão do PL nº 2.338, identifica-se uma alteração substancial no desenho legal autorregulatório aplicável à IA, a iniciar pela criação de um sistema de supervisão e fiscalização triangular composto pela Autoridade reguladora, autoridades setoriais[351] e um Conselho de Cooperação Regulatória de Inteligência Artificial (CRIA) de supervisão e fiscalização pelo Sistema Nacional de Regulação e Governança de Inteligência Artificial – SAI. Dentro do designado Sistema Nacional de Regulação e Governança de Inteligência Artificial (SAI), cada integrante composição interna definida pelo Poder Executivo Federal com as atribuições específicas do PL e que, caso colidentes com a Autoridade regulatória, teriam destinados à Câmara de Mediação e de Conciliação da Administração Pública Federal a resolução da controvérsia.

No relatório de junho de 2024 do PL nº 2.338, foi mantido o entendimento legislativo no sentido de que a supervisão, o controle, a aplicação de sanções são funções do regulador estatal. Ainda que, diferentemente da LGPD, tais funções estejam pulverizadas entre órgãos competentes do SAI indicados no PL. Também corrobora o modelo de centralidade regulatória já vigente na LGPD a indicar uma superação da proposição contida no PL nº 6.262/2019 replicado pelo PL nº 3.034/2022 (Quadro 9) que visa incluir a corregulação como uma seção à LGPD, com atuação de um organismo independente e externo ao regulador e ao regulado (modelo atual do RGPD).

Para melhor observar as diferenças de redação, inicia-se por um quadro comparativo entre o art. 50 da LGPD e a proposta original de redação do art. 30, do PL nº 2.338/2023.

---

[351] Segundo o PL nº 2.338/2023, na redação proposta centralizada, no art. 40, §1º, inciso II, as autoridades setoriais seriam órgãos e entidades públicos federais responsáveis pela regulação de setores específicos da atividade econômica e governamental.

Quadro 10 – Art. 50, da LGPD e PL nº 2.338/2023

(continua)

Seção II Das Boas Práticas e da Governança	CAPÍTULO VI CÓDIGOS DE BOAS PRÁTICAS E DE GOVERNANÇA
Art. 50. Os controladores e operadores, no âmbito de suas competências, pelo tratamento de dados pessoais, individualmente ou por meio de associações, *poderão formular regras de boas práticas e de governança que estabeleçam as condições de organização, o regime de funcionamento, os procedimentos, incluindo reclamações e petições de titulares, as normas de segurança, os padrões técnicos, as obrigações específicas para os diversos envolvidos no tratamento, as ações educativas, os mecanismos internos de supervisão e de mitigação de riscos e outros aspectos relacionados* ao tratamento de dados pessoais.	Art. 30. Os agentes de inteligência artificial *poderão*, individualmente ou por meio de associações, *formular códigos de boas práticas e de governança que estabeleçam as condições de organização, o regime de funcionamento, os procedimentos, inclusive sobre reclamações das pessoas afetadas, as normas de segurança, os padrões técnicos, as obrigações específicas para cada contexto de implementação, as ações educativas, os mecanismos internos de supervisão e de mitigação de riscos e as medidas de segurança técnicas e organizacionais* apropriadas para a gestão dos riscos decorrentes da aplicação dos sistemas.
§1º Ao estabelecer regras de boas práticas, o controlador e o operador levarão em consideração, em relação ao tratamento e aos dados, a natureza, o escopo, *a finalidade e a probabilidade e a gravidade dos riscos e dos benefícios decorrentes* de tratamento de dados do titular.	§1º Ao se estabelecerem regras de boas práticas, serão consideradas *a finalidade, a probabilidade e a gravidade dos riscos e dos benefícios decorrentes*, a exemplo da metodologia disposta no art. 24 desta Lei.
§2º Na aplicação dos princípios indicados nos incisos VII e VIII do caput do art. 6º desta Lei, o controlador, observados a estrutura, a escala e o volume de suas operações, bem como a sensibilidade dos dados tratados e a probabilidade e a gravidade dos danos para os titulares dos dados, poderá: I – implementar programa de governança em privacidade que, no mínimo: a) *demonstre o comprometimento do controlador em adotar processos e políticas internas que assegurem o cumprimento, de forma abrangente, de normas e boas práticas* relativas à proteção de dados pessoais; b) seja *aplicável a todo o conjunto* de dados pessoais que estejam sob seu controle, independentemente do modo como se realizou sua coleta; c) seja *adaptado* à estrutura, à escala e ao volume de suas operações, bem como à sensibilidade dos dados tratados; d) estabeleça políticas e salvaguardas adequadas com base em processo de avaliação sistemática de impactos e riscos à privacidade;	§2º Os desenvolvedores e operadores de sistemas de inteligência artificial, poderão: I – *implementar programa de governança que, no mínimo:* a) *demonstre o seu comprometimento em adotar processos e políticas internas que assegurem o cumprimento, de forma abrangente, de normas e boas práticas* relativas à não maleficência e proporcionalidade entre os métodos empregados e as finalidades determinadas e legítimas dos sistemas de inteligência artificial; b) seja *adaptado* à estrutura, à escala e ao volume de suas operações, bem como ao seu potencial danoso; c) tenha o *objetivo de estabelecer relação de confiança com as pessoas afetadas*, por meio de atuação transparente e que assegure mecanismos de participação nos termos do art. 24, §3º, desta Lei; d) esteja *integrado a sua estrutura geral de governança e estabeleça e aplique mecanismos de supervisão internos e externos;*

(conclusão)

e) tenha o *objetivo de estabelecer relação de confiança com o titular*, por meio de atuação transparente e que assegure mecanismos de participação do titular; f) esteja *integrado a sua estrutura geral de governança e estabeleça e aplique mecanismos de supervisão internos e externos*; g) *conte com planos de resposta a incidentes e remediação*; e h) seja *atualizado constantemente* com base em informações obtidas a partir de *monitoramento contínuo e avaliações periódicas*; II – demonstrar a efetividade de seu programa de governança em privacidade quando apropriado e, em especial, a pedido da autoridade nacional ou de outra entidade responsável por promover o cumprimento de boas práticas ou códigos de conduta, os quais, de forma independente, promovam o cumprimento desta Lei.	e) *conte com planos de resposta para reversão dos possíveis resultados prejudiciais* do sistema de inteligência artificial; e f) seja *atualizado constantemente* com base em informações obtidas a partir de *monitoramento contínuo e avaliações periódicas*.
x	§3º A adesão voluntária a código de boas práticas e governança pode ser considerada indicativo de boa-fé por parte do agente e será levada em consideração pela autoridade competente para fins de aplicação de sanções administrativas.
§3º As regras de boas práticas e de governança deverão ser publicadas e atualizadas periodicamente e poderão ser reconhecidas e divulgadas pela autoridade nacional.	§4º A autoridade competente poderá estabelecer *procedimento de análise de compatibilidade do código de conduta com a legislação vigente*, com vistas à sua aprovação, publicização e atualização periódica.

Fonte: elaborado pela autora.

O parágrafo 3º do artigo 30 do PL também poderia ser considerado um fator de estímulo à prática, se a presença contínua do verbo "poderá" não enfatizasse a discricionariedade da atuação do futuro agente regulador. Nessa redação, há espaços às interpretações quanto à que Código seria a adesão em questão, se seria quanto aos Códigos que já passaram pelo crivo do §4º ou se aos Códigos que formulados tenham, independentemente do §4º, abertura às adesões voluntárias.

A primeira hipótese desqualifica o processo de análise de compatibilidade realizado, na medida em que, mesmo após o crivo do agente regulador e da submissão, o Código pelo formulador na forma indicada em lei, ainda assim, os futuros aderentes não teriam a segurança jurídica quanto à consideração de sua boa-fé. A segunda hipótese repercute em maior instabilidade jurídica do que a primeira, na medida em que permite que Códigos sejam formulados e abertos à adesão, com envolvimento de diversas organizações, de setores, com a aplicação de recursos em inteligência artificial segundo tais padrões, para, no futuro, não terem o Código validado pelo agente regulador ou supervisor.

A redação corrobora que as regras de boas práticas e as regras de governança equivalem às expressões Código de Boas Práticas e Código de Governança, de elaboração e adesão voluntárias, com manutenção de parágrafos próprios a cada caso. Mantiveram-se, ainda, os requisitos formais, materiais e subjetivos analisados no Capítulo 2, com exceção aos legitimados à solicitação de demonstração de efetividade dos Códigos de Governança. A não reprodução da regra contida no artigo 50, §2º, inciso II, da LGPD no art. 30, do PL, concentra a competência de controle no futuro ente responsável pelo controle da lei.

No PL nº 2.338/2023 substitutivo, no SAI, a ANPD, no que tange à matéria autorregulatória, teria, entre outras atribuições, representar o Brasil em organismos internacionais e expedir orientações normativas gerais sobre certificados e acreditação de organismos de certificação (Brasil, 2024b). Abaixo o quadro comparativo com o art. 50, da LGPD:

Quadro 11 – Art. 50, da LGPD e Emenda (Substitutivo) do PL nº 2.338/2023

(continua)

CAPÍTULO VII DA SEGURANÇA E DAS BOAS PRÁTICAS Seção II Das Boas Práticas e da Governança	CAPÍTULO VI BOAS PRÁTICAS E GOVERNANÇA Seção I Código de Conduta
Art. 50. Os controladores e operadores, no âmbito de suas competências, pelo tratamento de dados pessoais, individualmente ou por meio de associações, *poderão formular regras de boas práticas e de governança que estabeleçam as condições de organização, o regime de funcionamento, os procedimentos, incluindo reclamações e petições de titulares, as normas de segurança, os padrões técnicos, as obrigações específicas para os diversos envolvidos no tratamento, as ações educativas, os mecanismos internos de supervisão e de mitigação de riscos e outros aspectos relacionados* ao tratamento de dados pessoais.	Art. 35. Os agentes de inteligência artificial **poderão, individualmente ou por meio de associações,** formular **códigos de boas práticas e de governança que estabeleçam** as condições de organização, o regime de funcionamento, os procedimentos, inclusive sobre reclamações das pessoas afetadas, as normas de segurança, os padrões técnicos, as obrigações específicas para cada contexto setorial de implementação, **as ações educativas, os mecanismos internos de supervisão e de mitigação de riscos e as medidas de segurança técnicas e organizacionais apropriadas para a gestão dos riscos decorrentes da aplicação dos sistemas no seu respectivo domínio de atividade.**
§1º Ao estabelecer regras de boas práticas, o controlador e o operador levarão em consideração, em relação ao tratamento e aos dados, a natureza, o escopo, *a finalidade e a probabilidade e a gravidade dos riscos e dos benefícios decorrentes* de tratamento de dados do titular.	§1º Ao se estabelecerem regras de boas práticas, serão consideradas a **finalidade, a probabilidade e a gravidade dos riscos e dos benefícios** decorrentes e os possíveis impactos a grupos vulneráveis, a exemplo da metodologia disposta na seção IV, do Capítulo IV, desta Lei – **Avaliação de Impacto Algorítmico.**
§2º Na aplicação dos princípios indicados nos incisos VII e VIII do *caput* do art. 6º desta Lei, o controlador, observados a estrutura, a escala e o volume de suas operações, bem como a sensibilidade dos dados tratados e a probabilidade e a gravidade dos danos para os titulares dos dados, poderá: I – *implementar programa de governança* em privacidade que, no mínimo: a) *demonstre o comprometimento do controlador em adotar processos e políticas internas que assegurem o cumprimento, de forma abrangente, de normas e boas práticas relativas à proteção de dados pessoais;*	§2º Os desenvolvedores e aplicadores de sistemas de inteligência artificial, poderão: I – **implementar programa de governança** que, de acordo com o estado da arte do desenvolvimento tecnológico: a) demonstre o seu comprometimento em adotar processos e políticas internas que assegurem o cumprimento, de forma abrangente, de normas e boas práticas relativas à não maleficência e proporcionalidade entre os métodos empregados e as finalidades determinadas e legítimas dos sistemas de inteligência artificial; b) seja **adaptado à estrutura, à escala e ao volume de suas operações,** bem como ao seu potencial danoso e de benefícios;

(continua)

CAPÍTULO VII DA SEGURANÇA E DAS BOAS PRÁTICAS Seção II Das Boas Práticas e da Governança	CAPÍTULO VI BOAS PRÁTICAS E GOVERNANÇA Seção I Código de Conduta
b) seja *aplicável a todo o conjunto* de dados pessoais que estejam sob seu controle, independentemente do modo como se realizou sua coleta; c) seja *adaptado* à estrutura, à escala e ao volume de suas operações, bem como à sensibilidade dos dados tratados; d) estabeleça políticas e salvaguardas adequadas com base em processo de avaliação sistemática de impactos e riscos à privacidade; e) tenha o *objetivo de estabelecer relação de confiança com o titular*, por meio de atuação transparente e que assegure mecanismos de participação do titular; f) esteja *integrado a sua estrutura geral de governança* e *estabeleça e aplique mecanismos de supervisão internos e externos*; g) *conte com planos de resposta a incidentes e remediação*; e h) seja *atualizado constantemente* com base em informações obtidas a partir de *monitoramento contínuo e avaliações periódicas*; II – demonstrar a efetividade de seu programa de governança em privacidade quando apropriado e, em especial, a pedido da autoridade nacional ou de outra entidade responsável por promover o cumprimento de boas práticas ou códigos de conduta, os quais, de forma independente, promovam o cumprimento desta Lei.	c) tenha o objetivo de **estabelecer relação de confiança com a pessoa e grupos afetados**, por meio de atuação transparente e que assegure mecanismos de participação, a exemplo do disposta na seção IV, do Capítulo IV, desta Lei – Avaliação de Impacto Algorítmico; d) esteja integrado a sua estrutura geral de governança e estabeleça e aplique mecanismos de supervisão internos e externos; e) conte com planos de resposta para reversão dos possíveis resultados prejudiciais do sistema de inteligência artificial; f) seja atualizado constantemente com base em informações obtidas a partir de monitoramento contínuo e avaliações periódicas; e h) a existência de mecanismos e procedimentos internos de integridade, auditoria e incentivo à denúncia de irregularidades e a **aplicação efetiva de códigos de ética**;
§3º As regras de boas práticas e de governança deverão ser publicadas e atualizadas periodicamente e **poderão ser reconhecidas** e divulgadas pela autoridade nacional.	§3º A adesão voluntária a código de boas práticas e a elaboração de medidas de governança podem ser consideradas indicativo de boa-fé por parte do agente e **será levada em consideração pela autoridade competente** e demais autoridades setoriais para fins de aplicação de sanções administrativas.

(continua)

CAPÍTULO VII DA SEGURANÇA E DAS BOAS PRÁTICAS Seção II Das Boas Práticas e da Governança	CAPÍTULO VI BOAS PRÁTICAS E GOVERNANÇA Seção I Código de Conduta
§3° As regras de boas práticas e de governança deverão ser publicadas e atualizadas periodicamente e **poderão ser reconhecidas** e divulgadas pela autoridade nacional.	§4° Cabe às autoridades setoriais: I – a aprovação de códigos de boas condutas quanto à esfera de competência outorgada por lei, devendo sempre informar a autoridade competente; II – observar as diretrizes e normas gerais para o procedimento de análise, publicização e atualização periódica do código de conduta emitidas pela autoridade competente. Art. 34. **Caberá à autoridade competente, em colaboração com as demais entidades do SIA, definir em quais hipóteses** tais obrigações serão simplificadas de acordo com o risco envolvido e o estado da arte do desenvolvimento tecnológico. Parágrafo único. Aplica-se no que couber o disposto no capítulo VI – Boas Práticas e Governança -, **cabendo à autoridade competente a aprovação de códigos de conduta e de autorregulação de sistemas de inteligência artificial de propósito geral.**
Art. 50. Os controladores e operadores, no âmbito de suas competências, pelo tratamento de dados pessoais, *individualmente ou por meio de associações, poderão* formular regras de boas práticas e de governança que estabeleçam as condições de organização, o regime de funcionamento, os procedimentos, incluindo reclamações e petições de titulares, as normas de segurança, os padrões técnicos, as obrigações específicas para os diversos envolvidos no tratamento, as ações educativas, os mecanismos internos de supervisão e de mitigação de riscos e outros aspectos relacionados ao tratamento de dados pessoais.	Seção II Da Autorregulação Art. 37. Os agentes de inteligência artificial **podem associar-se voluntariamente sob a forma de pessoa jurídica de direito privado sem fins lucrativos para promover a autorregulação** com o objetivo de incentivar e assegurar melhores práticas de governança ao longo de todo o ciclo de vida de sistemas de inteligência artificial. §1° A autorregulação **pode compreender as seguintes funções**: I – estabelecer critérios técnicos dos sistemas de inteligência artificial aplicada, inclusive de padronização, prudencial e de atuação concertada dos entes associados, desde que não impeçam o desenvolvimento tecnológico e em conformidade com esta Lei e as normas vinculantes do SIA;

(conclusão)

CAPÍTULO VII DA SEGURANÇA E DAS BOAS PRÁTICAS Seção II Das Boas Práticas e da Governança	CAPÍTULO VI BOAS PRÁTICAS E GOVERNANÇA Seção I Código de Conduta
	II – compartilhamento de experiências sobre o uso de inteligência artificial, sendo vedado o compartilhamento de informações concorrencialmente sensíveis, nos termos da Legislação Concorrencial;
	III – definição contextual de estruturas de governança previstas nesta Lei;
	IV – critérios para provocar da autoridade competente e autoridades demais integrantes do SIA para emprego de medida cautelar e canal de recebimento de informações relevantes sobre riscos do uso de inteligência artificial por seus associados ou qualquer interessado.
	§ 2º A associação entre agentes de inteligência artificial para fins de autorregulação deverá observar os preceitos da Lei nº 12.529, de 30 de novembro de 2011, vedada qualquer atuação que possa restringir a livre concorrência.

Fonte: elaborado pela autora.

Em que pese a LGPD tenha permitido a associação entre agentes de tratamento do setor público, a mesma hipótese não está clara nos projetos de regulamentação do uso de IA, tendo em vista que pela proposta de redação do art. 37 os agentes de inteligência artificial podem associar-se voluntariamente sob a forma de pessoa jurídica de direito privado sem fins lucrativos para promover a autorregulação para melhores práticas de governança no ciclo de vida de sistemas de inteligência artificial e que o conceito proposto no PL[352] desses agentes não indica a presença pública.

A par das discussões em curso quanto à edição da futura lei sobre o uso da inteligência artificial (o que não é objeto desta obra), é possível constatar, desde já, influências bem marcadas do modelo

---

[352] A redação propõe: Art. 3º (...) VIII – agentes de inteligência artificial: desenvolvedores, fornecedores e aplicadores que atuem na cadeia de valor e na governança interna de sistemas de inteligência artificial, nos termos definidos por regulamento (Brasil, 2024b).

de autorregulação da LGPD pelos pontos destacados em itálico no Quadro 10. Já o Quadro 11 demonstra o reconhecimento da impossibilidade de atuação discricionária pelo ente regulador pelo verbo "caberá". O legislador, entretanto, ao destinar um capítulo específico à autorregulação ao mesmo tempo em que eleva o instituto a uma posição de destaque e relevância regulatória no PL, como forma de incentivo aos formuladores, remove a expressão "regras", o que não permitiria igualar o projeto de dispositivo ao artigo 50, da LGPD, quanto à natureza jurídica.

Independentemente dos caminhos que o referido projeto de lei irá percorrer, a redação indica avanços quanto à indispensabilidade de regulamentação do procedimento de análise de compatibilidade do código de conduta com a legislação vigente, com maior previsibilidade ao futuro dos Códigos de Conduta. Enquanto os projetos não se concretizam, perdura a ausência de incentivos concretos pelo legislador e pelo regulador à autorregulação, a manter a tendência centralizadora do Estado na condução dos instrumentos regulatórios.

4.6 *Enforcement* e *accountability* das regras de boas práticas e de governança em privacidade na LGPD

A publicação e a vigência da LGPD no ordenamento jurídico geraram expectativas conflitantes. Por um lado, uma espécie de descrença de que o texto seria capaz de imprimir mudanças comportamentais efetivas e não meramente formais entre seus destinatários associada a uma indiferença quanto à finalidade da proteção de dados pessoais, seja por desconhecimento ou mesmo pela (utópica) intenção de exposição ilimitada. Por outro, a ideia de que, apesar dos desafios, a implementação da Lei causaria uma revolução comportamental não só nos agentes de tratamento, mas em todos os atores envolvidos, de que geraria uma mobilização nacional em prol de uma política nacional de proteção de dados pessoais até que a cultura de dados entre os titulares fosse uma realidade tangível.

O artigo 6º, inciso X da LGPD, estabelece a prestação de contas (*accountability*) como um princípio norteador das atividades de tratamento de dados pessoais e determina que os responsáveis pelo tratamento de dados demonstrem a "adoção de medidas eficazes e capazes de comprovar a observância e o cumprimento (*enforcement*) das normas de proteção de dados pessoais e, inclusive, da eficácia dessas medidas" (Brasil, 2018a).

A concepção das regras de boas práticas como um instrumento regulatório, ou seja, como um compartilhamento da função regulatória do Estado com os agentes de tratamento na transformação dos comandos gerais em comandos específicos, convida à formalização de um documento com as regras ao cumprimento normativo voluntário, ou seja, ao *enforcement*[353] da lei (Lamy; Lamy, 2022, p. 99). Essa visão *ex ante* de *enforcement* parece ser mais adequada ao artigo 50 do que o *enforcement* aplicado à LGPD pela razão *ex post*, isto é, somente pelo viés sancionatório, como defendido por parte da doutrina (Carvalho Neto; Coutinho, 2019, p. 295). Isso, todavia, não significa afirmar que não possam ser aplicáveis sanções aos agentes de tratamento com Códigos de Conduta que venham a ser reconhecidos pela ANPD, como já se analisou neste capítulo.

Para cumprimento da lei nacional, o artigo 6º, inciso X, da LGPD, como os relatórios de impacto (RIPD) e as políticas de privacidade interna e externa, são ferramentas muito mais do que princípios. Em especial, o RIPD tem significativa aplicação no caso do artigo 50 diante da sua função principal ser a avaliação dos riscos envolvidos nas operações de tratamento. O relatório pode ser solicitado pela ANPD a qualquer tempo (artigo 38 da LGPD), sendo, nos termos do artigo 5º, inciso XVII, o conjunto de documentos do controlador que descreve os processos de tratamentos de dados pessoais passíveis de risco às liberdades civis e aos direitos fundamentais, no qual também devem constar as medidas, as salvaguardas e os mecanismos de mitigação de risco (relatório de impacto).

O artigo 38 da LGPD, da mesma forma que os artigos 50 e 35, contém conceitos jurídicos bastante amplos (*passíveis de risco às liberdades civis e aos direitos fundamentais*) sem regulamentação pela ANPD. Logo, caberá aos agentes de tratamento atuar de forma preventiva e elaborar seus relatórios com a maior descrição possível dos atos, em atenção ao dever de prestação de contas e de precaução.

No caso do artigo 50, frente ao dever de transparência e da ampla disponibilidade a que as regras de boas práticas estão submetidas pelo texto da LGPD, o RIDP pode ser solicitado não apenas pela ANPD, mas

---

[353] Os autores defendem a aplicação do *compliance* a partir das reflexões do *law enforcement* e não tanto sobre a ética ou sobre as intenções morais dos sujeitos no cumprimento ou descumprimento das leis (Lamy; Lamy, 2022, p. 7). O *law enforcement* tem grande aplicação em âmbito concorrencial, antitruste e nos crimes de corrupção. Pode-se entender como um modelo de aplicação ideal de lei ou na aplicação da lei que tenha como foco a maximização do bem-estar social, o alcance de uma política pública e a justiça pela eficiência (Becher, 1968 *apud* Garoupa, 1997, p. 267).

por outras autoridades no âmbito administrativo e judicial. Desse modo, tanto outras agências reguladoras, órgãos de defesa do consumidor, organizações da sociedade civil, Ministério Público, Defensorias Públicas e autoridades do Poder Judiciário podem solicitar acesso ao documento. Aliás, a doutrina inclusive defende que o RIPD, por força do que determina o princípio *accountability*, deve ser objeto de consulta pública, pois ele se destina à deliberação pelo macro fórum público, ou seja, pelo grande espectro de atores e agentes envolvidos na proteção de dados pessoais (Bioni, 2022, p. 244).

No Capítulo 1, abordamos a evolução que a responsabilização, ao lado da prestação de contas, no uso dos dados pessoais, passou nas gerações de leis sobre proteção de dados e os embriões das primeiras discussões do tema especialmente ocorridas nos Estados Unidos e depois pela união de especialistas de vários países na OECD, especialmente, no período entre as décadas de 1970 e 1980.

A demonstração é um dever prévio ao tratamento pelo regulado, logo é mais do que um ônus probatório, cuja aplicabilidade teria razão somente diante de um procedimento administrativo ou judicial. A aplicabilidade extrai-se da caracterização de um fluxo de dados responsável e que, por assim ser, recebe a adjetivação de ser *accountable*, inclusive carregado de uma qualidade como se uma virtude fosse. Prestar contas é uma norma de conteúdo obrigacional que relaciona quem detém o poder (*power-holder*) a quem por ele será impactado (*account-holder*) (Bioni, 2022, p. 75 e 245).

Tem-se, nessa linha, o exame do princípio da *accountability* por dois prismas possíveis. A partir da ótica do regulador, independentemente das teorias sobre regulação,[354] ou seja, em como regulamentar e interpretar esse dispositivo, em como exercer as atribuições e pô-las em prática para exigir esse dever dos usuários de dados (*public accountability*) (Black, 1996, p. 30, 2001, p. 107) e análise a partir de quem está sujeito a essa obrigação, ou seja, em atender e comprovar o cumprimento desse conteúdo obrigacional diante do objeto regulado, em aplicar uma dinâmica de poder capaz de persuadir comportamentos de conformidade[355] (Bioni, 2022, p. 74).

---

[354] No artigo *"Enhancing Compliance under the General Data Protection Regulation: The Risky Upshot of the Accountability – and Risk-based Approach"*, de Claudia Quelle, a autora analisa o artigo 24, do RGPD, o *compliance* e fontes de *enforcement* no RGPD a partir da regulação baseadas no risco (Quelle, 2018).

[355] Essa segunda ótica é a enfrentada por Bruno Bioni na obra referenciada publicada em 2022. O autor deixa claro que sua abordagem é analisar o princípio da *accountability* como

A primeira extrai-se das competências da ANPD, do processo de fiscalização, da aplicação da teoria responsiva. Ou seja, a preocupação central reside em assegurar que o titular exerça a autonomia frente aos seus dados, em zelar pela promoção e pela implementação da norma. O princípio ratifica a característica de uma Autoridade de Garantia, a qual tem como missão assegurar que os obrigados a prestarem contas não ampliem ou distorçam as permissões de uso dos dados pessoais. Está em assegurar a proteção de dados pessoais como um direito e uma garantia fundamental na sua dimensão objetiva (dever estatal de preservação).[356]

Ocorre que nas regras de boas práticas (códigos de boas práticas, códigos de condutas, programas de governança de privacidade) e nos outros mecanismos de conformidade (selos, certificados), as duas óticas encontram-se no mesmo lado da moeda. A *accountability* depara-se com um compartilhamento da função regulamentar dissociada da função regulatória de supervisão final, em um contexto regulatório descrito pelo regulado, aplicado pelo regulado, mas supervisionado por dois atores diferentes no ambiente regulatório. Ou seja, o formulador reúne a ótica da prestação de contas de suas próprias regras enquanto regulador, pelo melhor cumprimento, visando ao objetivo do titular, mas sem despir-se da sua ótica empreendedora, que busca agir de forma responsável sem que isso signifique abdicar de sua força motriz que é o desenvolvimento e a sustentabilidade econômicos.

Aliás, é justamente porque a regulação privada gera uma espécie de prioridade na leitura regulamentar da lei geral, afinal o formulador partirá do zero ao estabelecer a forma de cumprimento previamente e no lugar do regulador, que a prestação de contas recebe uma dupla face, na

---

um mecanismo de poder segundo a perspectiva obrigacional e o seu percurso frente ao objeto regulado (Bioni, 2022, p. 73).

[356] Interessante citar a aplicação do artigo 18, §8º, da LGPD, como um exemplo de dever de prestação estatal. Nesse caso, caso o titular não obtenha informações do controlador quanto às principais circunstâncias de uso de seus dados, o titular terá como subsidiar uma petição direta à ANPD ou a organismos de defesa do consumidor para ver seu pedido atendido. No entanto, a LGPD não informa como deve o titular agir se mesmo assim seu pedido não for atendido. Essa reflexão da supervisão do órgão supervisor e da aplicação do artigo 78, RGPD, ao prever o *"right to an effective judicial remedy against a supervisory authority"*, segundo qual, sem prejuízo de qualquer outra via de recurso administrativo ou extrajudicial, todas as pessoas singulares ou coletivas têm direito à ação judicial contra as decisões juridicamente vinculativas das autoridades de controle caso, no prazo de três meses, inclusive quando esta não tratar a reclamação ou não informar o titular dos dados, não for conferida informação sobre o andamento ou o resultado da reclamação que tenha apresentado na forma do regulamento (Hahn, 2022, p. 221).

medida em que ela serve tanto como um instrumento regulatório, como uma forma de demonstrar ao regulador que o regulado não nega e não se recusa ao cumprimento, antes agiu de forma voluntária (virtuosa, *accountable*) ao melhor cumprimento, e que, de forma colaborativa, oferece à análise da Autoridade uma transcrição "mastigada" de como o regulador pode melhor atender aos propósitos da Lei. Vale dizer: as regras de boas práticas são também uma forma de prestar contas, de se responsabilizar pelo cumprimento, e é por isso que há quem apenas assim as visualize.

Essa dicotomia no princípio da *accountability* serve para esclarecer que a equação complexa da prestação de contas nas regras de boas práticas não é uma atribuição herculana do formulador das práticas. Antes, haverá uma dupla verificação, a primeira por meio do parágrafo terceiro do artigo 50 com submissão à ANPD quanto à suficiência de preservação das regras gerais da Lei; e a segunda prestação de contas propriamente dita pelo regulado na demonstração que seguiu exatamente o que estava prescrito em seu código. Aliás, quando a LGPD determina que a ANPD publique as regras de boas práticas por ela reconhecidas como suficientes à preservação das garantias da LGPD, ocorre ainda uma prestação de contas (*public accountable*) por parte da Autoridade de garantia, de que aquele código publicizado e aplicado pelo agente de tratamento aos dados dos titulares foi devidamente analisado por uma autoridade que tem como missão proteger o direito dos titulares. Também oferece ao grande público meios de controlar o seu cumprimento.

A demonstração de medidas de prestação de contas pode ocorrer por relatórios que descrevam as formalidades ao acesso e à operacionalização dos dados, a contratação ou a criação de um grupo de *compliance*, registro de atividades e dos ciclos operacionais de revisão dos procedimentos internos. No caso das regras de boas práticas formuladas por associações, em que um conjunto de agentes estarão sujeitos ao regulamento, a prestação de contas e o cumprimento serão exigíveis daqueles associados que expressamente aderirem ao Código. Ou seja, a associação pode ter associados que integrem e adiram ao Código e outros associados que não optem por fazê-lo, a ser previsto no próprio Código para assegurar adesão e saída facultativas por seus associados. Tal situação não se confunde com a possibilidade de adesões posteriores à publicação do Código ou do Programa pela ANPD, momento em que a Associação pode, enquanto titular do documento já referendo, aceitar novos aderentes de setor congênere, sejam aqueles associados que inicialmente não concordaram à submissão, seja por novos associados ou até outras Associações, guardadas as pertinências regulatórias e desde que previamente comunicado à ANPD ou à entidade responsável à quem incumbirá manter o controle e supervisão.

Da mesma forma, caso a associação seja formada por pessoas jurídicas, inclusive por outras associações, já com o propósito de formulação de um Código, a mesma lógica de adesão livre e voluntária deverá contar com um mecanismo contratual que assegure a escolha aos não aderentes. Vale dizer: um código de condutas somente será obrigatório e sujeitará a prestação de contas àqueles que, de forma voluntária, tenham expressado a adesão à formulação privada. No entanto, feita a adesão ao Código, o associado deverá cumprir e prestar contas de acordo com as regras previstas ao órgão (comitê, conselho) designado pelo regramento para fins de aplicação dos mecanismos de *accountability* internos.

Por outro lado, em matéria de proteção de dados, a regulação responsiva demonstra que apurações quanto à quantidade de sanções aplicadas, aos números de processos de fiscalização instaurados, de reclamações recebidas e atendidas, não representam a eficácia da regulação, mas representam tão somente um dos indicativos quanto à recepção de uma lei nova. Logo, esses números não representam, de fato, o quanto a Lei está ou não impactando novos comportamentos entre os titulares e agentes de tratamento.

Outrossim, mesmo que o artigo 6º, inciso X, da LGPD, enfatize a eficácia sobre as medidas, a eficácia das ações, não se pode deixar de considerar que a avaliação quanto aos resultados, e como estes espelharão as finalidades e os objetivos da LGPD no futuro, dependerá, em grande medida, das ações presentes. A eficácia das medidas avalia a suficiência, mas a aplicação do princípio da precaução já deixa clara a inviabilidade de equalizar um risco a zero. Logo, aqueles que aplicam a Lei devem estar comprometidos a um uso lícito (conduta responsável e transparente), e a uma supervisão previsível e compatível com essa realidade. Uma vez identificada a adoção de meios que ao máximo buscaram impedir quebras à proteção dos dados pessoais, de mecanismos de monitoramento e de supervisão, estará operacionalizada a prestação de contas e o cumprimento.

Por fim, porém não menos importante no contexto de prestação de contas públicas e privada e de responsabilidade, não se olvida que a ANPD, diante da redação do artigo 50 e como controladora dos dados pessoais que opera em suas atividades, ocupa uma posição jurídica específica no contexto administrativo. Nessa linha, tendo a Lei nº 14.460, de 2022, fixado a ANPD como uma autarquia de natureza especial, a ela se aplica o disposto no Decreto nº 9.203, de 22 de novembro de 2017, que dispõe sobre a aplicação de políticas de governança (*good governance* ou *public governance*) na da Administração Pública federal direta, autárquica e fundacional no âmbito federal (Brasil, 2017a).

O Decreto nº 9.203, de 2017, estabelece, no artigo 17, que a alta administração da autarquia, que na ANPD corresponde ao Conselho Diretor (CD), deverá estabelecer, manter, monitorar e aprimorar seu sistema de gestão de riscos e de controles internos com vistas à identificação, à avaliação, ao tratamento, ao monitoramento e à análise crítica de riscos que possam impactar a implementação das estratégias e a consecução dos objetivos da autarquia. Essa atribuição deverá ser desempenhada a partir dos eixos de trabalho fixados no artigo 19,[357] dos conceitos, princípios, diretrizes e mecanismos descritos entre os artigos 2º a 5º, respectivamente (Brasil, 2017a).[358]

Cabe referir que a ANPD instituiu o seu Comitê de Governança, Riscos e Controles por meio da publicação da Portaria nº 15, de 02 de julho de 2021, com o objetivo de orientar o CD na tomada de decisão referente à gestão da autarquia, à melhoria do desempenho, ao acompanhamento de resultados e ao aprimoramento do processo decisório, sendo as principais temáticas tratadas no Comitê a governança pública, a gestão de riscos, a transparência e a integridade na ANPD, o planejamento, além dos mecanismos de controle interno e a eficiência na gestão administrativa, por meio de reuniões mensais e com caráter deliberativo a depender da pauta (Brasil, 2021b).

---

[357] Trata-se de dispositivo importante ao monitoramento e prestações de contas da ANPD e que serve de referência à aplicação da Portaria nº 15, de 2021. O programa de integridade é estruturado no Decreto em quatro frentes: a) documentos de comprometimento e apoio da alta administração, na forma prevista no Decreto; b) existência de unidade responsável pela implementação no órgão ou na entidade, o que já foi atendido pela instituição do Comitê de Governança; c) atividades de auditoria interna com análise, a avaliação e gestão dos riscos associados ao tema da integridade; e d) monitoramento contínuo dos atributos do programa de integridade (Brasil, 2017).

[358] Em curtas linhas, segundo o Decreto aplicável no âmbito federal, a governança pública reúne mecanismos de liderança, de estratégia e de controle para avaliar, direcionar e monitorar a gestão na condução das políticas públicas. A governança conta com processo de natureza permanente na identificação de potenciais eventos que possam afetar a organização e a segurança razoável dos objetivos da autarquia a partir dos princípios da integridade, da confiabilidade, da melhoria regulatória, da transparência e, principalmente, ao ponto desse subtítulo, aos princípios da prestação de contas e responsabilidade. Segundo o artigo 4º, inciso IX, a governança tem como diretriz revisar atos normativos, pautando-se pelas boas práticas regulatórias e pela legitimidade, estabilidade e coerência do ordenamento jurídico (Brasil, 2017).

Não há dúvidas de que a soma dessas atribuições e da posição estratégica da ANPD demandam uma atuação baseada na governança, cuja função é manter a confiança e a credibilidade dos órgãos públicos, notadamente no cenário de complexidade e incertezas da proteção de dados pessoais (OECD, 2020c, p. 4). Embora a posição jurídica da ANPD tenha alcançado a necessária autonomia técnica e decisória para a execução de suas funções de garantia, segue como integrante da Administração Pública indireta, e como tal tem em sua estrutura a capacidade governamental de formular e implementar, de forma efetiva, políticas públicas mediante o estabelecimento de parcerias coordenadas entre organizações públicas (Brasil, 2014d, p. 20).[359] A execução desses mecanismos de zelo ao direito à proteção de dados pessoais dos cidadãos (como indivíduos e como usuários de serviços públicos) atrai a aplicação dos referenciais da boa governança em suas atividades (Nohora; Maximiano, 2017, p.73).

Refere-se também que o TCU identifica a governança por suas camadas e instâncias internas, as quais são responsáveis por definir ou avaliar como monitorar a conformidade e o desempenho da autarquia, inclusive para agir em caso de eventuais desvios identificados. A governança assume para si a responsabilidade de assegurar que as estratégias e as políticas formuladas pelo próprio ente público persistam até o atendimento do interesse público. Para tanto, o Tribunal apresenta os conselhos nacionais como exemplos típicos de órgãos que desempenham essa função (Brasil, 2014d, p. 71).

Nessa ótica, além do Comitê já instituído, a ANPD ainda conta com uma corregedoria e com um órgão consultivo, o Conselho Nacional de Proteção de Dados Pessoais (CNPD). Este, assim como o Comitê, também é integrado, além da alta administração da autarquia, por membros que representam vários setores da sociedade civil, e exerce um elo de interesse ao desenvolvimento da governança e do desempenho das funções de monitoramento, e dos benefícios que lhe são decorrentes. Nota-se, por fim, que corrobora essa possibilidade as atribuições do

---

[359] O TCU publicou um referencial básico sobre governança no qual lista como principais funções da governança a avaliação, o direcionamento e o monitoramento das expectativas das partes envolvidas, com vistas à efetividade e à economicidade. Além disso, tem como função promover a *accountability* (prestação de contas e responsabilidade) e a transparência, por meio da adoção de código de conduta que defina padrões de comportamento dos membros da alta administração (Brasil, 2014d, p. 40-43). Assim define: *"Governança no setor público compreende essencialmente os mecanismos de liderança, estratégia e controle postos em prática para avaliar, direcionar e monitorar a atuação da gestão, com vistas à condução de políticas públicas e à prestação de serviços de interesse da sociedade"* (Brasil, 2014d, p. 26).

Conselho previstas no artigo 58-B da LGPD, a previsão da competência de propositura de diretrizes estratégicas, o fornecimento de subsídios para a elaboração da Política Nacional de Proteção de Dados Pessoais e da Privacidade, a sugestão de ações, a entrega de estudos e a promoção de debates e audiências públicas sobre a proteção de dados pessoais e privacidade (Brasil, 2018a).

4.7 Autorregulação da LGPD no setor público: governança regulatória e em privacidade no tratamento de dados pessoais

Um dos grandes vetores de propulsão da LGPD é manter o movimento de implementação do setor público, notadamente em locais desprovidos de infraestrutura mínimas (consequentemente digital) nos quais a emergência em atendimento a agendas básicas difere, dia a dia, a urgência com o zelo dos dados pessoais.

Não só nesses dois espaços diametralmente opostos o artigo 50 impacta positivamente o setor público, mas principalmente no combate ao tratamento de dados fracionário e desalinhado dentro de uma mesma instituição. Nesse caso, a subdivisão interna em vários órgãos e setores, o tamanho da instituição, a urgência em adotar soluções à problemas de segurança da informação, de pseudonimização ou de anonimização de dados, de iniciativas de conformidade nos sistemas que se comunicam com o âmbito externo, geram uma preferência por iniciativas de menor porte como as de governança em tecnologia da informação, políticas de privacidade de dados, controle de riscos de segurança da informação, medidas que apenas mitigar, mas não oferecem a implementação da LGPD tal como um programa de governança em privacidade. O resultado é tanto interno como externo.

Internamente (a) ausência de uma construção gradual de cultura de proteção de dados pessoais; (b) predomina desconhecimento sobre a aplicação da LGPD nas atividades administrativas e finalísticas; (c) incapacidade resolutiva de solução de problemas de privacidade fora das equipes especializadas; (d) sobrecarga de equipes de segurança da informação e tecnologia com questões de privacidade de dados; (e) matriz de risco elevada ao vazamento de dados; (f) multiplicidade de medidas descentralizadas sem intercomunicação, (h) subutilização informacional dos dados tratados. Externamente, há a estagnação do valor público e perda institucional de confiabilidade quanto ao uso dos dados pessoais.

O Brasil é responsável por vultuosas operações de tratamento de dados pessoais e parte substancial ocorre no Poder Público, em seus três poderes, entes federativos e respectivas administrações direta e indireta, entidades controladas direta ou indiretamente por esses entes, funções essenciais à justiça e cortes de contas. O país, além de ser jovem na matéria, é extenso em território e em desigualdades, o que impacta negativamente graus tão diversos de estruturação, notadamente em serviços públicos e acesso a recursos humanos e tecnológicos.

Nesse distanciamento de realidades organizacionais em uso e gestão de dados pessoais, o artigo 50 apresenta um endereçamento inovador, colaborativo e encorajador aos agentes, pois tanto as experiências exitosas e como as eventualmente não recomendadas podem ser compartilhadas por quem já enfrentou as etapas de implementação da lei no setor público. Permite a adesão em regras de boas práticas e dos processos em governança em privacidade, seja por meio de uma associação, seja pelo acesso às regras publicadas pela ANPD na forma do §3º do mesmo dispositivo.

Não se olvida que a adoção de instrumentos autorregulatórios no setor público demanda um processo construtivo de médio a longo prazo. Tampouco a crítica empírica no sentido de que sustentar processos longos em ambientes acelerados e ansiosos por soluções rápidas apenas se justificaria por impactos substancialmente recompensadores.

Nesse sentido, a análise do *caput* do art. 50 aplicado aos agentes de tratamento do setor público oferece à ANPD, enquanto autoridade reguladora e regulada, liderar a governança regulatória em proteção de dados. Ou seja, o dispositivo permite que a ANPD desenvolva um código de condutas para suas operações internas, de forma individual, mas também autoriza que a Autoridade elabore esse mesmo Código por meio de uma associação, com janela de adesão voluntária por outros agentes de tratamento submetidos ao regime do artigo 23 da LGPD.

Por essa hipótese, haveria um alinhamento de mecanismos capitaneados pelo regulador nacional e que ofereceria: (i) a criação pela ANPD de um ou de códigos de regras de boas práticas e de governança em privacidade específicos ao setor público de adesão voluntária por outros agentes de tratamento públicos; (ii) o desenvolvimento de uma cultura nacional de uso responsável e transparente de dados pessoais pelo Poder Público e de uma rede de colaboração destinada a expandir a implementação da Lei em todo país; (iii) um controle simplificado e mais otimizado de supervisão e controle; (iv) uniformização de fluxos de processos e operacionais com maior segurança jurídica aos aderentes, aos titulares, de forma a agregar confiança e valor público ao trabalho da Autoridade e no ambiente de regulatório; (v) possibilidade de criação de um acervo de código de regras de boas práticas e de governança em privacidade, seja como parte de tornar acessível modelos com viés consultivo por outros entes que entendam por não aderir a nenhum código, seja como um ambiente (*hub*) que conecte regras de implementação concreta da LGPD e; (vi) ganhos em qualidade regulatória e de cumprimento de metas e padrões internacionais ligados à proteção de dados pessoais e proteção de direitos humanos.

No Capítulo 1, verificou-se a participação como um dos fenômenos de maior repercussão em mudanças no Estado e no direito administrativo, tal como a tecnologia. Por outro lado, a atuação privada nos assuntos públicos não pode ocorrer sem responsabilidade, senso colaborativo e transparência. Foi pela abertura participativa que paradigmas foram flexibilizados no direito administrativo contemporâneo, com a identificação das finalidades e o necessário empenho à obtenção de resultados, em tornar eficazes suas políticas públicas e a consideração de sua legitimidade a partir do cidadão (Moreira Neto, 2008, p. 130-142). Consequentemente, a participação, a cooperação, a responsabilidade e a transparência se operaram dentro e pelo Estado regulador em suas estruturas administrativas.

A ANPD tem o dever de supervisionar, controlar, fiscalizar, impor medidas administrativas e sancionar o setor público. Enquanto autarquia federal que zela por um sistema nacional de proteção a um direito e garantia fundamental, tem sua atuação em nível nacional com escalas importantes de reforço à independência política e financeira, à autonomia técnica e decisória e à aplicação do princípio da isonomia entre os agentes de tratamento. Isto é, trata-se de tema com amplo campo investigatório.

Aplicar esse contexto jurídico e fático a instrumentos autorregulatórios ofereceria avanços sem precedentes no setor público brasileiro, tendo em vista que a ANPD tem, entre outras competências, papéis direcionais na conformidade das operações de tratamento de dados pessoais. A Autoridade ocupa posição referencial de implementação e de interpretação da lei, ao mesmo tempo em que age no ambiente regulatório como agente regulador e como agente de tratamento.

No país, por exemplo, haverá Estados, Municípios, empresas públicas e sociedade de economia mista aptos à implementação da LGPD de forma independente. Todavia, outros não, de tal sorte que a adesão a regras auxiliaria na adequação de suas operações, na gestão seus dados, na comunicação e treinamento dos envolvidos, no gerenciamento das necessidades e interesses locais.

Aliás, mesmo os entes e poderes públicos que não visem a uma autorregulação plural, podem ter interesse em formular suas próprias autorregulações. Logo, subsiste a missão de governança regulatória da ANPD em desenvolver um Código orientador autorregulatório aplicado ao setor público e governamental, tal como as estatais. A ferramenta esclarecerá aos controladores e operadores públicos o que a ANPD examinará, enquanto garantidora constitucional do inciso LXXIX do artigo 5º.

Ainda que o procedimento de validação das regras de boas práticas e de governança me privacidade na LGPD tenham um percurso de definições pela frente e que sejam alterados os requisitos com impacto às proposições em estudo, é preciso, com urgência, mitigar os abismos operacionais no setor público em matéria de dados, de proteção de dados e de privacidade, inclusive pensado com atenção aos servidores e colaboradores que lidarão com essas funções. Afinal, no setor público estão em jogo as relações do poder público com o cidadão, com a coletividade, mas também as relações internas e externas que envolvem a proteção de dados pessoais dos servidores e colaboradores como titulares frente ao mundo externo e destes usuários a partir do grau de acesso ao dado.

O fato de a autorregulação ser mais comumente abordada como uma regulação privada que atinge o espaço público, não pode ofuscar a aplicação de Códigos de conduta no setor público, notadamente porque a genealogia da LGPD traz, de forma bem singular como demonstrado, oportunidades tanto aos agentes de tratamento privados individualmente considerados, quanto aos agentes de tratamento públicos associados. Esta última medida, em especial, seria capaz de alterar o cenário atual do processo de fiscalização sobrecarregado com violações à LGPD pelo setor público.

Sob o ponto de vista do controle e compartilhamento de dados pessoais na Administração Pública, associado às críticas doutrinárias quanto às formas de sanção aplicáveis, notadamente na previsão do artigo 52, §3º, da LGPD, não caberá a lógica de que a efetividade do Códigos é proporcional às sanções aplicadas. Quanto mais o setor público protagonizar os processos sancionatórios da LGPD, maior será o indicativo de que os instrumentos regulatórios em uso são insuficientes; menor será o valor público das políticas de tratamento de dados pessoais pelo próprio estado.

A responsividade corrobora a sanção como falha da missão regulatória, indica falhas sistêmicas. Há perda de informações, de subsídios públicos, de integridade dos dados, de recursos históricos. Com a suspensão das ações de tratamento, perde-se acesso a banco de dados e gera-se morosidade de prestações públicas de serviço. Aumentam-se gastos de conformidade, de auditoria, investimento em pessoal. Expande-se uma identificação negativa pública e sentimentos de desconfiança e de descontrole.

A concentração de esforços não pode estar na reprimenda, deve estar no estudo de mecanismos de governança, de coordenação de projetos, de instrumentos autorregulatórios que aprimorem a capacidade e a avaliação de resultados regulatórios. Será no desenvolvimento de ações de construção cultural e informacional acerca dos dados pessoais e dos riscos envolvidos que melhor se colherão frutos.

Ganhos com uniformização de procedimentos de tratamento, desburocratização, interoperabilidade, operações padronizadas, critérios inteligentes e testados para o armazenamento de dados, referenciais de limites quanto ao uso dos dados pessoais, guias de implementação para categorização, identificação e organização das informações e de arquivos, mecanismos de anonimização e pseudonimização, equipes de implementação *in loco*, equipes centralizadas de capacitação contínua de servidores e de gestores públicos, troca de experiências e de padrões técnicos mais efetivos, eliminação de padrões ineficientes, controle mais eficiente de contratos públicos em serviços de tecnologia, otimização das ações de tratamento, redução de custos, criação de equipes de desenvolvimento e suporte tecnológico, desenvolvimento de uma plataforma única do acesso às informações, reclamações, pedidos de usuários, são apenas algumas vantagens listáveis que um Código pode oferecer ao aderentes e que se somam aos ganhos de produtividade fiscalizatória dentro da própria ANPD.

Por esses fundamentos seria inclusive possível ampliar a previsibilidade das condutas autorregulatórias no setor público e mitigar eventuais críticas do setor privado a um futuro Código nesse setor. Além disso, reduziriam as competências discricionárias sobre o uso de dados pessoais com ganhos de eficiência e transparência públicas, bem como de gestão de políticas públicas e de qualidade regulatória em outras áreas afetas (Ribas; Gody, 2013, p. 234). Não há matéria regulatória que não envolva o uso de dados e a governança pública sobre estes.

Nessa linha de construção, a autarquia dispõe, a partir das competências previstas no artigo 55-J, nas aberturas normativas dos artigos 50 e 65, uma oportunidade ímpar de formulação de regras de boas práticas e de governança. Tratar-se-ia de um Código de Conduta (com regras de boas práticas e de governança) de adesão aberta ao setor público, mediante o cumprimento dos requisitos já tratados nos tópicos anteriores. Seria um *standard* amplo de regras ao melhor cumprimento da LGPD, de adesão facultativa e que pode prever, além dos benefícios de integrar um Código da ANPD, incentivos aos aderentes e o ingresso em projetos de gestão pública de dados.

Uma leitura atenta às competências do artigo 55-J da ANPD comunica-se diretamente com os objetivos e aplicações autorregulatórias possíveis no setor público. À autarquia compete zelar pela proteção dos dados pessoais, elaborar diretrizes para a Política Nacional de Proteção de Dados Pessoais e da Privacidade, exercer o controle sobre os descumprimentos legais, promover o conhecimento das normas e das políticas públicas na matéria, promover e elaborar estudos sobre as práticas nacionais e internacionais, estimular a adoção de padrões para serviços e produtos que facilitem o exercício de controle pelos titulares, promover a cooperação com outras autoridades estrangeiras, dispor sobre as formas de publicidade das operações de tratamento de dados pessoais, solicitar informações às entidades públicas que realizem operações de tratamento de dados pessoais para eventual emissão de parecer técnico de cumprimento à Lei, elaborar relatórios de gestão anuais acerca de suas atividades, editar regulamentos e procedimentos sobre proteção de dados pessoais e privacidade, ouvir os agentes de tratamento, realizar auditorias, ou determinar sua realização, editar normas, orientações e procedimentos simplificados e diferenciados, deliberar, na esfera administrativa, em caráter terminativo, sobre a interpretação desta Lei, as suas competências, articular-se com outras agência[360] e autoridades reguladoras, implementar mecanismos simplificados, inclusive por meio eletrônico, para o registro de reclamações sobre o tratamento de dados pessoais desconformes.

A ANPD como controladora de seus próprios dados deverá, necessariamente, elaborar ou ter um plano interno de controle sobre

---

[360] Embora a ANPD não integre o rol de agências do artigo 2º, da Lei nº 13.848, de 25 de junho de 2019, e consequentemente não integre o Comitê das Agências Reguladoras Federais (COARF), instituído pela Resolução Normativa Conjunta nº 1, de 16 de junho de 2023, a quem compete, na forma do artigo 1º, discutir e estabelecer orientações e procedimentos comuns de interesse das instituições (Brasil, 2023d), não há impedimento a que a ANPD participe e contribua a essas construções, principalmente assuma a posição que a o artigo 55-J, da LGPD, lhe confere em matéria de proteção de dados pessoais e futuras matérias em direito digital.

como irá tratar os dados pessoais de que faz uso. Ainda que essa situação seja uma decorrência natural da lei, trata-se de uma situação única na legislação: somente a ANPD é Autoridade de garantia, regulador e autorregulada de si mesma, independentemente da aplicação do artigo 50, da LGPD. Essa peculiaridade não impõe, expressamente, uma atuação autorregulatória compartilhada com outros regulados públicos. A ANPD terá que desenvolver regras internas. Contudo, diante do acúmulo de expertise da autarquia e das missões de diálogo e cooperação, abre-se um ramo de opções construtivas e inovadoras, inclusive em âmbito mundial, para edição de um Código de Condutas em proteção de dados pessoais e privacidade exclusivo de agentes de tratamento públicos.

No capítulo anterior, argumentou-se pela legitimidade ativa de associações públicas (pessoas jurídicas de direito público interno) serem formadas a partir da contratação de um consórcio público (consórcio-associação), na forma do artigo 6º, §1º, da Lei nº 11.107, de 2005 (Brasil, 2005), para fins do artigo 50 da LGPD. Sendo assim, pessoas jurídicas de direito público interno, enquanto controladores públicos, poderiam associar-se por meio de um consórcio para elaboração de um Código de Boas Práticas aplicável ao nicho específico do tratamento de dados pessoais no setor público a partir de um dos objetivos previstos no Decreto nº 6.017, de 2007, como o intercâmbio de informações entre os entes consorciados, a instituição e o funcionamento de escolas de governo ou de estabelecimentos congêneres, a produção de estudos técnicos, dentre outros fins que poderão ser pactuados entre os entes federados, desde que observados os limites constitucionais e legais, conforme dispõe o artigo 3º (Brasil, 2007).

Trata-se de uma hipótese normativa complexa e até lida como restrita ao campo teórico. No entanto, ilustra que a ANPD pode estimular e incentivar os entes públicos sujeitos à aplicação dos artigos 23 e seguintes da LGPD a investirem em arranjos institucionais colaborativos que unifiquem as regras de cumprimento da LGPD no setor público. Essa medida representaria um ganho de eficiência, gestão de recursos, trocas de experiências e de expertise, padronizações de procedimentos de atendimento aos cidadãos, confiabilidade públicas, economia e, principalmente, segurança jurídica aos servidores públicos envolvidos nesses processos. Haveria um ganho de eficiência e de produtividade à fiscalização desses entes. O artigo 50 seria um instrumento regulatório também para regulamentar bancos de dados públicos e oferecer melhor interoperabilidade e estruturas de segurança da informação acessíveis a todas as camadas e níveis federativos. Demandaria muito esforço, mas os bônus seriam altamente superiores, notadamente em termos de gastos públicos e de qualidade regulatória.

A autorregulação por agentes de tratamento públicos, nesse contexto, envolve a reunião de diferentes capacidades administrativas[361] e de elementos da governança regulatória. Desta forma, a partir do momento em que a ANPD assumisse a criação de um Código de Condutas disponível à adesão de outros entes públicos, haveria um compromisso com o resultado pelos aderentes, esforços políticos de coordenação e de participação, renuncia a competências discricionárias e a submissão às avaliações com base em evidências e na autocorreção entre os aderentes. Além disso, essa forma contribuiria à resolução de situações de crise no ambiente de dados e de interoperabilidade, nas quais se demanda celeridade, transparência e objetividade.

Uma vez que os agentes de tratamento públicos podem regular suas operações, o que não se confunde com o exercício de uma competência constitucional comum administrativa do ente federado, diante do que prevê o artigo 50, da LGPD, envolve necessariamente uma avaliação da qualidade regulatória, aspecto que integra a capacidade regulatória de cada regulador público e que se abordou quando da discussão em torno da ARR no PL nº 3.034, de 2022.

Percebe-se que a autorregulação nesse caso específico envolve ponderar a (in)capacidade regulatória dos entes públicos em matéria de gestão de dados pessoais, bem como permite identificar o quanto o agir administrativo tem maior ou menor efetividade em suas ações

---

[361] As capacidades administrativas (*administrative capacities*) são analisadas por Martin Lodge, Kai Wegrich e outros autores (2014, p. 41, 114-115) com a seguinte ordem: a) capacidade de entrega (*delivery capacity*), relacionada aos resultados efetivos, direta ou indiretamente, o que se relaciona à ARR; b) capacidade de coordenação (*coordination capacity*), enquanto a habilidade de o Estado interrelacionar interna e externamente; c) capacidade regulatória (*regulatory capacity*) e; d) capacidade analítica (*analytical capacity*), vinculada à forma de verificação, de planejamento e desempenho das funções. Ademais, interessante referir que a discricionariedade apresenta-se como um ponto de preocupação ao desenvolvimento das capacidades administrativas e, portanto, da governança. Os autores também argumentam pela reunião dessas quatro capacidades pela chamada *management capacity and performance* e que, entre outros pontos aplicáveis na Administração Pública europeia e de forma prévia aos estudos de áreas em outros pontos da obra, discutem o quanto questões transversais (*cross-cutting issues*) não recebem a devida atenção. As transversalidades recebem nada além do esforço meramente simbólico, o que resulta na ausência de avanços. Desse modo, cabe refletir sobre qual seria o nível adequado de discussões a que certas decisões deveriam ser tomadas ou quanta discricionariedade poderia ser conferida às decisões estatais, tendo em vista que os debates de governança regulatória justamente consideram a (in)capacidade de abordagem dos problemas nos ambientes regulados e a aptidão ou não de construção de uma relação de boa governança.

e políticas públicas, os riscos de fragmentação dessas políticas, as influências e riscos de integridade. Abrange, então, aspectos aquém da LGPD, pois os interessados em aderir a eventual Código criado pela ANPD deveriam demonstrar o quão eficiente e qualitativos são em matéria de dados.

Outra questão interessante seria avaliar as possibilidades legislativas e autorregulatórias da União diante do que preveem o artigo 21, inciso XXVI e o artigo 22, inciso XXX, da CF. Sendo a União, controladora e operadora, tendo em sua estrutura e organização outras tantas controladoras e operadoras, o artigo 50, da LGPD, oferece suporte normativo à formulação de regras de boas práticas e de governança federais por este ente federativo, o que inclusive já conta com projeto de lei pelo melhor desenvolvimento da matéria como analisado anteriormente. No entanto, lei federal não poderá prever a supressão da análise de suficiência regulatória da ANPD para autorregulações federais de quaisquer dos seus poderes ou criar, a partir da previsão do artigo 50, §2º da Lei, uma entidade de cumprimento de código de conduta com poderes que retirem a supervisão da ANPD em proteção de dados pessoais.

Anteriormente, anotou-se que o PL das *Fake News* propunha a criação de um Conselho autorregulatório, como tratado no ponto sobre o PL nº 3.034, de 2022. Contudo, esse ou outro agente regulador que seja criado no âmbito do direito digital deverá preservar as competências da ANPD. Caso, futuramente, seja criada, por lei federal, um agente regulador único aos temas afetos ao Direito digital, deverá ser preservada uma subdivisão exclusiva à proteção de dados pessoais, em atenção ao artigo 5º, inciso LXXIX, da Constituição Federal, dispositivo que torna a regulação em proteção de dados pessoais campo prioritário no direito digital brasileiro.

Não há dúvidas que o campo de debate acerca da governança regulatória é cada vez mais desafiador e rico e que esses pontos não esgotam o tema. A regulação em matéria de proteção de dados no Brasil torna essa realidade mais intensa, diante da jovialidade da lei nacional, da estrutura reduzida e em construção da ANPD e do contexto brasileiro inicial de formação (descoberta) de uma cultura de proteção de dados. No entanto, isso igualmente demonstra o espaço para a aplicação e desenvolvimento dos conceitos aqui ventilados e alerta o quanto a ausência de uma governança regulatória operante e bem direcionada reverte em maior insegurança jurídica e na inversão da lógica responsiva da LGPD.

A soma desses fundamentos apresenta conexão valiosa da autorregulação com a governança regulatória em que a ANPD poderia assumir uma liderança na formulação de regras de boas práticas e de governança no setor público.

4.8 Síntese conclusiva do capítulo: a concretização da regulamentação do artigo 50 como propulsora da LGPD e como alicerce aos futuros desafios da ANPD

Compreender e aplicar a autorregulação na proteção de dados instiga os operadores jurídicos diante do envolvimento transfronteiriço de normas, da ausência de definições padrão nos conceitos centrais ao instituto e de como esses fatores impactam a segurança jurídica de seus optantes.

A implementação de modelos na matéria e, principalmente, os mecanismos de supervisão e sancionamento estão em desenvolvimento. A dificuldade dogmática inicial, contudo, não se encerra ao serem transpostas as dificuldades conceituais e procedimentais. A prática de instrumentos autorregulatórios exigirá um rigoroso comprometimento por parte dos envolvidos, com receptividade às influências ininterruptas do mercado e da tecnologia nesse processo.

A engrenagem da função regulatória na proteção de dados pessoais olha com confiança às possíveis causas externas de instabilidade, pois considera a abertura, a mutabilidade e a flexibilidade como processos necessários e saudáveis no ambiente regulatório. Além disso, esses processos, como se viu, contam com mecanismos de contraposição e sopesamento (segurança jurídica, a estabilidade e a supervisão), o que oferece tanto à Autoridade de garantia quanto aos atores instrumentos regulatórios mais convergentes à implementação da Lei e dos seus institutos.

A flexibilidade construtiva da autorregulação na LGPD, no entanto, não pode ser renomeada à ingerência ou à inviabilidade legislativa pura de tal forma a estar na lei e não ser aplicada pelo regulador. A flexibilidade do instituto informa ao legislador a existência de uma zona limítrofe entre convergência global e risco de obsolescência da própria lei. Logo, a presença de um instituto que confere possibilidade regulatória ao regulado sem a aplicação concreta no cenário interno aos regulados enfraquece o diploma normativo como um todo.

A experiência europeia na autorregulação em dados pessoais demonstra a permanência regulatória do Estado não apenas na edificação de como se dará a abertura normativa aos regulados, mas principalmente em como o Estado, por meio de suas autoridades, irá legitimar e supervisionar quem por elas (autoridades) exercerem parte das funções de fiscalização e sancionamento. Até porque, como verificado, o Código de Condutas em proteção de dados em vigor na União Europeia condiciona a uma adaptabilidade prévia pelos aderentes, os quais se submetem a procedimentos caso entendam que as práticas devam ser alteradas. Não há uma autonomia regulatória ilimitada. Há uma liberdade jurídica no sentido de o Estado assegurar o poder de escolha entre alternativas comportamentais que evitem ou amenizem risco jurídicos (Àvila, 2021, p. 238).

Presenciou-se entre 1995 até 2022 uma evolução significativa, a qual culminou com a aprovação e o início operacional do primeiro Código de Conduta no regulamento europeu de dados pessoais. Houve uma consolidação prática da quarta geração de leis em privacidade e proteção de dados, cujo desafio é enfrentar os déficits de conformidade das gerações de leis antecessoras. Pensava-se o autocontrole a partir do titular, quando se poderia vincular o autocontrole também ao regulado. Com supervisão e com assunção de responsabilidades concretas no processo regulatório, viu-se que a autorregulação teria potencial incomum de expansão das normas em direção à formação de cultura corporativa sustentável de dados.

O artigo 50, da LGPD, nasceu com um modelo pouco diverso ao europeu. Na lei houve uma indicação vaga à figura de um terceiro independente, com a mera indicação de promoção conjunta da Lei, mas não de que este exerceria supervisão mais direta em substituição à ANPD. Nessa linha, é possível projetar cenários.

Ou o artigo 50 prossegue com reduzida e inexpressiva aceitabilidade no ambiente regulatório nacional e internacional, diante das comparações à sombra do modelo europeu; ou o legislador regulamenta o instituto, seja com inclusões de dispositivos (tal como os projetos de lei discutidos), seja com a alteração do próprio artigo 50 por um novo padrão; ou a ANPD ocupa a condução regulatória do tema a partir dos instrumentos legitimadores que o legislador já ofereceu.

Nesse primeiro quinquênio de vigência da LGPD, as influências do Regulamento Europeu ao texto foram expressas desde os anteprojetos da Lei até as primeiras discussões acadêmicas em torno dos conceitos da lei, o que repercutiu no artigo 50 ao não espelhar na sua redação a presença marcada, em dispositivo diversos, de um terceiro gestor do Código e interlocutor. Logo, as lacunas interpretativas quanto à legitimidade, à segurança jurídica e à oponibilidade dos efeitos das regras de boas práticas e das regras de governança aumentaram a desconfiança dos agentes de tratamento.

Por sua vez, a Autoridade Nacional sinalizou aos regulados, independente do modelo final de aplicação, a intenção regulatória no formato atual do artigo 50 ao incluir o dispositivo na Agenda Regulatória. Também reforçou essa postura ao comparar o artigo 50, da LGPD, ao modelo de Código de Boas Práticas e de Governança dos agentes de inteligência artificial contido no projeto de lei que visa regulamentar o uso do sistema no Brasil.

Se zelar pelo direito fundamental à proteção de dados pessoais inclui antecipar cenários de risco ao direito fundamental, o que justifica inclusive a missão interpretativa das normas (artigo 55-J) e de definição do perfil e dos propósitos institucionais no exercício das competências responsivas da Autoridade, o artigo 50 é chave regulatória à promoção da LGPD dentro e fora do país.

Aliás, a responsividade caracteriza-se justamente em uma autoridade de missão mais supervisora do que sancionatória em matéria de proteção de dados pessoais, o que atende à complexidade e à dinamicidade prática do uso e do tratamento de dados, sem comportar regulamentações estatais monopolistas e estanques. São os modelos regulatórios interdependentes, colaborativos e sensíveis às necessidades dos *stakeholders*. Aliás, é a base teórica responsiva que convida não só os regulados à participação, mas os titulares, a sociedade civil. Ela lê a eficácia de uma lei pela movimentação e repercussão modificativa de condutas antes da sanção e não pelo volume de sanções aplicadas a partir da vigência da lei em um ambiente interno antes desregulamentado.

É essa leitura sistemática da LGPD que conduziu essa pesquisa à defesa de que, embora o parágrafo terceiro do artigo 50 preveja uma competência discricionária da ANPD quanto ao reconhecimento das regras de boas práticas descritas no *caput*, sendo de sua competência a interpretação desse dispositivo à luz da lei e da sua missão constitucional, na verdade, é dever da autarquia regulamentar como exercerá esse reconhecimento, como isso se operará no âmbito administrativo regulatório, como serão fiscalizadas e supervisionadas, quais serão os procedimentos, os critérios e os efeitos desse reconhecimento às regras formuladas pelos agentes de tratamento no ordenamento jurídico.

Ocorre que, enquanto não for publicado o regulamento de análise das regras de boas práticas e das regras de governança, cumpre à comunidade jurídica debater os fundamentos aplicáveis, as consequências e quais pontos são de exame obrigatório ao melhor atendimento dos interesses múltiplos envolvidos. Além disso, é fundamental olhar para esse período de incerteza sem uma descrença disfarçada de dúvidas de como solucionar as questões práticas. É preciso lançar uma visão de construção e não de descartabilidade ou de substituição da norma, como se dela não se pudessem extrair os instrumentos regulatórios de que o setor privado e a implementação da LGPD carecem.

A criação de instrumentos autorregulatórios em determinado setor é um caminho proativo para o qual não há percursos previamente definidos. A edição de leis em matéria de direito digital, a cada ano, conta com maior envolvimento, de mais atores, na investigação e coleta de informações e conhecimento especializado no âmbito nacional e internacional. Há envolvimento acadêmico, da sociedade civil, de associações, o que permite uma contraposição de interesses, obtenção de indicadores de maior ou menor grau de maturidade do ambiente regulatório, a capacidade regulatória dos envolvidos, aprimoramento de redações anteriores.

O art. 50 trata-se, portanto, de autorização legal à gestão normativa operacional descritiva das condutas a serem executadas no cotidiano dos usuários de dados pessoais. Funciona pela participação e acessibilidade mais direta do regulador privado ao regulador estatal e oferece a ambos um caminho intermediário e de maior vinculação entre os princípios da liberdade jurídica de exercício profissional (art. 5º, XIII, da CF), de atividade econômica e da livre iniciativa (art. 170, *caput*, da CF) com a segurança jurídica a ser oferecida pelo Estado como agente normativo e regulador da atividade econômica (art. 174, da CF).

Para encarar os desafios atuais e futuros e as críticas à aplicação do artigo 50, propõe-se olhar para o dispositivo como oportunidade ímpar. Oportunidades ao desenvolvimento de uma regulação privada de modo seguro, à harmonização entre os instrumentos autorregulatórios previstos na LGPD e em outras leis nacionais ou estrangeiras, à otimização entre as normas de conformidade no âmbito doméstico e externo, a assegurar as individualidades e os sigilos empresariais no mercado interno e externo, a agregar concorrentes no mercado na construção de um código de proteção de dados comuns e assim melhorar o clima concorrencial, à uniformizar condutas no setor público, a garantir uma confiabilidade digital na ANPD, informar e calibrar os titulares na seletividade de produtos e serviços mais responsáveis, a somar esforços pela divisão do trabalho regulatório a partir da entrega do que cada ator tem a oferecer por meio de condutas responsáveis e transparentes. Vale dizer: se propõe transformar uma possibilidade de compartilhamento de uma função regulatória na construção de uma identidade autorregulatória supervisionada nacional no campo da proteção de dados pessoais e em um alicerce aos futuros desafios que a Autoridade Nacional assumir.

CONCLUSÃO

> *"O centro de força da comunicação democrática não deve ser a esperança ingênua na one best solution, mas o confronto com diferentes visões de mundo"*
> (Gunther, 2022, p. 76).

  O estudo e o debate à aplicação dos instrumentos autorregulatórios previstos na lei nacional de proteção de dados pessoais são iniciais no ambiente regulatório e acadêmico brasileiros. Não há tanto a concluir se comparado aos pontos fundamentais a serem levados ao debate.
  A obra propõe uma leitura sistemática constitucional do artigo 50, da Lei Geral de Proteção de Dados, e dos artigos que com ele dialogam. Objetiva analisar a história do dispositivo com conceitos doutrinários nacionais e internacionais para investigar qual é a função estatal regulatória na supervisão e controle dos instrumentos autorregulatórios previstos na lei. Afinal, quais serão os procedimentos juridicamente seguros à consecução dessa prática? Como tornar a autorregulação na LGPD sistematicamente funcional no Brasil e não meramente simbólica ou de potencialidade limitada a poucos atores nesse campo?
  A análise dos dispositivos da LGPD, dos regulamentos, da doutrina nacional e estrangeira revela que, mais importante do que investigar qual a interpretação quanto à extensão e aplicação da competência regulatória e fiscalizatória sobre a autorregulação permitida pelo legislador, é perquirir qual é a finalidade por trás desse compartilhamento de competência. É, primordialmente, avaliar (no

sentido crítico) qual é o potencial prático do artigo 50, enquanto instrumento autorregulatório em um cenário transfronteiriço de proteção de dados pessoais.

A reflexão passa pela leitura constitucional do papel regulatório da Autoridade Nacional e dos comandos da LGPD aptos à essa delimitação. Ou seja, passa por coletar e pôr à prova propostas (legislativas, regulamentares, acadêmicas) de como o exercício de uma função regulatória constitucional pode dar vida e extrair, a partir da participação do regulados, regras de boas práticas e de governança que melhor resguardem os direitos fundamentais à proteção de dados pessoais (art. 5º, inciso LXXVIII), à liberdade profissional (art. 5º, XIII), aos princípios constitucionais de liberdade econômica (art. 170), ao incentivo ao desenvolvimento tecnológico (art. 218) e à segurança jurídica na intervenção estatal (art. 174, CF). É racionalidade que parte do instrumental do regulado (privado e público) como ferramenta à regulamentação e normatização das atividades.

Compreender instrumentos autorregulatórios na proteção de dados pessoais é desafiador, mas também uma necessidade imanente ao século XXI. Primeiro, na superação de uma visão automática e distorcida de que autorregular é combater a presença estatal, quando, na verdade, ela apenas a reforça. Segundo, na expansão da liberdade jurídica e da autonomia que a criação de modelos autorregulatórios comporta em si mesma dentro do sistema constitucional brasileiro. Elaborar e legitimar Códigos de conduta passa por arquitetar e definir qual seu escopo e aplicação no ordenamento jurídico, tendo nos modelos com êxito regulatório pontos de soluções e de alinhamento ao cenário global.

Daí porque é salutar a clareza em como as distinções dos modelos impactam na confiança o instituto e na segurança jurídica no ordenamento jurídico de aplicação e, somente a partir disso, estabelecer como a autorregulação terá funcionamento não apenas na LGPD, mas em outros temas do direito digital. Será na implementação da norma que permite a autorregulação e na sua regulamentação que os mecanismos de supervisão e de sancionamento exercerão suas funções regulatórias responsivas.

Antes da tecnologia e da globalização, a participação exercia papel central no percurso desbravador de acesso às funções e às decisões do Estado. A tecnologia foi mero impulsionador e não a causa da participação dos indivíduos na vida pública. Sem a participação, as aberturas e os acessos às funções estatais não seriam possíveis.

No entanto, justamente pelo participar ser ação humana, é imperfeita. Oferece riscos, descompassos que demandam a supervisão.

No Capítulo 1, a observação sobre formas sensíveis do direito constitucional à participação justifica a resistência em torno da expressão autorregulação e os receios profusos da prática como *status* de norma jurídica.

A própria escolha constitucional de obrigatoriedade ao voto, umas das primeiras expressões do grau de participação do cidadão no cenário político e de interferência governamental) reflete a percepção estatal quanto ao *status activae civitatis* (Bulos, 2012, p. 854).

Ora, mesmo quando o próprio legislador oferece uma permissão ao regulado, inopera-se o instrumento sistema com o diferimento regulatório e com a interpretação da própria academia de que o artigo 50 oferecia aos agentes de tratamentos meros documentos informativos, organizacionais, operacionais, mas não normativos ou fontes de assunção jurídica voluntária de responsabilidade.

Quando o legislador devolve aos regulados a possibilidade de criar suas próprias regras, inclusive nomeando-as de "regras de boas práticas", "regras de governança em privacidade" há correção em criar uma possibilidade aos agentes de tratamento pelo verbo "poderá", inclusive em atenção ao que determina o art. 5.

O mesmo pensamento não se aplica ao parágrafo terceiro. O dispositivo voltado ao regulador, Autoridade de Garantia, ao usar o mesmo "poderá", subverteu a lógica do artigo 5º, inciso II, e do artigo 37 *caput*, ambos da CF, a pretexto de elevar a discricionariedade administrativa e regulatória em uma matéria que já foi permissiva ao regulado no *caput* do artigo 50, da LGPD, por definição legal. Afinal, somente há espaço à discricionariedade onde não houve previsão legal suficiente quanto ao comportamento do regulador.

Aplicada a lógica participativa à autorregulação, foram examinadas duas condutas (basilares) ao formulador do artigo 50: a responsabilidade e a transparência multifocalizada. A primeira porque impõe uma cultura preservacionista e auto-organizacional; e a segunda porque executa a primeira com clareza e lealdade.

A multiparticipação, a prevenção-precaução e a segurança jurídica permearam as análises de cada capítulo na explicação de como fontes não legislativas, mas por ela autorizadas e legitimadas, são juridicamente válidas. Essas fontes produzem efeitos gerais ao destinatário da regra diante do compartilhamento da função regulatória do Estado. Funciona como uma porta normativa para além da descentralização da função regulatória, de modo a superar a visão de onipresença estatal cíclica. Ao mesmo tempo, reconhece que o regulado é parte do processo de implementação prática da norma e por isso assume a responsabilização e o controle sobre suas relações jurídicas sem que isso represente uma permissividade à ilegalidade ou interfira negativamente no valor público das políticas de zelo à proteção dos dados.

A abertura deve ser percebida como uma forma de imprimir a leitura mais concreta e fidedigna dos dispositivos legais mediante auxílio do ambiente regulatório. Troca-se a captura regulatória por uma participação informacional propositiva. Trabalha-se por zonas de suporte estatal, de identificação prévia de pontos de conflito e de instabilidade em todo ambiente regulado. São concessões e ganhos recíprocos, em um movimento de equilíbrio constante nos pesos e nas medidas da balança regulatória.

O estudo dos fundamentos no Capítulo 1 apresentou diretrizes à compreensão arquivística da chegada da LGPD no ordenamento jurídico brasileiro e as nuances debatidas para a redação atual do artigo 50. Verificou-se o claro intuito do legislador em ampliar os legitimados à formulação das regras boas práticas e de governança na LGPD e em inovar em relação ao modelo europeu dos Códigos de Conduta, na percepção de que os fundamentos constitucionais da livre iniciativa e do livre exercício das profissões asseguram a continuidade da atividade econômica, o que não exime de acréscimos de novos elementos normativos frente às atualizações do ordenamento.

Ademais, apontou-se a genética nacional ao olhar das experiências internacionais por oferecer aos responsáveis, a par da escala ou do risco oferecido pelo tratamento – a funcionar como critério e não como condicionante legal impeditiva, uma ferramenta regulatória contemporânea e adaptativa às múltiplas realidades e viabilidades dentro do tratamento de dados pessoais.

Defendeu-se que o envolvimento dos destinatários das normas em ações regulatórias, como é o caso do compartilhamento da função regulatória pelas regras de boas práticas, é um mecanismo poderoso à expansão e à disseminação da matéria entre as múltiplas camadas envolvidas na execução de uma lei. Ou seja, na medida em que o Estado convida os envolvidos a formularem regras que lhe permitirão cumprir a lei, reduz-se o distanciamento da matéria pela proximidade fática que só a realidade pode oferecer. Metaforicamente comparou-se as regras de boas práticas às abelhas que consomem a norma e produzem a prática.

No Capítulo 2, defendeu-se que as regras de boas práticas e de governança não foram previstas na lei como "boas práticas" desprovidas de cunho normativo. Antes, são regras de conduta estruturadas em um Código do formulador e que reúne procedimentos internos de adequação e conformidade. Para fins de aplicação do artigo 50 da LGPD, examinou-se a estruturação teórica, conceitual, material e subjetiva à aplicação dessas regras dentro da lei. Iniciou-se o estudo com exemplos de quanto o ambiente digital impõe condições severas ao cumprimento e zelo dos dados pessoais, a ponto de exigir dos reguladores públicos e privados uma compreensão mais ampla do que seja a obrigação de prevenir riscos trazidos pela LGPD.

O Capítulo 2 prosseguiu na aplicação do princípio da precaução frente à abertura normativa do artigo 64 da lei nacional. Argumentou-se que há diferença entre a *"probabilidade de gravidade dos riscos"* do parágrafo primeiro e a *"probabilidade e gravidade de dano"* do parágrafo segundo no artigo 50, o que gerou um conteúdo obrigacional elastecido às regras de boas práticas se comparado aos programas de governança em privacidade diante da aplicação do princípio da precaução.

A partir da demonstração de que o Estado exerce, de forma compartilhada, a função regulatória na proteção de dados pessoais, verificou-se que o legislador acolhe as impossibilidades de concentração da matéria na Autoridade Nacional, de como que a transferência de espaços regulatórios ao regulado é essencial ao melhor cumprimento da lei. Seguiu-se no aprofundamento conceitual em torno das boas práticas para distinguir das regras de boas práticas dos códigos de conduta, com vistas à mitigação de uma aplicação desarmônica do artigo 50 da LGPD frente à atual ausência regulatória por parte da ANPD. Identificou-se os elementos materiais de atenção na formulação das regras de boas práticas e dividiu-se o papel dos sujeitos envolvidos nesse processo. Frisou-se a relevância de estudos preliminares sobre os dados tratados ou seu uso nas organizações para subsidiar as medidas relacionadas à formulação de boas práticas e a discussão dos fatores positivos e negativos pelos agentes de tratamento. Além disso, preconizou-se a essencialidade da compreensão quanto à natureza jurídica normativa das regras de boas práticas e de governança em privacidade e as razões de afastamento de uma natureza contratual (obrigacional) ou deontológica entre os formuladores e envolvidos no caso do artigo 50.

Diante da reunião de conceitos e estruturas dos dois capítulos anteriores, o Capítulo 3 iniciou-se pela demonstração de impossibilidade de um autocontrole exclusivo ou da autonomia irrestrita de autogovernança pelos aplicadores do artigo 50. Os instrumentos legais reivindicam, após o reconhecimento, a supervisão estatal, sem prejuízo, se necessário for, do sancionamento aplicado nos termos legais e de acordo com o devido processo administrativo.

Destacou-se que a previsão no processo sancionatório pelo artigo 52, §1º, inciso IX, de que a adoção de política de boas práticas e governança servirá de critério à redução quantitativa no cálculo da multa simples, não tornou o dispositivo suficientemente atrativo aos agentes de tratamento que devem, como preconiza diversos dispositivos da LGPD, atuar com boa-fé e seguir os princípios da prevenção e da prestação de contas.

Contudo, foi clara a conclusão no sentido de que a previsibilidade, a confiança e a segurança (técnica e jurídica) não são conquistas espontâneas nas relações humanas, tampouco na regulação. Elas dependem de um processo construtivo, horizontal e colaborativo entre as partes envolvidas e beneficiadas, incumbindo ao intérprete e ao operador jurídico a compreensão e o aproveitamento dos elos oferecidos pelo legislador.

Quando a LGPD ingressou no ordenamento jurídico nacional, o fenômeno do uso de dados pessoais já era uma realidade dual. Por um lado, integrada por usos necessários aos fluxos de serviços e produtos que movimentam a sociedade no âmbito público e privado. Por outro, marginalizada por utilizações violadores de direitos e garantias fundamentais, de relações de consumo e de concorrência, de manipulações de riscos sociais, financeiros e econômicos, em prejuízo não apenas aos titulares, mas à toda coletividade. Foi no intuito apresentar ao ordenamento uma clareza quanto ao que seria a utilização ilícita e com potencial danoso aos direitos e garantias fundamentais que o legislador editou, a muitas mãos, uma lei nacional ajustável à bifurcação entre o prosseguimento das ações de tratamento lícitas e propulsoras de serviços, negócios e produtos, a identificação para o combate de ações destrutivas a partir dos dados pessoais.

Essa não é apenas a realidade brasileira e do século XXI. Como se identificou no Capítulo 1, a OECD reuniu profissionais e países na década de 1980 para traçar estratégias à criação de um arcabouço jurídico apto a sustentar o volume de relações jurídicas abrangidas na distinção entre o "joio e o trigo" no tratamento de dados. O Estado somente teria estrutura para uma dessas frentes, cabendo ao "trigo" assumir uma conduta autorresponsável, autogerenciável, na certeza de que o Estado lhe ofereceria instrumentos legais de ação igualmente autoaplicáveis.

Isto é, o regulado apenas descobrirá como se autorregular a partir de uma regulação segura e interdependente.

Com a expansão das experiências normativas e dos objetivos autorregulatórios, a potencialidade que a confluência de sistemas regulatórios poderia alcançar aponta a um novo cenário de geração de leis em proteção de dados pessoais. Um cenário transnacional, em que as organizações internacionais econômicas e em direitos humanos estão cada vez mais envolvidas a assegurar o uso sustentável de dados pessoais e da inteligência artificial, de mecanismos regulatórios multiparticipativos e de controle à proliferação de paraísos de dados.

Regular autonomias apresenta, como descrito no Capítulo 2, múltiplas formas. Não há um modelo quanto a quais pontos incumbem ao legislador estabelecer e quais devem o legislador entregar ao regulador. Demonstrou-se, entretanto, que o legislador em matéria de proteção de dados pessoais tem o desafio de gerenciar os institutos legais de tal modo que seja possível alcançar os fins para os quais foram criados desde o princípio. Logo, mesmo que não haja uma fórmula à autorregulação, é dever do legislador apresentar ao ordenamento um modelo que sirva ao propósito de sua criação dentro do ambiente regulatório fático.

A racionalidade observada na aplicação de regras de boas práticas e de governança em privaciade na LGPD funda-se na concretização da norma geral e abstrata em comandos conformes, permeáveis aos processos de tecnologia e, principalmente, leitora das atividades e desafios reais dos regulados. Isso apresenta no direito administrativo uma mudança na escolha dos eventos sociais que se conjugam às fontes normativas não estatais. A doutrina vincula(va) à autorregulação modelos de organização dispersos de consensos ou processos involuntários de organização, a cultura de risco, a sociedade complexa e caótica e o processo de hardezirização do *soft law* (Ferrari, 2018, p. 213-215). A LGPD permite que se retifique essa visão de bases mais estatocêntricas por associações da autorregulação a termos como responsividade, participação, responsabilização voluntária, governança regulatória, condutas responsáveis, autonomia, liberdade de associação, posturas proativas de conformidade, zonas de eliminação da assimetria informacional, compartilhamento de competências, assunção de responsabilidades e funções no ambiente regulatório. Não se trabalha com ideias de incapacidades estatais, decréscimos ou descontroles. Propõe-se, ao invés, aquisição de posturas regulatórias, distribuição de responsabilidades na promoção da lei.

Buscou-se distanciar a autorregulação prevista na Seção II da LGPD de qualquer lógica de *soft law*, como se justificou no Capítulo 2. A proximidade enfatizada com a autorregulação regulada como uma fonte normativa com múltiplas portas (duas apenas no artigo 50), de legitimidade das regulamentações privadas, da necessária vinculação entre os aderentes dos códigos aprovados pela ANPD e, principalmente, da indispensável segurança jurídica quanto ao procedimento de submissão das regras produzidas pelos agentes de tratamento a partir da demonstração da suficiência regulatória. É essa demonstração que permite operar dados pessoais com resguardo aos direitos fundamentais dos titulares. Não há, por isso, esvaziamento do poder de controle ou de sanção da Autoridade Nacional. Há, na verdade, prioritariamente, um deslocamento do foco do controle regulatório. Ao invés de punir para adequar, chama-se o regulado à construção do ensinamento como pressuposto à repressão. Assim, a sanção funcionaria como uma resposta do Estado em caso de desconstrução do que fora edificado.

A engrenagem da função regulatória na proteção de dados pessoais olha com confiança às possíveis causas externas de instabilidade, pois considera a abertura, a mutabilidade e a flexibilidade como processos necessários e saudáveis no ambiente regulatório. Além disso, esses termos, como se viu, contam com mecanismos de contraposição e sopesamento (segurança jurídica, a estabilidade e a supervisão), o que oferece tanto à Autoridade de garantia quanto aos atores instrumentos regulatórios mais convergentes à implementação da Lei e dos seus institutos.

A flexibilidade nesta obra não foi aplicada como uma ausência de limitações ou a dispensabilidade de uma fiscalização regulatória, notadamente porque a função da ANPD como Autoridade de garantia zela pelo direito fundamental à proteção de dados pessoais e como tal também lhe compete antecipar cenários de risco ao direito inclusive pela interpretação da lei e pela compreensão de qual é o perfil que deve assumir no exercício de suas competências sancionadoras. Logo, a forma e a teoria que orientam o exercício máximo de seus poderes, que é por meio da fiscalização e das sanções segundo a visão responsiva, são elementos que interferem em como a ANPD identifica a sua missão e postura frente às demais atribuições previstas no artigo 55-J da LGPD, entre as quais está competência final de interpretação aos dispositivos da LGPD.

Identificou-se uma função mais supervisora do que sancionatória em matéria de proteção de dados pessoais, o que atende à complexidade e à dinamicidade prática do uso e do tratamento de dados sem comportar regulamentações estatais monopolistas e estanques. São os modelos regulatórios abertos à participação colaborativa e responsividade estatal às ações dos *stakeholders* que dão vida à lei e oferece segurança jurídica pela Autoridade. Aliás, do que se observa da Autoridade, há um grande envolvimento no zelo, na implementação da LGPD e na efetivação do direito fundamental à proteção de dados pessoais, em grande medida pela base teórica responsiva que convida à participação dos regulados, titulares e sociedade civil, e que não lê a eficácia de uma lei somente pelas sanções que aplica, mas pela comoção e pela mobilização dentro da sociedade na aplicação e no entendimento da Lei.

É essa leitura sistemática da LGPD que conduziu à defesa, no Capítulo 4, de uma proposta regulamentar à Autoridade e de que, embora o parágrafo terceiro do artigo 50 preveja uma competência discricionária da ANPD quanto ao reconhecimento das regras de boas práticas e de governança descritas no *caput*, é dever da autarquia lê-la à luz da CF. Por isso, sendo atribuição da ANPD a interpretação desse dispositivo à luz da sua missão constitucional, é dever da autarquia regulamentar e disciplinar o art. 50 sobre como exercerá esse reconhecimento, como se operará no âmbito administrativo da Autoridade, como serão fiscalizadas e supervisionadas, quais serão os procedimentos, os critérios e os efeitos desse reconhecimento às regras formuladas pelos agentes de tratamento.

Ocorre que, enquanto não for publicado o regulamento ou aprovada eventual alteração legislativa decorrente ou não dos PL analisados no Capítulo 4, cumpre à comunidade jurídica, desde já, contribuir aos debater acerca dos fundamentos aplicáveis, das consequências e de quais pontos são de exame obrigatório ao melhor atendimento dos interesses múltiplos envolvidos. Além disso, é fundamental olhar para esse período de incerteza sem uma descrença disfarçada de dúvidas de como solucionar as questões práticas. É preciso lançar uma visão de construção e não de descartabilidade ou de substituição da norma como se dela não se pudessem extrair os instrumentos regulatórios de que o setor privado e a implementação da LGPD tanto carecem.

Recupera-se nesse ponto uma das reflexões do Capítulo 3 quanto ao verbo "poderá" constante no trecho "poderá reconhecer e publicar" do parágrafo terceiro do artigo 50 da LGPD, se traria uma análise opcional ou se estabeleceria uma função regulatória de controle dessas regras pela ANPD. Conclui-se que, embora o legislador tenha configurado a competência como discricionária, uma leitura sistemática da Lei e das funções da ANPD como autoridade de garantia, informa ser obrigatória a análise das formulações apresentadas pelos agentes de tratamento.

A par das mudanças legislativas que podem se concretizar, a análise, todavia, deve pautar-se em um procedimento regularmente disciplinado pela ANPD, cuja verificação ao reconhecimento deverá examinar se as regras de boas práticas oferecem ou não garantias suficientes de resguardo ao direito fundamental de proteção de dados pessoais. Logo, o "poderá reconhecer" não simboliza uma discricionariedade em nenhuma de suas perspectivas de análise, pois há o dever de análise e de reconhecer e publicar se os requisitos regulamentares forem cumpridos. Não a juízo exclusivo da autarquia em fazer ou não essa avaliação, em regulamentar ou não a matéria.

Portanto, o "poderá reconhecer", lido de forma orgânica e sob a sua missão na LGPD, confirma as hipóteses específicas apresentadas na Introdução, no sentido de que há uma obrigatoriedade de análise e de avaliação quanto ao reconhecimento ou não das regras de boas práticas levadas ao conhecimento da ANPD, a partir da edição de um regulamento específico à aplicação do artigo 50, nos moldes do artigo 55-J, §2º da LGPD. Será com critérios claros quanto aos elementos de avaliação da Autoridade, com a descrição das condições procedimentais e materiais, com a calculabilidade dos efeitos disso decorrentes no ordenamento jurídico, que se estabelecerá a segurança jurídica necessária ao instituto.

Foi nesse intuito o estudo, no Capítulo 4, de três pontos em destaque. A ideia de um processo de análise de suficiência regulatória, a ASR, e a urgência de dar concretude ao procedimento de reconhecimento das formulações autorregulatórias, seja por meio exclusivo de um regulamento da ANPD, seja pela alteração da LGPD pelo PL nº 3.034, consideradas as modificações levadas ao necessário debate legislativo.

Para encarar os desafios e as críticas à aplicação da regulamentação dos Códigos de boas práticas e de regras (programa) de governança em privacidade, ratifica-se a proposta de alteração da posição atual do art. 50 como uma solução jurídica subaproveitada, colocada ao desuso. Trata-se antes de uma solução que oportuniza caminhos não explorados no ambiente do direito digital brasileiro.

Os instrumentos são oportunidades ao desenvolvimento de uma regulação privada de modo seguro, à harmonização entre os instrumentos autorregulatórios previstos na LGPD, de otimização entre as normas de conformidade no âmbito doméstico e externo, a assegurar as individualidades e aos sigilos empresariais no mercado interno e externo. Visa permitir que agentes de tratamento construam ou adiram a um código de proteção de dados com melhoria do clima concorrencial. Visa uniformizar condutas no setor público, aprimorar a confiabilidade em serviços públicos digitais, agregar valor público às atribuições da ANPD. Visa informar e calibrar os titulares na seletividade de produtos e serviços mais responsáveis, de somar esforços com a entrega do que cada ator tem a oferecer por meio de condutas responsáveis e transparentes. Propõe-se, assim, transformar uma possibilidade de compartilhamento de uma função regulatória na construção de uma identidade autorregulatória supervisionada nacional no campo da proteção de dados pessoais.

A dificuldade dogmática inicial, contudo, não se encerra, ao serem transpostos os limites e suas condições procedimentais, uma vez que a prática de seus instrumentos exigirá um grande comprometimento por parte dos envolvidos, e que a autorregulação recebe fortes influências do mercado e da tecnologia, que são fatores de instabilidade a serem devidamente harmonizados nesse processo. As regras de boas práticas são apenas um entre outros instrumentos autorregulatórios, como os programas de governança em privacidade, normas técnicas, certificação, selos e marcas de confiança. Sejam instrumentos prevenientes de lei ou não, exercem papel proeminente na governança e na harmonização com as previsões legais.

Por isso, a autorregulação não visa desmantelar ou dispensar um quadro estatal para a atividade privada, mas sim mudar o ator que estabelece esse quadro (Kamara, 2017, p. 3). Logo, qualquer afirmação de que as autorregulações servem como uma zona de conforto ao formulador será fruto de um entendimento superficial do instituto.

O exame da regulamentação autorregulatória na LGPD recrudesce a posição ímpar ocupada pela Autoridade Nacional como reguladora, supervisora e controladora (quando necessária for sua presença mais impositiva). Coloca luz à sua influência no ambiente regulatório dos dados pessoais nos setores privado e público, bem como o alcance de um formato plurifederativo.

É interessante refletir sobre a afirmação de Sandra Braman (1989, p. 233), que defende que a informação não está apenas embutida na estrutura social, antes ela cria a própria estrutura (*constitutive force in society*), enquanto uma força de concepção e constituição da sociedade, recomendando o seu uso (claro e inteligível) no início de cada processo de tomada de decisão e no estabelecimento de padrões para julgamento de políticas públicas. Isso realmente elucida a importância da responsividade e da base autorregulatória dessa teoria no combate à assimetria informacional no ambiente regulatório digital.

Ao mesmo tempo em que há uma centralidade de direitos no titular, ele não exerce o controle dos seus dados. Isso não é fruto da jovialidade da lei brasileira. Mesmo em ordenamentos jurídicos em que a proteção de dados é uma realidade normativa há mais de 50 anos, a potencialidade de o indivíduo controlar suas informações pessoais não alcançou os patamares imaginados no princípio, em que a população poderia exercer suas escolhas de forma livre e consciente quanto ao uso dos seus dados. Ainda há muito que caminhar na consolidação de uma cultura de dados e instrumentos regulatórios que puderem fortalecer essa perspectiva e que repercutirão a uma futura geração de titulares.

Uma quinta geração de dados pessoais poderá equalizar a realidade transfronteiriça de dados pessoais a mecanismos de supervisão internacionais. Será no desenvolvimento e no aperfeiçoamento dos instrumentos autorregulatórios por cada Estado, na aproximação dos atores envolvidos, que a construção futura de instrumentos passíveis de adesão em âmbito global poderá ser construída.

A função regulatória na proteção de dados pessoais em todo o mundo está em construção em meio a um cenário regulatório de consideráveis processos de mudanças no direito digital, no direito administrativo e em suas formulações práticas e teóricas. O amadurecimento regulatório e uma visão constitucional das funções estatais de controle, seja nas suas próprias competências, seja nas atividades privadas, apresentaram o desafio ao resguardo de dados pessoais e ao seu uso sustentável. A propagação de práticas de tutela de dados não ocorrerá na racionalidade de suficiência regulatória pela responsabilização dos agentes de tratamento nos pós-danos. A lógica é instigar condutas no ambiente regulatório bem antes disso.

Refletirmos, de forma autocrítica, sobre os graus de participação, os graus de responsividade estatal, o grau de intervenção do Estado regulador, os graus de sancionamento, é um primeiro passo à compreensão de como a experiência nacional interfere na cultura participativa como um todo no Brasil. E sem essa perspectiva não há projeção sólida de evolução regulatória, não apenas em matéria de proteção de dados pessoais e em inteligência artificial, mas no próprio desenvolvimento nacional.

Estamos em um momento singular da proteção de dados no Brasil. É possível alargar as expectativas da LGPD, com benefícios em todas as áreas do direito. A lei oferece instrumentos regulatórios funcionais e orgânicos. Oportuniza aliar e não confrontar. Direciona-se à multiparticipação, à transparência e ao processo de construção de confiança regulatória como ferramentas à consecução do direito fundamental à proteção de dados pessoais e à formação de uma cultural difusa de uso responsável e sustentável de dados e das tecnologias que forem a eles associadas.

REFERÊNCIAS

ABBOUD, Georges; CAMPOS, Ricardo Resende. A autorregulação regulada como modelo do Direito proceduralizado. *In*: ABBOUD, Georges *et al*. (Coord.). *Fake News e Regulação*. 1. ed. São Paulo: Thomson Reuters Brasil, 2018. E-book. Disponível em: https://next-proview. thomsonreuters.com/launchapp/title/rt/monografias/157881072/v1/document/160383838/ anchor/a-160383838. Acesso em: em 29 mar. 2022.

ALBUQUERQUE MOREIRA, José de. Informática: o mito Política Nacional de Informática. *Revista de Biblioteconomia de Brasília*, v. 19, n. 1, p. 23-50, jan./jun. 1995.

ARAGÃO, Alexandre Santos de. A consensualidade no direito administrativo: acordos regulatórios e contratos administrativos. *Revista de Informação Legislativa*, Brasília, ano 42, n. 167, p. 293-309, jul./set. 2005. Disponível em: https://www2.senado.leg.br/bdsf/ bitstream/handle/id/850/R167- 18.pdf?sequence=4. Acesso em: 15 ago. 2022.

ARANHA, Marcio Iorio. *Manual de direito regulatório*. 6. ed. London: Laccademia Publishing. 2021. Edição do Kindle.

ARENDT, Hannah. *A vida do espírito*. Tradução: Cesar Augusto de Almeida, Antônio Abranches e Helena Franco Martins. Rio de Janeiro: Civilização Brasileira, 2009.

ARENDT, Hannah. *Responsabilidade e julgamento*. Tradução: Rosaura Eichenberg. São Paulo: Companhia das Letras, Editora Shwarcz, 2004.

AQUINO, Theófilo Miguel de; MARQUES, Fernanda Mascarenhas. O regime de transferência internacional de dados na LGPD: delineando as opções regulatórias em jogo. *In*: DONEDA, Danilo *et al*. (Coord.). *Tratado de Proteção de Dados Pessoais*. Rio de Janeiro: Forense, 2020. p. 299-318.

AUGSBERG, Ino. Carl Schmitt's Fear: nomos -norm - network. *Leiden Journal of International Law*, v. 23, n. 4, p. 741-758, December 2010. Disponível em: https://heinonline. org/HOL/P?h=hein.journals/lejint23&i=789. Acesso em: 26 mar. 2022.

ÁVILA, Humberto. *Constituição, liberdade e interpretação*. São Paulo: Malheiros, 2019.

ÁVILA, Humberto. *Teoria da segurança jurídica*. 6. ed. São Paulo: Malheiros, 2021.

ÁVILA, Humberto. *Teoria dos princípios*: da definição à aplicação dos princípios jurídicos. 4. ed. São Paulo: Malheiros, 2005.

AYRES, Ian; BRAITHWAITE, John. *Responsive regulation*: transcending the deregulation debate. New York: Oxford University Press, 1992.

BAAKLINI, Abdo; DO REGO, Antônio Carlos Pojo. O congresso e a política nacional de informática. *Revista de Administração Pública*, v. 22, n. 2, p. 87-105, 1988. Disponível em: https://bibliotecadigital.fgv.br/ojs/index.php/rap/article/view/9438. Acesso em: 11 jul. 2022.

BAHIA, Carolina Medeiros. A responsabilidade civil em matéria ambienta. *In*: TRENNEPOHL, Terence; FARIAS, Talden (Coord.). *Direito ambiental brasileiro*. 2. ed. São Paulo: Thomson Reuters Brasil, 2021. E-book.

BALDWIN, Robert; BLACK, Julia. Really responsive regulation. *The modern law review*, v. 71, n. 1, p. 59-94, 2008. Disponível em: https://onlinelibrary.wiley.com/doi/abs/10.1111 1/j.1468-2230.2008.00681. Acesso em: 27 nov. 2022.

BALDWIN, Robert; BLACK, Julia. Regulação realmente responsiva. *Revista de Direito Administrativo*, v. 281, n. 2, p. 45-90, 2022. Disponível em: https://doi.org/10.12660/rda. v281.2022.86044. Acesso em: 03 dez. 2022.

BALDWIN, Robert; CAVE, Martin; LODGE, Martin. *Understanding regulation*: theory, strategy, and practice. 2. ed. New York: Oxford, 2012.

BANDEIRA DE MELLO, Celso Antônio. *Curso de direito administrativo*. 28. ed. São Paulo: Malheiros, 2011.

BANDEIRA DE MELLO, Celso Antônio. *Discricionariedade e controle jurisdicional*. 2. ed. São Paulo: Malheiros, 2017.

BANDEIRA DE MELLO, Celso Antônio. "Relatividade" da competência discricionária. *Revista de Direito Administrativo*, v. 212, p. 49-56, 1998.

BARCELLOS, Ana Paula de. *Direitos fundamentais e direito à justificativa*: devido procedimento na elaboração normativa. 3. ed. Belo Horizonte: Fórum, 2020.

BELLI, Lucas. *De la gouvernance à la régulation de l'Internet*. Paris: Berger Levrault, 2015.

BENAKOUCHE, Tamara. Redes técnicas/redes sociais: pré-história da Internet no Brasil. *Revista USP*, n. 35, p. 124-133, 1997.

BLACK, Julia. Constitutionalising self-regulation. *The Modern Law Review*, v. 59, n. 1, p. 24-55, 1996. Disponível em: https://heinonline.org/HOL/P?h=hein.journals/modlr59&i=38. Acesso em: 10 abr. 2022.

BLACK, Julia. Critical reflections on regulation. *Australian Journal of Legal Philosophy*, 27, p. 1-36, 2002. Disponível em: https://heinonline.org/HOL/P?h=hein.journals/ajlph27&i=5. Acesso em: 10 jul. 2022.

BLACK, Julia. Decentring regulation: understanding the role of regulation and self-regulation in a "post-regulatory" world. *Current Legal Problems*, Londres, v. 54, p. 103-146, 2001. Disponível em: http://eprints.lse.ac.uk/7517/. Acesso em: 10 jul. 2021.

BRASIL. Autoridade Nacional de Proteção de Dados. A Agenda Regulatória da ANPD para o biênio 2023–2024 já está em fase de planejamento. *ANPD*, Brasília, 31 ago. 2022a. Disponível em: https://www.gov.br/anpd/pt-br/assuntos/noticias-periodo-eleitoral/a-agenda-regulatoria-da-anpd-para-o-bienio-2023-2013-2024-ja-esta-em-fase-de-planejamento. Acesso em: 02 set. 2022.

BRASIL. Autoridade Nacional de Proteção de Dados. Aberta Tomada de Subsídios sobre tratamento de dados pessoais de alto risco. *ANPD*, Brasília, 29 ago. 2022b. Disponível em: https://www.gov.br/anpd/pt-br/assuntos/noticias-periodo-eleitoral/aberta-consulta-publica-sobre-tratamento-de-dados-pessoais-de-alto-risco. Acesso em: 02 set. 2022.

BRASIL. Autoridade Nacional de Proteção de Dados. *Consulta pública sobre resolução que aprova o regulamento de dosimetria e aplicação de sanções administrativas*. Brasília: Presidência da República, 2022c. Disponível em: file:///C:/Users/Usuario/Downloads/Regulamento_ Dosimetria_vf.pdf. Acesso em: 02 set. 2022.

BRASIL. Autoridade Nacional de Proteção de Dados. *Guia Orientativo para Definições dos Agentes de Tratamento de Dados Pessoais e do Encarregado*. Brasília: Presidência da República, 2022d. Disponível em: https://www.gov.br/anpd/pt-br/documentos-e-publicacoes/guia_ agentes_de_tratamento_e_encarregado___defeso_eleitoral.pdf. Acesso em: 02 set. 2022.

BRASIL. Autoridade Nacional de Proteção de Dados. *Nota Técnica nº 16, de 17 de outubro de 2023, da Coordenação-Geral de Tecnologia e Pesquisa*. Sugestões de incidência legislativa em projetos de lei sobre a regulação da Inteligência Artificial no Brasil, com foco no PL nº 2338/2023. Brasília: Ministério da Justiça e Segurança Pública, 2023a. Disponível em: https://www.gov.br/anpd/pt-br/assuntos/noticias/anpd-publica-segunda-analise-do-projeto-de-lei-sobre-inteligencia-artificial. Acesso em: 30 out. 2023.

BRASIL. Autoridade Nacional de Proteção de Dados. *Portaria nº 1, de 8 de março de 2021*. Estabelece o Regimento Interno da Autoridade Nacional de Proteção de Dados. Brasília: Presidência da República, 2021a. Disponível em: https://www.in.gov.br/en/web/dou/-/portaria-n-1-de-8-de-marco-de-2021-307463618. Acesso em: 10 out. 2022.

BRASIL. Autoridade Nacional de Proteção de Dados. *Portaria nº 15, de 2 de julho de 2021*. Institui o Comitê de Governança da Autoridade Nacional de Proteção de Dados. Brasília: Presidência da República, 2021b. Disponível em: https://in.gov.br/en/web/dou/-/portaria-n-15-de-2-de-julho-de-2021-329780585. Acesso em: 10 out. 2022.

BRASIL. Autoridade Nacional de Proteção de Dados. *Portaria nº 16, de 8 de julho de 2021*. Aprova o processo de regulamentação no âmbito da Autoridade Nacional de Proteção de Dados. Brasília: Presidência da República, 2021c. Disponível em: https://www.in.gov. br/en/web/dou/-/portaria-n-16-de-8-de-julho-de-2021-330970241. Acesso em: 24 jul. 2022.

BRASIL. Autoridade Nacional de Proteção de Dados. *Portaria nº 35, de 4 de novembro de 2022*. Torna pública a Agenda Regulatória para o biênio 2023-2024. Brasília: Presidência da República, 2022e. Disponível em: https://in.gov.br/web/dou/-/portaria-anpd-n-35-de-4-de-novembro-de-2022-442057885. Acesso em: 08 nov. 2022.

BRASIL. Autoridade Nacional de Proteção de Dados. *Resolução do Conselho Diretor da Autoridade Nacional de Proteção de Dados nº 1, de 28 de outubro de 2021*. Aprova o Regulamento do Processo de Fiscalização e do Processo Administrativo Sancionador no âmbito da Autoridade Nacional de Proteção de Dados. Brasília: Presidência da República, 2021d. Disponível em: https://in.gov.br/en/web/dou/-/resolucao-cd/anpd-n-1-de-28-de-outubro-de-2021-355817513. Acesso em: 21 jul. 2022.

BRASIL. Autoridade Nacional de Proteção de Dados. *Resolução do Conselho Diretor da Autoridade Nacional de Proteção de Dados nº 2, de 27 de janeiro de 2022*. Aprova o Regulamento de aplicação da Lei nº 13.709, de 14 de agosto de 2018, Lei Geral de Proteção de Dados Pessoais (LGPD), para agentes de tratamento de pequeno porte. Brasília: Presidência da República, 2022f. Disponível em: https://www.in.gov.br/en/web/dou/-/resolucao-cd/ anpd-n-2-de-27-de-janeiro-de-2022-376562019. Acesso em: 21 jul. 2022.

BRASIL. Autoridade Nacional de Proteção de Dados. *Resolução do Conselho Diretor da Autoridade Nacional de Proteção de Dados nº 4, de 24 de fevereiro de 2023*. Aprova o Regulamento de Dosimetria e Aplicação de Sanções Administrativas. Brasília: Ministério da Justiça e Segurança Pública, 2023b. Disponível em: https://www.in.gov.br/en/web/dou/-/resolucao-cd/anpd-n-4-de-24-de-fevereiro-de-2023-466146077. Acesso em: 15 mar. 2023.

BRASIL. Autoridade Nacional de Proteção de Dados. *Resolução Conselho Diretor da Autoridade Nacional de Proteção de Dados nº 5, de 13 de março de 2023*. Aprova a Agenda de Avaliação de Resultado Regulatório para o período 2023-2026. Brasília: Ministério da Justiça e Segurança Pública, 2023c. Disponível em: https://www.in.gov.br/en/web/dou/-/resolucao-cd/anpd-n-5-de-13-de-marco-de-2023-469722336. Acesso em: 15 mar. 2023.

BRASIL. Autoridade Nacional de Proteção de Dados. *Resolução Conselho Diretor da Autoridade Nacional de Proteção de Dados nº 18, de 13 de julho de 2024*. Aprova o Regulamento sobre a atuação do encarregado pelo tratamento de dados pessoais. Brasília: Ministério da Justiça e Segurança Pública, 2024a. Disponível em: https://www.in.gov.br/web/dou/-/resolucao-cd/anpd-n-18-de-16-de-julho-de-2024-572632074. Acesso em: 17 jul. 2024.

BRASIL. Câmara dos Deputados. *Dossiê do Projeto de Lei nº 2.796, 23 de junho de 1980*. Brasília: Câmara dos Deputados, 1980a. Disponível em: https://www.camara.leg.br/proposicoesWeb/prop_mostrarintegra?codteor=1172300&filename=Dossie+-PL+2796/1980. Acesso em:10 jul. 2022.

BRASIL. Câmara dos Deputados. *Emenda aglutinativa nº 1, de 19 de abril de 2011*. Resultante da aglutinação da Emenda nº 2 do Plenário e substitutiva global de plenário ao projeto de lei nº 4.361, de 2004. Brasília: Câmara dos Deputados, 2011a. Disponível em: https://www.camara.leg.br/proposicoesWeb/prop_mostrarintegra?codteor=861855&filename=EMA+1/2011+%3D%3E+PL+4361/2004. Acesso em: 20 ago. 2022.

BRASIL. Câmara dos Deputados. *Emenda de Plenário nº 2 ao projeto de lei nº 4.361, de 2004, apresentada em 19 de abril de 2011*. Brasília: Câmara dos Deputados, 2011b. Disponível em: https://www.camara.leg.br/proposicoesWeb/fichadetramitacao?idProposicao=268907. Acesso em: 20 jul. 2022.

BRASIL. Câmara dos Deputados. *Projeto de Lei nº 2.796, de 22 de abril de 1980*. Assegura aos cidadãos acesso às informações sobre sua pessoa constantes de bancos de dados e dá outras providencias. Brasília: Câmara dos Deputados, 1980b. Disponível em: https://www.camara.leg.br/proposicoesWeb/fichadetramitacao?idProposicao=206829. Acesso em: 10 jul. 2022.

BRASIL. Câmara dos Deputados. *Projeto de Lei nº 219, de 26 de fevereiro de 2003*. Regulamenta o inciso XXXIII do art. 5º da Constituição Federal, dispondo sobre prestação de informações detidas pelos órgãos da Administração Pública. Brasília: Câmara dos Deputados, 2003. Disponível em: https://www.camara.leg.br/proposicoesWeb/fichadetramitacao?id Proposicao=105237. Acesso em: 20 jul. 2022.

BRASIL. Câmara dos Deputados. *Projeto de Lei nº 4361, de 2004, de 9 de novembro de 2004*. Modifica a Lei nº 8.069, de 13 de julho de 1990, que "dispõe sobre o Estatuto da Criança e do Adolescente", estabelecendo limites ao funcionamento de casas de jogos de computadores. Brasília: Câmara dos Deputados, 2004. Disponível em: https://www.camara.leg.br/proposicoesWeb/prop_mostrarintegra?codteor= 249202&filename=Tramitacao-PL+4361/2004. Acesso em: 20 jul. 2022.

BRASIL. Câmara dos Deputados. *Projeto de Lei nº 5.228, de 15 de maio de 2009*. Regula o acesso a informações previsto no inciso XXXIII do art. 5º, inciso II do §3º do art. 37 e no §2º do art. 216 da Constituição, e dá outras providências. Brasília: Câmara dos Deputados,

2009. Disponível em: https://www.camara.leg.br/proposicoesWeb/fichadetramitacao?id Proposicao=434566. Acesso em: 20 jul. 2022.

BRASIL. Câmara dos Deputados. *Projeto de Lei nº 4.060, de 2012, de 13 de junho de 2012*. Dispõe sobre o tratamento de dados pessoais, e dá outras providências. Brasília: Câmara dos Deputados, 2012a. Disponível em: https://www.camara.leg.br/proposicoesWeb/prop_mostrarintegra?codteor=1001750&filename=Tramitacao-PL+4060/2012. Acesso em: 20 jul. 2022.

BRASIL. Câmara dos Deputados. *Projeto de Lei nº 3.558, 28 de março de 2012*. Dispõe sobre a utilização de sistemas biométricos, a proteção de dados pessoais e dá outras providências. Brasília: Câmara dos Deputados, 2012b. Disponível em: https://www.camara.leg.br/proposicoesWeb/fichadetramitacao?idProposicao=539121. Acesso em: 23 jul. 2022.

BRASIL Câmara dos Deputados. *Projeto de Lei nº 2.390, de 15 de julho de 2015*. Altera a Lei nº 8.069, de 12 de julho de 1990, criando o Cadastro Nacional de Acesso à Internet, com a finalidade de proibir o acesso de crianças e adolescentes a sítios eletrônicos com conteúdo inadequado. Brasília: Câmara dos Deputados, 2015a. Disponível em: https://www.camara.leg.br/propostas-legislativas/1584972. Acesso em: 20 jul. 2022.

BRASIL. Câmara dos Deputados. *Projeto de Lei nº 5.276, de 13 de maio de 2016*. Dispõe sobre o tratamento de dados pessoais para a garantia do livre desenvolvimento da personalidade e da dignidade da pessoa natural. Brasília: Câmara dos Deputados, 2016a. Disponível em: https://www.camara.leg.br/proposicoesWeb/prop_mostrarintegra?codteor=1457459&filename=Tramitacao-PL+5276/2016. Acesso em: 20 jul. 2022.

BRASIL. Câmara dos Deputados. *Projeto de Lei nº 6.291, de 10 de outubro de 2016*. Altera o Marco Civil da Internet, no sentido de proibir o compartilhamento de dados pessoais dos assinantes de aplicações de internet. Brasília: Câmara dos Deputados, 2016b. Disponível em: https://www.camara.leg.br/proposicoesWeb/fichadetramitacao?idProposicao=2113796. Acesso em: 20 jul. 2022.

BRASIL. Câmara dos Deputados. *Projeto de Lei nº 2.630, de 3 de julho de 2020*. Institui a Lei Brasileira de Liberdade, Responsabilidade e Transparência na Internet. Brasília: Câmara dos Deputados, 2020a. Disponível em: https://www.camara.leg.br/propostas-legislativas/2256735. Acesso em: 19 jul. 2022.

BRASIL. Câmara dos Deputados. *Subemenda substitutiva global de plenário de 19 de abril de 2011 ao projeto de lei nº 4361, de 2004*. Brasília: Câmara dos Deputados, 2011c. Disponível em: https://www.camara.leg.br/proposicoesWeb/prop_mostrarintegra?codteor=861859&filename=SSP+1+%3D%3E+PL+4361/2004. Acesso em: 20 jul. 2022.

BRASIL. Conselho Nacional de Justiça. *Resolução nº 121, de 5 de outubro de 2010*. Dispõe sobre a divulgação de dados processuais eletrônicos na rede mundial de computadores, expedição de certidões judiciais e dá outras providências. Brasília: Conselho Nacional de Justiça, 2010a. Disponível em: https://atos.cnj.jus.br/atos/detalhar/atos-normativos?documento=92. Acesso em: 13 set. 2022.

BRASIL. Conselho Nacional de Justiça. *Resolução nº 363, de 12 de janeiro de 2021*. Estabelece medidas para o processo de adequação à Lei Geral de Proteção de Dados Pessoais a serem adotadas pelos tribunais. Brasília: Conselho Nacional de Justiça, 2021e. Disponível em: https://atos.cnj.jus.br/atos/detalhar/3668. Acesso em: 13 set. 2022.

BRASIL. *Constituição dos Estados Unidos do Brasil, de 18 de setembro de 1946*. Brasília: Presidência da República, 1946. Disponível em: http://www.planalto.gov.br/ccivil_03/constituicao/constituicao46.htm. Acesso em: 10 jul. 2022.

BRASIL. *Constituição da República Federativa do Brasil, de 24 de janeiro de 1967*. Brasília: Presidência da República, 1967a. Disponível em: http://www.planalto.gov.br/ccivil_03/constituicao/constituicao67.htm. Acesso em: 10 jul. 2022.

BRASIL. *Constituição da República Federativa do Brasil, de 5 de outubro de 1988*. Brasília: Presidência da República, 1988. Disponível em: https://www.planalto.gov.br/ccivil_03/constituicao/constituicao.htm. Acesso em: 10 jul. 2022.

BRASIL. *Decreto-Lei nº 4.657, de 4 de setembro de 1942*. Lei de Introdução às normas do Direito brasileiro. Redação dada pela Lei nº 12.376, de 2010. Brasília: Presidência da República, 1942. Disponível em: http://www.planalto.gov.br/ccivil_03/decreto-lei/del4657compilado.htm. Acesso em: 24 jul. 2022.

BRASIL. *Decreto-Lei nº 200, de 25 de fevereiro de 1967*. Dispõe sôbre a organização da Administração Federal, estabelece diretrizes para a reforma administrativa. Brasília: Presidência da República, 1967b. Disponível em: http://www.planalto.gov.br/ccivil_03/decreto-lei/del0200.htm. Acesso em: 08 set. 2022.

BRASIL. *Decreto nº 1.171, de 22 de junho de 1994*. Aprova o Código de Ética Profissional do Servidor Público Civil do Poder Executivo Federal. Brasília: Presidência da República, 1994. Disponível em: http://www.planalto.gov.br/ccivil_03/decreto/d1171.htm. Acesso em: 10 set. 2022.

BRASIL. *Decreto nº 4.829, de 3 de setembro de 2003*. Dispõe sobre a criação do Comitê Gestor da Internet no Brasil - CGIbr, sobre o modelo de governança da Internet no Brasil, e dá outras providências. Brasília: Presidência da República, 2007. Disponível em: https://www.planalto.gov.br/ccivil_03/decreto/2003/d4829.htm. Acesso em: 10 maio 2023.

BRASIL. *Decreto nº 6.017, de 17 de janeiro de 2007*. Regulamenta a Lei nº 11.107, de 6 de abril de 2005, que dispõe sobre normas gerais de contratação de consórcios públicos. Brasília: Presidência da República, 2007. Disponível em: http://www.planalto.gov.br/ccivil_03/_ato2007-2010/2007/decreto/d6017.htm. Acesso em: 10 set. 2022.

BRASIL. *Decreto nº 7.724, de 16 de maio de 2012*. Regulamenta a Lei nº 12.527, de 18 de novembro de 2011, que dispõe sobre o acesso a informações previsto no inciso XXXIII do caput do art. 5º, no inciso II do §3º do art. 37 e no §2º do art. 216 da Constituição. Brasília: Presidência da República, 2012c. Disponível em: http://www.planalto.gov.br/ccivil_03/_ato2011-2014/2012/decreto/d7724.htm. Acesso em: 23 jul. 2022.

BRASIL. *Decreto nº 9.203, de 22 de novembro de 2017*. Dispõe sobre a política de governança da administração pública federal direta, autárquica e fundacional. Brasília: Presidência da República, 2017a. Disponível em: http://www.planalto.gov.br/ccivil_03/_ato2015-2018/2017/decreto/d9203.htm. Acesso em: 31 out. 2022.

BRASIL. *Decreto nº 10.411, de 30 de junho de 2020*. Regulamenta a análise de impacto regulatório, de que tratam o art. 5º da Lei nº 13.874, de 20 de setembro de 2019, e o art. 6º da Lei nº 13.848, de 25 de junho de 2019. Brasília: Presidência da República, 2020b. Disponível em: https://www.in.gov.br/en/web/dou/-/decreto-n-10.411-de-30-de-junho-de-2020-264424798. Acesso em: 10 set. 2022.

BRASIL. *Decreto nº 10.474, de 26 de agosto de 2020*. Aprova a estrutura regimental e o quadro demonstrativo dos cargos em comissão e das funções de confiança da Autoridade Nacional de Proteção de Dados e remaneja e transforma cargos em comissão e funções de confiança. Brasília: Presidência da República, 2020c. Disponível em: http://www.planalto. gov.br/ccivil_03/_ato2019-2022/2020/decreto/D10474.htm. Acesso em: 01 nov. 2023.

BRASIL. *Decreto nº 11.092, de 8 de junho de 2022*. Promulga o Protocolo ao acordo de comércio e cooperação econômica entre o Governo da República Federativa do Brasil e o Governo dos Estados Unidos da América relacionado a regras comerciais e de transparência, firmado em Brasília e em Washington, em 19 de outubro de 2020. Brasília: Presidência da República, 2022g. Disponível em: https://www.planalto.gov.br/ ccivil_03/_ato2019-2022/2022/decreto/d11092.htm. Acesso em: 20 ago. 2022.

BRASIL. *Emenda Constitucional nº 115, de 10 de fevereiro de 2022*. Altera a Constituição Federal para incluir a proteção de dados pessoais entre os direitos e garantias fundamentais e para fixar a competência privativa da União para legislar sobre proteção e tratamento de dados pessoais. Brasília: Presidência da República, 2022h. Disponível em: http://www.planalto.gov.br/ccivil_03/constituicao/Emendas/Emc/emc115.htm#art1 Acesso em: 23 jul. 2022.

BRASIL. *Lei Complementar nº 95, de 26 de fevereiro de 1998*. Dispõe sobre a elaboração, a redação, a alteração e a consolidação das leis, conforme determina o parágrafo único do art. 59 da Constituição Federal, e estabelece normas para a consolidação dos atos normativos que menciona. Brasília: Presidência da República, 1998. Disponível em: http:// www.planalto.gov.br/ccivil_03/leis/lcp/lcp95.htm. Acesso em: 17 abr. 2023.

BRASIL. *Lei Complementar nº 182, de 1º de junho de 2021*. Institui o marco legal das startups e do empreendedorismo inovador; e altera a Lei nº 6.404, de 15 de dezembro de 1976, e a Lei Complementar nº 123, de 14 de dezembro de 2006. Brasília: Presidência da República, 2021f. Disponível em: https://www.in.gov.br/en/web/dou/-/lei-complementar-n-182-de-1-de-junho-de-2021-323558527. Acesso em: 08 set. 2022.

BRASIL. *Lei nº 7.232, de 29 de outubro de 1984*. Dispõe sobre a Política Nacional de Informática. Brasília: Presidência da República, 1984a. Disponível em: http://www. planalto.gov.br/ccivil_03/leis/l7232.htm. Acesso em: 20 jul. 2022.

BRASIL. *Lei nº 8.078, de 11 de setembro de 1990*. Dispõe sobre a proteção do consumidor e dá outras providências. Brasília: Presidência da República, 1990. Disponível em: http:// www.planalto.gov.br/ccivil_03/leis/l8078compilado.htm. Acesso em: 22 de jul. 2022.

BRASIL. *Lei nº 9.868, de 10 de novembro de 1999*. Dispõe sobre o processo e julgamento da ação direta de inconstitucionalidade e da ação declaratória de constitucionalidade perante o Supremo Tribunal Federal. Brasília: Presidência da República, 1999. Disponível em: http://www.planalto.gov.br/ccivil_03/leis/l9868.htm. Acesso em: 12 out. 2022.

BRASIL. *Lei nº 10.406, de 10 de janeiro de 2002*. Institui o Código Civil. Brasília: Presidência da República, 2002. Disponível em: https://www.planalto.gov.br/ccivil_03/leis/2002/ l10406compilada.htm. Acesso em: 10 set. 2022.

BRASIL. *Lei nº 11.107, de 6 de abril de 2005*. Dispõe sobre normas gerais de contratação de consórcios públicos e dá outras providências. Brasília: Presidência da República, 2005. Disponível em: https://www.planalto.gov.br/ccivil_03/_ato2004-2006/2005/lei/l11107. htm. Acesso em: 10 set. 2022.

BRASIL. *Lei nº 12.414, de 9 de junho de 2011.* Disciplina a formação e consulta a bancos de dados com informações de adimplemento, de pessoas naturais ou de pessoas jurídicas, para formação de histórico de crédito. Brasília: Presidência da República, 2011d. Disponível em: http://www.planalto.gov.br/ccivil_03/_ato2011-2014/2011/lei/l12414. htm. Acesso em: 20 jul. 2022.

BRASIL. *Lei nº 12.527, de 18 de novembro de 2011.* Regula o acesso a informações previsto no inciso XXXIII do art. 5º, no inciso II do §3º do art. 37 e no §2º do art. 216 da Constituição Federal; altera a Lei nº 8.112, de 11 de dezembro de 1990; revoga a Lei nº 11.111, de 5 de maio de 2005, e dispositivos da Lei nº 8.159, de 8 de janeiro de 1991; e dá outras providências. Brasília: Presidência da República, 2011e. Disponível em: http://www.planalto.gov.br/ccivil_03/_ato2011-2014/2011/lei/l12527.htm. Acesso em: 23 jul. 2022.

BRASIL. *Lei nº 12.965, de 23 de abril de 2014.* Estabelece princípios, garantias, direitos e deveres para o uso da Internet no Brasil. Brasília: Presidência da República, 2014a. Disponível em: http://www.planalto.gov.br/ccivil_03/_ato2011-2014/2014/lei/l12965. htm. Acesso em: 20 jul. 2022.

BRASIL. *Lei nº 13.303, de 30 de junho de 2016.* Dispõe sobre o estatuto jurídico da empresa pública, da sociedade de economia mista e de suas subsidiárias, no âmbito da União, dos Estados, do Distrito Federal e dos Municípios. Brasília: Presidência da República, 2016c. Disponível em: https://www.planalto.gov.br/ccivil_03/_ato2015-2018/2016/lei/l13303.htm. Acesso em: 20 jul. 2022.

BRASIL. *Lei nº 13.303, de 30 de junho de 2016.* Dispõe sobre o estatuto jurídico da empresa pública, da sociedade de economia mista e de suas subsidiárias, no âmbito da União, dos Estados, do Distrito Federal e dos Municípios. Brasília: Presidência da República, 2016c. Disponível em: https://www.planalto.gov.br/ccivil_03/_ato2015-2018/2016/lei/l13303.htm. Acesso em: 07 set. 2022.

BRASIL. *Lei nº 13.460, de 26 de junho de 2017.* Dispõe sobre participação, proteção e defesa dos direitos do usuário dos serviços públicos da administração pública. Brasília: Presidência da República, 2017b. Disponível em: https://www.planalto.gov.br/ccivil_03/_ato2015-2018/2017/lei/l13460.htm. Acesso em: 07 ago. 2022.

BRASIL. *Lei nº 13.709, de 14 de agosto de 2018.* Lei Geral de Proteção de Dados Pessoais (LGPD). Brasília: Presidência da República, 2018a. Disponível em: https://www.planalto.gov.br/ccivil_03/_ato2015-2018/2018/lei/l13709.htm. Acesso em: 08 nov. 2021.

BRASIL. *Lei nº 13.848, de 25 de junho de 2019.* Dispõe sobre a gestão, a organização, o processo decisório e o controle social das agências reguladoras, altera a Lei nº 9.427, de 26 de dezembro de 1996, a Lei nº 9.472, de 16 de julho de 1997, a Lei nº 9.478, de 6 de agosto de 1997, a Lei nº 9.782, de 26 de janeiro de 1999, a Lei nº 9.961, de 28 de janeiro de 2000, a Lei nº 9.984, de 17 de julho de 2000, a Lei nº 9.986, de 18 de julho de 2000, a Lei nº 10.233, de 5 de junho de 2001, a Medida Provisória nº 2.228-1, de 6 de setembro de 2001, a Lei nº 11.182, de 27 de setembro de 2005, e a Lei nº 10.180, de 6 de fevereiro de 2001. Brasília: Presidência da República, 2019a. Disponível em: https://www.planalto.gov.br/ccivil_03/_ato2019-2022/2019/lei/l13848.htm. Acesso em: 20 jul. 2022.

BRASIL. *Lei nº 13.853, de 8 de julho de 2019.* Altera a Lei nº 13.709, de 14 de agosto de 2018, para dispor sobre a proteção de dados pessoais e para criar a Autoridade Nacional de Proteção de Dados. Brasília: Presidência da República, 2019b. Disponível em: http://www.planalto.gov.br/ccivil_03/_ato2019-2022/2019/lei/l13853.htm. Acesso em: 20 jul. 2022.

BRASIL. *Lei nº 14.129, de 29 de março de 2021*. Dispõe sobre princípios, regras e instrumentos para o Governo Digital e para o aumento da eficiência pública e altera a Lei nº 7.116, de 29 de agosto de 1983, a Lei nº 12.527, de 18 de novembro de 2011 (Lei de Acesso à Informação), a Lei nº 12.682, de 9 de julho de 2012, e a Lei nº 13.460, de 26 de junho de 2017. Brasília: Presidência da República, 2021g. Disponível em: http://www.planalto.gov.br/ccivil_03/_ato2019-2022/2021/lei/l14129.htm. Acesso em: 20 jul. 2022.

BRASIL. *Lei nº 14.460, de 25 de outubro de 2022*. Transforma a Autoridade Nacional de Proteção de Dados (ANPD) em autarquia de natureza especial e transforma cargos comissionados; altera as Leis nºs 13.709, de 14 de agosto de 2018 (Lei Geral de Proteção de Dados Pessoais), e 13.844, de 18 de junho de 2019; e revoga dispositivos da Lei nº 13.853, de 8 de julho de 2019. Brasília: Presidência da República, 2022i. Disponível em: https://in.gov.br/web/dou/-/lei-n-14.460-de-25-de-outubro-de-2022-439007249. Acesso em: 26 out. 2022.

BRASIL. *Medida Provisória nº 869, de 27 de dezembro de 2018*. Altera a Lei nº 13.709, de 14 de agosto de 2018, para dispor sobre a proteção de dados pessoais e para criar a Autoridade Nacional de Proteção de Dados, e dá outras providências. Brasília: Presidência da República, 2018b. Disponível em: http://www.planalto.gov.br/ccivil_03/_Ato2015-2018/2018/Mpv/mpv869.htm. Acesso em: 08 jun. 2022.

BRASIL. *Medida Provisória nº 954, 17 de abril 2020*. Dispõe sobre o compartilhamento de dados por empresas de telecomunicações prestadoras de Serviço Telefônico Fixo Comutado e de Serviço Móvel Pessoal com a Fundação Instituto Brasileiro de Geografia e Estatística, para fins de suporte à produção estatística oficial durante a situação de emergência de saúde pública de importância internacional decorrente do coronavírus (covid-19), de que trata a Lei nº 13.979, de 6 de fevereiro de 2020. Brasília: Presidência da República, 2020d. Disponível em: http://www.planalto.gov.br/ccivil_03/_ato2019-2022/2020/mpv/mpv954.htm. Acesso em: 08 jun. 2022.

BRASIL. *Medida Provisória nº 1.124, de 13 de junho de 2022*. Altera a Lei nº 13.709, de 14 de agosto de 2018 – Lei Geral de Proteção de Dados Pessoais, transforma a Autoridade Nacional de Proteção de Dados em autarquia de natureza especial e transforma cargos em comissão. Brasília: Presidência da República, 2022j. Disponível em: https://www.in.gov.br/en/web/dou/-/medida-provisoria-n-1.124-de-13-de-junho-de-2022-407804608. Acesso em: 21 jul. 2022.

BRASIL. *Resolução Normativa Conjunta nº 1, de 16 de junho de 2023*. Institui o Comitê das Agências Reguladoras Federais – COARF. Brasília: Ministério da Saúde, 2023d. Disponível em: https://www.in.gov.br/web/dou/-/resolucao-normativa-conjunta-n-1-de-16-de-junho-de-2023-523226833. Acesso em: 17 nov. 2023.

BRASIL. Ministério da Economia. *Guia Orientativo para Elaboração de Avaliação de Resultado Regulatório – ARR, de fevereiro de 2022*. Brasília: Ministério da Economia, 2022l. Disponível em: https://www.gov.br/mme/pt-br/assuntos/analise-de-impacto-regulatorio-air-e-avaliacao-de-resultado-regulatorio-arr/o-que-e-arr/guiaarrverso5.pdf. Acesso em: 15 ago. 2022.

BRASIL. Ministério da Gestão e da Inovação em Serviços Públicos e Secretaria de Governo Digital. *Portaria SGD/MGI nº 852, de 28 de março de 2023*. Dispõe sobre o Programa de Privacidade e Segurança da Informação – PPSI. Brasília: Ministério da Gestão e da Inovação em Serviços Públicos e Secretaria de Governo Digital, 2023e. Disponível em: https://www.in.gov.br/en/web/dou/-/portaria-sgd/mgi-n-852-de-28-de-marco-de-2023-473750908. Acesso em: 18 jan. 2024.

BRASIL. Ministério da Justiça. *Consulta pública.* Anteprojeto texto. Debate público – proteção de dados pessoais. Projeto de Lei nº, de 30 de novembro de 2010. Brasília: Ministério da Justiça, 2010b. Disponível em: http://pensando.mj.gov.br/dadospessoais2011/debata-a-norma/. Acesso em: 18 jul. 2022.

BRASIL. Ministério da Justiça. *Consulta pública 2010.* Proteção de Dados: Sorria, você está sendo monitorado. Brasília: Ministério da Justiça, 2010c. Disponível em: http://pensando.mj.gov.br/dadospessoais2011/protecao-de-dados-sorria-voce-esta-sendo-monitorado/. Acesso em: 20 jul. 2022.

BRASIL. Presidência da República. *Código de Conduta da Alta Administração Federal, de 21 de agosto de 2000.* Exposição de motivos nº 37, de 18 de agosto de 2000, aprovado em 21 de agosto de 2000. Brasília: Presidência da República, 2000. Disponível em: http://www.planalto.gov.br/ccivil_03/codigos/codi_conduta/cod_conduta.htm#:~:text=Este%20C%C3%B3digo%2C%20antes%20de%20tudo,na%20condu%C3%A7%C3%A3o%20da%20coisa%20p%C3%BAblica. Acesso em: 10 set. 2022.

BRASIL. Presidência da República. *Mensagem de veto nº 389 à Lei nº 7.232, de 29 de outubro de 1984.* Brasília: Presidência da República, 1984b. Disponível em: http://www.planalto.gov.br/ccivil_03/leis/Mensagem_Veto/anterior_98/Vep389-L7232-84.pdf. Acesso em: 20 jul. 2022.

BRASIL. Presidência da República. *Mensagem nº 451, de 14 de agosto de 2018.* Comunica o veto parcialmente, por contrariedade ao interesse público e inconstitucionalidade, o Projeto de Lei nº 53, de 2018 (nº 4.060/12 na Câmara dos Deputados), que "Dispõe sobre a proteção de dados pessoais e altera a Lei nº 12.965, de 23 de abril de 2014 (Marco Civil da Internet)". Brasília: Presidência da República, 2018c. Disponível em: http://www.planalto.gov.br/ccivil_03/_ato2015-2018/2018/Msg/VEP/VEP-451.htm. Acesso em: 22 jul. 2022.

BRASIL. Secretária de Governo Digital. *Diagnóstico e Índice de Maturidade de Privacidade para adequação à Lei Geral de Proteção de Dados – LGPD.* Brasília: Secretaria de Governo Digital, 2021h. Disponível em: https://pesquisa.sisp.gov.br/index.php/798411?lang=pt-BR. Acesso em: 19 set. 2022.

BRASIL. Senado Federal. *Emenda nº 10 ao Projeto de Lei do Senado nº 330, 30 de setembro de 2015.* Brasília: Senado Federal, 2015b. Disponível em: https://legis.senado.leg.br/sdleg-getter/documento?dm=3928072&disposition=inline. Acesso em: 21 jul. 2022.

BRASIL. Senado Federal. *Emenda nº 16 ao Projeto de Lei do Senado nº 330, de 1º outubro de 2015.* Brasília: Senado Federal, 2015c. Disponível em: https://legis.senado.leg.br/sdleg-getter/documento?dm=3928168&disposition=inline. Acesso em: 20 jul. 2022.

BRASIL. Senado Federal. *Parecer nº, 2015.* Minuta disponibilizada em 16 de dezembro de 2015 no sistema do texto do Substitutivo aprovado em 13 de outubro de 2015. Brasília: Senado Federal, 2015d. Disponível em: https://legis.senado.leg.br/sdleg-getter/documento?dm=3928471&ts=1630431489091&disposition=inline. Acesso em: 20 jul. 2022.

BRASIL. Senado Federal. *Parecer nº, de 2017.* Da Comissão de ciência, tecnologia, inovação, comunicação e informática, sobre o Projeto de Lei da Câmara nº 28, de 2011, do Deputado Vieira Reis, que declara os Centros de Inclusão Digital – CID (Lan Houses) como entidades de multipropósito de especial interesse para fins de inclusão digital e dá outras providências. Brasília: Senado Federal, 2017b. Disponível em: https://legis.senado.leg.br/diarios/ver/21075?sequencia=414. Acesso em: 20 jul. 2022.

BRASIL. Senado Federal. *Parecer nº, de 2018*. Relatório favorável ao Projeto de Lei do Senado nº 330, de 2013, nos termos do substitutivo de sua autoria, com acatamento total ou parcial das Subemendas. Brasília: Senado Federal, 2018d. Disponível em: https://legis.senado.leg.br/sdlegetter/documento?dm=7726670&ts=1630431494351&disposition=inline. Acesso em: 20 jul. 2022.

BRASIL. Senado Federal. *Projeto de Lei da Câmara nº 28, de 29 de abril de 2011*. Declara os Centros de Inclusão Digital – CID (Lan Houses) como entidade de multipropósito de especial interesse para fins de inclusão digital e dá outras providências. Brasília: Senado Federal, 2011f. Disponível em: https://www25.senado.leg.br/web/atividade/materias/-/materia/100025. Acesso em: 21 jul. 2022.

BRASIL. Senado Federal. *Projeto de Lei nº 330, de 13 de agosto de 2013*. Dispõe sobre a proteção, o tratamento e o uso dos dados pessoais, e dá outras providências. Brasília: Senado Federal, 2013. Disponível em: https://www25.senado.leg.br/web/atividade/materias/-/materia/113947. Acesso em: 20 jul. 2022.

BRASIL. Senado Federal. *Projeto de Lei nº 131, de 2014*. Dispõe sobre o fornecimento de dados de cidadãos ou empresas brasileiros a organismos estrangeiros. Brasília: Senado Federal, 2014b. Disponível em: https://www25.senado.leg.br/web/atividade/materias/-/materia/116969. Acesso em: 20 jul. 2022.

BRASIL. Senado Federal. *Projeto de Lei nº 181, de 2014*. Estabelece princípios, garantias, direitos e obrigações referentes à proteção de dados pessoais. Brasília: Senado Federal, 2014c. Disponível em: https://www25.senado.leg.br/web/atividade/materias/-/materia/117736. Acesso em: 20 jul. 2022.

BRASIL. Senado Federal. *Projeto de Lei da Câmara nº 53, 1º de junho de 2018*. Dispõe sobre a proteção de dados pessoais e altera a Lei nº 12.965, de 23 de abril de 2014. Brasília: Senado Federal, 2018e. Disponível em: https://www25.senado.leg.br/web/atividade/materias/-/materia/133486. Acesso em: 20 jul. 2022.

BRASIL. Senado Federal. *Projeto de Lei nº 6.212, de 27 de novembro de 2019*. Altera a Lei nº 13.709, de 14 de agosto de 2018 (Lei Geral de Proteção de Dados Pessoais), para dispor sobre a corregulação. Brasília: Senado Federal, 2019b. Disponível em: https://www25.senado.leg.br/web/atividade/materias/-/materia/139980. Acesso em: 18 jul. 2022.

BRASIL. Senado Federal. *Projeto de Lei nº 871, de 12 de março de 2021*. Altera a Lei nº 13.709, de 14 de agosto de 2018, Lei Geral de Proteção de Dados Pessoais (LGPD), para dispor sobre a elaboração de código de ética entre as regras de boas práticas e de governança dos agentes de tratamento. Brasília: Senado Federal, 2021i. Disponível em: https://www25.senado.leg.br/web/atividade/materias/-/materia/147433. Acesso em: 13 set. 2022.

BRASIL. Senado Federal. *Projeto de Lei nº 4, de 10 de fevereiro de 2022*. Altera as Leis nºs 10.637, de 30 de dezembro de 2002; 10.833, de 29 de dezembro de 2003; e 10.865, de 30 de abril de 2004, para permitir o desconto de créditos relativos a valores despendidos com investimentos em atividades de adequação e operacionalização da Lei nº 13.709, de 14 de agosto de 2018, da base de cálculo da Contribuição para os Programas de Integração Social (PIS) e de Formação do Patrimônio do Servidor Público (PASEP), da Contribuição para o Financiamento da Seguridade Social (COFINS), da Contribuição para os Programas de Integração Social e de Formação do Patrimônio do Servidor Público incidente na Importação de Produtos Estrangeiros ou Serviços (PIS/PASEP-Importação) e a Contribuição Social para o Financiamento da Seguridade Social devida pelo Importador de Bens Estrangeiros ou Serviços do Exterior (COFINS-Importação).

Brasília: Senado Federal, 2022g. Disponível em: https://www12.senado.leg.br/ecidadania/visualizacaomateria?id=151507. Acesso em: 10 out. 2022.

BRASIL. Senado Federal. *Projeto de Lei nº 2.338, de 20 de dezembro de 2022*. Altera a Lei nº 13.709, de 14 de agosto de 2018 (Lei Geral de Proteção de Dados Pessoais), para dispor sobre a corregulação. Brasília: Senado Federal, 2022h. Disponível em: https://www.congressonacional.leg.br/materias/materias-bicamerais/-/ver/pl-2338-2023. Acesso em: 14 jan. 2023.

BRASIL. Senado Federal. *Projeto de Lei nº 3.034, de 03 de maio de 2023*. Dispõe sobre o uso da Inteligência Artificial. Brasília: Senado Federal, 2023. Disponível em: https://www25.senado.leg.br/web/atividade/materias/-/materia/155560. Acesso em: 20 out. 2023.

BRASIL. Senado Federal. *Regimento Interno do Senado Federal*. Resolução do Senado Federal nº 93, 11 de agosto de 1970. Texto consolidado pela Secretaria-Geral da mesa do Senado Federal, publicado no suplemento único do diário do Congresso Nacional de 7 de fevereiro de 2019. Brasília: Senado Federal, 1970. Disponível em: https://www25.senado.leg.br/documents/59501/97171143/RCCN.pdf/. Acesso em: 28 jul. 2022.

BRASIL. Senado Federal. Comissão Temporária Sobre Inteligência Artificial no Brasil. *Parecer nº*, 2024. Relatório aos projetos de lei que dispõem sobre a regulamentação do uso da inteligência artificial no Brasil. Brasília: Senado Federal, 2024b. Disponível em: https://www25.senado.leg.br/web/atividade/materias/-/materia/157233. Acesso em: 08 jun. 2024.

BRASIL. Supremo Tribunal Federal (Tribunal do Pleno). *Ação direita de inconstitucionalidade nº 6387*. Medida Cautelar em Ação Direta de Inconstitucionalidade. Referendo. Medida Provisória nº 954/2020. Emergência de saúde pública de importância internacional decorrente do novo coronavírus (covid-19). Compartilhamento de dados dos usuários do serviço telefônico fixo comutado e do serviço móvel pessoal, pelas empresas prestadoras, com o Instituto Brasileiro de Geografia e Estatística. Fumus boni juris. Periculum in mora. Deferimento. Relatora Ministra Rosa Weber, 7 de maio de 2020. Brasília: Supremo Tribunal Federal, 2020e. Disponível em: https://portal.stf.jus.br/processos/detalhe.asp?incidente=5895165. Acesso em: 11 jul. 2022.

BRASIL. Tribunal de Contas da União. *Governança Pública*: referencial básico de governança aplicável a órgãos e entidades da administração pública e ações indutoras de melhoria. 2. ed. Brasília: TCU, Secretaria de Planejamento, Governança e Gestão, 2014d. Disponível em: https://portal.tcu.gov.br/data/files/FA/B6/EA/85/1CD4671023455957E18818 A8/Referencialbasicogovernanca2edicao.PDF. Acesso em: 30 out. 2022.

BRASIL. Tribunal Regional da 4ª Região. *Resolução nº 125, de 8 de outubro de 2021*. Dispõe sobre a Política de Privacidade, Termos de Uso, Política de *Cookies* e outras definições acerca da proteção de dados pessoais nos sistemas informatizados da Justiça Federal de 1º e 2º Graus da 4ª Região. Porto Alegre: Tribunal Regional da 4ª Região, 2021j. Disponível em: https://www.trf4.jus.br/trf4/diario/visualiza_documento_adm.php?orgao= 1&id_materia=3017953&reload=false. Acesso em: 13 set. 2022.

BRASIL. Universidade Federal do Rio Grande do Sul. *Programa de governança em privacidade da UFRGS, 2024-2027*. Versão: 2.0. Porto Alegre: Universidade Federal do Rio Grande do Sul, 2023f. Disponível em: https://www.ufrgs.br/proprivacidade/docs/UFRGS-ProgramaGovernancaPrivacidade.pdf. Acesso: 14 jan. 2024.

BENNETT, Colin. Information policy and information privacy: International arenas of governance. *Journal of Law, Technology & Policy*, n. 2, p. 385-406, 2002. Disponível em: https://heinonline.org/HOL/P?h=hein.journals/jltp2002&i=393. Acesso em: 14 jul. 2022.

BENNETT, Colin John; GRANT, Rebecca (Ed.). *Visions of privacy*: policy choices for the digital age. Toronto: University of Toronto Press, 1999.

BERTUZZI, Luca. Is data localization coming to Europe? *International Association of Privacy Professionals (IAPP)*. Portsmouth, USA. 23 ago. 2022. Disponível em: https://iapp.org/news/a/is-data-localization-coming-to-europe/. Acesso em: 25 ago. 2022.

BIONI, Bruno. *Regulação e proteção de dados pessoais*: princípio da accountability. 1. ed. Rio de Janeiro: Forense, 2022.

BIONI, Bruno. *Proteção de dados pessoais*: a função e os limites do consentimento. São Paulo: Forense, 2019.

BOBBIO, Norberto. *O futuro da democracia*. Tradução: Marco Aurélio Nogueira. 16. ed. São Paulo: Paz & Terra, 2019.

BOCKMANN MOREIRA, Egon; PEREIRA, Paula Pessoa. Art. 30 da LINDB – O dever público de incrementar a segurança jurídica. *Revista de Direito Administrativo*, p. 243-274, 2018.

BONAVIDES, Paulo. *Curso de direito constitucional*. 11. ed. São Paulo: Malheiros Editores, 2001.

BRAITHWAITE, John. Enforced self-regulation: a new strategy for corporate crime control. *Michigan law review*, v. 80, n. 7, p. 1466-1507, 1982. Disponível em: https://www.jstor.org/stable/1288556. Acesso em: 30 set. 2022.

BRAITHWAITE, John. *To punish or persuade*: Enforcement of coal mine safety. Albany: University of New York Press, 1985.

BRAITHWAITE, John; WALKER, John; GRABOSKY, Peter. An Enforcement Taxonomy of Regulatory Agencies. *Law & Policy*, v. 9, n. 3, p. 323-352, jul. 1987. Disponível em: https://heinonline.org/HOL/P?h=hein.journals/lawpol9&i=333. Acesso em: 30 set. 2022.

BRAMAN, Sandra. Defining information: an approach for policymakers. *Telecommunications policy*, v. 13, n. 3, p. 233-242, 1989. Disponível em: https://www.sciencedirect.com/science/article/abs/pii/0308596189900062. Acesso em: 20 jul. 2021.

BROWNE, Secor. Made outside the USA. *Public Utility Law: Addresses Delivered*, p. 36-38, 1972. *Disponível em:* https://heinonline.org/HOL/P?h=hein.journals/repanme1972&i=38. Acesso em: 30 set. 2022.

CALAME, Pierre; TALMANT, André. *A questão do estado no coração do futuro*. Rio de Janeiro: Vozes, 2001.

CAMPOS, Thana Cristina de. *Empresas transnacionais e direitos humanos*. 1. ed. Belo Horizonte: Fórum, 2012. E-book.

CAMPOS, Ricardo; MARANHÃO, Juliano. Fake News e autorregularão regulada das redes sociais no Brasil: fundamentos constitucionais. *In*: ABBOUD, Georges *et al*. *Fake News e Regulação*. 1. ed. São Paulo: Thomson Reuters Brasil, 2018. Disponível em: https://next-proview.thomsonreuters.com/launchapp/title/rt/monografias/157881072/v1/document/161383508/anchor/a-161383508. Acesso em: 29 mar. 2022.

CAMPOS, Ricardo. *Metamorfoses do direito global*: sobre a interação entre direito, tempo e tecnologia. São Paulo: Editora Contracorrente, 2022.

CANOTILHO, José Joaquim Gomes. *Direito constitucional e teoria da constituição*. Rio de Janeiro: Renovar, 2003.

CARDOSO, Luciane. Códigos de conduta, responsabilidade empresarial e direitos humanos dos trabalhadores. *Revista do Tribunal Superior do Trabalho*, Brasília, v. 69, n. 1, p. 81-105, jan./jun. 2003.

CARNEIRO, Beatriz; TORTELA, Tiago. Óleo encontrado no Nordeste em 2022 não tem ligação com o de 2019, diz governo. *CNN Brasil*, São Paulo, 12 set. 2022. Disponível em: https://www.cnnbrasil.com.br/nacional/oleo-encontrado-no-nordeste-em-2022-nao-tem-ligacao-com-o-de-2019-diz-governo/. Acesso em: 8 out. 2022.

CARVALHÃES NETO, Eduardo Hayden; COUTINHO, Karen Mentzingen. Enforcement da lei geral de proteção de dados e sanções. *In*: BRANCHER, Paulo Marcos Rodrigues; BEPPU, Ana Claudia (Coord.). *Proteção de dados pessoais no Brasil*: uma nova visão a partir da Lei nº 13.709/2018. Belo Horizonte: Fórum, 2019. p 295-319. Disponível em: https://www.forumconhecimento.com.br/livro/3906/4035/23422. Acesso em: 30 out. 2022.

CARVALHO, Gustavo Marinho de. *Precedentes administrativos no direito brasileiro*. 1. ed. São Paulo: Contracorrente, 2015.

CASSAGNE, Juan Carlos. *Os grandes princípios do direito público*: constitucional e administrativo. Tradução: Marly Peres. São Paulo: Contracorrente, 2017.

CASTELLS, Manuel. *Communication power*. Oxford: Oxford University Press, 2009.

CASTELLS, Manuel. *O poder da identidade*. Tradução: Klauss Brandini Gerhardt. 9. ed. São Paulo: Paz e Terra, 2018. Edição do Kindle.

CASTELLS, Manuel. *The information age*: the rise of the network society. 2. ed. Oxford: Wiley-Blackwell, 1996.

COCLIN, Dean. Estudo revela que o Brasil é líder mundial em golpes de phishing. Relatório mostra que um em cada cinco brasileiros sofreu pelo menos uma tentativa de ataque em 2020. *Security Report*. 13 out. 2021. Disponível em: https://www.securityreport.com.br/overview/estudo-revela-que-o-brasil-e-lider-mundial-em-golpes-de-phishing/#.YzmTzHbMIdU. Acesso em: 30 set. 2022.

COGLIANESE, Cary; LEHR, David. Transparency and algorithmic governance. *Administrative Law Review*, vol. 71, n. 1, 2019, p. 1-56. *Disponível em*: https://heinonline.org/HOL/P?h=hein.journals/admin71&i=13. Acesso em: 17 ago. 2022.

COHEN, Julie. *Between truth and power*. Oxford University Press, 2019. Disponível em: https://juliecohen.com/between-truth-and-power. Acesso em: 10 ago. 2022.

COHEN, Julie. The Regulatory State in the Information Age. *Theoretical Inquiries in Law*, v. 17, n. 2, 2016. Disponível em: https://ssrn.com/abstract=2714072. Acesso em: 30 jul. 2022.

CONSELHO NACIONAL DE AUTORREGULAÇÃO PUBLICITÁRIA (CONAR). História do Conselho Nacional de Autorregulamentação Publicitária. *Conar*. São Paulo, 2022. Disponível em: http://www.conar.org.br. Acesso em: 2 ago. 2022.

COONEY, Bernard. Antitrust immunity: recent exceptions to the Noerr-Pennington Defense. *Boston College Industrial and Commercial Law Review*, vol. 12, n. 6, p. 1133-1150, 1971. Disponível em: https://heinonline.org/HOL/P?h=hein.journals/bclr12&i=1143. Acesso em: 2 out. 2022.

CORTINA, Adela Orts. *Ética sem moral*. Tradução: Marcos Marcionilo. São Paulo: Martins Fontes, 2010.

COUTO E SILVA, Clóvis do. *A obrigação como processo*. 1. ed. 11. reimp. Rio de Janeiro: Editora FGV, 2017.

CRISTÓVAM, José Sergio da Silva. *Administração Pública democrática e supremacia do interesse público*. Curitiba: Juruá, 2015.

CRISTÓVAM, José Sérgio da Silva; HAHN, Tatiana Meinhart. Administração Pública orientada por dados: Governo aberto e infraestrutura nacional de dados abertos. *Revista de Direito Administrativo e Gestão Pública*, v. 6, n. 1, p. 1-24, 2020. Disponível em: https://indexlaw.org/index.php/rdagp/article/view/6388. Acesso em: 11 abr. 2022.

CRISTÓVAM, José Sérgio da Silva; HAHN, Tatiana Meinhart. A transparência no tratamento de dados pessoais pela administração pública: o lapidário e o diamante bruto. *In*: CRISTÓVAM, José Sérgio da Silva *et al*. (Coord.). *Direito administrativo contemporâneo*: diálogos Brasil e México. Florianópolis: Habitus, 2020. p. 14-35.

CRISTÓVAM, José Sérgio da Silva; HAHN, Tatiana Meinhart. Autoridade Nacional de Proteção de Dados: discricionariedade e governança regulatória. *In*: MARTINS, Guilherme Magalhães; LONGHI, João Victor Rozatti; FALEIROS JÚNIOR, José Luiz de Moura. *Comentários à Lei Geral de Proteção de Dados Pessoais*. 2. ed. Indaiatuba: Editora Foco, 2024. p. 647-663.

CRETELLA NETO, José. *Direito processual na organização do comércio*. Rio de Janeiro: Forense, 2003.

CRESWELL, John. *Projeto de pesquisa*: métodos qualitativo, quantitativo e misto. Tradução: Luciana de Oliveira da Rocha. 2. ed. Porto Alegre: Artmed, 2007.

CRUVIEL, Tereza. *Cristina Tavares*: perfis parlamentares n. 71. 2. ed. Brasília: Edições Câmara, 2016. Disponível em: https://www.camara.leg.br/deputados/139174/biografia. Acesso em: 10 jul. 2022.

CUNHA, Lilian. Por que o Brasil é um dos principais alvos de ataques cibernéticos do mundo? *CNN Brasil*, 11 dez. 2021. Disponível em: https://www.cnnbrasil.com.br/tecnologia/por-que-o-brasil-e-um-dos-principais-alvos-de-ataques-ciberneticos-do-mundo/. Acesso em: 08 ago. 2022.

DAHL, Robert. *A democracia e seus críticos*. Tradução: Patrícia de Freitas Ribeiro. São Paulo: Editora WMF Martins Fontes, 2012.

DAHL, Robert A. *Poliarquia*: participação e oposição. Tradução: Celso Mauro Paciornik. 1. ed. São Paulo: Editora da Universidade de São Paulo, 2005.

DE HERT, Paul; PAPAKONSTANTINOU, Vagelis; KAMARA, Irene. The cloud computing standard ISO/IEC 27018 through the lens of the EU legislation on data protection. *Computer Law & Security Review*, v. 32, n. 1, p. 16-30, 2016. Disponível em: https://doi.org/10.1016/j.clsr.2015.12.005. Acesso em: 24 out. 2022.

DIJK, Jan Van. *The network society*. 3. ed. Londres: Sage Publications, 2012.

DINIZ, Maria Helena. Artigos 20 a 30 da LINDB como novos paradigmas hermenêuticos do direito público, voltados à segurança jurídica e à eficiência administrativa. *Revista Argumentum-Argumentum Journal of Law*, v. 19, n. 2, p. 305-318, 2018. Disponível em: http://ojs.unimar.br/index.php/revistaargumentum/article/view/594. Acesso em: 13 out. 2022.

DI PIETRO, Maria Sylvia Zanella. *Direito administrativo*. 17. ed. São Paulo: Atlas, 2004.

DI PIETRO, Maria Sylvia Zanella. Limites da função reguladora das agências diante do princípio da legalidade. *In*: DI PIETRO, Maria Sylvia Zanella (Coord.). *Direito regulatório*: temas polêmicos. Belo Horizonte: Fórum, 2003. p. 27-60.

DOHMANN, Ingra Spiecker Genannt. A proteção de dados pessoais sob o Regulamento Geral de Proteção de Dados da União Europeia. *In*: DONEDA, Danilo *et al.* (Coord.). *Tratado de proteção de dados pessoais*. Rio de Janeiro: Forense, 2021. p. 97-113.

DRUCKER, Peter Ferdinand. *Managing for Results*: economic tasks and risk-taking decisions. Routledge: New York, 2011.

DONEDA, Danilo. *Da privacidade à proteção de dados pessoais*: fundamentos da lei geral de proteção de dados. 2. ed. São Paulo: Thomson Reuters Brasil, 2019.

DONEDA, Danilo; SARLET, Ingo Wolfgang; MENDES, Laura Schertel. *Estudos Sobre Proteção de Dados Pessoais*. São Paulo: Saraiva, 2022. E-book.

DURAN, Anne. Flash mobs: social influence in the 21st century. *Social influence*, v. 1, n. 4, p. 301-315, 2006. Disponível em: https://www.tandfonline.com/doi/full/10.1080/15534510601046569. Acesso em: 29 jun. 2022.

ELKINGTON, John. 25 years ago I coined the phrase "triple bottom line." Here's why it's time to rethink it. *Harvard business review*, v. 25, p. 2-5, 2018. Disponível em: https://hbr.org/2018/06/25-years-ago-i-coined-the-phrase-triple-bottom-line-heres-why-im-giving-up-on-it. Acesso em: 11 ago. 2022.

EUROPEAN UNION CLOUD CODE OF CONDUTE. EU Cloud Code of Conduct. *Assessment procedure*. Disponível em: https://eucoc.cloud/en/public-register/assessment-procedure. Acesso em: 18 abr. 2023.

ESSAIASSON, Peter; CHRISTOPHER, Wlezien. Advances in the study of democratic responsiveness: an introduction. *Comparative Political Studies*, vol. 50, n. 6, p. 699-710, 2017. Disponível em: https://heinonline.org/HOL/P?h=hein.journals/compls50&i=681. Acesso em: 17 ago. 2022.

FALEIROS JÚNIOR, José Luiz de Moura; PEROLI, Kelvin. Capítulo VII. Da segurança e das boas práticas. *In*: MARTINS, Guilherme Magalhães; LONGHI, João Victor Rozatti; FALEIROS JÚNIOR, José Luiz de Moura. *Comentários à Lei Geral de Proteção de Dados Pessoais*. 2. ed. Indaiatuba: Editora Foco, 2024. p. 494-512.

FALEIROS JÚNIOR, José Luiz de Moura; MARTINS, Guilherme Magalhães. Compliance digital e responsabilidade civil na Lei Geral de Proteção de Dados. *In*: MARTINS, Guilherme Magalhães; ROSENVALD, Nelson. (Coord.) *Responsabilidade civil e novas tecnologias*. Indaiatuba: Foco, 2020. p. 263-297.

Febraban Tech 2024: combate a fraudes e ataques cibernéticos. *FEBRABAN TECH*, 30 maio 2024. Disponível em: https://febrabantech.febraban.org.br/temas/seguranca/febraban-tech-2024-combate-a-fraudes-e-ataques-ciberneticos. Acesso em: 30 maio 2024.

FERRARI, Isabela. A abertura da regulação aos agentes privados: alguns insights sobre a autocertificação à luz da teoria da autorregulação. *In*: ARAGÃO, Alexandre Santos de; PEREIRA, Anna Carolina Migueis; LISBOA, Letícia Lobato Anicet (Coord.). *Regulação e Infraestrutura*. Belo Horizonte: Fórum, 2018. p. 213-239. Disponível em: https://www.forumconhecimento.com.br/livro/1770/1857/9398. Acesso em: 30 nov. 2022.

FRANKEL, Mark S. Professional codes: Why, how, and with what impact? *Journal of business ethics*, v. 8, n. 2, p. 109-115, 1989. Disponível em: https://link.springer.com/article/10.1007/BF00382575. Acesso em: 15 set. 2022.

FRAZÃO, Ana; PINTO, Mariana. Compliance de dados e incidentes de segurança. *In*: PINHEIRO, Caroline da Rosa. (Coord.). *Compliance*: entre a teoria e a prática. Indaiatuba: Editora Foco, 2022. p. 35-56.

GARCIA, Renata Cavalcanti de Carvalho. Proteção de dados pessoais no Brasil: uma análise da lei nº 13.709/2018 sob a perspectiva da teoria da regulação responsiva. *Revista de Direito Setorial e Regulatório*, Brasília, v. 6, n. 2, p. 45-58, out. 2020.

GARDELLA, Mercè Darnaculleta. *Derecho administrativo y autorregulación*: la autorregulación regulada. Girona: Universitat de Girona, 2002.

GAROUPA, Nuno. The theory of optimal law enforcement. *Journal of economic surveys*, v. 11, n. 3, p. 267-295, 1997. Disponível em: https://onlinelibrary.wiley.com/doi/epdf/10.1111/1467-6419.00034. Acesso em: 10 jul. 2021.

GILMAN, Stuart *et al*. *Ethics codes and codes of conduct as tools for promoting an ethical and professional public service*: comparative successes and lessons. Washington: World Bank, 2005. Disponível em: https://www.oecd.org/mena/governance/35521418.pdf. Acesso em: 14 ago. 2022.

GONÇALVES, Carlos Roberto. *Direito Civil Brasileiro 3*. Contratos e atos unilaterais. 19. ed. São Paulo: Saraiva, 2022. E-book.

GRABOSKY, Peter. Meta-regulation. *In*: DRAHOS, Peter. *Regulatory theory*: Foundations and applications. ANU Press: Acton, Australia, 2017. p. 149-162. E-book. Disponível em: https://library.oapen.org/bitstream/handle/20.500.12657/31596/626829.pdf?sequen#page=185. Acesso em: 15 set. 2022.

GRAU, Eros Roberto. *A ordem econômica na Constituição de 1988*. 8. ed. São Paulo: Malheiros, 2003.

GRAU, Eros Roberto. *O direito posto e o direito pressuposto*. 7. ed. São Paulo: Malheiros, 2008.

GROSSI, Paolo. *A ordem jurídica medieval*. Tradução: Denise Rossato Agostinetti. São Paulo: WMF Martins Fontes, 2014.

GUERRA, Sérgio. *Agências reguladoras*: da organização administrativa piramidal à governança em rede. Belo Horizonte: Fórum, 2021. E-book.

GUERRA, Sérgio. *Discricionariedade, regulação e reflexividade*. 7. ed. Belo Horizonte: Fórum, 2023. E-book. Disponível em: https://www.forumconhecimento.com.br/livro/1182. Acesso em: 15 abr. 2023.

GUIMARÃES, Arthur. LGPD: Lacunas sobre boas práticas e de governança ainda não foram enfrentadas. *O Jota*, São Paulo, 28 jul. 2022. Disponível em: https://www.jota. info/coberturas-especiais/protecao-de-dados/lgpd-lacunas-sobre-boas-praticas-e-de-governanca-ainda-nao-foram-enfrentadas-28072022. Acesso em: 28 jul. 2022.

GUNNINGHAM, Neil; SINCLAIR, Darren. Integrative regulation: A principle-based approach to environmental policy. *Law & Social Inquiry*, v. 24, n. 4, p. 853-896, 1999. Disponível em: https://doi.org/10.1111/j.1747-4469.1999.tb00407.x. Acesso em: 15 set. 2022.

GUNNINGHAM, Neil; SINCLAIR, Darren. Regulatory pluralism: designing policy mixes for environmental protection. *Law & Policy*, v. 21, n. 1, p. 49-76, jan. 1999. Disponível em: http://www.greeneconomics.net/Gun-RegulPlural.pdf. Acesso em: 15 set. 2022.

GUNNINGHAM, Neil; SINCLAIR, Darren. Smart regulation. *In*: DRAHOS, Peter. *Regulatory theory*: Foundations and applications. ANU Press: Acton, Australia, 2017. p. 133-148. E-book. Disponível em: https://library.oapen.org/bitstream/handle/20.500.12657/31596/626829.pdf?sequen#page=185. Acesso em: 15 set. 2022.

GUNTHER, Teubner. Quod omnes tangit (o que respeita a todos): constituições transnacionais sem democracia? *In*: ABBOUD, Georges; CAMPOS, Ricardo. (Org.). *Constitucionalismo global*. São Paulo: Editora Contracorrente, 2022. p. 63-108.

HACHEM, Daniel Wunder. A discricionariedade administrativa entre as dimensões objetiva e subjetiva dos direitos fundamentais sociais. *Revista Brasileira de Direitos Fundamentais & Justiça*, v. 10, n. 35, p. 313-343, 2016. Disponível em: https://dfj.emnuvens. com.br/dfj/article/view/104/30. Acesso em: 05 out. 2022.

HAJE, Lara. Comissão especial abre consulta pública sobre lan houses. *Agência Câmara de Notícias*, 14 jul. 2010. Disponível em: https://www.camara.leg.br/noticias/142417-comissao-especial-abre-consulta-publica-sobre-lan-houses/. Acesso em: 20 jul. 2022.

HAN, Byung-Chul. *No enxame*: perspectivas do digital. Tradução: Lucas Machado. 1. reimp. Petrópolis: Vozes, 2019.

HAN, Byung-Chul. *Sociedade da transparência*. Tradução: Enio Paulo Giachini. Petrópolis: Vozes, 2017. Edição do Kindle.

HIRSCH, Dennis. The law and policy of online privacy: regulation, self-regulation, or co-regulation. *Seattle University Law Review*, v. 34, n. 2, p. 439-480, 2011. Disponível em: https://heinonline.org/HOL/P?h=hein.journals/sealr34&i=443. Acesso em: 11 set. 2022.

HOFFMANN-RIEM, Wolfgang. *Teoria geral do direito digital*: transformação digital. 2. ed. Rio de Janeiro: Forense, 2022.

IBM. Cost of a Data Breach Report 2022. *IBM Security*. Armonk: IBM Corporation, 2022. Disponível em: https://www.ibm.com/downloads/cas/3R8N1DZJ. Acesso em: 08 ago. 2022.

INTERNATIONAL ORGANIZATION FOR STANDARDIZATION (ISO). JWG 8. *Working group joint with UNECE*. Logistics data contents and process. Disponível em: https://www.isotc154.org/groups/jwg8/. Acesso em: 29 out. 2022.

IRAMINA, Aline. RGPD v. LGPD: adoção estratégica da abordagem responsiva na elaboração da Lei Geral de Proteção de Dados do Brasil e do Regulamento Geral de Proteção de Dados da União Europeia. *Revista de Direito, Estado e Telecomunicações*, Brasília, v. 12, n. 2, p. 91-117, out. 2020.

JUSTEN FILHO, Marçal. Art. 20 da LINDB – dever de transparência, concretude e proporcionalidade nas decisões públicas. *Revista de Direito Administrativo*, XXX, p. 13-41, 2018.

KAMARA, Irene. Co-regulation in EU personal data protection: the case of technical standards and the privacy by design standardization 'mandate'. *European journal of law and technology*, v. 8, n. 1, 2017. Disponível em: https://www.ejlt.org/index.php/ejlt/article/view/545/723. Acesso em: 20 out. 2022.

KAMARA, Irene *et al*. Data protection certification mechanisms: study on articles 42 and 43 of the Regulation (EU) 2016/679. 1 ed. *DG Justice & Consumers*. Brussels: European Commission. Disponível em: https://doi.org/10.2838/115106. Acesso em: 29 out. 2022.

KETTEMANN, Matthias. *The Normative Order of the Internet*. London: Oxford University Press, 2020.

KOLIEB, Jonathan. When to punish, when to persuade and when to reward: strengthening responsive regulation with the regulatory diamond. *Monash University Law Review*, v. 41, n. 1, p. 136-162, 2015. Disponível em: https://heinonline.org/HOL/P?h=hein.journals/macq13&i=177. Acesso em: 10 abr. 2022.

LADEUR, Karl-Heinz; VIELLECHNER, Lars. A expansão transnacional de direitos fundamentais estatais: sobre a constitucionalização do regime global do direito privado. *In*: ABBOUD, Georges; CAMPOS, Ricardo (Org.). *Constitucionalismo global*. São Paulo: Editora Contracorrente, 2022. p. 109-173.

LAMY, Anna Carolina; LAMY, Eduardo. *Compliance empresarial*. Rio de Janeiro: Forense, 2022.

LEAL, Pastora do Socorro Teixeira; BONNA, Alexandre Pereira. Responsabilidade civil sem dano-prejuízo? *Direito em Movimento*, Rio de Janeiro, v. 15, n. 2, p. 56-71, 2017.

LESSIG, Lawrence. *Code*. New York: Basic Books, 1999.

LIMA, Kaique. Brasil lidera ranking de países atacados por 'sextorsão'. *Canal Tech*. 2 set. 2022. Disponível em: https://canaltech.com.br/seguranca/brasil-lidera-ranking-de-paises-atacados-por-sextorsao-224510/. Acesso em: 30 set. 2022.

LODGE, Martin; et all. *The problem-solving capacity of the modern state*: governance challenges and administrative capacities. New York: Oxford University Press, 2014.

MAGACHO, Bruna Toledo Piza; TRENTO, Melissa. Impacto da LGPD e compliance no Setor Público: necessárias adaptações culturais na Administração Pública frente a um cenário de transformação contínua para a manutenção da boa governança. *In*: PIRONTI, Rodrigo (Coord.). *Lei Geral de Proteção de Dados no Setor Público*. Belo Horizonte: Fórum, 2021. p. 65-81. Disponível em: https://www.forumconhecimento.com.br/livro/4178/4365/29915. Acesso em: 20 ago. 2022.

MAGALHÃES, Nara Maria Emanuelli. *O povo sabe votar*: uma visão antropológica. Petrópolis: Vozes, 1998.

MÂNICA, Fernando Borges; MENEGAT, Fernando. *Teoria jurídica da privatização*: fundamentos, limites e técnicas de interação público-privada no direito brasileiro. Rio de Janeiro: Lumen Juris, 2017.

MARCONI, Marina de Andrade; LAKATOS, Eva Maria. *Fundamentos de metodologia científica*. 5. ed. São Paulo: Atlas, 2003.

MARQUES NETO, Floriano de Azevedo. Regulação estatal e autorregulação na economia contemporânea. *Revista de Direito Público da Economia – RDPE*, Belo Horizonte, ano 9, n. 33, jan./mar. 2011. Disponível em: https://www.forumconhecimento.com.br/periodico/140/20822/32878. Acesso em: 23 ago. 2022.

MARQUES, Rodrigo Moreno; PINHEIRO, Marta Macedo Kerr. Política de informação nacional e assimetria de informação no setor de telecomunicações brasileiro. *Perspectivas em Ciência da Informação*, v. 16, p. 65-91, 2011.

MARTINS JÚNIOR, Wallace Paiva. *Transparência administrativa*: publicidade, motivação e participação popular. 2. ed. São Paulo: Saraiva, 2010.

MARTINS, Ricardo Marcondes. A natureza normativa dos princípios. *Revista Brasileira de Direito Constitucional*, v. 6, n. 1, p. 225-258, 2005.

MARTINS JÚNIOR, Wallace Paiva. *Transparência administrativa*: publicidade, motivação e participação popular. 2. ed. São Paulo: Editora Saraiva, 2010.

MEDAUAR, Odete. *A processualidade no direito administrativo*. 3. ed. Belo Horizonte: Fórum, 2021.

MEDAUAR, Odete. *Direito administrativo moderno*. Belo Horizonte: Fórum, 2022. E-book. Disponível em: https://www.forumconhecimento.com.br/livro/1553/4717/37274. Acesso em: 20 out. 2022.

MEDAUAR, Odete. *O direito administrativo em evolução*. 3. ed. Brasília: Gazeta Jurídica, 2017.

MEDAUAR, Odete. Regulação e auto-regulação. *Revista de Direito Administrativo*, v. 228, p. 123-128, abr./jun. 2002.

MELLO, Cleyson de Moraes. *Teoria do Direito*. Rio de Janeiro: Editora Processo, 2020.

MELO FILHO, Marconi Arani. Da regulação responsiva à regulação inteligente: uma análise crítica do desenho regulatório do setor de transporte ferroviário de cargas no brasil. *Journal of Law and Regulation*, v. 6, n. 1, p. 144-163, 2020. Disponível em: https://periodicos.unb.br/index.php/rdsr/article/view/31093. Acesso em: 20 out. 2022.

MENDES, Gilmar Ferreira; COELHO, Inocêncio Mártires; BRANCO, Paulo Gustavo Gonet Branco. *Curso de direito constitucional*. 4. ed. São Paulo: Saraiva, 2009.

MENDES, Laura Schertel. *Privacidade, proteção de dados e defesa do consumidor*: linhas gerais de um novo direito fundamental. São Paulo: Saraiva, 2014. E-book.

MENDES, Laura Schertel. O direito fundamental à proteção de dados pessoais. *Revista de Direito do Consumidor*, v. 79, p. 45-81, jul./set. 2011.

MENKE, Fabiano. A proteção de dados e o direito fundamental à garantia da confidencialidade e da integridade dos sistemas técnico-informacionais no direito alemão. *Revista Jurídica Luso-Brasileira*, Lisboa, ano 5, v. 1, n. 1, p. 781-809, 2019. Disponível em: https://www.cidp.pt/revistas/rjlb/2019/1/2019_01_0781_0809.pdf. Acesso em: 04 jul. 2022.

MENKE, Fabiano; GOULART, Guilherme Damasio. Segurança da informação e vazamento de dados. *In*: DONEDA, Danilo *et al*. (Coord.). *Tratado de Proteção de Dados Pessoais*. Rio de Janeiro: Forense, 2020. p. 339-359.

MOREIRA NETO, Diogo de Figueiredo. *Curso de direito administrativo*: parte introdutória, parte geral e parte especial. 7. ed. Rio de Janeiro: Forense, 1989.

MOREIRA NETO, Diogo de Figueiredo. *Curso de direito administrativo*: parte introdutória, parte geral e parte especial. 14. ed. Rio de Janeiro: Forense, 2006.

MOREIRA NETO, Diogo de Figueiredo. *Direito da participação política*. Rio de Janeiro: Renovar, 1992.

MOREIRA NETO, Diogo de Figueiredo. *Mutações do direito administrativo*. 3. ed. Rio de Janeiro: Renovar, 2007.

MOREIRA NETO, Diogo de Figueiredo. *O direito administrativo no século XXI*. 1. ed. Belo Horizonte: Fórum, 2018. E-book.

MOREIRA NETO, Diogo de Figueiredo. *Quatro paradigmas do direito administrativo pós-moderno*. Belo Horizonte: Fórum, 2008.

MOREIRA NETO, Diogo de Figueiredo. *Sociedade, estado e administração pública*. Rio de Janeiro: Topbooks, 1995.

MOREIRA, Vital. *Auto-regulação profissional e administração pública*. Coimbra: Almedina, 1997.

MOREIRA, Vital. *Administração autónoma e associações públicas*. Coimbra: Coimbra Editora, 2003.

MORIN, Edgar. *Introdução ao pensamento complexo*. Tradução: Eliane Lisboa. Porto Alegre: Solina, 2005.

MOURA, Emerson Affonso da Costa. Direitos fundamentais, dever estatal de segurança pública e cidadania: o controle social das políticas públicas na garantia do exercício proporcional do poder de polícia. *Revista de Direito Brasileira*, v. 22, p. 4-28, jan./abr. 2019. Disponível em: https://www.indexlaw.org/index.php/rdb/article/view/5148. Acesso em: 12 mar. 2022.

MOURA, Emerson Affonso da Costa. Estado regulador, direito humano-fundamental ao desenvolvimento e agências reguladoras. *Anuario De Derecho Constitucional Latinoamericano*, v. 23, p. 57-83, 2017. Disponível em: http://bivicce.corteconstitucional. gob.ec/bases/biblio/texto/KONRAD/2017_ADC.pdf#page=53. Acesso em: 12 mar. 2022.

MUA, Cíntia Teresinha Burhalde. O princípio da precaução no tratamento de dados pessoais como processo dinâmico e panóptico. *In*: SARLET, Gabrielle Bezerra Sales; TRINDADE, Manoel Gustavo Neubarth; MELGARÉ, Plínio. *Proteção de Dados*: Temas Controvertidos. Indaiatuba: Editora Foco, 2021. p. 47-65.

MUELLER, Milton. ICANN and Internet governance: sorting through the debris of "self-regulation". *Info*, v. 1, n. 6, p. 497-520, 1999. Disponível em: http://www.icannwatch.org/archive/muell.pdf. Acesso em: 30 mar. 2023.

MUELLER, Milton; MATHIASON, John; MCKNIGHT, Lee. Making sense of "Internet Governance:" defining principles and norms in a policy context. *Internet Governance Project*, v. 5, p. 2- 22, abr. 2004. Disponível em: https://cent.ischool.syr.edu/wp-content/uploads/2014/05/su-igp-rev2.pdf. Acesso em: 30 mar. 2023.

NALINI, José Renato. *Ética geral e profissional*. São Paulo: Revista dos Tribunais, 2014.

NELSON, Randy Alan. The Gas Utility Industry – Who Should Regulate. *Baylor Law Review*, vol. 28, n. 4, p. 1047-1060, 1976. Disponível em: https://heinonline.org/HOL/P?h=hein.journals/baylr28&i=1103. Acesso em: 02 out. 2022.

NISSENBAUM, Helen. Privacy as contextual integrity. *Washington Law Review Association*, v. 79, n. 1, p. 119-158, fev. 2004. Disponível em: https://heinonline.org/HOL/P?h=hein.journals/washlr79&i=129. Acesso em: 15 jul. 2022.

NOHARA, Irene Patrícia; MAXIMIANO, Antonio Cesar Amaru. *Gestão Pública*: abordagem integrada da Administração e do Direito Administrativo. São Paulo: Atlas, 2017.

NOVECK, Beth Simone. Crowdlaw: collective intelligence and lawmaking. *Analyse & Kritik*, v. 40, n. 2, p. 359-380, 2018. Disponível em: https://www.analyse-und-kritik.net/Dateien/5be9b083bc696_noveck.pdf. Acesso em: 10 jul. 2022.

NOYB. *New US Executive order unlikely to satisfy EU law*. 07 out. 2022. Disponível em: https://noyb.eu/en/new-us-executive-order-unlikely-satisfy-eu-law. Acesso em: 09 dez. 2022.

ORGANISATION FOR ECONOMIC CO-OPERATION AND DEVELOPMENT (OECD). *Declaration on transborder data flows*. Adopted by the Governments of OECD member countries on 11th April 1985. Disponível em: https://www.oecd.org/sti/ieconomy/declarationontransborderdataflows.htm. Acesso em: 31 jul. 2022.

ORGANISATION FOR ECONOMIC CO-OPERATION AND DEVELOPMENT (OECD). *Digitalisation and responsible business conduct*: stocktaking of policies and initiatives. Paris: OECD Publishing, 2020a. Disponível em: https://mneguidelines.oecd.org/Digitalisation-and-responsible-business-conduct.pdf. Acesso em: 10 jul. 2022.

ORGANISATION FOR ECONOMIC CO-OPERATION AND DEVELOPMENT (OECD). *Good practice guidance on internal controls, ethics, and compliance, adopted 18 February 2010*. Good practice guidance was adopted by the OECD Council as an integral part of the recommendation of the council for further combating bribery of foreign public officials in international business transactions of 26 November 2009. Paris: OECD Publishing, 2010. Disponível em: https://www.oecd.org/daf/anti-bribery/44884389.pdf. Acesso em: 17 set. 2022.

ORGANISATION FOR ECONOMIC CO-OPERATION AND DEVELOPMENT (OECD). *Guidelines for cryptography policy*. Recommendation concerning guidelines for cryptography:" policy were adopted on 27 March 1997. Reviews conducted since their adoption concluded that they continue to be adequate to address the issues and purpose for which they were developed. Paris: OECD Publishing, 1997a. Disponível em: https://www.oecd.org/digital/ieconomy/guidelinesforcryptographypolicy.htm. Acesso em: 22 fev. 2022.

ORGANISATION FOR ECONOMIC CO-OPERATION AND DEVELOPMENT (OECD). *OECD Guidelines on the Protection of privacy and transborder flows of personal data*. Paris: OECD Publishing, 2013. Disponível em: https://www.oecd.org/sti/ieconomy/2013-oecd-privacy-guidelines.pdf. Acesso em: 5 jun. 2022.

ORGANISATION FOR ECONOMIC CO-OPERATION AND DEVELOPMENT (OECD). *OECD principles of corporate governance*. Paris: OECD Publishing, 2004. Disponível em: https://www.oecd.org/corporate/ca/corporategovernanceprinciples/31557724.pdf. Acesso em: 02 out. 2022.

ORGANISATION FOR ECONOMIC CO-OPERATION AND DEVELOPMENT (OECD). *Recommendation of the Council concerning guidelines governing the protection of privacy and transborder flows of personal data of 23 September 1980*. Paris: OECD Publishing, 1980. Disponível em: https://legalinstruments.oecd.org/en/instruments/OECD-LEGAL-0188. Acesso em: 22 fev. 2022.

ORGANISATION FOR ECONOMIC CO-OPERATION AND DEVELOPMENT (OECD). *Recommendation of the Council on regulatory policy and governance*. Paris: OECD Publishing, 2012. Disponível em: http://dx.doi.org/10.1787/9789264209022-en. Acesso em: 02 out. 2022.

ORGANISATION FOR ECONOMIC CO-OPERATION AND DEVELOPMENT (OECD). *Regulatory impact assessment*. Paris: OECD Publishing, 2020b. Disponível em: https://doi.org/10.1787/7a9638cb-en. Acesso em: 14 ago. 2022.

ORGANISATION FOR ECONOMIC CO-OPERATION AND DEVELOPMENT (OECD). *Regulatory performance*: ex post evaluation of regulatory policies. Paris: OECD Publishing, 2003. Disponível em: https://www.oecd.org/regreform/regulatory-policy/30401951.pdf. Acesso em: 22 fev. 2022.

ORGANISATION FOR ECONOMIC CO-OPERATION AND DEVELOPMENT (OECD). *Regulatory policy outlook 2015*. Paris: OECD Publishing, 2015. Disponível em: https://doi.org/10.1787/9789264238770-en. Acesso em: 14 ago. 2022.

ORGANISATION FOR ECONOMIC CO-OPERATION AND DEVELOPMENT (OECD). *The directorate for public governance*. Paris: OECD Publishing, 2020c. Disponível em: https://www.oecd.org/gov/oecd-work-on-public-governance-2020.pdf. Acesso em: 10 abr. 2022.

ORGANISATION FOR ECONOMIC CO-OPERATION AND DEVELOPMENT (OECD). *The OECD Report on Regulatory Reform Synthesis*. Paris: OECD Publishing, 1997b. Disponível em: https://www.oecd.org/gov/regulatory-policy/2391768.pdf. Acesso em: 08 out. 2022.

OTERO, Paulo. *Legalidade e administração pública*: o sentido da vinculação administrativa à juridicidade. Coimbra: Gráfica de Coimbra, 2007.

ORTUNHO JUNIOR, Waldemar Gonçalves; BARBOSA, Jeferson Dias. A regulação da inteligência artificial no Brasil. *Global Privacy Assembly*, México, v.7, p. 9-10, maio 2024. Disponível em: https://globalprivacyassembly.org/news-events/newsletter/. Acesso em: 24 jun. 2024.

PACETE, Luís Gustavo. 5 ataques cibernéticos no Brasil em 2021 que geraram alerta. *Forbes*, 31 dez. 2021. Disponível em: https://forbes.com.br/forbes-tech/2021/12/5-ataques-ciberneticos-no-brasil-em-2021-que-geraram-alerta/. Acesso em: 08 ago. 2022.

PIRONTI, Rodrigo; ZILIOTTO, Mirela Miró. *Compliance nas contratações públicas*: exigência e critérios normativos. 2. ed. Belo Horizonte: Fórum, 2021.

PEREIRA, Flávio Henrique Unes. *Regulação, fiscalização e sanção*: fundamentos e requisitos da delegação do exercício do poder de polícia administrativa a particulares. 2. ed. Belo Horizonte: Fórum, 2020.

PEREIRA, Flávio Henrique Unes; ALVIM, Rafael da Silva. Autorregulação na Lei Geral de Proteção de Dados e segurança jurídica. *Consultor Jurídico*, 27 out. 2020. Disponível em: https://www.conjur.com.br/2020-out-27/pereira-alvim-autorregulacao-lgpd-seguranca-juridica. Acesso em: 06 fev. 2022.

PÉREZ, Diego Selhane. Auto-regulação: aspectos gerais. *In*: PIETRO, Maria Sylvia Zanella Di (Coord.). *Direito Regulatório*: temas polêmicos. Belo Horizonte: Fórum, 2009. p. 583-600. Disponível em: https://www.forumconhecimento.com.br/livro/1185/1208/18103. Acesso em: 13 set. 2022.

PÓ, Marcos Vinicius; ABRUCIO, Fernando Luiz. Desenho e funcionamento dos mecanismos de controle e *accountability* das agências reguladoras brasileiras: semelhanças e diferenças. *Revista de Administração Pública*, v. 40, n. 4, p. 679-698, 2006.

QUELLE, Claudia. Enhancing compliance under the general data protection regulation: The Risky Upshot of the Accountability-and Risk-Based Approach. *European Journal of Risk Regulation (EJRR)*, vol. 9, n. 3, p. 502-526, 2018. *Disponível em:* https://heinonline.org/HOL/P?h=hein.journals/ejrr9&i=526. Acesso em: 15 dez. 2021.

QUINELATO, Pietra Daneluzzi; FIGUEIREDO, Mariana Ferreira; GOMES, Lucas de Bulhões. Paradoxo da privacidade em plataformas digitais: a (des) proteção do usuário. *In*: COLOMBO, Cristiano; ENGLEMANN, Wilson; FALEIROS JÚNIOR, José Luiz de Moura (Coord.). *Tutela jurídica do corpo eletrônico*: novos desafios ao direito digital. Indaiatuba: Editora Foco, 2022. p. 545-556.

RANKIN, Murray. Privacy & (and) Technology: a canadian perspective. *Alberta Law Review*, v. 22, n. 3, p. 323-347, 1984. Disponível em: https://heinonline.org/HOL/P?h=hein.journals/alblr22&i=327. Acesso em: 06 jan. 2023.

REALE, Miguel. *Lições preliminares de direito*. 15. ed. São Paulo: Saraiva, 1987.

REIDENBERG, Joel R. Lex informatica: the formulation of information policy rules through technology. *Texas Law Review*, v. 76, n. 3, p. 553-584, 1998. Disponível em: http://zoomsea.com/lawcourse/internetprivacy/resources/assets/lex_informatica.pdf. Acesso em: 17 nov. 2020.

RIBAS, Lidia Maria; GODOY, Zaida de Andrade Lopes. Governança regulatória: cooperação e parcerias para o desenvolvimento sustentável. *In*: POMPEU, Gina Vidal Marcílio; PINTO, Felipe Chiarello de Souza; CLARK, Giovani (Coord.). *Direito e Economia*. Florianópolis: FUNJAB, 2013. p. 220-248. Disponível em: http://www.publicadireito.com.br/publicacao/uninove/livro.php?gt=82. Acesso em: 14 jan. 2023.

RHEINGOLD, Howard. *Smart mobs*: the next social revolution. Cambridge: Basic Books, 2002.

PASSOS, Edilenice; LIMA, João Alberto de Oliveira. *Memória Legislativa do Código Civil.* Brasília: Senado Federal, 2012.

POSNER, Richard A. The right of privacy. *Georgia Law Review*, v. 12, n. 3, p. 393-422, 1977. Disponível em: https://heinonline.org/HOL/P?h=hein.journals/geolr12&i=409. Acesso em: 17 ago. 2022.

ROSAL SANTOS, Isabela Maria. As formas de autorregulação na LGPD a partir da regulação responsiva. *Journal of Law and Regulation*, v. 8, n. 1, p. 149-162, 2022.

RODRIGUES, João Gaspar. Publicidade, transparência e abertura na administração pública. *Revista de Direito Administrativo*, v. 266, p. 89-123, 2014.

SÁ, Roque de. Senado vai arquivar quase 3 mil proposições. *Agência Senado de notícias*, Senado Federal, 08 jan. 2019. Disponível em: https://www12.senado.leg.br/noticias/materias/2019/01/08/senado-arquiva-quase-3-mil-proposicoes. Acesso em: 20 jul. 2022.

SADDY, André. *Regulação estatal, autorregulação privada e códigos de conduta e boas práticas.* Rio de Janeiro: Lumen Juris, 2015.

SANTOS, Isabela Maria Rosal. As formas de autorregulação na LGPD a partir da regulação responsiva. *Revista de Direito Setorial e Regulatório*, v. 8, n. 1, p. 149-162, 2022.

SARLET, Ingo Wolfgang. *A eficácia dos direitos fundamentais.* 7. ed. Porto Alegre: Livraria do Advogado, 2007.

SARLET, Ingo Wolfgang. Constituição e proporcionalidade: o direito penal e os direitos fundamentais entre proibição de excesso e de insuficiência. *Revista de Estudos Criminais*, Sapucaia do Sul, n. 12, ano 3, 2003.

SARLET, Ingo Wolfgang; MARINONI, Luiz Guilherme; MITIDIERO, Daniel Francisco. *Curso de direito constitucional.* 11. ed. São Paulo: Saraiva, 2022. E-book.

SARLET, Ingo Wolfgang. Fundamentos constitucionais: o direito fundamental à proteção de dados pessoais. *In*: DONEDA, Danilo *et al.* (Coord.). *Tratado de proteção de dados pessoais.* Rio de Janeiro: Forense, 2021. p. 21-59.

SARLET, Ingo Wolfgang; FENSTERSEIFER, Tiago. *Princípios do direito ambiental.* 2. ed. São Paulo: Saraiva, 2017. E-book.

SCHWAB, Klaus. *A quarta revolução industrial.* Tradução: Daniel Moreira Miranda. São Paulo: Edipro, 2016.

SILVA, De Plácido e. *Vocabulário jurídico.* Atualizadores: Nagib Slaibi Filho e Gláucia Carvalho. 26. ed. Rio de Janeiro: Forense, 2005.

SILVA, Vasco Pereira da. *O contencioso administrativo no divã da psicanálise.* 2. ed. Coimbra: Almedina, 2009.

SILVESTRE, Hugo Consciência. *A (nova) governança pública.* Brasília: ENAP, 2019.

SIMITIS, Spiros. Reviewing privacy in an information society. *University of Pennsylvania Law Review*, v. 135, n. 3, p. 707-746, 1987. Disponível em: https://scholarship.law.upenn.edu/cgi/viewcontent.cgi?article=3952&context=penn_law_review. Acesso em: 24 jun. 2022.

SOARES, Paulo Henrique. Vantagens e desvantagens do voto obrigatório e do voto facultativo. *Revista de Informação Legislativa*, Brasília, v. 41, n. 161, p. 107-132, 2004.

SOLOVE, Daniel J. Introduction: Privacy self-management and the consent dilemma. *Harvard Law Review*, v. 126, p. 1880-1903, 2012-2013. Disponível em: https://heinonline. org/HOL/LandingPage?handle=hein.journals/hlr126&div=87&id=&page=. Acesso em: 19 mar. 2023.

SOLOVE, Daniel J. The limitations of privacy rights. *Notre Dame Law Review*, n. 975, GWU Legal Studies Research Paper n. 2022-30, p. 975-1035, 2023. Disponível em: http://dx.doi. org/10.2139/ssrn.4024790. Acesso em: 19 mar. 2023.

SOLOVE, Daniel J.; HARTZOG, Woodrow. Data Vu: why breaches involve the same stories again and again. scientific american. *GWU Legal Studies Research Paper*, n. 2023-24, 2022. Disponível em: https://papers.ssrn.com/sol3/papers.cfm?abstract_id=4326723. Acesso em: 25 jul. 2023.

SOLOVE, Daniel J.; HARTZOG, Woodrow. The FTC and the new common law of privacy. *Columbia Law Review*, v. 114, p. 583-676, 2014. Disponível em: https://heinonline.org/HOL/P?h=hein.journals/clr114&i=617. Acesso em: 10 maio 2022.

SOMBRA, Thiago Luís Santos. *Fundamentos da regulação da privacidade e proteção de dados pessoais*. São Paulo: Thomson Reuters, 2019.

SONIC WALL LABS. *Atualização semestral de ameaças cibernéticas – 2021*. Disponível em: https://www.sonicwall.com/medialibrary/pt/infographic/2021-mid-year-update-sonicwall-cyber-threat-report.pdf. Acesso em: 04 set. 2022.

SONIC WALL LABS. *Relatório de Ameaças Cibernéticas da SonicWall – 2022*. Disponível em: https://www.netsol.com.br/wp-content/uploads/2022/03/executive-summary-2022-sonicwall-cyber-threat-report.pdf. Acesso em: 04 set. 2022.

SOUTO, Marcos Jurena Villella. *Direito administrativo regulatório*. 2. ed. Rio de Janeiro: Lumen Juris, 2005.

SUNDFELD, Carlos Ari. *Direito administrativo ordenador*. São Paulo: Malheiros Editores, 1993.

VALADÃO, Rodrigo Borges. *Positivismo Jurídico e Nazismo*. São Paulo: Editora Contracorrente, 2021. E-book Kindle.

TÁCITO, Caio. Direito administrativo participativo. *Revista de Direito Administrativo*, v. 209, p. 1-6, 1997.

TÁCITO, Caio. Do direito individual ao direito difuso. *Revista de Direito Administrativo*, v. 157, p. 1-13, 1984.

TÁCITO, Caio. Presença norte-americana no direito administrativo brasileiro. *Revista de Direito Administrativo*, v. 129, p. 21-33, 1977.

TRIBUNAL SUPERIOR ELEITORAL (TSE). Ao final do 2º turno, presidente do TSE faz balanço das Eleições 2020. *Tribunal Superior Eleitoral*. 29 nov. 2020. Disponível em: https://www.tse.jus.br/comunicacao/noticias/2020/Novembro/ao-final-do-2o-turno-presidente-do-tse-faz-balanco-das-eleicoes-2020. Acesso em: 29 jul. 2022.

THORSTENSEN; Vera; NOGUEIRA, Thiago Rodrigues São Marcos (Coord.). *Brasil a caminho da OCDE*: explorando novos desafios. São Paulo: VT Assessoria Consultoria e Treinamento Ltda., 2020. Disponível em: https://ccgi.fgv.br/sites/ccgi.fgv.br/files/u5/2020_OCDE_acessao_BR_FinalTN_pb.pdf. Acesso em: 10 jun. 2022.

UNIÃO EUROPEIA. Comissão Europeia para Estratégia da Nuvem. *Cloud as an enabler for the European Commission Digital Strategy*. Estrasburgo: Parlamento Europeu e o Conselho da União Europeia, 2019. Disponível em: https://commission.europa.eu/system/files/2019-05/ec_cloud_strategy.pdf. Acesso em: 12 jan. 2023.

UNIÃO EUROPEIA. Comité Europeu para a Proteção de Dados. *Diretrizes nº 1/2019 relativas aos Códigos de Conduta e aos Organismos de Supervisão ao abrigo do Regulamento (UE) 2016/67*. Bruxelas: Comité Europeu para a Proteção de Dados, 2019a. Disponível em: https://edpb.europa.eu/sites/default/files/files/file1/edpb_guidelines_201901_v2.0_codesofconduct_pt.pdf. Acesso em: 10 jul. 2022.

UNIÃO EUROPEIA. Court of Justice of The European Union (Grand Chamber). *Judgment in Case C-311/18 Data Protection Commissioner v Facebook Ireland and Maximillian Schrems*. Reference for a preliminary ruling. Protection of individuals with regard to the processing of personal data. Charter of Fundamental Rights of the European Union. Articles 7, 8 and 47. Regulation (EU) 2016/679. Article 2(2). Scope. Transfers of personal data to third countries for commercial purposes. Article 45. Commission adequacy decision. Article 46. Transfers subject to appropriate safeguards. Article 58. Powers of the supervisory authorities. Processing of the data transferred by the public authorities of a third country for national security purposes. Assessment of the adequacy of the level of protection in the third country. Decision 2010/87/EU. Protective standard clauses on the transfer of personal data to third countries. Suitable safeguards provided by the data controller. Validity. Implementing Decision (EU) 2016/1250. Adequacy of the protection provided by the EU-US Privacy Shield. Validity. Complaint by a natural person whose data was transferred from the European Union to the United States). Luxembourg: Court of Justice of The European Union, 2018. Disponível em: https://curia.europa.eu/juris/documents.jsf?num=C-311/18. Acesso em: 11 ago. 2022.

UNIÃO EUROPEIA. European Commission. *Commission Implementing Decision M/530, C (2015) 102 final of 20, January 2015*. Standardisation request to the European standardisation organisations as regards European standards and European standardisation deliverables for privacy and personal data protection management pursuant to Article 10 (1) of Regulation (EU) nº 1025/2012 of the European Parliament and of the Council in support of Directive 95/46/EC of the European Parliament and of the Council and in support of Union's security industrial policy. Brussels: European Commission, 2015. Disponível em: https://ec.europa.eu/growth/tools-databases/mandates/index.cfm?fuseaction=refSearch.search#. Acesso em: 29 out. 2022.

UNIÃO EUROPEIA. European Commission. *Independent high-level expert group on artificial intelligence*. Set up by the European Commission. Ethics guidelines for trustworthy artificial intelligence. Brussels: European Commission, 2019b. Disponível em: https://www.aepd.es/sites/default/files/2019-12/ai-ethics-guidelines.pdf. Acesso em: 11 ago. 2022.

UNIÃO EUROPEIA. European Data Protection Board. *Guidelines nº 4, 2021. Codes of Conduct as tools for transfers*. Adopted on 22 February 2022. Brussels: European Data Protection Board, 2022. Disponível em: https://edpb.europa.eu/our-work-tools/our-documents/guidelines/guidelines-042021-codes-conduct-tools-transfers_en. Acesso em: 11 set. 2022.

UNIÃO EUROPEIA. Parlamento Europeu e o Conselho da União Europeia. *Carta dos Direitos Fundamentais da União Europeia, de 18 de dezembro de 2000.* Estrasburgo: Parlamento Europeu e o Conselho da União Europeia, 2000. Disponível em: https://eur-lex.europa.eu/legal-content/PT/TXT/PDF/?uri=CELEX:32000X1218(01)&qid=166844468 2136&from=EN. Acesso em: 20 set. 2022.

UNIÃO EUROPEIA. Parlamento Europeu e o Conselho da União Europeia. *Diretiva nº 95/46/CE, de 24 de outubro de 1995.* Relativa à proteção das pessoas no que diz respeito ao tratamento de dados pessoais e à livre circulação desses dados. Estrasburgo: Parlamento Europeu e o Conselho da União Europeia, 1995. Disponível em: https://eur-lex.europa. eu/eli/dir/1995/46/oj. Acesso em: 20 set. 2022.

UNIÃO EUROPEIA. Parlamento Europeu e o Conselho da União Europeia. *Diretiva nº 98/34/CE, de 22 de junho de 1998.* Relativa a um procedimento de informação no domínio das normas e regulamentações técnicas. Estabelece um procedimento de informação no domínio das normas e regulamentos técnicos. Estrasburgo: Parlamento Europeu e o Conselho da União Europeia, 1998. Disponível em: https://eur-lex.europa.eu/legal-content/PT/TXT/?uri=CELEX%3A31998L0034. Acesso em: 20 set. 2022.

UNIÃO EUROPEIA. Parlamento Europeu e o Conselho da União Europeia. *Regulamento nº 1025, de 25 de outubro de 2012.* Relativo à normalização europeia que altera as Diretivas nº 89/686/CEE e nº 93/15/CEE do Conselho e as Diretivas nº 94/9/CE, 94/25/CE, 95/16/CE, 97/23/CE, 98/34/CE, 2004/22/CE, 2007/23/CE, 2009/23/CE e 2009/105/CE do Parlamento Europeu e do Conselho. Revoga a Decisão nº 87/95/CEE do Conselho e a Decisão nº 1673/2006 do Parlamento Europeu e do Conselho. Publicado em 14 de novembro de 2012. Estrasburgo: Parlamento Europeu e o Conselho da União Europeia, 2012. Disponível em: https://eur-lex.europa.eu/legal-content/PT/TXT/?uri=celex%3A32012R1025. Acesso em: 20 set. 2022.

UNIÃO EUROPEIA. Parlamento Europeu e o Conselho da União Europeia. *Regulamento nº 2016/679, de 27 de abril de 2016.* Relativo à proteção das pessoas singulares no que diz respeito ao tratamento de dados pessoais e à livre circulação desses dados e que revoga a Diretiva 95/46/CE (Regulamento Geral sobre a Proteção de Dados). Estrasburgo: Parlamento Europeu e o Conselho da União Europeia, 2016. Disponível em: https://eur-lex.europa.eu/legal-content/PT/TXT/HTML/?uri=CELEX:02016R0679-20160504&from=EN. Acesso em: 20 ago. 2022.

UNIÃO EUROPEIA. Parlamento Europeu e o Conselho da União Europeia. *Regulamento nº 2022/2065, de 19 de outubro de 2022.* Relativo a um mercado único para os serviços digitais e que altera a Diretiva 2000/31/CE (Regulamento dos Serviços Digitais). Estrasburgo: Parlamento Europeu e o Conselho da União Europeia, 2022. Disponível em: https://eur-lex. europa.eu/legal-ontent/PT/TXT/HTML/?uri=CELEX:32022R2065&qid=1668442886720 & from=EN/. Acesso em: 12 ago. 2022.

UNION OF INTERNATIONAL ASSOCIATIONS (UIA). UIA's history. *Union Of International Association.* Disponível em: https://uia.org/history. Acesso em: 5 set. 2022.

UNITED NATIONS. General Assembly. *Resolutions and decisions adopted:* Code of conduct for law enforcement officials. n. 106, supl. 46, seção 34, 1980. Disponível em: https://digitallibrary.un.org/record/10639?ln=en. Acesso em: 10 set. 2022.

VEJA. Manifestantes iluminam Hong Kong e pedem democracia em festa do outono. 13 set. 2019. Disponível em: https://veja.abril.com.br/mundo/manifestantes-iluminam-hong-kong-e-pedem-democracia-em-festa-do-outono/. Acesso em: 16 mar. 2022.

UNITED STATES CHAMBER OF COMMERCE. *Center for Global Regulatory Cooperation*. Disponível em: https://www.uschamber.com/program/policy/global-regulatory-cooperation. Acesso em: 15 abr. 2023.

VILANOVA, Lourival. Teoria jurídica da revolução. *Revista Brasileira de Estudos Políticos*, n. 52, p. 59-104, 1981. Disponível em: https://heinonline.org/HOL/P?h=hein.journals/rbep52&i=80. Acesso em: 23 mar. 2022.

WARREN, Samuel; BRANDEIS, Louis. The right to privacy. *Harvard Law Review*, v. 4, n. 5, dec. 15, p. 193-220, 1890. Disponível em: https://doi.org/10.1080/10811680.2020.1805984. Acesso em: 11 dez. 2021.

WESTIN, Alan. Social and political dimensions of privacy. *Journal of social issues*, v. 59, n. 2, p. 431-453, 2003. Disponível em: https://doi.org/10.1111/1540-4560.00072. Acesso em: 11 ago. 2022.

WIENER, Norbert. *Cibernética e sociedade*: o uso humano de seres humanos. Tradução: Jose Paulo Paes. 6. ed. São Paulo: Cultrix, 1984.

WILLIAMSON, Oliver. Wage rates as a barrier to entry: the Pennington case in perspective. *The Quarterly Journal of Economics*, p. 85-116, 1968. Disponível em: https://www.jstor.org/stable/1882246. Acesso em: 30 set. 2022.

WORLD BANK. *Worldwide governance indicators*. Disponível em: https://info.worldbank.org/governance/wgi/. Acesso em: 31 mar. 2023.

ANEXOS

ANEXO A

PROJETO DE LEI DO SENADO FEDERAL Nº 6.212, 27 DE NOVEMBRO DE 2019

PROJETO DE LEI Nº 6.212, DE 2019

Altera a Lei nº 13.709, de 14 de agosto de 2018 (Lei Geral de Proteção de Dados Pessoais), para dispor sobre a corregulação.

O CONGRESSO NACIONAL decreta:

Art. 1º A Lei nº 13.709, de 14 de agosto de 2018, passa a vigorar com as seguintes alterações:

"CAPÍTULO VII

....

Seção III

Da Corregulação

Art. 51-A. Os atos normativos formulados nos termos do art. 50 podem, se produzidos na forma prevista nesta Seção, ser submetidos à homologação da ANPD, após o que têm efeitos vinculantes para quem os produziu ou, no caso de associações, para todos os associados.

Art. 51-B. A produção de atos normativos de corregulação deve obedecer ao seguinte:

I – toda proposta de ato normativo deve ter autoria identificada e ser acompanhada de exposição de motivos, da qual conste, inclusive, avaliação do impacto regulatório;

II – a proposta deve ser submetida a consulta pública, divulgada no sítio da ANPD na internet e em outros sítios públicos na internet de grande acesso;

III – a consulta pública deve ter a duração mínima de trinta dias e os participantes podem opinar pela aprovação, pela rejeição ou pela aprovação da proposta com modificações;

IV – após a consulta pública, deve ser realizada audiência pública, com a participação, pelo menos, de um representante do setor e um dos consumidores ou potenciais afetados pelo tratamento e uso dos dados;

V – finalizada a fase de consulta e audiência pública, deve ser elaborado parecer sobre a proposta de ato normativo, no qual os argumentos lançados pelos participantes da consulta pública sejam levados em conta, para serem acolhidos ou infirmados, sempre de forma fundamentada;

VI – o parecer pode concluir pela apresentação de modificações na proposta;

VII – é lícito a qualquer interessado apresentar parecer alternativo;

VIII – o parecer aprovado pelos representantes do setor, na forma estatutária ou, no caso de ato individual, pelo setor competente da empresa, passa a constituir a decisão sobre a proposta.

Art. 51-C. Aprovada a proposta de ato normativo, ela deve ser submetida à ANPD, para homologação.

Art. 51-D. A ANPD pode, alternativamente:

I – homologar o ato normativo, que passa a produzir os efeitos vinculativos de que trata o art. 51-A;

II – determinar, de forma fundamentada, alterações específicas no ato normativo, que deve, então, ser submetido a reformulação, obedecidas todas as etapas previstas no art. 51-B e no art. 51-C;

III – negar homologação ao ato normativo, mediante decisão fundamentada, da qual constem as razões de fato e de direito que não recomendem a adoção da proposta". (NR)

Art. 2º Esta Lei entra em vigor na data de sua publicação.

ANEXO B

PROJETO DE LEI DO SENADO FEDERAL Nº 3.034, 20 DE DEZEMBRO DE 2022

PROJETO DE LEI Nº 3.034, DE 2022

Altera a Lei nº 13.709, de 14 de agosto de 2018 (Lei Geral de Proteção de Dados Pessoais), para dispor sobre a corregulação.

O CONGRESSO NACIONAL decreta:
Art. 1º A Lei nº 13.709, de 14 de agosto de 2018, passa a vigorar com as seguintes alterações:

"CAPÍTULO VII

....

Seção III
Da Corregulação
Art. 51-A. Os atos normativos formulados nos termos do art. 50 podem, se produzidos na forma prevista nesta Seção, ser submetidos à homologação da ANPD, após o que têm efeitos vinculantes para quem os produziu ou, no caso de associações, para todos os associados.
Art. 51-B. A produção de atos normativos de corregulação deve obedecer ao seguinte:
I – toda proposta de ato normativo deve ter autoria identificada e ser acompanhada de exposição de motivos, da qual conste, inclusive, avaliação do impacto regulatório;
II – a proposta deve ser submetida a consulta pública, divulgada no sítio da ANPD na internet e em outros sítios públicos na internet de grande acesso;
III – a consulta pública deve ter a duração mínima de trinta dias e os participantes podem opinar pela aprovação, pela rejeição ou pela aprovação da proposta com modificações;

IV – após a consulta pública, deve ser realizada audiência pública, com a participação, pelo menos, de um representante do setor e um dos consumidores ou potenciais afetados pelo tratamento e uso dos dados;

V – finalizada a fase de consulta e audiência pública, deve ser elaborado parecer sobre a proposta de ato normativo, no qual os argumentos lançados pelos participantes da consulta pública sejam levados em conta, para serem acolhidos ou infirmados, sempre de forma fundamentada;

VI – o parecer pode concluir pela apresentação de modificações na proposta;

VII – é lícito a qualquer interessado apresentar parecer alternativo;

VII – o parecer aprovado pelos representantes do setor, na forma estatutária ou, no caso de ato individual, pelo setor competente da empresa, passa a constituir a decisão sobre a proposta.

Art. 51-C. Aprovada a proposta de ato normativo, ela deve ser submetida à ANPD, para homologação.

Art. 51-D. A ANPD pode, alternativamente:

I – homologar o ato normativo, que passa a produzir os efeitos vinculativos de que trata o art. 51-A;

II – determinar, de forma fundamentada, alterações específicas no ato normativo, que deve, então, ser submetido a reformulação, obedecidas todas as etapas previstas no art. 51-B e no art. 51-C;

III – negar homologação ao ato normativo, mediante decisão fundamentada, da qual constem as razões de fato e de direito que não recomendem a adoção da proposta". (NR)

Art. 2º Esta Lei entra em vigor na data de sua publicação.

TRECHO DA REDAÇÃO ORIGINAL DO PROJETO DE LEI DO SENADO FEDERAL Nº 2.338, DE 3 DE MAIO DE 2023

PROJETO DE LEI Nº , DE 2023
Dispõe sobre o uso da Inteligência Artificial.

O CONGRESSO NACIONAL decreta:

(...)

CAPÍTULO VI CÓDIGOS DE BOAS PRÁTICAS E DE GOVERNANÇA

Art. 30. Os agentes de inteligência artificial poderão, individualmente ou por meio de associações, formular códigos de boas práticas e de governança que estabeleçam as condições de organização, o regime de funcionamento, os procedimentos, inclusive sobre reclamações das pessoas afetadas, as normas de segurança, os padrões técnicos, as obrigações específicas para cada contexto de implementação, as ações educativas, os mecanismos internos de supervisão e de mitigação de riscos e as medidas de segurança técnicas e organizacionais apropriadas para a gestão dos riscos decorrentes da aplicação dos sistemas.

§1º Ao se estabelecerem regras de boas práticas, serão consideradas a finalidade, a probabilidade e a gravidade dos riscos e dos benefícios decorrentes, a exemplo da metodologia disposta no art. 24 desta Lei.

§2º Os desenvolvedores e operadores de sistemas de inteligência artificial, poderão:

I – implementar programa de governança que, no mínimo:

a) demonstre o seu comprometimento em adotar processos e políticas internas que assegurem o cumprimento, de forma abrangente, de normas e boas práticas relativas à não maleficência e proporcionalidade entre os métodos empregados e as finalidades determinadas e legítimas dos sistemas de inteligência artificial;

b) seja adaptado à estrutura, à escala e ao volume de suas operações, bem como ao seu potencial danoso;

c) tenha o objetivo de estabelecer relação de confiança com as pessoas afetadas, por meio de atuação transparente e que assegure mecanismos de participação nos termos do art. 24, §3º, desta Lei;

d) esteja integrado a sua estrutura geral de governança e estabeleça e aplique mecanismos de supervisão internos e externos;

e) conte com planos de resposta para reversão dos possíveis resultados prejudiciais do sistema de inteligência artificial; e

f) seja atualizado constantemente com base em informações obtidas a partir de monitoramento contínuo e avaliações periódicas.

§3º A adesão voluntária a código de boas práticas e governança pode ser considerada indicativo de boa-fé por parte do agente e será levada em consideração pela autoridade competente para fins de aplicação de sanções administrativas.

§4º A autoridade competente poderá estabelecer procedimento de análise de compatibilidade do código de conduta com a legislação vigente, com vistas à sua aprovação, publicização e atualização periódica.

(...)

ANEXO D

TRECHOS DA REDAÇÃO COM EMENDA DO PROJETO DE LEI DO SENADO FEDERAL Nº 2.338, DE 3 DE MAIO DE 2023, SUBSTITUTIVO AOS PROJETOS DE LEI QUE DISPÕEM SOBRE A REGULAMENTAÇÃO DO USO DA INTELIGÊNCIA ARTIFICIAL NO BRASIL

PARECER Nº , DE 2024

Da COMISSÃO TEMPORÁRIA SOBRE INTELIGÊNCIA ARTIFICIAL NO BRASIL, sobre o Projeto de Lei nº 21, de 2020, do Deputado Federal Eduardo Bismarck, que estabelece fundamentos, princípios e diretrizes para o desenvolvimento e a aplicação da inteligência artificial no Brasil; e dá outras providências; o Projeto de Lei nº 5.051, de 2019, do senador Styvenson Valentim, que estabelece os princípios para o uso da Inteligência Artificial no Brasil; o Projeto de Lei nº 5.691, de 2019, do senador Styvenson Valentim, que institui a Política Nacional de Inteligência Artificial; o Projeto de Lei nº 872, de 2021, do Senador Veneziano Vital do Rêgo, que dispõe sobre os marcos éticos e as diretrizes que fundamentam o desenvolvimento e o uso da Inteligência Artificial no Brasil; o Projeto de Lei nº 2.338, de 2023, do Senador Rodrigo Pacheco, que dispõe sobre o uso da Inteligência Artificial; o Projeto de Lei nº 3.592, de 2023, do Senador Rodrigo Cunha, que estabelece diretrizes para o uso de imagens e áudios de pessoas falecidas por meio de inteligência artificial (IA), com o intuito de preservar a dignidade, a privacidade e os direitos dos indivíduos mesmo após sua morte; o Projeto de Lei nº 145, de 2024, do Senador Chico Rodrigues, que altera a Lei nº 8.078, de 11 de setembro de 1990 (Código de Defesa do Consumidor), para regular o uso de ferramentas de inteligência artificial para fins publicitários e coibir a publicidade enganosa com uso dessas ferramentas; o Projeto de Lei nº 146, de 2024, do Senador Chico Rodrigues, que altera o Decreto-Lei nº 2.848, de 7 de dezembro de 1940 (Código Penal), para estabelecer causa de aumento de pena para os crimes contra a honra e hipótese qualificada para o crime de falsa identidade, para quando houver a utilização de tecnologia de inteligência artificial para alterar a imagem de pessoa ou de som humano; o, DE 2024 COMISSÃO TEMPORÁRIA SOBRE INTELIGÊNCIA ARTIFICIAL NO BRASIL, sobre o Projeto de Lei nº 21, de 2020, do Deputado Federal Eduardo Bismarck, que estabelece fundamentos, princípios e diretrizes para o desenvolvimento e a aplicação da inteligência artificial no Brasil; e dá outras providências; o Projeto de Lei nº 5.051, de 2019, do senador Styvenson Valentim, que estabelece os princípios para o uso da Inteligência Artificial no Brasil; o Projeto de Lei nº 5.691, de 2019, do senador Styvenson Valentim, que institui a Política Nacional de Inteligência Artificial; o Projeto de Lei nº 872, de 2021, do Senador Veneziano Vital do Rêgo, que dispõe sobre os marcos éticos e as diretrizes que fundamentam o desenvolvimento e o uso da Inteligência Artificial no Brasil; o Projeto de Lei nº 2.338, de 2023, do Senador Rodrigo Pacheco, que dispõe sobre o uso da Inteligência Artificial; o Projeto de Lei nº 3.592, de 2023, do Senador Rodrigo Cunha, que estabelece diretrizes para o uso de imagens e áudios de pessoas falecidas por meio de inteligência artificial (IA), com o intuito de preservar a dignidade, a privacidade e os direitos dos indivíduos mesmo após sua morte; o Projeto de Lei nº 145, de 2024, do Senador Chico Rodrigues, que altera a Lei nº 8.078, de 11 de setembro de 1990 (Código de Defesa do Consumidor), para regular o uso de ferramentas de inteligência artificial para fins publicitários e coibir a publicidade enganosa com uso dessas ferramentas; o Projeto de Lei nº 146, de 2024, do Senador Chico Rodrigues, que altera o Decreto-Lei nº 2.848, de 7 de dezembro de 1940 (Código Penal), para estabelecer causa de aumento de pena para os crimes contra a honra e hipótese qualificada para o crime de falsa identidade, para quando houver a utilização de tecnologia de inteligência artificial para alterar a imagem de pessoa ou de som humano; o Projeto de Lei nº 210, de 2024, do Senador Marcos do Val, que dispõe sobre os princípios para uso da tecnologia de inteligência artificial no Brasil; e o Projeto de Lei nº 266, de 2024, que dispõe sobre o uso de sistemas de inteligência artificial para auxiliar a atuação de médicos, advogados e juízes.

Relator: Senador EDUARDO GOMES
(...)

EMENDA Nº – CTIA (SUBSTITUTIVO)
PROJETO DE LEI Nº 2.338, DE 2023 Dispõe sobre o desenvolvimento, fomento, uso ético e responsável da inteligência artificial com base na centralidade da pessoa humana. O CONGRESSO NACIONAL decreta:

CAPÍTULO I DISPOSIÇÕES PRELIMINARES
(...)
Art. 4º Para as finalidades desta Lei, adotam-se as seguintes definições:
(...)
VIII – agentes de inteligência artificial: desenvolvedores, fornecedores e aplicadores que atuem na cadeia de valor e na governança interna de sistemas de inteligência artificial, nos termos definidos por regulamento;
(...)

CAPÍTULO VI BOAS PRÁTICAS E GOVERNANÇA
Seção I Código de Conduta
Art. 35. Os agentes de inteligência artificial poderão, individualmente ou por meio de associações, formular códigos de boas práticas e de governança que estabeleçam as condições de organização, o regime de funcionamento, os procedimentos, inclusive sobre reclamações das pessoas afetadas, as normas de segurança, os padrões técnicos, as obrigações específicas para cada contexto setorial de implementação, as ações educativas, os mecanismos internos de supervisão e de mitigação de riscos e as medidas de segurança técnicas e organizacionais apropriadas para a gestão dos riscos decorrentes da aplicação dos sistemas no seu respectivo domínio de atividade.

§1º Ao se estabelecerem regras de boas práticas, serão consideradas a finalidade, a probabilidade e a gravidade dos riscos e dos benefícios decorrentes e os possíveis impactos a grupos vulneráveis, a exemplo da metodologia disposta na seção IV, do Capítulo IV, desta Lei – Avaliação de Impacto Algorítmico.

§2º Os desenvolvedores e aplicadores de sistemas de inteligência artificial, poderão: I – implementar programa de governança que, de acordo com o estado da arte do desenvolvimento tecnológico:

a) demonstre o seu comprometimento em adotar processos e políticas internas que assegurem o cumprimento, de forma abrangente, de normas e boas práticas relativas à não maleficência e proporcionalidade entre os métodos empregados e as finalidades determinadas e legítimas dos sistemas de inteligência artificial;

b) seja adaptado à estrutura, à escala e ao volume de suas operações, bem como ao seu potencial danoso e de benefícios;

c) tenha o objetivo de estabelecer relação de confiança com a pessoa e grupos afetados, por meio de atuação transparente e que assegure mecanismos de participação, a exemplo do disposta na seção IV, do Capítulo IV, desta Lei – Avaliação de Impacto Algorítmico;

d) esteja integrado a sua estrutura geral de governança e estabeleça e aplique mecanismos de supervisão internos e externos;

e) conte com planos de resposta para reversão dos possíveis resultados prejudiciais do sistema de inteligência artificial;

f) seja atualizado constantemente com base em informações obtidas a partir de monitoramento contínuo e avaliações periódicas; e

h) a existência de mecanismos e procedimentos internos de integridade, auditoria e incentivo à denúncia de irregularidades e a aplicação efetiva de códigos de ética;

§3º A adesão voluntária a código de boas práticas e a elaboração de medidas de governança podem ser consideradas indicativo de boa-fé por parte do agente e será levada em consideração pela autoridade competente e demais autoridades setoriais para fins de aplicação de sanções administrativas.

§4º Cabe às autoridades setoriais:

I – a aprovação de códigos de boas condutas quanto à esfera de competência outorgada por lei, devendo sempre informar a autoridade competente;

II – observar as diretrizes e normas gerais para o procedimento de análise, publicização e atualização periódica do código de conduta emitidas pela autoridade competente.

Seção II Da Autorregulação

Art. 37. Os agentes de inteligência artificial podem associar-se voluntariamente sob a forma de pessoa jurídica de direito privado sem fins lucrativos para promover a autorregulação com o objetivo de incentivar e assegurar melhores práticas de governança ao longo de todo o ciclo de vida de sistemas de inteligência artificial.

§1º A autorregulação pode compreender as seguintes funções:

I – estabelecer critérios técnicos dos sistemas de inteligência artificial aplicada, inclusive de padronização, prudenciais e de atuação concertada dos entes associados, desde que não impeçam o desenvolvimento tecnológico e em conformidade com esta Lei e as normas vinculantes do SIA;

II – compartilhamento de experiências sobre o uso de inteligência artificial, sendo vedado o compartilhamento de informações concorrencialmente sensíveis, nos termos da Legislação Concorrencial;

III – definição contextual de estruturas de governança previstas nesta Lei; IV – critérios para provocar da autoridade competente e autoridades demais integrantes do SIA para emprego de medida cautelar e canal de recebimento de informações relevantes sobre riscos do uso de inteligência artificial por seus associados ou qualquer interessado.

§2º A associação entre agentes de inteligência artificial para fins de autorregulação deverá observar os preceitos da Lei nº 12.529, de 30 de novembro de 2011, vedada qualquer atuação que possa restringir a livre concorrência.

(...)

CAPÍTULO IX DA SUPERVISÃO E FISCALIZAÇÃO

Seção I Sistema Nacional de Regulação e Governança de Inteligência Artificial

Art. 40. Fica estabelecido o Sistema Nacional de Regulação e Governança de Inteligência Artificial – SIA.

§1º Integram o SIA:

I – a autoridade competente a ser designada pelo Poder Executivo Federal, que é o órgão de coordenação do SIA;

II – autoridades setoriais: órgãos e entidades públicos federais responsáveis pela regulação de setores específicos da atividade econômica e governamental;

III – Conselho de Cooperação Regulatória de Inteligência Artificial – CRIA, observado e limitado ao disposto na Seção III, do Capítulo IX desta Lei.

§2º – Ato do Poder Executivo Federal definirá lista dos órgãos e entidades que irão integrar o SIA, em conformidade com os incisos II e III, do §1º deste artigo.

§3º. O Conselho terá como atribuição a produção de diretrizes e será fórum permanente de comunicação, inclusive por meio de acordos de cooperação técnica, com órgãos e entidades da administração pública responsáveis pela regulação de setores específicos da atividade econômica a fim de harmonizar e facilitar o exercício das atribuições da Autoridade Competente.

§4º O SIA tem por objetivos e fundamentos:

I – valorizar e reforçar as competências regulatória, sancionatória e normativa das autoridades setoriais em harmonia com as correlatas gerais da autoridade competente que coordena o SIA;

II – harmonização e colaboração com órgãos reguladores de temas transversais;

§5º A autoridade competente coordenará o Conselho de Cooperação Regulatória de Inteligência Artificial/CRIA disposto na Seção III do Capítulo IX desta Lei, a fim de harmonizar e facilitar as suas competências regulatórias, fiscalizatória e sancionatória.

Esta obra foi composta em fonte Palatino Linotype, corpo 10
e impressa em papel Pólen Bold 70g (miolo) e Supremo 250g (capa)
pela Gráfica Star7.